蘭臺學術年譜叢刊 2

王國維年譜

（增訂版）

王德毅 著

蘭臺出版社

王靜安先生壯年小像

王靜安先生遺像

王靜安先生自沉處（昆明湖之魚藻軒）

五十之年只欠一死經此世變義無再辱
我死後當草草棺斂即行藁葬於清華塋地
汝等不能南歸亦可暫於城內居住汝兄亦不必
奔喪因道路不通渠又不曾出門故也書籍可
託陳吳二先生處理家人自有人料理必不至不能
南歸我雖無財產分文遺汝等然苟謹慎
勤儉亦必不至餓死也
五月初二日父字

王靜安先生遺書

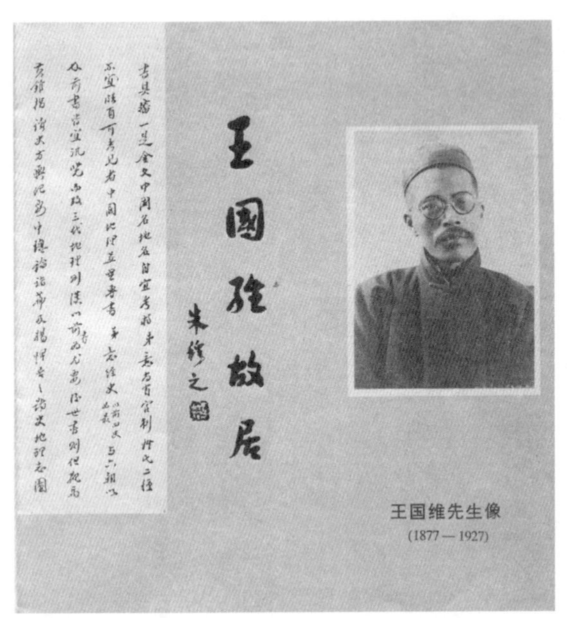

浙江省海寧縣故居

王靜安先生故居院中銅像（民國九十九年五月攝）

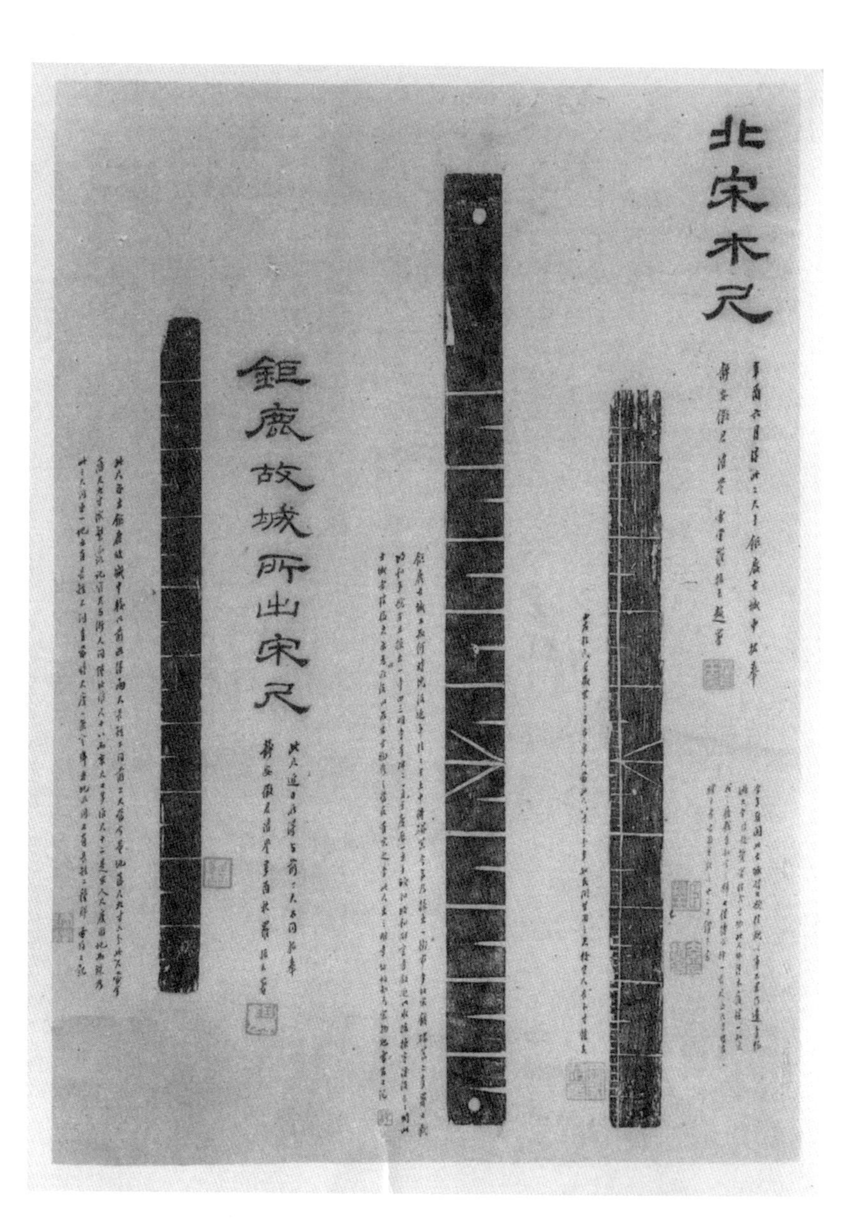

北宋木尺拓本（王東明女士提供）

此上虞羅氏所藏宋木尺三余以漢建初尺校之第一第二兩尺
當建初尺一尺四寸一分第三尺當其一尺三寸二分與唐開元錢尺
正同余謂此真宋尺也世傳宋三司布帛尺僅當建初尺一尺一寸
九分反短於唐尺一寸三分自古尺度大率後長於前三司尺乃短
於唐尺故以三司尺當宋尺不如以此三尺當宋尺之合理也觀唐
宋明三朝尺之比例可以知之

唐開元錢尺　當建初尺一尺三寸二分
上第三尺　當建初尺一尺三寸二分
上第一二尺　當建初尺一尺四寸一分
明洪武鈔尺　當建初尺一尺四寸六分
三司布帛尺　當建初尺一尺一寸九分

右前四尺皆由短而長唐以前諸尺如隋書律歷志所紀亦無不然
獨三司布帛尺不在是例恐不可信宋時未定律度民間大抵用
唐舊尺猶唐人之用周隋大小二尺也辛酉季冬祀竈前二日國
維記於永觀堂昨日得小雪天氣殊寒

北宋木尺跋文稿（王東明女士提供）

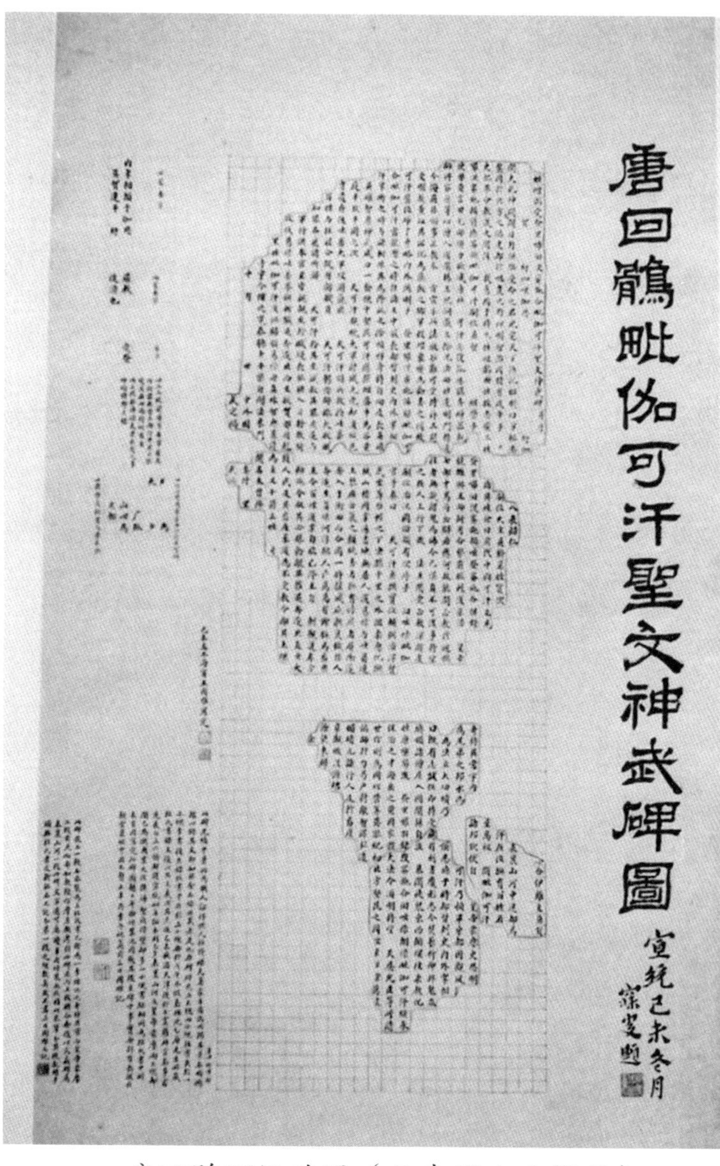

唐回鶻可汗碑圖（王東明女士提供）

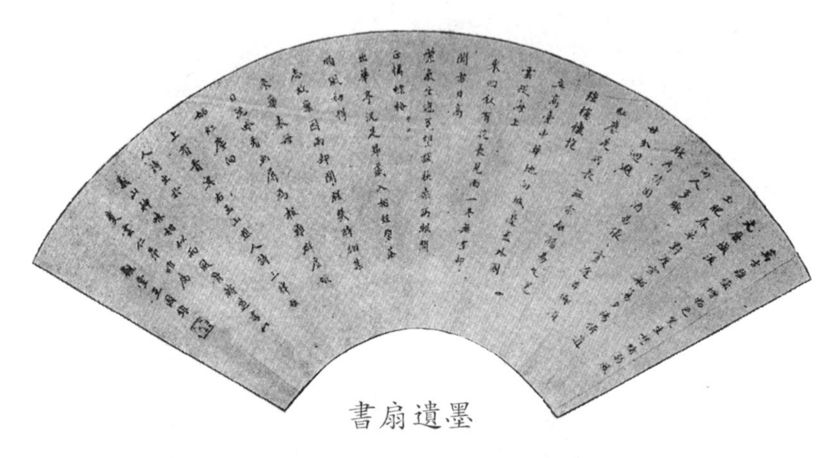

書扇遺墨

張母桂太夫人真贊

洪範九疇五皇極曰適好德錫之福吾黨張仲最孝友有母八旬仁者壽々富康寍五福偕芝蘭玉樹羅庭階應身解化亦偶然歸處應是兜率天

壬戌四月海甯王國維

王靜安先生遺墨

目次

藍序

唐以前爲名賢作專史，率用傳記。洎白居易自編年譜，雖已久佚，體實新創。及宋・胡舜陟撰《孔子編年》，斯體益確立。爾後作者漸多，義例漸精，逮至有清，斯學尤盛，古今名人，幾皆有譜。蓋傳記止能作平面之敘述，而年譜則可爲立體之排比，將譜主生平之學德事功，本末淵源，咸依時空序列，俾讀者于其某時在某地，某日建某業，皆瞭若指掌，且獲知人論世之益。此年譜體所以由附庸蔚爲大國也。惟爲近人作年譜，體貴詳盡，因譜主對近代之人與事，牽涉廣，關係多，資料繁賾，見聞異詞，非詳述不足饜時人之望，非博徵不能多保存史料。曩在北平，與丁在君先生談及其所撰《梁任公先生年譜長編》，不慧逕謂爲梁先生作年譜，自應以詳盡爲主，不必稱長編。丁先生則以援引頗繁，恐非年譜之正，終不肯易名。後讀其書，見其博徵精纂，已與長編異撰，乃益信爲近人作年譜，寧失之詳，毋失之略，若稱長編，反爲蛇足。

王德毅先生邃于史學，尤精譜錄，曩著《李燾父子年譜》、《李心傳年譜》，遠較方壯猷君《二李年譜》爲詳，又撰《洪容齋年譜》，多訂正錢竹汀舊譜之誤，餘若《徐夢莘年譜》等篇，並博雅精湛，極考證之能事。史學方家，殊堪欽重。近以新著《王觀堂先生年譜》見示，籀讀一遇，喜其義例佳，取材博，敘事詳明，考訂精審，案語平允中肯，多能正趙萬里君舊譜之誤，而詳實則遠過之。譜中將觀堂先生平生績學之勤，涵泳之醇，識悟之鋭，覃思之深，本乾嘉諸老遺躅與西方科學方法，治難治之學術，解難解之問題，善以新材料與舊史料互證，多能發覆甄微，正誤補遺，每立一説，終成定讞，爲中國學術開新途徑、拓新境界，備受中外學者之尊重諸端，博徵精竅，纖悉靡遺，可謂善著述者矣。至觀堂先生治學方面之廣，靖獻之巨，及其與中外學者論學之文字，譜中亦詳載之，尤具別裁。手此一編，足當半部中國近代學術史讀。佳作也！佳作也！非良史之才不辦。

觀堂先生自湛後，同門吳君其昌、姚君名達、趙君萬里，皆擬爲作年譜，趙君稿先就，吳、姚二君頗嫌其略，仍賡事蒐集，欲詳述之。抗日之役，姚君成仁于江西，吳君旋亦卒于樂山，所志竟未償。及大盜移國，神州陸沉，文物之厄，古所未有，前言往行，存者無幾，念當時之瑣語賸義，皆後日之奇珍瑋寶，竟無一詳博之年譜，一一收載，可憾孰甚！今王德毅先生居大陸時，對觀堂先生未嘗親炙，即與其朋友門生，亦罕相接。入洛年華，避地島上，私淑前修，篤志纂述。值學宮草創，墳典殘闕，當年期刊，百不存一。而志邁移山，力排萬難，多方搜求，昕夕研討，終使文獻堪徵，宏編克就，誠史學界一大快事！譜中將觀堂先生之志事與絕學，曲爲傳出，悉不失眞。記其居清華園時，與賓友之討論，對弟子之牖誨，並皆質實。循讀之際，羹牆如見，春風舞雩，舊夢重溫，百感縈懷，眞不知其爲愴爲慰也。故樂爲略校一過，序而歸之。

中華民國五十五年雙十節藍文徵序于大度山

敘例

王德毅　著

一、本譜譜主王觀堂（國維）先生，是我國近代學術史上一顆燦爛的彗星，現代史學的研究，便由他首創新軌；他的長處，也就在用西洋科學方法整理國故。他的貢獻計有以下數點：

甲、在思想上，最早介紹德國康德、叔本華和尼采的哲學給國人者。

乙、在文學上，首先認識通俗文學（平民文學）的重要性和價值，爲第一位研究宋元戲曲史的人。

丙、在古文字學和古器物學上，對於甲骨文字的詮解，鐘鼎文字的考釋，打破小學以《說文解字》爲圭臬的傳統，重建我國文字學研究的新體系。

丁、在史學和古地理學上，利用地下的材料以證古史，於殷周制度的解釋多所新創。用近代考古的發現，如西陲木簡，敦煌殘卷，以及突厥闕特勤碑等，以證成和解決西北古地理上的問題或懸案。

近四十年來，由於考古的發現，自然科學和社會科學突飛猛進的刺激，不管甲骨文、古代史、漢簡、蒙古史、戲曲史等的研究，昔日曾爲觀堂先生所嘗點石成金者，今日無一不有長足的進步。所以一代大師和新史學的開山之尊號，先生是當之而無愧的。

二、本年譜的撰寫。採用胡適撰《章實齋年譜》的方法，充分利用譜主的著作、書牘來做爲年譜的主要材料。

三、我國近代史學、考古學及其他相關各學科的研究發展，羅振玉及觀堂先生實爲兩位中堅人物；殷虛文字的拓印流佈，流沙墜簡的研究考釋，敦煌遺物的著錄影印，內閣大庫的整理保存，以及古鐘鼎、彝器、璽印、封泥的倡導研究，二人實開風氣之先。本譜即對二人的關係詳爲論述。至於世界各國漢學家，如法國的伯希和與沙畹，日本的內藤虎次郎、狩野直喜等，他們或到我國西疆考古，或研究我國文史，多與譜主互通聲氣，他們的動態，凡涉及譜主者，亦在譜中略敘及之，藉以明了漢學乃爲全世界所同尚，而非我國的私產。觀堂壯年摒棄西洋哲學的研究，戲曲等文學的喜好，而專致力於國學，終之使世界各國漢學家爲之震驚，相與影從，則觀堂一生宏揚民族文化的功績是不可泯沒的。

四、趙萬里撰《王靜安先生年譜》，敘述極簡略。但對譜主一生學問的演變和學術著作等，都略有記載，本譜即以之爲骨幹，再參考同時人的文集、年譜、傳記、論述、日記，以及國外人士的載述和回憶等文獻一百數十種，採敘事體，按年月日之先後，詳爲敘述。所引皆文獻原料，不加意見，遇有異說，附記案語，說明所以去取之故。

五、本譜繫年之法，民國紀元前以清紀元爲主，下附注民國紀元前和西元，譜中月日悉以陰曆爲主，下注陽曆月日。民國後以民國紀元爲主，下注西元。雖觀堂著作和私函皆繫陰曆，仍一一改爲國曆，而以陰曆月日附注其下。凡觀堂著作中有自繫某年季冬者，皆編次於翌年的元月內。

六、本譜對譜主的師友門生，皆稱名不稱字號，但以其字號附注其下。師友中除羅振玉外，他如繆荃孫、沈曾植、柯劭忞、孫德謙、張爾田、楊鍾羲等人，都是大有貢獻於近代學術的人，他們與觀堂或討論學術，或詩詞唱和，本譜在這方面的敘述，也力求詳盡。

七、本譜分三卷，民國以前爲上卷，民國元年至十二年爲中卷。十三年以後爲下卷。辛亥革命爲觀堂學問變化之分界，辛亥以前是其研究哲學及通俗文學的時期，而民元以後，則爲其專力於古文字學、古音韻學和古器物學的時期。十三年以後，爲其專攻西北邊疆歷史地理的時期。末附著作目錄和批校書目，藉以知觀堂一生精力之所在。

八、觀堂一生，無意於政治活動，而爲一純學者。嘗說：「余畢生惟與書冊爲伴，故最愛而最難舍去者，亦惟此耳！」故本譜於政治變動除一二重大者外，皆不鈙述。但對其一生著述，除按年月先後分別著錄外，其重要者，亦略作提要繫於譜中，使讀者一覽便可了然觀堂先生一生著述的大略。

九、觀堂平日以清室遺民自居，乃純受羅振玉的影響。如繆鉞說：「王靜安政治思想之頑固純受羅振玉之影響，乃極不幸且不自然之事。蓋就學術而論，王受羅之裨助，而就思想及爲人而論，王亦受羅之戕賊也。」（〈王靜安與叔本華〉）然先生思想，並不像羅振玉頑劣，先生民國後之著述，只繫干支陰曆月日，而羅序其所編佚書或叢書及其著述之自序，則赫然有「宣統四年」、「宣統七年」、「宣統九年」……等字樣，可謂頑固已極。董作賓先生說：羅振玉雖然「不奉民國的正朔，拖著髮辮，自居遺老，但是在學術的立場上我們是應該敬重他的。」（《甲骨學五十年》）靜安先生雖然做了一年多遜帝的師傅，但仍不失爲一個超然的學者，我們對於他，也應有如董先生說的看法和態度。本年譜的撰寫，旨在介紹觀堂先生的學術貢獻。他從貧困的環境中創造出一個受國際尊重的學術地位，其刻苦自勵和忠於學術的精神，是值得青年人效法的。

十、本年譜所搜材料，除觀堂著作外，餘皆同時人（師友門弟子及學術界其他人士）的追述和論著。觀堂論學的函札，除收在《觀堂集林》及印行的兩種《觀堂遺墨》和少數刊於國內外著名雜誌者外，尤其與羅振玉往來書信，昔日皆未刊布，而近年則陸續出版，今者增訂，採用頗多。惟以編者爲能力所限，不管就搜集材料和敘述譜主行事及學術貢獻各方面而言，缺略的地方仍尚多。極盼海內外學術界先進多予指教，不勝感謝。

十一、本譜能夠早日寫成，多得力於師友的幫助；蔣穀孫先生對我遇疑難問題時的指教，夏卓如（德儀）老師、李學智先生曾惠借私藏的觀堂先生紀念專刊，在國外深造的友人如陳捷先、林毓生、郝延平、劉顯叔及刻正在美執教的田宗堯諸兄，曾代影印部分參考材料；在日文材料的引用方面，又得卓菁湖、李永熾二兄的幫助，都是我所深切感謝的。此外，則是我大學同班至友蕭啓慶兄對拙編自始至終都給予殷切的關注，三、四年來，從材料的搜集，到編寫完成，幫忙最多。不僅幫忙影印在國內無從找到的材料，而且又惠告國外學人對本譜主研究的行情，使我收到不少切磋之益。內心對他的感激更不待言了。還有於民國五十四年暑假赴美講學的趙鐵寒先生，於百忙中曾來信惠告所看到的新材料，他的盛情，亦是我萬分感謝的。

十二、本譜在民國五十五年初，編成之後，承傅秀實（樂成）先生鼎力推薦，獲中國學術著作獎助委員會獎助出版。付印之前，幸蒙藍孟博（文徵）先生審閱一過，教正很多，又荷寵賜長序冠篇，謹在此一并敬致誠摯的謝意。而今者本譜已出版三十六年，新刊之史料日增，亟待增訂再板，海內外同道亦時加勸勉，歷時三年餘，終克成之。乃重新排版問世，特注增訂本三字以別之。

民國九十三年六月豐縣王德毅敬識

增訂本自序

王德毅　著

我在就讀臺大歷史系時（民國四十四年至四十八年），李宗侗教授所開的中國上古史一門課是必修的。李教授講述商湯以前八遷，以後五遷，並及於商周制度，常引用王國維《觀堂集林》中的各論考，爲求進一步了解，乃從圖書館借來閱讀，漸有所得，並向師長請教，與同學共商。

民國五十一年秋，蒙師長愛護推薦，回母校任助教之職，常利用餘暇借閱民國三十年以前所出版之各類學術刊物，收集有關記載王國維生平和評述他對學術的貢獻等方面之論著，兼及於日本出版的期刊，所得益廣，即著手撰寫《王觀堂先生年譜》，至五十五年初撰成，凡二十餘萬餘言。當時李定一教授獲得美國亞洲基金會之贊助，成立中國學術著作獎助委員會，專門獎助青年學者的著作之出版。德毅特向該會申請，獲得通過，並於同年十月付排，改名《王國維年譜》，蒙藍文徵教授賜序，次年六月出版，印行一千冊，由商務印書館總經銷，至六十五年便已絕版了。

二十世紀治東洋史的日本學者對王國維先生是非常尊崇的，拙編《王譜》銷往日本者頗不少，夤緣與京都大學的神田喜一郎教授通信。在五十六年秋，臺北文華出版社拜託我幫忙彙編《王觀堂先生全集》，以《王靜庵先生遺書》爲主，另彙編了一些遺文和附錄了十數篇相關之論述，末冊則輯載有關傳記資料及研究著作，於五十七年三月出版。問世以後，頗獲好評。該社受到鼓勵，乃更進一步擬彙印《羅雪堂先生全集》，又託我匡助，其所擬收編者，並不限於其著述，凡校刻彙印之叢書亦均收入，頗爲完備，先後共編了六輯，共一百二十冊。

近二十多年來，大陸史學界對王國維的學術成就非常推崇，新編之年譜和特撰之評傳便有七種，而專門之研究和類編之專集更多，加以學術研討會論文集和友生之追憶短文，輯爲專冊，難以總計。海內外學者共同推許王國維先生爲新史學的開山。到民國九十九年初，由上海華東師範大學中國史學研究所彙編《王國維全集》排印出版，並在五月下旬舉辦「王國維與中國現代學術國際研討會」，特別到海寧舉行書展，一同拜謁王氏故居，瞻仰遺像，留給學者無窮的追思，與會學者一致推崇王氏爲二十世紀中國新史學的開山，認爲王氏以中壽而自沉以結束生命，不僅是中國學術的不幸，也是世界漢學界的一大損失。

民國八十八年暑假我自臺大歷史系退休後，決定增補舊作《王國維年譜》，十多年來，不斷增輯新史料，但是相關的專書與論文不斷出版，論說不一。尚有同時人的日記、回憶錄之問世，史料繁多，難以盡錄，僅能擇其切要者簡述之。經十多年之增補，約增十萬餘言。我首先要感謝內人孫國瑞女士爲增訂史料打字，屢次易稿，皆逐頁查改，辛勞備至。先前蒙長子繼珩君將原書逐頁掃描入電腦，並印出校對，盡心盡力，也是我所感謝的。自民國五十五年編纂《王國維年譜》時，得以拜訪觀堂先生異母弟國華（哲安）教授請教，夤緣得識先生三子貞明先生及長女公子東明女士，蒙東明女士告知世所罕知的家事，得以記入年譜中，至爲感激。後在民國七十六年六月，適逢觀堂先生逝世六十週年，國立中央圖書館特舉辦「王國維先生逝世六十週年紀念會」，東明女士特撰〈巨星隕落一甲子〉一文以爲悼念，刊於《中國時報》的副刊上，對觀堂晚年與羅振玉間因喪子之痛而產生的一些不愉快有所說明。最後再謝謝蘭臺出版社不惜鉅資印行本書，敬請海內外專家惠示指教。

中華民國一百年四月十日豐縣王德毅謹序

王觀堂先生年譜卷上

清德宗光緒三年（民國紀元前三十五年、一八七七）丁丑生　一歲

十月二十九日（十二月三日），生於浙江海寧縣城內雙仁巷之私第。先生初名國楨，後改國維，字靜安（或庵），亦字伯隅。初號禮堂，晚以所居命名爲永觀堂，因更號觀堂，又號永觀，亦自署觀翁。其先世原籍開封，遠祖稟，於宋欽宗靖康元年（一一二六）以副都總管守太原，城陷殉難，追謚忠壯公，贈安化郡王。其孫沆，由青州隨高宗南渡，賜第鹽官，是爲遷海寧之第一代，子孫亦於此定居，遂爲海寧人。沆子恕，登孝宗隆興元年（一一六三）進士，恕孫輝，登光宗紹熙四年進士，輝以下世系不詳述。先生高祖建臣，國學生，貤封朝議大夫，曾祖溶，國學生，本生曾祖瀚，國學生。祖嗣鐸，國學生，本生祖嗣旦，國學生。父乃譽，字與言，號蓴齋，遭逢洪楊之亂，棄儒業商，於貿易之暇，頗攻治書畫篆刻及詩古文辭，尤以畫最工，爲時人所稱。著有《游目錄》十卷、《娛廬詩集》二卷。是年已三十一歲，生于道光二十七年。母

凌氏，生一女一子，女即長姊蘊玉，子即先生。（《海寧州志》、趙萬里撰《王靜安先生年譜》（以下簡稱《趙譜》））

先生撰〈先太學君行狀〉云：「曾祖、國學生貤封朝議大夫建臣，祖、國學生溶，本生祖，國學生瀚。父、國學生嗣鐸，本生父、國學生嗣旦。府君少貧甚，又遭粵匪之亂，年十三，隨先本生曾祖父、先大父避兵於上海，既而曾祖、先大父相繼物故，君號咷呼籲，丐於親故以殮。後益轉徙，無聊，遂習賈於茶漆肆。粵匪既平，其肆自上海遷於海寧之硤石鎮。會戚屬有令江蘇之溧陽縣者，延府君佐之，前後凡十餘年，由是遍遊吳越間，得窺江南北諸大家之收藏。自宋、明、國朝諸家之書畫，以至零金殘石，苟有所聞，雖其主素不識者，必叩門造訪，摩挲竟日而去，由是技益大進。」（見佛雛《王國維詩學研究》附錄）

案：梁啟超撰〈近代學者之地理的分布〉，極論學者與產地的關係，生於文物郁郁之鄉的人，易受先輩遺風的薰鑄。如梁先生說：「有一陸子，而江右承其風者數百年；有一朱子，而皖南承其風者數百年。」先生出生於浙江海寧縣，正是學風最盛的地方，三百年來，學者輩出。梁先生又說：「杭屬諸縣，自陳乾初而後，康熙間有海寧陳蓮宇（世琯）師事梨洲，亦頗提倡顏李學。道咸間則海寧張叔未（廷濟）、海寧蔣生沐（光煦）頗以校勘名，光緒間有海寧李壬叔（善蘭）精算學，譯西籍，徐文定後一人也。最近則餘杭章太炎（炳麟）治聲音訓詁之學，精核突過前人，學佛典亦有所發明。而海寧王靜安（國維）亦善能以新法治舊學。」鄉前輩的流風所被，對後學有一股化成的力量，先生的能成為學術界的北斗，與出生地大有關係。

茲將師友與並世歐洲、日本學者年歲之可考者附著於下：

張之洞，字孝達，一字香濤，號壺公，河北南皮縣人。生於道光十七年（一八三七），，是年四十一歲。

繆荃孫，字炎之，一字筱珊，號藝風，江蘇江陰人。生於道光二十四年（一八四四），是年三十四歲。

王懿榮，字廉生，山東福山人。生於道光二十五年（一八四五），是年三十三歲。

孫詒讓，字仲容，號籀膏，浙江瑞安人。生於道光二十八年（一八四八），是年三十歲。

柯劭忞，字鳳蓀，一字鳳笙，山東膠縣人。生於道光三十年（一八五〇），是年二十八歲。

沈曾植，字子培，號乙盦，晚號寐叟，浙江嘉興縣人。生於道光三十年（一八五〇），是年二十八歲

張謇，字季直，號嗇翁，江蘇南通人。生於咸豐三年（一八五三），是年二十五歲。

朱祖謀，亦名孝臧，字古微，自號上彊村民，浙江歸安人。生於咸豐七年（一八五七），是

年二十一歲。

劉鶚，原名孟鵬，字雲搏，後更名鶚，字鐵雲，又字公約，江蘇丹徒人。生於咸豐七年（一八五七），是年二十一歲。

汪康年，字穰卿，浙江錢塘人。生於咸豐十年（一八六〇），是年十八歲。

孫雄，字師鄭，號樸盦，元和人。生於同治三年（一八六三），是年十五歲。

楊鍾羲，漢軍旗籍，原名鍾廣，改漢姓爲楊，名鍾羲，字子勤，號留垞，又號雪橋，生於同治四年（一八六五），是年十三歲。

沙畹（Edouard Chavannes），法人，生於一八六五年，是年十三歲。

章鈺，字堅孟，門人稱他爲式之先生，江蘇長洲人。生於同治四年（一八六五），是年十三歲。

羅振玉，初名振鈺，入學後更名振玉，字叔蘊，後又字叔言，號雪堂，晚號貞松老人，亦號永豐鄉人，浙江上虞人。生於同治五年（一八六六）六月二十八日，是年十二歲。振玉是先生之至交，爲平生影響先生最深的人，譜中詳述二人交往經過，及其所以影響之故和所受之處。

內藤虎次郎，字湖南，日本人，生於慶應二年（一八六六），是年十二歲。

徐乃昌，字積餘，號隨庵，南陵人。生於同治七年（一八六八），是年十歲。

藤田豐八，號劍峰，日本人，生於明治二年（一八六九），是年九歲。

梁啓超，字卓如，號任公，廣東新會人。生於同治十二年（一八七三）正月二十六日，是年五歲。

孫德謙，字受之，號益庵，又號隘堪居士，江蘇元和人。生於同治十二年（一八七三），是年五歲。

張爾田，字孟劬，號遯堪居士，浙江錢塘人。生於同治十三年正月二十九日（一八七四年三月十七日），是年四歲。

羅振常，字子經，振玉弟，生於光緒元年（一八七五）六月，是年三歲。

蔣汝藻，字孟蘋，號樂盦居士，浙江烏程人。是年六月二十二日（八月一日）生，長先生四個月，半生知交。

光緒四年（民前三十四年、一八七八）戊寅　二歲

是歲，羅振玉、劉鶚皆寓居淮安，始訂交，傾談之下、相見恨晚。時人論治河，莫不以讓河爲是，鶚獨主束水攻沙之說，振玉和之。其後鶚遣其子大紳從振玉學，振玉以長女妻之。鶚

智燭機先，而遭時忌，振玉勉其斂抑，語極痛切，鶚敬畏之，晚歲幾至避面。振玉後以治甲骨文字出名，鶚之《鐵雲藏龜》實爲其先導。（《劉鶚年略》）

法國漢學家伯希和（Paul Pelliot）生。（〈伯希和教授傳〉）

光緒六年（民前三十二年、一八八〇）庚辰　四歲

九月十四日（十月十七日），母淩氏病卒，時先生剛離襁褓，長姊蘊玉亦僅年九歲，賴祖姑母范氏及叔祖母提攜撫養，至於成立。（《趙譜》）幼時蒙長姊照顧亦甚多。（先生長女公子東明女士見告）

光緒九年（民前二十九年、一八八三）癸未　七歲

先生生而岐嶷，讀書通敏，是歲始就傅於鄰近私塾潘綬昌（紫貴）處。家中本是中人產業，一歲所入，略足以給衣食。家有書五六篋，除《十三經注疏》爲兒時所不喜外，其餘的書，晚自塾歸，每加泛覽。（〈三十自序〉）

光緒十一年（民前二十七年、一八八五）乙酉　九歲

是歲，父乃譽娶同邑葉硯耕之女爲繼室，時年已三十八歲。（《趙譜》）

光緒十二年（民前二十六年、一八八六）丙戌　十歲

是歲，父乃譽自江蘇溧陽歸鄉，不再出，遷居縣城西門內周家兜新屋。根據先生撰〈先太學君行狀〉云：「年四十歸，遂不復出，雖一遊金陵，一沿桐江，觀富春山，登釣台，皆不數月而歸，歸後，日臨帖數千字，間於素紙作畫，躬養魚種竹，以爲常課。……君於書，始學褚河南、米襄陽，四十以後專學董華亭，識者以爲得其神髓。畫無所不師，卒其所歸，亦與華亭、婁東爲近。」是乃譽亦一好古敏求之士。

案：姚名達撰〈王靜安先生年表〉繫此事於十一年，今依《趙譜》改繫此。

光緒十三年（民前二十五年、一八八七）丁亥　十一歲

正月二十六日（二月十八日），祖父嗣鐸卒。時父乃譽遊幕溧陽，奔喪歸，遂里居不出，以

課子自悅，發行篋中藏書，口授指畫，每深夜不輟，時文時藝，皆能成誦。

是歲，更從邑人庠生陳壽田讀書，晚自塾歸，父親仍夜課駢散文及古今體詩若干首，並自攻金石書畫。是爲先生治詩文金石之始。

四月二十五日（六月十二日）異母弟國華（字健安，後改字哲安）生。民國三十八年渡海來臺後任國立臺灣大學外國語文學系教授。五十五年六月慶八十大壽。六十九年元月二十二日病逝於台大醫院，享年九十四。（〈王國華先生傳略〉）

光緒十七年（民前二十一年、一八九一）辛卯　十五歲

與邑人陳守謙訂交。守謙祭先生文說：「憶余與君之訂交也，在清光緒辛卯歲，君年纔十五耳！余長君五歲，學問之事，自愧弗如。時則有葉君宜春，褚君嘉猷者，皆朝夕過從，商量舊學，里人目爲四才子，而推君爲第一。余最淺薄不足道，而君才之冠絕儕輩，葉、褚二君亦迄無間言。余時館城南沈氏，距君家僅里許，無一日不相見，見輒上下古今縱論文史，或校勘疑誤，鑒別異同。間爲詞章，彼此欣賞，至日晡必別去，留君共飯，弗許也。余知君家後母主中饋，日晡，家人當會食，故君不能不歸，所以曲承後母歡也。君之歸也，余常送之出門，君行

必回顧數四，若戀戀不忍去者。至相望弗及，而余亦闔扉入。如是者有年，吾二人契合之深與夫性情好尙、文章氣節之間，概可見矣！」（《王忠愨公哀挽錄》）

光緒十八年（民前二十年、一八九二）壬辰　十六歲

三月，赴杭州應府試，考而未取。父責之曰：「自不思振作用功於平日，妄意自爲無敵，及至臨場數蹶，有棄甲曳兵之象，尙何懟於有司之不明，實愚而好自用也。」（〈王靜安先生年譜訂補〉引乃譽《日記》）

六月，入州學，好讀《史》、《漢》、《三國志》，與褚嘉猷、葉宜春、陳守謙三君上下議論，時稱海寧四才子。（《海寧王靜安先生遺書》王哲安序）朱逢辰《海寧州采芹錄》（下）說：「光緒十八年壬辰歲試，爲陳宗師（彝）方題爲『季氏富於周公而求也，七八月之間雨集，夜歸讀古人書生。』第二十一名王國維（靜庵）。」（《趙譜》）

〈三十自序〉云：「十六歲，見友人讀《漢書》而悅之，乃以幼時所儲蓄之錢，購前四史於杭州，是爲平生讀史書之始，時方治舉子業，又以其間學駢文、散文，用力不專，略能形似而已！」

案：先生幼時即好瀏覽，而此時更具有選擇的能力。時方治舉業，為秀才，肄業於杭州崇文書院，於儒家學說初無信仰，《十三經注疏》，正為少時不喜之書，然先生亦以不受一家學說之牢籠，故其卒能大底於成。

光緒十九年（民前十九年、一八九三）癸巳　十七歲

是歲，在杭州崇文書院肄業。

案：樊炳清撰先生〈事略〉稱：「弱冠遊庠，尋肄業杭州之敷文書院，兩應鄉舉不售。」先生明年應鄉舉，則肄業崇文書院當在本年，並非敷文書院。

十一月，長姊適同邑庠生陳汝聰（達瞿）。

光緒二十年（民前十八年、一八九四）甲午　十八歲

八月，赴杭州省城，應鄉舉，不中。

案：《趙譜》引陳守謙祭文云：「君於學不沾沾於章句，尤不屑就時文繩墨，故癸巳大比，雖相偕入闈，不終場而歸，以是知君之無意科名也」云云。因繫應鄉試於十

九年。而姚名達〈王靜安先生年表〉則云於是年應鄉試不中。考鄉試三年一次，光緒二十年，二十三年，二十六年，二十九年，皆鄉試之年，故十九年不逢鄉試，因重繫於是年。所以羅振玉撰先生〈傳〉有「應鄉舉不中程，乃益肆力於詩古文，於時值中日戰役後……」云云，正為是年之事。

九月九日，姚從吾（名士鰲，字占卿，號從吾，以號行，河南襄城人。）生。姚氏雖未嘗識先生，而終生治遼金元史，並繼先生《蒙古史料四種校注》之後，校注耶律楚材《西遊錄》等，欲成蒙古史料校注第二輯。（《姚從吾先生年譜》）

秋，中日朝鮮之役起，我國海戰敗績。先生目睹國勢陵替，慨然有所感觸。時國人方抵掌爭言時事，謀變法以自強，先生始知世有所謂新學者，每思自奮，但以家貧，不能以貲供遊學，居恆怏怏不快。（〈自序〉）

光緒二十一年（民前十七年、一八九五）乙未　十九歲

二月二十四日（三月二十日），董作賓（字彥堂，河南南陽縣人，治甲骨文之後起者。）生。

三月，中日馬關和議成。南海康有爲聯合各省新進士公車上書陳時事。《梁任公先生大事記》

說：「乙未公車上書，請變法維新，倡之者康南海，而先生奔走之力爲多。割臺議起，先生連同順德麥孟華，香山張壽波，增城賴際熙上書都察院，請代奏，力陳臺灣萬不可割，格不得達。三君皆公車報罷者。」（《梁任公先生年譜長編初稿》）又羅振玉所親見云：「自甲午兵敗後，國勢頓挫，人心震疊，南海康君有爲會試公車北上時，鳩合各省舉子上萬言書，首請變法自強，並創強學會於京師。是時亡友錢塘汪君穰卿康年以新進士不應朝殿試，至上海創時務報館，聘新會梁君啓超任撰述，譯歐美報紙，載瓜分之說以激勵人心，海內爲之震動。」（《集蓼編》）

是歲，羅振玉始讀中譯本之西洋學術名著，羅氏自稱：「時我國兵事新挫，海內人心沸騰，予欲稍知外事，乃從友人借江南製造局譯本書讀之，予竊意西人學術未始不可資中學之助。時竊讀焉！」（《集蓼編》）

光緒二十二年（民前十六年、一八九六）丙申　二十歲

二月十三日（三月二十六日），傅斯年（字孟真，山東聊城人）生。傅氏於先生雖無過從，而平生服膺先生之學，且讚先生《宋元戲曲史》有獨到者，因亦繫其出生。（《傅孟真先生年譜》）

是春，羅振玉在上海與徐樹蘭、朱祖榮、蔣黼（黻、或稱蔣斧、字伯斧）等組織農學會，

設農報館，翻譯農書及雜誌。（《羅雪堂年譜》）《集蓼編》云：「讀歐人農書譯本，謂新法可增收穫，恨其言不詳。乃與亡友蔣君伯斧協商，於上海創農學社，購歐美、日本農書移譯，以資考究。……丙申春，至上海，設農報館，聘譯人，譯農書及雜誌，由伯斧總庶務，予任筆削。」

七月，梁啓超、汪康年、黃遵憲等創時務報於上海，鼓吹變法。人心爲之振動。梁啓超撰《清代學術概論》內稱：「……其後啓超等之運動益帶政治色彩，啓超創一旬刊雜誌於上海，曰《時務報》，自著〈變法通議〉，批評秕政，而救弊之法，歸於廢科舉興學校，亦時時發民權論，但微引其緒，未敢昌言。」啓超之根本政治主張乃是「變法之本在育人才，人才之興在開學校，學校之立在變科舉。」此說影響後日至鉅。

十月二十四日（十一月二十八日）夫人莫氏來歸，氏爲同邑春富庵鎮莫寅生孫女，世業商。《趙譜》

光緒二十三年（民前十五年、一八九七）丁酉　二十一歲

三月，爲同里陳汝楨（字枚肅）權家塾。（《趙譜》）

四月，羅振玉與蔣斧在上海創農學報，譯刊歐洲、日本農學書，每半月發行一期，石印本，

所載分公文、古籍調查、譯述、專著等方面文字。（《中國近代出版史料》初、二編）

八月，赴杭州再應鄉試，又不中。歸里就館於同邑沈冠英（字冕甫）家。（《趙譜》）時先生父乃譽以康梁疏論示之，先生方冠，遂思有以自試，於是棄帖括而不爲，絕舉業而不就。

光緒二十四年（民前十四年、一八九八）戊戌　二十二歲

正月初，爲菽水謀，乃束裝來上海，苦無所遇，會錢塘汪康年（字穰卿）方主辦時務報，適有同學上虞許默齋（家惺）掌書記，以事返鄉里，倩先生爲之代，乃往就職。《趙譜》惟所得薪水甚微。但此行卻爲先生一生事業的開端。

正月十七日，與友人許家惺書，感謝其援引之情。書云：「弟在此間，得從諸君子後，與聞緒論，幸甚，幸甚！足下爲我導夫先路，感何可言。雲樵先生（歐榘甲）人極和平，惟言語不通，無從請益。愷君、敬堂二先生亦待弟甚周到，堪告慰耳！前日穰卿（汪康年）先生與卓如（梁啓超）先生信，擬請鄭蘇庵（鄭孝胥）先生爲正主筆，此刻尚未定，因外人不甚滿於穰卿先生著述故也。」（《王國維全集・書信》，以下簡稱《書信集》）

案：《書信集》將先生致許家惺的二十一通書信均作「致許同藺」，經陳秉仁撰文

指正其誤，謂許家惺字警叔，號默齋，上虞人。許同藺字仲威，江蘇無錫人。前者與《趙譜》所言籍貫合，後者則不合。且諸信上款或稱默齋仁兄，或稱默兄，無一稱仲威仁兄者，故謹依陳文改正之。

二月，羅振玉以農學社翻譯東西各國農學書報，缺乏譯才，乃以私貲設東文學社於新閘路之梅福里。聘請日本人藤田豐八（字劍峰）爲教授。振玉《集蓼編》說：「藤田劍峰學士，性伉直誠摯，久處，交誼日深。一日，予與言中日脣齒之邦，宜相親善，以禦西力之東漸。甲午之役，同室操戈，日本雖戰勝，然實非幸事也。學士極契予言，謂謀兩國之親善，當自士大夫始。於是日本學者之遊中土者，必爲介紹，然苦於語言不通，乃謀創立東文學社，以東文授諸科學。」又黃孝可〈藤田博士小傳〉云：「三十歲在上海，與羅振玉共創東文學社，以日文教授科學，翻譯日本新刊書籍，爲清末新學勃興之先驅。其後成名之王國維，即當時東文學社之學生。」

案：藤田豐八後為「臺北帝國大學」教授，著有《東西交通史之研究》一書，分裝為〈西域篇〉、〈南海篇〉兩巨冊。

三月初一日（三月二十二日），東文學社開學，先生請於時務報館主汪康年，日以午後三小時往學。然館中事務頗繁劇，聽課之外，絕少閒暇自修，故半年中之進步，不如同學諸子遠甚，深以爲苦。時學社僅有學生六人，振玉初亦未識先生，後偶於同舍生扇頭讀先生撰題的〈詠史〉

詩七言絕句一首，末聯云：『千秋壯觀君知否，黑海西頭望大秦。』乃大異之，遂拔之於儔類之中，爲贍養其家，俾得力學，無內顧憂。先生之知學問途徑，以至發奮成名家，皆振玉有以啓迪之。但不幸月末甄別試，先生與嘉興沈紘（字昕伯，一作炘伯）、山陰樊炳清（字少泉，亦字亢甫，筆名抗父。）皆在不及格之列，振玉爲言於藤田豐八，仍許入學。（〈王靜安先生傳〉）

案：先生所撰〈詠史〉詩二十首，載於《學衡》第六十六期中，編者附識云：「按右詩二十首，分詠中國全史，議論新奇而正大，為王靜安先生壯歲所作，集中失收，且從未刊布，本刊輾轉得之羅叔言先生振玉許，亟錄之以示世人。」羅繼祖編《永豐鄉人行年錄》亦云：「按觀堂此詩凡二十首，實其少年佳作，鄉人一見奇之，而觀堂殊不在意。後其稿由鄉人傳出。」茲摘錄其中十首如下：「回首西陲勢渺茫，東遷種族幾星霜，何當踏破雙芒屐，卻上昆侖望故鄉。」「二帝精魂死不孤，稽山陵廟似蒼梧，耄年未罷征苗旅，神武如斯曠代無。」「春秋謎語苦難詮，歷史開山數腐遷，前後故應無此作，一書上下二千年。」「撝戈大啟漢山河，武帝雄材世詎多，輕騎今朝絕大漠，樓船明日下牂牁。」「西域縱橫盡百城，張陳遠略遜甘英，千秋壯觀君知否？黑海西頭望大秦。」「晉陽蜿蜿起飛龍，北面傾心事犬戎，親出渭橋擒頡利，文皇端不愧英雄。」「南海商船來大食，西京祆寺建波斯，遠人盡有如歸樂，知是唐家全盛時。」「五國風霜慘不支，崖山波浪浩無涯，當年國勢凌遲甚，爭怪諸賢唱攘夷！」「黑水金山啟伯圖，長驅遠蹠世間無，至今碧眼黃鬚客，猶自驚魂說拔都。」「東海人奴蓋世雄，卷舒八道勢如風，碧蹄倘得擒渠反，大壑何由起蟄龍。」

六月，因病足返里，歷三閱月始癒。先生〈三十自序〉云：「夏六月又以病足歸里，數月而癒，癒而復至滬，則時務報館已閉。」

是月，康有爲議改時務報爲官報。二十四日，駐館主辦汪康年則改時務報爲昌言報，並登一廣告於報端，說明自已創辦經過及改名原因。至七月一日，黃遵憲亦登廣告，云：「丙申五月，遵憲、德瀟與鄒君殿書、汪君穰卿、梁君卓如同創時務報於上海，因強學會餘款開辦，遵憲並首捐千金爲倡，當推汪君駐館辦事，梁君爲主筆。」二人各執一詞，愈演愈烈。初，汪康年盡虧時務報巨款，報日零落，康有爲恐其失敗，令他人致書於汪，謂卓如新得寵眷，不如將時務報館總經理名義讓與卓如，以提高該報聲價。汪氏不服，有爲乃運動奉特旨以已爲時務報督辦。汪遂改報名以避抗旨之罪。(《梁任公年譜長編初稿》)不久，昌言報亦遭封禁。八月，政變發生，康、梁逃往海外，六君子死難，新政告終，時務報亦停版。

秋後，先生病癒返上海，會時務報館已閉，羅振玉乃延先生治東文學社中庶務，而免其各費。農學報已改爲旬刊，振玉請先生幫助編譯，並撰社論，先生至是乃得專力於學。《集蓼編》

說：「學社創於戊戌仲夏（春？），及八月，政變發生，校費無出，……生徒散者三之一，而高材生若海寧王忠愨公，山陰樊少泉炳清、桐鄉沈昕伯紘兩文學，均篤學力行，拔於儕類之中，不忍令其中輟，乃復由予舉私債充校費。幸一年後，社中所授歷史、地理、理化各教科書，由王、樊諸君譯成國文，復由予措資付印，銷行甚暢，社用賴以不匱。」

光緒二十五年（民前十三年，一八九九）己亥　二十三歲

三月初五日（四月十四日），致書汪康年，表達敬仰之意，並勸其不必與藤田豐八爭辯，以示風度。書云：「前日讀公與藤師（藤田豐八）書，風節懍然。竊嘆公之持正，而恨平日之知公有未盡也。既又讀復藤師書，持論平實，毅然有不可屈之色，益服公之志。聞諸藤師尚欲遺書詰公，故敢獻一言：藤師學術湛深，其孜孜誨人不倦之風尤不易及，開歲以後，未交一文之脩，而每日上講堂至五點鐘，其爲中國不爲一己之心，固學生所共知，而亦公之所諒也。其酒後沉湎，固不無小過，前日之事，生徒中之稍有識者，無不竊憤，公前後二書，亦足以伸中國士大夫之氣而慴外人矣！彼得書後不自引咎而責公，固其量褊，亦彼中士大夫風氣使然。以後如再遺書於公，公宜引過自責，無再辯難，以安其身，而彼亦不致再蹈前轍。以上所說，公豈有不

知，所以不肯遜詞者，欲使外人知吾國士氣之不可屈耳！……」末又附言云：「頃見藤師復公書，語甚辯，而間隙可抵之處甚多，公能不復置辯，則所全者大矣！」（《書信集》）

是月，東文學社重刊日本那珂通世（字盛岡）所著《支那通史》，羅振玉爲之序，文實先生代作。其序稱：「臨百里之地，於其境之賢士大夫、姦宄敗類之數罔不知，民之疾苦利病罔不悉，則可謂良吏焉矣！臨天下之眾，於其國之盛衰，民之智愚強弱，罔不探其所由然，而知所以治之之術，則可謂良君相焉矣！若夫上下數千年，而究其一群之盛衰，與其智愚貧富強弱之所由然，探賾索隱，舉幽渺而張皇之，則非所謂良史者哉！故所貴乎史者，非特褒善貶惡傳信後世而已，固將使讀其書者，知夫一群之智愚強弱之所由然。所貴於讀史者，非特攷得失鑒成敗而已，又將博究夫其時之政治風俗學術，以知一群之智愚貧富強弱之所由然。近百年來，民智日進，新理日出，承學之士，持今世之識，以讀古書，故其所作，提要鉤元，而於政治風俗學術之間，尤三致意。吾友東儒藤田學士之言曰：自進化之論出，學子益重歷史，豈不然哉，豈不然哉！振玉竊持此義，以求諸古史氏，則唯司馬子長氏近之。此外二十餘代，載籍如海，欲藉此以知一時之政治風俗學術，譬諸石層千仞，所存強石不過逼二一。其他，卷帙紛綸，祖爲帝王將相大事，實作譜系，信如斯賓塞氏東家產貓之喻，事非不實，其不關體要亦已甚矣。《支那通史》者，日本那珂通世所作也，都若干卷，取精於諸史，而復縱橫上下於二千餘年之書，以究吾國政治、風俗、學術之流遷，簡而賅，質而雅，而後吾族之盛衰與其強弱智愚貧富之所由然，可知也。此非所謂良史者歟？所謂持今世之識以讀古書者歟？以校諸吾土之作者，吾未見其比也。豈今人之果勝於古人哉？抑時使然歟？嗚呼！以吾國之史，吾人不能作，而佗人作之，是可恥也，不恥不能作，而恥讀他人所作之書，其爲可恥孰過是也！故序而重刊之，世之君子以覽觀焉！」（見《支那通史》卷首）

秋，羅振玉以中國學校無授日文者，而就學的人日多，乃添聘日人田岡佐代治（字嶺雲）爲助教。學社以人多地隘，乃遷到江南製造局前之桂墅里。振玉任先生爲學監，而同學多與之不和洽，遂罷職，而仍致月俸如在職時。（《趙譜》）

先生從田岡佐代治習英文。〈自序〉說：「是時社中教師，爲日本文學士藤田豐八、田岡佐代治二君，二君故治哲學，余一日見田岡君文集中，有引汗德（Kant）、叔本華（Schopenhauer）之哲學者，心甚喜之，顧文字睽隔，自以爲終身無讀二氏之書之日矣！次年社中兼授數學、物理、化學、英文等，其時擔任數學者即藤田君，君以文學者而授數學，亦未嘗不自笑也。顧君勤於教授，其時所用藤澤博士之算術、代數兩教科書，問題殆以萬計，同學三四人者，無一問題不解，君亦無一不校閱也。」（《靜安文集續編》）遂決意專心習英文，是先生通西方語文之始。

案：先生的研究德國叔本華、尼采之哲學，全受田岡佐代治的影響。田岡的自傳

〈數奇傳〉中說：「予早年有厭世思想的暗影，對汗德、叔本華的哲學深為醉心。」所以為文輒引叔氏之說，先生得田岡文集而讀之，夤緣對叔氏哲學產生興趣，先生之有興趣研治哲學當從此時起。《趙譜》謂先生自二十八年始治哲學，乃是指先生真正做切實的研究之始，而興趣則早已產生於三年前了。又先生欲於課暇習古文辭，自以所學根柢未深，讀江子屏《漢學師承記》，欲於此求治學途徑。振玉告誡說：「江氏說多偏駁，本朝學術實導源於顧亭林處士，厥後作者輩出，而造詣最精者為戴氏震、程氏易疇、錢氏大昕、汪氏中、段氏玉裁及高郵二王。」因以諸家書贈之，先生雖加瀏覽，然以正治東西洋學術，未遑致力於此。（《現代中國文學史·王國維傳》）

十月，長子潛明（字伯深）生。

是歲，殷商龜甲獸骨文字始出土於河南安陽縣之小屯，其地在洹水之南，即《史記·項羽本紀》所謂之「洹水南殷墟上」者是。初出土，濰縣古董商人范維卿得之，以爲龍骨，轉售於藥舖。時福山王懿榮居京邸，其友丹徒劉鶚亦客遊京師，寓居懿榮私宅，會懿榮妻黃氏生病，醫生所開處方中有龍骨，其甥周漢光檢視，乃爲有刻文之甲片，不與常質同。命僕持問藥舖，回言無誤，並云：此藥新自河南安陽運到，貨極地道。以聞於懿榮。懿榮與劉鶚熟視所刻文字，相與驚訝，皆疑不能釋，乃親往同仁堂藥舖查詢來歷，云：係河南安陽居民掘地得之，以爲無用，索價至廉，藥鋪乃買之充藥材。懿榮見所謂龍骨，其形狀大小不一，上皆有刻文，間合數小片成一大片，形似龜版，其文更若有意義之可尋者，雖未能盡識，而爲古代文字殆無疑問。蓋其精於古文，見所刻字與金文相似，爲之狂喜，因之斷定爲殷商故物。乃多方詢購，兩年間購得數千片，是爲我國研究殷墟甲骨文字之始。（《甲骨年表》、《劉鶚年略》、《王文敏公年譜》）

十一月，同學樊炳清譯日本桑原騭藏著《東洋史要》成，日文教師藤田豐八乃論述此書大旨，特命先生撰文以發之。序說：「自近世歷史爲一科學，故事實之間不可無系統。抑無論何學，苟無系統之智識者，不可謂之科學。中國之所謂歷史，殆無有系統者，不過集合社會中散見之事實，單可稱史料而已！不得云歷史。歷史有二，有國史，有世界史。國史者，述關係於一國之事實。世界史者，述世界諸國歷史上相互關係之事實。二者其界尉然，然其不可無系統則一也。抑古來西洋各國自爲一歷史團體，以爲今日西洋之文化。我東洋諸國亦自爲一歷史團體，以爲東方數千年來固有之文化。至二者相受相拒，有密接之關係，不過最近世事耳！故欲爲完全之世界史，今日尚不能。於是大別世界史爲東洋史、西洋史之二者，皆主研究歷史上諸國相互關係之事實，而與國史異其宗旨者也。……我東方諸國相影響之事實不勝枚舉；如釋迦生於印度，其教自中國、朝鮮入日本；漢以攘匈奴而通西域，唐之盛也，西逾蔥嶺，南奄有交趾，以與波斯、大食海陸相通；元之成吉思汗，兵威振於中亞，及西方亞細亞。……又如日本之倭寇，及豐臣秀吉，其關係與朝鮮及明之興亡者不少。然則東方諸國所以有現時之社會狀態者，皆一一有其所由然，不可不察也。……桑原君之爲此書，于中國及塞外之事多據中國正史，其印度及中亞細亞之事多採自西書。雖間有一二歧誤，然簡而賅，博而要，以視集合無系統之事實者，其高下得失識者自能辨之。余尤願讀是書者，就歷史上諸般之關係，以解釋東方諸國現實之社會狀態，使勿失爲科學之研究，乃可貴耳！」（見陳鴻祥《王國維年譜》附錄〈東洋史要序〉）

光緒二十六年（民前十二年、一九〇〇）庚子　二十四歲

夏，拳匪之亂起。七月，八國聯軍陷天津，八月，繼陷北京，德宗及慈禧太后出京，逃走西安。東文學社因兵事提前結業。據〈三十自序〉說：「庚子之變，學社解散，蓋余之學於東文學社也二年有半，而其學英文亦一年有半，時方畢第三讀本，乃購第四、第五讀本歸里自習之，日盡一二課，必以能解爲度，不解者且置之」。

秋，盛宣懷請沈曾植主南洋公學講席。（《沈寐叟年譜》）

秋後，再返滬，住羅振玉家，振玉請譯農報，先生以譯才不如沈紘，乃讓沈任之。不久，

振玉應鄂督張之洞電約，至湖北任湖北農務局總理兼學堂監督。

是歲，英屬印度政府派遣匈牙利人斯坦因博士（Dr. M. Aural Stein）由印度到新疆天山南路，以和闐爲主，從事調查與發掘，於尼雅河下流廢址，得魏晉間所書木簡數十枚，又得殘帙佛經寫本及奇異印本等多種以歸。（《斯坦因西域考古記》）

時日人狩野直喜來我國留學，居上海，始聞先生之名。狩野氏追記說：「我初聞王君之名，時間甚早，大概是明治三十四年左右，我在中國上海留學的時候。當時我的友人之一藤田豐八博士，正在羅叔言君所主辦的東文學社教授日文，博士告訴我，他所教的學生某君頭腦極明晰，善讀日文，英文亦巧，且對西洋哲學研究深感興趣，其前途大可屬望。當時中國青年有志於新學的，大都對政治學、經濟學有興趣，而想嘗試研究西洋哲學者卻極罕見。藤田博士極賞識該生，說了許多誇獎他的話，但是我始終沒有和他見面，此某君即後來鼎鼎大名的王靜安先生。」（〈憶王靜安君〉）則知先生的聰慧才智已早爲師友所心折。

十一月初十日，自上海回歸海寧。留家將近一月，於十二月初九日返上海，定於月之二十一日赴日留學。

案：佛雛撰《王靜安先生年譜訂補》，據先生父乃譽所作《日記》中所載年月日如此。並謂：「《趙譜》將靜安赴日留學繫於辛丑年秋，實誤。」故據此改訂之。

十二月，同學徐有成等翻譯日人箕作元八及峰岸米造所著《西洋史綱》成，易名《歐羅巴通史》，請先生爲之序。序云：「一區之內，錯然交通，其勢力足以相突，文化足以相發，不問人種宗教洲域之異同，但取歷史上之關係，兼容並包，聯爲一體。是以印度與歐人同祖，仍然東洋之國民；撒拉孫突厥與歐人異族，不害爲西洋史之要素。是爲歷史上之分類。歷史上之分類大別爲二，即東洋史與西洋史是已！……日本理學士箕作元八及峰岸米造所著《西洋史綱》，蓋模德人蘭克（Ranke）氏之作，以供中學教科之用者，書雖不越二百頁，而數千年來西洋諸國之所以盛衰，文明之所以遞嬗，若掌指而棋置，蓋彼中最善之作也。同學徐君有成等既譯此書，易名《歐羅巴通史》，索國維言以冠其首，國維幸此書之得傳於吾國也，故忘其固陋而序之。」（《靜安文集續編》）

光緒二十七年（民前十一年、一九〇一）辛丑　二十五歲

羅振玉既爲武昌湖北農務學堂監督。春，招先生及樊炳清前往擔任譯述講義及農書之事。

四月，羅振玉創辦《教育世界雜誌》於上海，請先生任主編。《集蓼編》說：「當在鄂時，無所事事，王、樊兩君除講譯外，亦多暇日，乃移譯東西教育規制、學說，爲教育雜誌，以資

考證，先後凡五年。」又張靜廬《中國近代出版史料初編》亦稱：「《教育世界》，（一九〇一）在上海出版，羅振玉、王國維主編，初爲旬刊，專載譯文。從六十九期起改爲半月刊，始加以改良。內容分論說、學理、教授、訓練、學制、傳記、小說、中外學事等，出版至一百十六期止。」（《中國報學史》）

秋，羅振玉辭學堂監督，改聘爲襄辦江楚編譯局。時辛丑和約告成，各地恢復平靜，振玉乃助先生以川資，使留學日本。

先生得藤田豐八的介紹，於仲冬自上海東渡，入東京物理學校肄業，又因藤田之勸，專修理科。〈三十自序〉云：「北亂稍定，羅君乃助以資，使遊學於日本。亦從藤田君之勸，擬專習理學，故抵日本後乃以晝習英文，夜至物理學校習數學。」

十一月，盛宣懷爲南洋公學監督，附設東文學堂於虹口之謙吉里，沈曾植建議延聘羅振玉爲該學堂監督。（《沈寐叟年譜》）

二十五日（一九〇二年一月九日），張之洞又派羅氏赴日本考察學校，購譯教科書。（《張文襄公年譜》）

光緒二十八年（民國前十年、一九〇二）壬寅　二十六歲

二月，次子高明（字仲聞）生。

案：高明後以字行，專研宋代女詞人李清照詞，著有《李清照集校注》，後附〈李清照事跡編年〉。

先生在東京物理學校頗以幾何爲苦，留四五月因腳氣病發作，以羅振玉之勸，遂以是夏六月歸國。返國後，仍住羅家，羅氏受沈曾植之慫恿，出任南洋公學東文學堂監督，先生遂爲校之執事。暇則更從藤田豐八習英文，兼爲振玉編譯《農學報》及主編《教育世界雜誌》，撰述日豐。自是而後，遂爲獨學之時代。以體素羸弱，性復憂鬱，人生之問題，日往復於胸臆，自是始決計從事於哲學的研究，而此時先生讀書之指導者即藤田豐八。（〈自序〉）

十月，羅振玉受兩廣總督岑春煊之聘請去粵東，會張謇創辦的通州師範學校，欲聘心理學、哲學、倫理學教員，振玉乃薦先生往就聘，謇欲與之訂三年契約，先生因商之振玉，振玉不同意，乃更訂一年期。（《趙譜》）

是歲，王懿榮之子翰甫售其所藏古器物以清夙債，甲骨文千餘片最後出，悉數售與劉鶚，定海方芳藥雨又得山東濰縣古誼商人范維卿所藏三百餘片，亦歸劉氏。（《鐵雲藏龜・自序》）

光緒二十九年（民國前九年、一九〇三）癸卯　二十七歲

正月，南通張謇在通州創師範學校，先設講習科，前經聘定先生爲教員，於二月到校。《嗇翁自訂年譜》說：「二月，師範教員王靜安與所延日本人木造高俊、吉澤嘉壽之丞至。」又《張季直傳》說：「到了光緒二十九年的春天，就請定了王先生國維和日人等十多人做教員，還招考了一班學生，在四月初一日就正式開了學；這是中國第一個師範學堂。」張謇於開學典禮上致詞期勉學生說：「孟子曰：『人皆可以爲堯舜』，願諸君開拓胸襟，立定志願，求人之長，成己之用。不妄自菲薄，自然不妄自尊大，忠實不欺，堅苦自立，成我通州之學風。」其言親切感人，教學生首重立志，學做聖賢。先生於授課之暇，兼爲詩詞。（樊炳清撰〈事略〉）

案：佛雛撰〈王國維與江蘇兩所師範學堂〉引《張謇日記》，略謂：二月三日，王國維與東教教習木造高俊、吉澤嘉壽之丞至。四月一日，率諸教習行釋菜禮。又於教習堂書一聯語：「求於五洲合德智美育體，願為諸子得經師人師。」其理想甚崇高。

二月，瑞安孫貽讓重訂毛公鼎釋文。案：三代重器，存於今日者，器以盂鼎、克鼎爲最鉅，文以毛公鼎爲最多。此三器皆出道光、咸豐間，一時學者，競相考訂。嘉興徐同柏，海豐吳式芬，吳縣吳大澂，以及瑞安孫貽讓等，先後有作，鼎文之可讀者十殆八九。而先生最後出，撰〈毛公鼎考釋〉一篇，從善匡謬，遂集諸家之大戌。（《孫詒讓年譜》）

春，先生始讀翻爾彭（Fairbanks）之社會學與及文（Jevons）之名學，海甫定（Hoffding）

之心理學亦讀至半，而所購哲學之書亦至。於是暫輟心理學，而讀巴爾善（Panlsen）之《哲學概論》，文特爾彭（Wundelband）之《哲學史》，當時之讀此等書，則與前時的讀英文讀本之道無以異，幸而已先通日文，則並與日文之此類書參照而讀之，遂得以通其大略。（〈自序〉）

夏，始讀叔本華之書而大好之。〈三十自序〉云：「嗣讀叔本華之書而大好之，自癸卯之夏以至甲辰之冬，皆與叔本華爲伴侶之時代也。」

七月，於《教育世界》第五十五號發表〈哲學辨惑〉一文。其所辨者有五：一、哲學非有害之學，二、哲學非無益之學，三、中國現時研究哲學之必要，四、哲學爲中國固有之學，五、研究西洋哲學之必要。末云：「余非欲使人人爲哲學家，又非欲使人人研究哲學，但專門教育中，哲學一科必與諸學科并立，而欲養成教育家，則此科尤爲要。吾國人士所以詬病哲學者，實坐不知哲學之性質之故，故易其名曰『理學』，則庶可以息此爭論哉！」乃有感而發者。（見《王國維哲學美學論文輯佚》）

八月，劉鶚以所得甲骨文字選拓一千零五十八片付諸石印，爲《鐵雲藏龜》六冊，是爲甲骨文著錄之始。助鶚校印者爲羅振玉，而先生之得見甲骨文亦當於此時爲始。劉氏自序，頗述龜版出土始末，購求原委，繼云：「毛錐之前爲漆書，漆書之前爲刀筆，……漢人猶得見古漆書，若刀筆無有見者矣！是以許叔重於古籀文必資山川所出之彝鼎。不意二千餘年後，轉得目睹殷人刀筆文字，非大幸歟！」羅氏序藏龜，極論其有所能正於經史者四事，一曰灼龜與鑽龜，二曰鑽灼之處，三曰卜之日，四曰骨卜之原始。（《鐵雲藏龜》第一冊）亦可說是甲骨文研究之始。

是月，作〈汗德像贊〉，極推崇之。末有云：「谷可如陵，山可爲藪，萬歲千秋，公名不朽。」（《靜安續集》）

是月，又撰〈叔本華像贊〉，後刊於《教育世界》第七十七號。贊云：「人知如輪，大道如軌，東海西海，此心此理。在昔身毒，群聖所都，吠陀之教，施於佛屠。亦越柏氏，雅典之哲，悼茲眾愚，觀影於穴。汗德晚出，獨辟扃涂，鑄彼現象，出我洪爐。觥觥先生，集其大成，載厚其址，以築百城。……天眼所觀，萬物一身，搜源去欲，傾海量仁。嗟予冥行，百無一可，欲生之戚，公既詔我。公雖云亡，公書則存，願言千復，奉以終身。」（《王國維哲學美學論文輯佚》）

秋，始與日本友人長尾甲相識。案：長尾祭先生文說：「憶癸卯歲，我遊歇浦，殊域朋友，不過三五。始與君值，羅翁齋中，僅逾弱冠，靡書不通。迺偕羅翁，赴聘嶺表，岑帥幕中，稱最年少。旋佐羅翁，講學姑蘇，青衿學子，望爲楷模。」（《王忠慤公哀挽錄》）

光緒三十年（民前八年、一九〇四）甲辰　二十八歲

春，先生既卒讀哲學概論及哲學史，始讀汗德之〈純理批評〉，至先天分析論，幾全不可解，更輟而不讀，而讀叔本華（Schopenhauer）之《意志與表象之世界》（The world as and Idea）一書，叔氏之書，思精而筆銳，是歲前後讀二過，次及於其〈充足理由之原則論〉，〈自然中之意志論〉及文集等。尤以其《意志及表象之世界》一書中〈汗德哲學之批評〉一篇，爲通汗德哲學的關鍵。至是，更反而讀汗德之書，則不再有前日的窒礙。（〈自序〉）又〈靜安文集自序〉說：「余之研究哲學，始於辛壬之間（一九〇一、二），癸卯（一九〇三）春，始讀汗德之純理批評，苦於不可解，讀幾半而輟，嗣讀叔本華之書而大好之。自癸卯之夏以至甲辰（一九〇四）之春，皆與叔本華之書爲伴侶之時代也。……去夏（一九〇四）所作〈紅樓夢評論〉，其立論雖全本叔氏之立腳地，然於第四章中已提出絕大之疑問，旋悟叔氏之說，半出於其主觀之氣質，而無關於客觀的知識，此意于〈叔本華與尼采〉一文中始暢發之。」是先生已對叔氏哲學大起懷疑。

案：先生早歲喜好西洋哲學，只是略窺德國的兩三位大哲學家的遺著，並無深刻而具系統性之研究。繆鉞認為先生喜好叔本華之說而受其影響，乃自然之巧合。先生的才性與叔氏蓋多相近之點，「在未讀叔本華書之前，其所思所感或已有冥符者，惟未能如叔氏所言之精邃詳密，及讀叔氏書，必喜其先獲我心，其了解而欣賞之，遠較讀他家哲學書為易。於是對自己以前所思所感者，益增堅強之自信，而有理論上之根據。其論文談藝之意見既深受叔氏濬發，而其對人生之了解及處世之態度，亦深蒙叔氏哲學之影響。」（〈王靜安與叔本華〉）可謂確論。

是春臥病，有詩云：「因病廢書增寂寞，強顏入世苦支離。」又云「聞道南山薇蕨美，膏車徑往莫遲疑。」頗有隱居之念。

夏，撰〈紅樓夢評論〉一篇，刊於其所主編之《教育世界雜誌》第七十六至八十一號上，此爲先生第一篇文學批評的著作。先生治西洋哲學，受叔本華之影響，叔氏近承康德，遠紹柏拉圖，旁搜於印度佛說，遂自創爲一家之言。但其思想具東方色彩，謂人生乃凌亂憂苦，故持悲觀主解脫。先生取精用宏，以其哲學方法與思想以研究《紅樓夢》。夫人皆有生活之意志，因而即有與生俱來之欲望，有欲望則求滿足，實則欲望永無滿足之時，故人生與痛苦常相終始，欲免痛苦，惟有否認生活之欲，而求其解脫，先生即本此理以評《紅樓夢》。以爲男女之欲爲人生諸欲中之最大者，《紅樓夢》一書，即寫人生男女之欲而示所以及如何解脫之道，其中人物，各爲此欲所困苦，賈寶玉初亦備嘗男女之欲的苦痛，其後棄家爲僧，否認生活之欲，是爲解脫。所謂「此生活之苦痛由於自造，又示其解脫之道不可不由自己求之者也。而解脫之道存於出世，而不存於自殺，出世者，拒絕一切生活之欲者也。」《紅樓夢》爲一文學偉著，自應包蘊人生真理，先生所評，亦可稱爲一種抉幽發微之論。近百年來，研究《紅樓夢》者，多從事於作者本身的考證，而純從文學觀點論之者，尙不數覯。先生此文，要不失爲一篇文學批評的傑作，而其見解則全受叔本華哲學的啓示。（〈王靜安與叔本華〉）茲述其要點如下：

第一章　人生及美術之概觀

「吾人之知識與實踐二方面，無往而不與生活之欲相關係，即與苦痛相關係。……哥德之詩曰：凡人生中足以使人悲者，於美術中則吾人樂而觀之。美之爲物有兩種，一曰優美，一曰壯美。哥德詩即所謂壯美之情，而其快樂存於使人忘物我之關係，則固與優美無以異。美術中與二者相反對曰眩惑，……吾人欲以眩惑之快樂，醫人世之苦痛，是欲入幽谷以求明，非徒無益，而又增之。」

第二章　紅樓夢之精神

「飲食男女，人之大欲存焉，人苟能解此問題，則於人生之知識思過半矣！詩歌小說之描寫此事者，通古今東西殆不可悉數，然能解決之者鮮矣，《紅樓夢》一書非徒提出此問題，又解決之者也。人類生活之欲先人生而存在，而人生不過欲之發現也。吾人之墮落，由吾人之所欲，而意志自由之罪惡也。而此一生活之欲之罪過，即以生活之苦痛罰之，此即宇宙永遠之正義。自犯罪自加罰，自懺悔自解脫，美術之物在描寫人生苦痛與其解脫之途。歐洲近世文學中所以首推哥德之法斯德者，以其描寫法斯德之苦痛及其解脫之途徑最爲精切故也。若《紅樓夢》之寫賈寶玉，於纏陷最深之中，即已伏下解脫之種子。寶玉之苦痛，人人所有之苦痛，其存於人之根柢者爲獨深，而其希救濟也爲尤切。故此書之精神大背於吾國人之性質，吾人之沉溺於生活之欲，而乏美術之知識有如此也。」

第三章　紅樓夢之美學上之價值

「吾國人之精神，世間的也，樂天的也，故代表其精神之戲曲小說，無往而不著此樂天之色彩。始於悲者終於歡，始於離者終於合，始於困者終於亨，非是而欲饜閱者之心難矣！吾國之文學中，其具厭世解脫之精神者，僅有《桃花扇》與《紅樓夢》耳！《桃花扇》但借侯、李之事以寫故國之戚，而非以描寫人生爲事，故《桃花扇》政治的也，國民的也，歷史的也；《紅樓夢》哲學的也，宇宙的也，文學的也。此《紅樓夢》所以大背於吾國之精神，而其價值亦即存乎此。《紅樓夢》一書，徹頭徹尾之悲劇也，依叔本華之分類，屬第三類，乃悲劇中之悲劇也。叔本華置詩歌於美術之頂點，又置悲劇於詩歌之頂點，而於悲劇中又特重第三種，以其示人生之真相，又示解脫之不可已故。由是《紅樓夢》之美學上之價值，亦與倫理學上價值相聯絡也。」

第四章　紅樓夢之倫理學上之價值

「《紅樓夢》者，悲劇中之悲劇也，其美學上之價值即存乎此。然使無倫理學上之價值以繼之，則其於美術上之價值尚未可知也。今使爲寶玉者，於黛玉既死之後，或感憤而自殺，或放廢以終其身，則雖謂此書一無價值可也。何則？欲達解脫之域，固不可不嘗人世憂患，然所貴於憂患者，以其爲解脫之手段故，非重憂患自身之價值也。解脫之果足爲倫理學上最高之理想與否，實存於解脫之可能與否，今使解脫之事終不可能，則一切倫理學上之理想皆不可能也。夫以人生憂患之如彼，而勞苦之如此，未有不渴慕救濟者也，不求之於實行，猶將求之於美術，獨《紅樓夢》者，同時與吾人以二者之救濟，人而自絕於救濟則已耳！不然，則對此宇宙之大著述，宜如何企踵而歡迎之也。」

第五章　餘論

「自清代考證之學盛，而讀小說者亦以考證之眼光讀之，於是評《紅樓夢》者，紛然索此書之主人公爲誰，此又甚不可解者也。夫美術之所寫者非個人之性質，而人類全體之性質也。美術之特質，貴具體而不貴抽象，於是舉人類全體之性質，置諸個人之名字之下，善觀物者，能就個人之事實，而發現人類全體之性質，故《紅樓夢》之主人公，謂之賈寶玉可，謂之納蘭容若，謂之曹雪芹亦無不可也。……苟知美術之大有造於人生，而《紅樓夢》自足爲我國美術上唯一之大著述。」

案：左舜生《萬竹樓隨筆》載〈王國維評紅樓夢〉一條，內云：「近五十年來，中國談《紅樓夢》的有三位有名的學者：最早的王國維，他寫了一篇〈紅樓夢評論〉；

其次是蔡元培，他寫了一小冊《石頭記索隱》；又其次是胡適，他做了《紅樓夢考證》。」又謂：蔡氏著重在闡證本事，旨在弔明之亡，揭清之失，作者持民族主義。胡氏著重考證作者姓名及其時代。而先生則不同，卻是想用哲學、美學、倫理學乃至心理學的觀點，從《紅樓夢》這部大著作裡去探討人生的究竟。左氏稱讚說：「我近來稍稍涉獵王先生遺著中關於哲學和文學的研究，以及他的詩詞，我總覺得王先生的天分，比之同時代的人來得高。假定他後來不把學問的興趣移到另的方面去，而一直向哲學和文學去發展，我真不敢測度他可能及於中國學術思想界的影響，將是何等的偉大。即以他這篇〈紅樓夢評論〉而論，儘管是他早年的著作，但足以給予玩索這部大著的人們一種新的啟示，仍屬毫無疑義。」接著又說：「王先生又認定《紅樓夢》是悲劇中的悲劇，這裏他用叔本華的說法來加以解釋。……構成這個悲劇的時代因素，為王先生的〈評論〉所不及。」左氏乃提出是由於中國的禮教和大家庭制度發展到了清初，已牢不可破，不論林黛玉還是賈寶玉都難逃出這一樊籠，所以黛玉不得不死，寶玉不得不自求解脫了。其說亦不無道理，姑錄而存之。

再者：先生論生活、論藝術、論悲劇，全據叔本華學說，他是略加消化過而應用到文學批評上的。李長之撰的〈王國維文藝批評著作批判〉一文，謂先生〈紅樓夢評論〉有四長。一、有組織有系統，為從來中國文藝批評所沒有，顯然是受了西洋著述體例的影響和哲學的思索訓練之結果。二、有根據。三、有眼光。把《紅樓夢》比作Goethe的Faust，特別注意對是書的作者應有確切的知識。四、有感情，在理智的秤衡中，還流露著熱切的情感。能夠認識純文學的價值，是高出前人的。而其短則在「半生不熟，終究是接受西洋文化而整理中國東西的開始。」(《文學季刊》第一期)然先生的評論，乃是從哲學、倫理學及心理學的觀點著眼，考索其思想，又從美學的觀點來欣賞其藝術，認識到純文學的真正價值，實為開風氣之先者。我國文學批評的專著除《文心雕龍》及《詩品》外，千餘年來，無人能繼之者。至先生始以西洋的文學原理來研究中國文學，常有石破天驚的偉論，使我國的文學批評擺脫了舊日的傳統，而邁往新的途徑。正如吳文祺所說：「無疑的，在黑暗的中國文學批評界，王國維是一盞引路的明燈。」「其能以西洋的文學原理來批評中國舊文學的，當以王靜安為第一人。」可為確論。

又案：先生曾懷疑叔本華的學說，前引《靜安文集・自序》中亦曾道及。另外他又說：「如叔本華之言一人之解脫，而未言世界之解脫，實與其意志同一之說不能兩立者也。」既已懷疑叔氏之說，而又執是以證，誠為不可理解。竊以為先生的評論紅樓夢，並不在闡明叔氏之說，而只是想從紅樓夢這部文學偉著中，去探討人生的究竟。叔氏重意志輕知識，結果流為悲觀厭世的思想，因為叔氏以意志為世界之來源，有意志即有需要，有需要即有苦痛，蓋以「意志不能因一個特殊的滿足而停止欲求」，正如時間之不能有始有終，所以更無一物可以完全的永遠的滿足意志之欲求。」故欲免去苦痛，非完全否定意志不可。叔氏以為不只現象世界為苦痛所有，即概念世界亦為苦痛所有，要想免去苦痛，只有滅絕意志。這是叔氏哲學之根本立論點。先生之評《紅樓夢》即根據叔氏的此一論點。陳元暉撰〈王國維的紅樓夢評論〉則說：「《紅樓夢》的精神可以說是表現在求解脫上。王國維從叔本華唯心主義的唯意志論出發，把生活之欲看作是先人生而存在，而人生不過是欲的表現。」又說：「解脫是《紅樓夢》美學價值所在，也是倫理學價值所在。……人要達到解脫的境地，不可不嘗人世的憂患。」最後結論是：「王國維不是把《紅樓夢》作為一部文學作品來評論，而是作為一部哲學著作來評論，所以〈紅樓夢評論〉一文，可以說是一篇哲學論文，是他宣傳叔本華唯意志論哲學的一篇論文。」其說亦頗可取，畢竟先生是叔本華的信徒。或云日後先生自沉昆明湖以死，與叔氏之虛無悲觀之思想不無關係，亦可見叔氏學說對先生影響之大和先生對叔氏學說認識之深。

七月，羅振玉創設江蘇師範學校於蘇州。《集蓼編》說：「是年六月，鄂撫端忠敏公（方）移署蘇撫，過滬來訪，面請參議學務。七月往受事，謀創江蘇師範學堂，以十一月開校，時公已移署兩江總督。」又〈藤田博士小傳〉說：「三十七歲，應江蘇巡撫端方之聘，創立師範學堂於蘇州，是爲中國師範學堂之嚆矢。」

十一月，孫詒讓撰成《契文舉例》二卷。先生評道：「此書雖謬誤居十之八九，然華路椎輪，不得不推此也。」案：先生於民國五年冬得是書稿本於滬上書肆，因寄羅振玉，刊入《吉石盦叢書》中。此書共分九類，一日月，二貞卜，三卜事，四鬼神，五卜人，六官氏，七方國，八典禮，九文字。前八類合爲上卷，文字一類爲下卷。詒讓治吉金文字，造詣甚深，此書僅據《鐵雲藏龜》一書，材料既少，而事又屬創舉，故未能盡通其讀，然開山之功，自不可泯沒。（《孫詒讓年譜》、〈殷虛甲骨文之發現及其著錄與研究〉）

是月，江蘇師範學堂開學，羅振玉被任爲監督，延先生自通州往蘇州任教職，主講心理、倫理及社會諸學。《趙譜》時日人藤田豐八亦在校，先生暇時仍從其問學，兼攻叔本華哲學，時出其緒餘，爲文於《教育世界雜誌》中刊之。

案：佛雛撰〈王國維與江蘇兩所師範學堂〉，考定《趙譜》之說不完全準確。據先生父乃譽《日記》，先生以頸部生癰於是年三月返鄉休養，至秋始返滬，故應為自上海往蘇州。至於所授之課，應為修身、中國歷史及文學等，於所講授時，每創新說，講求實效，頗為學生心悅誠服。所訂正者皆有本有源，特附載於此，供研究近代教育史者參考。

又案：陳邦直撰《羅振玉傳》謂：蘇州師範學堂即紫陽書院之舊址，於校中特設先師孔子牌位，每逢朔望，必率師生行禮。又建春風亭，購藏經史，造就人才甚衆。據錢穆撰《師友雜憶》中提到：「蘇州中學乃前清紫陽書院之舊址，學校中藏書甚富，校園亦有山林之趣。」此中學顯為由師範學堂改設的。又云：「城中有小讀書攤及其他舊書肆，余時往購書。彼輩每言：昔有王國維，今又見君。蓋王國維亦曾在紫陽書院教讀也。」是先生在任教蘇州師範學堂時，常往舊書肆購書，故店家多識之。

是歲，先生在《教育世界雜誌》上發表專文有〈論理學上之二元論〉、〈教育偶感〉四則，〈論叔本華之哲學及其教育學說〉、〈紅樓夢評論〉、〈國朝漢學派戴阮二家之哲學說〉、〈釋理〉、〈書叔本華遺傳說後〉、〈論近年之學術界〉、〈論新學語之輸入〉等數篇。先生接受叔本華之哲學，故所爲文多以叔氏之說爲中心論題，筆鋒裡夾著感情，先生不僅介紹叔氏的學說，自己亦有特殊的見地。先生批評叔氏之遺傳說不足持，並舉出若干歷史事實，以證明與叔氏之說適相反，其不盲從之者可知。以上諸文中，以〈論新學語之輸入〉一文獨具卓見。如言：「西洋人之特質，思辨的也，科學的也，長於抽象而精於分類。……我中國有辯論而無名學，有文學而無文法，足以見抽象與分類二者，皆我國人之所不長。……況於我國夙無之學，言語之不足用豈待論哉！……事物之無名者，實不便於吾人之思索。故我國學術而欲進步乎？則雖在閉關獨立之時代，猶不得不造新名，況西洋之學術駸駸而入中國，則言語之不足用固自然之勢也。……言語者思想之代表也，故新思想之輸入，即新言語輸入之意味也。……近年以來，形上之學漸入於中國，而又有一日本焉為之中間之驛騎，於是日本所造譯西語之漢文，以混混之勢而侵入我國之文學界，好奇者濫用之，泥古者唾棄之，二者皆非也。」先生開明的態度，於此蓋可想見。所以在先生的遺著中，所吸收的外來語彙極多。

案：素癡（張蔭麟）撰〈王靜安先生與晚清思想界〉，極稱揚先生在〈論近來之學術界〉一文中對我國哲學自有其明確之歷史觀。先生明言：先秦為我國思想之能動時代，當時天下紛亂，上無統一之制度，下迫於社會之要求，於是諸子百家各創學說。漢朝天下昇平，武帝以孔子學說統一思想，學者無所開創，學術遂停滯，思想亦凋敝，而佛教適於是時傳入，大受學者歡迎，至唐乃臻極盛。此數百年，為我國思想之變動時代。至宋儒出，將佛教思想與我國固有之思想，相化而調和之。宋後，思想又停滯，直至清末，西洋思想傳入同於第二佛教。素癡乃說：「凡此在近人關於本國思想史之著作中，聞之已熟，然不知實先生二十餘年前之創說也。」先生又論及「同治及光緒初年留學歐美者，皆以海軍製造為主，其次法律而已，以純粹科學專其家者，獨無所聞。其有哲學興味如嚴復氏者，亦只以餘力及之，其能接歐人深邃偉大之思想者，吾決其必無也。」素癡乃因而感嘆地說：「當此舉世沉溺於實用觀念與功利主義之中，獨有人焉，匡矯時俗，脫屣名位，求自我之展伸，為學問而學問，周旋揖讓於歐洲深邃偉大之思想家之群，而聆其談吐，而與之詰難。窮形上之奧，究人生之謎，而復挹精擷華，以餉當世，斯豈非先知先覺之豪傑士，而我國思想史上所當特筆大書者歟！」（《學衡》第六十四期）所推崇誠是。

光緒三十一年（民國前七年、一九〇五年）乙巳　二十九歲

三月初九日（四月十三日），三子貞明（字叔固）生。

春夏間，仍在蘇州講學，於汗德哲學爲第二次之研究，日讀二小時，且願於今後數年專力治之。〈三十自序〉說：「（叔本華）《意志及表現之世界》中，〈汗德哲學之批評〉一篇，爲通汗德哲學關鍵。至二十九歲，更反而讀汗德之書，則非復前日之窒礙矣！嗣後於汗德之純理批評

外，兼及其倫理及美學。」

春，撰成〈周秦諸子之名學〉，刊於《教育世界雜誌》第九十八及一百號。首言：「學問之發達其必自爭論始矣！況學術之爲爭論之武器者乎？」於是論及：「我國名家之祖是爲墨子，墨子所以研究名學，亦因欲持其兼愛、薄葬、非樂之說，以反對儒家故也。荀子疾鄧、惠之詭辯，淑孔子之遺言，而作〈正名〉一篇，中國之名學於斯爲盛。……荀子及公孫龍子之論概念（Conception），雖不足以比雅里大德勒（Aristotle），固吾國古典中最可寶貴之一部，亦名學史上最有興味之事實也。」荀子論制名之標準全本乎經驗，而公孫龍子與惠施之徒則全逞詭辯。

八月，彙集此數年間所爲文刊之於《教育世界雜誌》者，並附所作古今體詩五十首，重加刊行，署名曰《靜安文集》。自爲序說：「余之研究哲學，始於辛壬之間。癸卯春，始讀汗德之純理批評，苦其不可解，讀幾半而輟。嗣讀叔本華之書而大好之，自癸卯之夏，至甲辰之冬，皆與叔本華之書爲伴侶之時代也。其所尤愜心者，則在叔本華之知識論，汗德之說得因之以上窺。……今歲之春，復返而談汗德之書，嗣今以後，將以數年之力研究汗德，他日稍有所進，取前說而讀之，亦一快也。故並諸雜文，刊而行之，以存此二三年間思想上之陳跡云爾！」此集包括論文十二篇，古今體詩五十首，其篇目除上年所列者外，尚有〈論性〉、〈叔木華與尼采〉、〈論哲學家及美術家之天職〉、〈論平凡之教育主義〉等四篇。先生於全國學界未嘗注意德國哲學的時候，獨能首先爲之介紹，雖未能終身守之，然倡導研究哲學之風氣，則其功亦不細。先生論我國哲學美術不發達的原因說：「披我中國之哲學史，凡哲學家無不欲兼爲政治家者，……詩人亦然。……嗚呼！美術之無獨立之價値也久矣！此無怪歷代詩人多託於忠君愛國勸善懲惡之意以自解免，而純粹美術上之著述往往受世之迫害而無人爲之昭雪者也。此亦我國哲學美術不發達之一原因也。」（〈論哲學家與美術家之天職〉）又感歎中國人對文學之無趣味和文學之不進步，其來有自。又說：「生百政治家不如生一大文學家。……試問我國之大文學家有足以代表全國民之精神，如希臘之鄂謨爾，英之狹斯丕爾，德之格代者乎？吾人所不能答也。……我國人對文學之趣味如此，則於何處得其精神之慰藉乎？求之於宗教歟？則我國無固有之宗教，印度之佛教，亦久失其生氣。求之於美術歟？美術之匱乏亦未有如我中國者也。則夫蚩蚩之氓，……非鴉片賭博之歸而奚歸乎？故我國人之嗜鴉片，有心理的必然性；……不培養國民之趣味而禁鴉片，必不可得之數也。」可謂至言。然先生主要的貢獻尙不在此，而是用西洋哲學的思索方法，重新檢討我國哲學上的「性」與「理」兩大問題。其〈論性〉說：「吾人之所可得而知者，一先天的知識，一後天的知識也。……二者之知識皆有確實性，但前者有普遍性及必然性，後者則不然，然其確實則無以異也。今試問性之爲物，果得從先天中或後天中知之乎？先天中所能知者，知識之形式而不及於知識之材質，而性固一知識之材質也。若謂於後天中知之，則所知者又非性。……何則，吾人經驗上所知之性，其受遺傳與外部之影響者不少，則其非性之本來面目固已久矣！故斷言之曰：性之爲物超乎吾人之知識外也。……苟執經驗上之性以爲性，則必先有善惡二元論起焉！何則？善惡之相對立，吾人經驗上之事實也，……故由經驗以推論人性者，雖不知與性果有當與否，然曰：不與經驗相矛盾。……至執性善、性惡之一元論者，當其就性言時，以性爲吾人不可經驗之一物，故議得而持其說，然欲以之說明經驗，或應用於修身之事業，則矛盾即隨之而起，余故表而出之，使後之學者勿徒爲此無益之議論也。」先生以汗德哲學上的知識論爲立足點，批評古來性善、性惡說的矛盾，而斷言性之爲物超乎吾人知識之外，不似古來的論性諸哲人全憑自己主觀，發爲空泛之議論可此。此說不僅足以道破古來論性之病根，且可使二千多年來聚訟紛紜的問題爲之平息。

案：先生近三年來，除研究西洋的哲學外，又喜談文學、美術和教育，所為文甚多，並未全部收在《靜安文集》內。據吳文祺〈再談王靜安先生的文學見解〉一文中提到：曾於上海舊書肆買到幾本殘缺不全的《教育世界雜誌》，每期上都有先生的文章，而且每期不止一篇，有的是論哲學的，有的是論教育的，而關於文學方面的尤其多。獨惜先生卒後，羅振王所編印的《海寧王忠愨公遺書》不收《靜安文集》，其所為先生傳，則說「從藤田博士治歐文及西洋哲學、文學、美術，尤喜韓圖、叔本華、尼采諸家之說，發揮其旨趣為《靜安文集》。……（東渡後）予乃勸公專研國學，而先於小學訓詁植其基，並與公論學術得失，……公聞而悚然，自懟以前所學未醇，乃取行篋《靜安文集》百餘冊悉摧燒之。」然所為《觀堂集林‧序》則說：「逮歲丁未，君有《靜安文集》之刻，戊申以後，與君同客京師，君又治元明以來通俗文學。……然君治哲學，未嘗溺新說而廢舊文，共治通俗文學，亦未嘗尊俚辭而薄雅故。辛亥之變，君復與余航海居日本，自是始棄前學，專治經史。……」並未提及摧燒《靜安文集》之事。所以吳文祺舉出三疑：「不言之於王氏生前，而忽言之於王氏死後，此可疑者一。《靜安文集》曾由上海商務印書館代售，民國九、十年間的《圖書彙報》上，還赫然留著《靜安文集》之名。王氏於行篋中的《靜安文集》既已摧燒於前，於商務代售的《靜安文集》則任其流傳於後，天下寧有是理？此可疑者二。尼采、叔本華學說之引人注意，小說戲曲之被人重視，《崔東壁遺書》之為學者所稱道，疑古之風之瀰漫於學術界，都是五四以後的事。羅氏勸王氏之專治小學訓詁是在辛亥年，辛亥革命只是政體換了一個形式，至於『社會的上層建築』的文化，並沒有根本動搖。……羅氏當時所痛心切齒的應當是江山之易主，而不是舊文化之滅亡！羅氏為王氏『涕泣而道之』的話，發之於五四運動則針鋒相對，發之於所謂『辛亥國變』之時，則未免牛頭不對馬嘴，大概羅氏鑒於近年來西洋文化之輸入，白話文學之盛行，他覺得歷古相傳的孔孟的道統快要斷絕了，而《靜安文集》……頗有為新文化張目之嫌，他當然不願意使之流佈人間，因臆造王氏自己摧燒之語。……此可疑者三。」（《文學季刊》創刊號）所疑極是，而第三點正可說明羅振玉不收《靜安文集》於先生遺書中的理由。

又案：先生年來發表論教育的文章亦特具卓見。如論教育之宗旨，即首言在教導青年為完全之人物。完全之人物，在精神與身體調和的發達，而精神之中，知力、感情和意志三者皆達到真善美之理想，「真者知力之理想，美者感情之理想，善者意志之理想。」（《晚清文選》）附表如左：

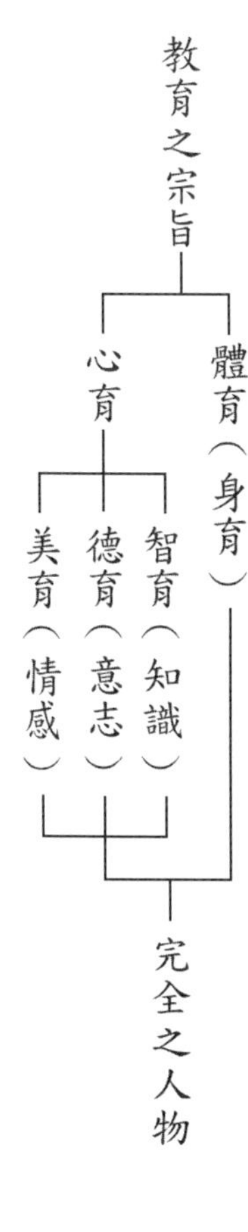

這一完備而有近代教育觀念的主張，是我國古來許多教育家所未曾道及的，也比梁啟超先生所倡導的教育宗旨德育、知育、體育、美育和蔡元培先生的德智體群美五

育要早十多年，足見先生的卓識和巨眼。

十月，羅振玉以父喪辭監督事，先生亦辭職返里，至是在家閒居達半年之久。同邑有張光第（字渭漁）其人，爲清末一大收藏家，所藏書畫金石墨本及本邑先哲遺著至富。先生歸里後，曾往造訪，彼出其所藏馬湘蘭蘭石小幅，唐寅芍藥畫卷，相與把玩。未幾，別去，未能再面聚。後光第卒，其藏書星散，鄉邦文獻，爲之蕩然，先生後日每念及光第，輒爲之慨然。（《趙譜》）

是歲，先生於治哲學之暇，兼以塡詞自遣。獨闢意境，由北宋而返之唐五代，尤深惡近代詞人堆砌纖小之習。先生曾說：「百年來詞之不振實由於此。」故痛改之。因爲塡詞的成功，故興趣由哲學轉向於文學的愛好。〈自序〉說：「余疲於哲學有日矣，哲學上之說，大都可愛者不可信，可信者不可愛，余知其理，而余又愛其謬誤偉大之形而上學，高嚴之倫理學，與純粹之美學，此吾人所酷嗜也。然求其可信者，則寧在知識論上之實證論，倫理學上之快樂論與美學上之經驗論，知其可信而不能愛，覺其可愛而不能信，此近二、三年中最大之煩悶，而近日之嗜好所以漸由哲學而移於文學，而欲於其中求直接之慰藉者也。要之，余之性質，欲爲哲學家則感情苦多而知力苦寡，欲爲詩人則又苦感情寡而理性多。……今日之哲學界，自赫爾德曼以後，未有敢立一家系統者也。居今日而欲自立一新系統，自創一新哲學，非愚則狂也。近二十年之哲學家，如德之芬德，英之斯賓塞爾，但蒐集科學之結果，或古人之說，而綜合之修正之耳，此皆第二流之作者，又皆所謂可信而不可愛者也。此外所謂哲學家，則實哲學史家耳，以余之力，加之以學問，以研究哲學史，或可操成功之劵，然爲哲學家則不能，爲哲學史則又不喜。此亦疲於哲學之一原因也。近年嗜好之移於文學亦有由焉，則塡詞之成功是也。余之於詞，雖所作尚不及百闋，然自南宋以後，除一二人外，尚未有能及余者，則平日之所自信也。雖比之五代、北宋之大詞人，余媿有所不如，然此等詞人，亦未始無不及余之處。」先生自視之高如此！

是歲十一月十日（十二月六日），清政府設立學部以總全國之教育，榮慶爲尚書，熙英、嚴修分爲左右侍郎。

光緒三十二年（民國前六年、一九〇六年）丙午　三十歲

正月，羅振玉爲學部尚書榮慶奏薦，入爲學部參事，乃攜家北上，約先生與之同行。既抵京師，即住羅家。

正、二月間，先生在《教育世界雜誌》上發表〈奏定經學科大學文學科大學章程書後〉一文，見解超新，多爲時賢所忽略者。此文後轉載于《近代中國教育史料》第二冊中，編者附案

語說：「原文載《教育世界》第一百十八、十九兩期，時爲光緒三十二年正月及二月，該誌爲旬刊，以介紹新教育學術及討論教育問題爲主旨。王氏著述甚多，此文在實際上雖未曾發生重大影響，但其思想超越，頗爲時人所重，雖屬論文，亦併錄之，以覘當時教育思潮。」蓋其見解實受歐洲教育制度的影響。

三月，集近二、三年內所塡詞而刊之，名爲《人間詞甲稿》，蓋詞中人間二字常見，遂以名之，有山陰樊志厚爲之序。序說：「王君靜安將刊其所爲《人間詞》，詒書告余曰：知我詞者莫如子，敘之亦莫如子宜。余與君處十年矣，比年以來，君頗以詞自娛，余雖不能詞，然喜讀詞，每夜漏始下，一燈熒然，玩古人之作，未嘗不與君共，君成一闋易一字，未嘗不以訊余。既而睽離，苟有所作，未嘗不郵以示余也。然則余於君之詞又烏可無言乎？夫自南宋以後，斯道之不振久矣，元明及國初諸老，非無警句也，然不免乎局促者，氣困於彫琢也。嘉道以後之詞非不美也，然無救于淺薄者，意竭於摹擬也。君之於詞，於五代喜李後主、馮正中，於北宋喜永叔、子瞻、少游、美成，於南宋除稼軒、白石外，所嗜蓋鮮矣！尤痛詆夢窗、玉田，謂夢窗砌字，玉田壘句，一彫琢、一敷衍，其病不同，而同歸于淺薄，六百年來，詞之不振實自此始。其持論如此！及讀君自所爲詞，則誠往復幽咽，動搖人心，快而（能）沉，直而能曲，不屑屑于言詞之末，而名句間出，殆往往度越前人。至其言近而指遠，意決而辭婉，自永叔以後，殆未有工如君者也。君始爲詞時，亦不自意其至此，而卒至此者，天也，非人之所能爲也。若夫觀物之微，託興之深，則又君詩詞之特色，求之古代作者，罕有倫比。」

案：此序與乙稿序均為先生自撰，而託名於樊志厚。先生於填詞自視甚高，前引〈自序〉，謂其所作雖不及百闋，「然自南宋以來，除一二人外，尚未有能及者。」趙萬里說：「此言也，或以為自視過高，然細讀先生之詞，有清真之綿密，而去其纖逸，有稼軒、後村之閎麗，而去其率直。其意境之高超，三百年間，惟萬年少、納蘭容若差可比擬。餘子碌碌，實不足以當先生一二詞也。」（《趙譜》）其推崇亦未免稍過。近讀馮承基先生〈閒話王靜安詞〉一文，頗具高論，謂先生詞可概括三類：第一類，摹擬古人，如「天末同雲黯四垂」，即美成之「樓上晴天碧四垂」。馮說：「讀靜安此類詞，時時見古人面目，如入委託商行，雖覺琳瑯滿目，率非自家物也。」第二類，「十首以外，語意略同，落句尤甚。」如「人間須信思量錯」，「人間總被思量誤」，並意義亦從同，正坐此失。第三類，「各句於各詞中，居同一部位，用同一手法，幾成套數。凡此如偶見一二，未嘗不醒人耳目，連篇累牘，便近八股矣！」如「已恨平蕪隨雁遠，暝烟更界平蕪斷。」；「已恨年華留不住，爭知恨裡年華去」。故馮先生說：「大約王詞，如名伶般演，聲容並茂，喜怒哀樂之發亦無不中節，然終覺是戲，其病在有意為之，亦造境之說有以自誤。又如宋人刻楮，三年成一葉，非不精工，而揮灑之致，參拔之奇，概乎未見。其病在刻意為之，類賈島吟詩，未免落小家樣，亦尊小令之說（見《人間詞話》）有以自誤。故王詞一涉中長調，便不能精神貫注，一氣呵成，讀之令人有七寶樓臺之感，職是故也。」（《大陸雜誌》二十九卷七期）可謂的論。然先生究不以詞名家，青年時期的作品，自負是在所不免，亦不足以為先生病。先生本已聰慧絕倫，而又輔以好學深思，其在二三年內填詞有如許高的造詣，亦難尋其匹敵，集中短調，「寫景必豁人耳目，言情必沁人心脾」之作，不是找不到的。

又案：先生自二十歲始專研西洋哲學，是歲以前所作詩亦帶有哲學色彩。錢鍾書說：「老輩惟王靜安，少作時時流露西學義諦，庶幾水中之鹽味，而非眼裏之金屑。其《觀堂丙午以前詩》一小冊，甚有詩情作意。惜筆弱詞靡，不免王仲宣文秀質羸之譏。古詩不足觀，七律多二字標題，比興以寄天人之玄感，申悲智之勝義，是治西洋哲學人本色語。佳者可入《飲冰室詩話》，而理窟過之。如〈雜感〉云：『側身天地苦拘攣，姑射神人未可攀，雲若無心常淡淡，川如不競豈潺潺。馳懷敷水條山裡，託意開元武德間，終古詩人太無賴，苦求樂土向塵寰。』此非柏拉圖之理想，而參以浪漫主義之企羨乎？〈出門〉云：『出門惘惘知奚適，白日昭昭未易昏，但解購書那計讀，且消今日敢論句。百年頓盡追懷裡，一夜難為怨別人，我欲乘龍問羲叔，兩般誰幻又誰真？』此非普羅太哥拉斯（Protagoras）之人本論，而用之於哲學家所謂主觀時間（Duration）乎？……然而靜安標出真幻兩字，則哲學家舍主觀時間而立客觀時間，牛頓所謂絕對、真實與數學時間（Absolute, true, and mathematical time）者是也。句如『人生過後唯存悔，知識增時轉益疑，』亦皆西洋哲學常語。……所撰〈紅樓夢評論〉，第五章（應為第四章）申說叔本華人生解脫之旨，引自作『生平頗憶挈盧敖』一七律為例，可見其確本義理，發為聲詩，非余臆說也。丙午以前詩中有〈題友人小像〉云：『差喜平生同一癖，深宵愛誦劍南詩。』今觀所作，平易流暢，固得放翁之一體，製題寬泛，亦近放翁。若〈五月十五夜坐雨〉之『水聲粗悍如驕將，山色淒涼似病夫。』則尤類朱竹垞〈書劍南集後〉所指摘者。……又如前所引〈雜感〉頸聯『馳懷敷水條山裡，託意開元武德間』，即仿放翁〈出遊歸鞍山口占〉『寄懷楚水吳山裡，得意唐詩晉帖間』句調。不曰羲皇以上或黃農虞夏，而曰開元武德，當是用少陵〈有歎〉結句『武德開元際，蒼生豈重攀。』敷水條山四字，亦疑節取放翁〈東籬〉詩『每因清夢遊敷水，自覺前身隱華山。』以平仄故，易華山為條山。然敷水華山乃成語。……靜安語跡近雜湊，屬對不免偏枯，路歧一典，三數葉內屢見不一見，亦異於段柯古之事無復使者也。靜安三十五歲以前，詩律尚不細如此。然靜安博極群書，又與沈乙庵遊，而自少至老，所作不為海日樓之艱僻，勿同程春海以來所謂學人之詩者，得不謂為深藏若虛也哉！」（《談藝錄》）所評無不一針見血。然先生一生趣味在多方面，詩詞僅為先生消遣之一助。今特以繫先生之詞而兼及其詩，並評論之，為便於檢閱而已！

六月，英國考古學者斯坦因再來我國新疆考古，到達和闐。早在五年前（一九〇一），斯氏即視沙漠爲可愛的中亞考古的基礎，其第二次來和闐，終于在尼雅河廢址發現我國漢魏時木簡十數枚。（《斯坦因西域考古記》）

七月，父乃譽病卒於家，享年六十，先生在京聞耗，亟奔喪歸里。並撰〈先太學君行狀〉一篇，寄以哀思，狀云：「君自光緒之初，睹世變日亟，亦喜談經世之學，顧往往爲時人所詬病，聞者輒掩耳去，故獨與兒輩言之。今日所行之各新政，皆藐孤等二十年前膝下所習聞者也。嗚呼！君於孤貧之中，闤闠之內，克自樹立，其所成就，雖古人無以遠過。而年不躋于中壽，名不出於鄉里，是亦可哀也已！」（佛雛著《王國維詩學研究》附）

十月，葬父於縣城北徐步橋之東原。自此先生即在鄉守制。時有邑人數輩，共推先生爲學務總董，先生卻之不就，因撰〈紀言〉一篇，略云：「光緒丙午冬十月，國維以父憂居里門，有鄉先生六七人遝然叩門入，曰：『學部新令，凡府廳州縣各置一勸學所，並置學務總董一人以總攬一邑之學務。吾子素明於教育，但居鄉之日淺，未得奉教，今邑侯命某等舉總董，即以吾子應矣！子其毋辭。』余應之曰：『嘻！以今日教育情形觀之，雖欲不辭，其可得乎？……吾浙一省尚無完全之師範學校，其高等學堂附屬之師範簡易科卒業者，學術鹵莽，教授拙劣，斷不足勝教員之任。……今吾邑已有之校，教員稱職者十不得一二，若欲增設（學校），奚自求之？……故就地方教育情形，非學部通籌全局立其根本，則雖聖賢豪傑亦無以善其後，況不才如某者乎？且某尚欲研究學問，又將有四方之役，未能以身委諸一邑之公益也。』」觀此知當日辦理地方教育之困難。且風氣未開，規模未立，而欲教育之普及，自非一蹴可及之事。故先生說：「觀于一縣，而天下之教育可知矣！」（《靜安文集續編》）

是歲十至十二月，於上海《教育世界雜誌》，發表〈書辜氏湯生英譯中庸後〉一文，對辜鴻銘批評頗酷。先生後記云：「此文作於光緒丙午，曾登載於上海《教育世界雜誌》。此誌當日不行於世，故鮮知之者。越二十年乙丑夏日，檢理舊篋始得之。《學衡》雜誌編者請轉載，因復覽一過。此文對辜君批評頗酷，少年習氣，殊堪自哂。案辜君雄文卓識，世間久有定論，此文所指摘者，不過其一二小疵，讀者若以此而抹摋辜君，則不獨非鄙人今日之意，亦非二十年前作此文之旨也。」（《靜安文集續編》）

案：先生素重視國民教育，是歲於《教育世界雜誌》上發表〈去毒篇〉一文，論鴉片煙之根本治療法及將來教有上應注意之點。有云：「故禁鴉片之根本之道，除修明政治，大興教育以養成國民之知識及道德外，尤不可不於國民之感情加之意焉！其道安在？則宗教與美術二者是。前者適於下流社會，後者適於上等社會，前者所以鼓國民之希望，後者所以供國民之慰藉。茲二者，尤我國今日所最缺乏亦其所最需要者也。」（同上）其言善極。惜當局者不省，致令鴉片之流毒於國中者又二十餘年。

是歲，法國漢學家伯希和（Paul Pelliot）前來我國新甘考古。自一九〇五年英籍猶太人斯坦因博士來中亞考古新發現之消息傳播歐洲後，伯希和受法國政府及法國國立研究院銘文研究所（Academue des Inacriptions et Belles Lettres）的委託，組織考古團，出發中亞，滯留我國新疆甘肅者凡三年（一九〇六～一九〇八），收獲甚夥，而尤以其所擇取之五千卷敦煌千佛洞晉唐人寫卷及佛經畫等最爲舉世所稱道。（〈伯希和教授傳〉）

光緒三十三年（民前五年、一九〇七年）丁未　三十一歲

春，羅振玉薦先生於學部尚書蒙古人榮慶。三月北上，抵京後，命在學部總務司行走，充學部圖書局編輯，主編譯及審定教科書等事。

四月十日（五月二十一日），斯坦因考古到敦煌千佛洞的石窟寺，發現我國古寫本佛經卷子。斯氏自稱卷子緊緊的一層一層的亂堆在地上，高達十呎左右。卷子裡有許多西藏文寫本，都是藏文佛經。還夾雜有無數用印度文的有的是用梵文寫的大小不同長方形紙片。有的是土耳其斯坦佛教徒用來翻譯佛經的各種方言，就分量以及保存完好而言，以前斯氏所發現的無一能與此相提並論。於是在興高彩烈的心情下，搬運了六晝夜，將古寫本裝成二十四箱，畫繡品及其他美術品五箱，悉數運歸英倫。（《斯坦因西域考古記》）

六月，夫人莫氏病危，先生聞訊即歸里，月之十六日抵家，廿六日夫人病卒，年僅三十四。喪事料理畢，於七月又北上。時長子潛明甫九歲，次子高明方六歲，三子貞明尚不足三歲，皆待輔育，先生中年喪偶，心靈上的哀痛是可想而知的。

是月，將丹麥哲學家海浦定名著《心理學大綱》（Outrline of Psychology）譯成中文，名曰《心理學概論》，由商務印書館出版。後被列入該館之《哲學叢書》中。此爲國人翻譯西洋心理學著作第一部書。

夏，撰教育小言十則刊於《教育世界雜誌》，內中有一則悼念俞樾。案：樾卒於丙午年十二月二十三日（一九〇七年二月五日），年八十六。（見繆荃孫《藝風堂續集》卷二〈俞先生行狀〉）據云：「德清俞氏之歿幾半年矣，俞氏之於學問固非有所心得，然其爲學之敏與著書之勤，至耄而不衰，固今日學者之好模範也。然於其死也，社會上無鋪張之者，亦無致哀悼之詞者，……吾國人對學問之興味如何，亦可於此觀之矣！」（《靜安文集續編》）先生亦曾感嘆士人「捨官以外無他好」，乃視學問爲無價値，故於俞樾卒後目睹社會上竟無人致哀悼之詞者，遂再次對國人不重視學者而提出批判。

十月，又彙集此一年間所爲詞名曰《人間詞乙稿》，刊入《教育世界雜誌》中，亦假託樊志厚爲之序。大略說：「去歲夏，王君靜安集其所爲詞得六十餘闋，名曰《人間詞甲稿》……今冬，復彙所作詞爲乙稿。……文學之事，其內足以攄己，而外足以感人者，意與境二者而已！上焉者意與境渾，其次或以境勝，或以意勝，苟缺其一，不足以言文學。原夫文學之所以有意境者，以其能觀也。出於觀我者，意餘於境，而出於觀物者，境多於意。然非物無以見我，而觀我之時，又自有我在，故二者常互相錯綜，能有所偏重而不能有所偏廢也。文學之工不工，亦視其意境之有無與其深淺而已！……苟持此以觀古今人之詞，則其得失可得而言焉！溫韋之精艷所以不如正中者，意境有深淺也；珠玉之所以遜六一，小山所以愧淮海者，意境異也。美成晚出，始以辭采擅長，然終不失爲北宋人之詞者，有意境也。南宋詞人之有意境者唯一稼軒，然亦若不欲以意境勝。白石之詞，氣體雅健耳，至於意境，則去北宋人遠甚。及夢窗、玉田出，並不求諸氣體，而惟文字之是務，於是詞之道熄矣！自元迄明益不振。至於國朝，而納蘭侍衛以天賦之才，崛起於方興之族，其所爲詞，悲涼頑艷，獨有得於意境之深，可謂豪傑之士奮乎百世之下者矣！同時朱陳，既非勁敵，後世項蔣，尤難鼎足。至乾嘉以降，審乎體格韻律之間者愈微，而意味之溢于字句之表者愈淺，豈非拘泥文字而不求諸意境之失歟？……余與靜安均夙持此論，靜安之爲詞，真能以意境勝。夫古今人詞之以意勝者，莫若歐陽公，以境勝者莫若秦少游。至意境兩渾，則惟太白、後主、正中數人足以當之。靜安之詞，大抵意深于歐而境次以秦，至其所作，如甲稿《浣谿沙》之天末同雲，《蝶戀花》之昨夜夢中；乙稿《蝶戀花》之百尺朱樓等闋，皆意境兩忘，物我一體，高蹈乎八荒之表，而抗心乎千秋之間，駸駸乎兩漢之疆域廣于三代，貞觀之政治隆于武德矣！……至君詞之體裁，亦與五代、北宋爲近，然君詞之所以爲五代、北宋之詞者，以其有意境在，若以其體裁故而至遽指爲五代、北宋，此又君之不任受，固當與夢窗、玉田之徒專事摹擬者，同類而笑之也。」（《王靜安先生遺書》第十三冊）

案：意境之說，先生於《人間詞話》中言之最詳。先生中年喪偶，心情淒蒼，所為詞多哀婉。又先生的詞，頗具特色，受叔本華的影響，含有哲學意味，序稱其詞「意深於歐而境次於秦」，所謂意深者，就是指詞中含有人生哲學之故。茲據張觀輯《清代名家詞選》，末附先生小傳，並加評論說：「其所為詞直追北宋，初名《人間詞》甲乙稿，既又合編為《苕華詞》定稿一卷，存詞百十五首。又著有《人間詞話》二卷，持論精闢，並提出境界二字，以為作詞標準，尤具獨到之見，與況周頤之《蕙風詞話》，並為詞學要籍。衡陽王蓬累（況裴）推納蘭容若之《飲水詞》，莊中白之《蒿庵詞》，況周頤之《蕙風詞話》與王觀堂之《人間詞》，為三百年來四大家。亡友馬宗霍教授則謂，『《苕華詞》結有清之終局，《滮雪詞》開民國之宗風。』近人俞敦詩因之輯有《二王詞合刊》，謂：『觀堂小令之工，為北宋以後所未有；蓬累中調之富，為千古第一人。』蓋以觀堂小令篇篇有境界；蓬累中調兼情韻氣勢而兩得，能於詞壇闢一新天地也。且二家詞從不用一僻典，更一洗明清以來雕琢、摩擬、堆砌之陋習，最能導初學於正軌，且可收事半功倍之效果也。」足以說明先生之詞有境界，深受後學推重。

是月，弟國華在家鄉結婚，先生未能返里。

十一月，將前所撰〈孔子之學說〉一文刊入《教育世界雜誌》，自一六一號至一六五號。此文長達二萬餘言，前有敘論，後有結論，中間分五章：第一章，天道及天命，屬形而上學，述及天人合一的仁之觀念。第二、三兩章，道德的標準及其意涵，以中庸、忠恕爲主，力行克己復禮，溫良自勵，在家講孝悌，對人主忠信，對社會、國家盡禮義。第四章，教育，在於修己之德以成仁人，鍛鍊意志以治國平天下。第五章，政治，強調以道德爲依歸，先王爲政在興禮樂以行德，不尚兵刑。故結語說：「孔子之道德，能經二千餘年管理東方大半之人心者，實其道德之嚴正，且能實踐故也。」然也指出東方倫理之缺點，則在多詳言卑對尊之道，少言尊對卑之道，遂助長家制之嚴峻，尤甚者爲抑制女子，乃至男尊女卑，這是今日不得不改正的。（佛雛輯《王國維哲學美學論文輯佚》）在清末君權神聖時代能爲此言，亦屬思想開明之士。

十二月二十日（一九〇八年一月二十三日），繼母葉太夫人病卒於家，先生聞訊，立即啓程奔喪回籍。年來家中連遭大故，對先生精神上不無刺激。先生介弟國華說：「迨光緒丙午丁未，先君子暨先繼母葉太夫人先後棄養，先兄與國華爲生計所迫，南北暌隔，相敘遂稀。」（〈靜安遺書序〉）

去年，先生於汗德哲學爲第三次之研究，今年乃從事第四次，則窒礙更少，至是乃倦於哲學，而轉其興趣於文學——詞及戲曲。撰〈三十自序〉一篇，歷述十多年來讀書治學的經過，研究興趣之轉變，以及厭倦哲學的緣故，於《教育世界雜誌》中刊之。先生感歎的說：「志學以來，十有餘年，體素羸弱，不能銳進於學，進無師友之助，退有生事之累，故十年所造，遂如今日而已！……夫懷舊之感恆篤於暮年，進取之方不容於反顧，余年甫壯，而學未成，冀一簣以爲山，行百里而未半，然舉前十年之進步，以爲後此十年二十年進步之券，非敢自喜，抑亦自策勵之一道也。……順此五六年間，亦非能終日治學問，其爲生活故而治他人之事，日少則二三時，多或三四時，其所用以讀書者，日多不逾四時，少不過二時，過此以往，則精神渙散，非與朋友談論，則涉獵雜書，唯此二三年間之讀書，則非有大故，不稍間斷而已！夫以余境之貧薄而體之孱弱也，又每日爲學時間之寡也，持之以恆，尚能小有所就，況財力精力之倍於余者，循序而進，其所造豈有量哉！故書十年間之進步，非徒以爲責他日進步之劵，亦將以勵今之人使不自餒也。」先生治西洋哲學，獨有得於汗德之說。自序又稱：「嗣是於汗德之純理批評外，兼及其倫理學及美學，至今年從事第四次之研究，則窒礙更少，而覺其窒礙之處，大抵其說之不可持處兩已！此則當日志學之初所不及料，而在今日亦得以自慰藉者也。此外，如洛克、休蒙之書，亦時涉獵及之。」先生在哲學上及文學上之撰述，其見識文采誠多過人之處，所言並非驕矜。而近代戲曲之研究，先生實爲開山之鼻祖。曾說：「因塡詞之成功而有志於戲曲，此亦近日之奢願也，然詞之於戲曲，一抒情，一敘事，其性質既異，其難易又殊，又何敢因前者之成功而遽冀後者乎？但余所以有志於戲曲者又自有故。吾中國文學之最不振者莫戲曲若，元之雜劇，明之傳奇，存於今日者，尚以百數，其中之文字雖有佳者，然其理想及結構，雖欲不謂至幼稚至拙劣不可得也。國朝之作者雖略有進步，然比諸西洋之名劇，相去尚不能以道里計，此余所以自忘其不敏而獨有志乎是也。然目與手不相謀，志與力不相副，……故他日能爲之與否所不敢知，至爲之而能成功與否，則愈不敢知矣！雖然，以余今日研究之日淺而修養之力乏，而遽絕望於哲學及文學，毋乃太早計乎？苟積畢生之力，安知於哲學上不有所得，而於文學上不終有成功之一日乎？即今一無成功，而得於局促之生活中，以思索玩賞爲消遣之法，以自逭於聲色貨利之域，其益固已多矣！」觀此，知先生高潔的志趣，淡薄的胸懷，有視皇皇終日惟以貨利是求之徒，真不知超越幾千百倍。（《靜安文集續編》）

案：先生撰〈文學小言〉說：「個人之汲汲於爭存者，決無文學家之資格也。」先生不汲汲於聲色貨利，正是其所說的「專門之文學家為文學而生活」者。趙萬里說：是年先生新喪偶，「故其詞益蒼涼激越，過此以往，又轉治宋元明通俗文學，其致力於詞者亦僅此數載耳！」然即此三五年，先生亦不是專力於詞，仍兼治西洋哲學，但成就已非元明以降譜詞人所能及。如果先生以半生精力從事於詞，則所作當不止此甲乙稿百餘闋之數。

是歲，羅振玉始編《殷虛書契》。〈書契前編自序〉說：「……備官中朝，曹格清簡，退食之暇，輒披覽墨本及自所藏，於向之蓄疑不能遽通者，歸審既久，漸能尋繹其義，但猶未及箋記。」孫詒讓之後，甲骨文字的研究，要以羅氏倡導之功最大。且其用力之勤，貢獻之多，除先生外，尚無一人能及之者。

光緒三十四年（民前四年、一九〇八年）戊申　三十二歲

爲奔繼母葉太夫人之喪返里，正月二日（二月三日）抵家。此二年來，屢遭大故，三子貞明年尚幼，戚族咸勸先生續弦以支門戶。先生未之敢決，會岳母莫太夫人亦以此事爲言，且主張最力，婚事遂定。月之二十九日（三月一日），繼室潘氏來歸，氏爲同邑潘祖彝（字鹿鳴）之女，家世業儒。（《趙譜》）夫人後於民國五十四年一月十七日（甲辰十二月十五日）病卒於臺北國立臺灣大學附設醫院，享年七十八歲。（見訃聞）

三月，攜家眷北上，抵京，賃宅於宣武門內新簾子胡同。

五月二十二日（六月二十日），瑞安孫詒讓卒，年六十一。詒讓學術，蓋籠有有清金榜、錢大昕、段玉裁、王念孫四家之長，梁啓超謂其有醇無疵，爲晚清學術史上之一道光芒。其卒後，四方同道哀傷，浙中各學堂均停課追悼。（《孫詒讓年譜》）

六月，據《花間》、《尊前》諸集及《歷代詩餘》、《全唐詩》等書，輯成唐五代二十一家詞。《趙譜》釐爲二十卷，約計人各一卷，於所輯每一家詞後，皆作跋語，說明其所根據。

七月，積暑初退，于廠肆購得《詞林萬選》。此汲古閣刻詞苑英華中的一種，上有焦循（里堂）印記，得之喜甚，因跋之。

八月，草《曲錄》初稿成，釐爲二卷。先生近來思整理宋元以來戲曲，此其第一部著作。自序稱：「余作詞錄竟，因思古人所作戲曲何慮萬本，而傳世者寥寥，正史藝文志與《四庫全書提要》，於戲曲一門既未著錄，海內藏書家亦罕有蒐羅者，其傳世總集除臧懋循之《元曲選》、毛晉之六十種曲外，若古名家雜劇等，今日皆不可睹。餘亦僅寄之伶人之手，且頗遭改竄以就其唇吻，今崑曲且廢，則此區區之寄於伶人之手者，恐亦不可問矣！明・李中麓作張小山小令序，謂明諸王之國，必以雜劇千七百本資遣之，今元曲目之載於《元曲選》首卷及程明善《嘯餘譜》者，僅五百餘本，「則其散失，不自今日始矣，繼此作曲目者，有焦循之《曲考》，黃文暘之《曲目》，無名氏之《傳奇彙考》等，焦氏叢書中未刻《曲考》，《曲目》則儀徵李斗載之《揚州畫舫錄》，《傳奇彙考》僅有舊鈔殘本，惟黃氏之書稍爲完具。其所見之曲，通雜劇、傳奇彙考共一千零十三種，復益以《曲考》所有，而黃氏之未見者六十八種，余乃參考諸書，並各種曲譜及藏書家目錄，共得二千二百二十本，視黃氏之目增逾一培。又就曲家姓名可考者考之，可補者補之，粗爲排比，成書二卷。」（《觀堂別集卷四》趙萬里說：「先生以宋之官本雜劇、金之院本、元明之雜劇傳奇，其名不見於史志，其源流變遷又不盡可尋，而士大夫談藝，輒鄙之若遺，焦里堂、黃文暘之書當時已若存若亡，因思有以董理之。董理之方，其道凡二：一則由元明而上溯宋金，以求其闡變演化之跡，於是有《戲曲考源》、《宋大曲考》及《曲調源流考》

之作。一則就各家書目所載及有傳本者，錄其名目，並作者爵里爲一編，以便稽考，於是有《曲錄》之輯。」（《趙譜》）而《曲錄》之作，尤爲重要，既可以探溯宋元雜劇，有助於研究戲曲演變的過程，實爲研究戲曲史的初步工作，故先生首先編次之。

十月，跋《曲品新傳奇品》，謂此書即爲無名氏之《傳奇彙考》，爲江都黃文陽《曲目》所取材。著錄戲曲之書，除元・鍾醜齋《錄鬼簿》，明・寧獻王（朱權）《太和正音譜》外，當以此書爲最古。（《觀堂別集》卷三）

法國漢學家伯希和在我國新疆、甘肅考古，居留前後凡三年，是歲事竣，購取千佛洞道觀所藏六朝及隋唐人所寫卷子本及古梵文、波斯文、回紇文等文書各數千卷以歸，路過北京，就國人商討保存敦煌殘餘寫卷之策，我國政府當局才開始注意。後日我國得以保存殘餘部分，實爲伯氏一言之功。（〈中國二三十年新發現之學問〉、〈伯希和傳〉）

宣統元年（民前三年、一九〇九年）己酉　三十三歲

正月三日（元月廿四日），跋羅懋登註《拜月亭》。先生考證《拜月亭》乃明初人之作，取羅注本與毛晉刻六十種曲本對校，知此本比毛刻爲古，然亦非原刻，最早亦不過明中葉。且其

已經人刪改，然在今日，可謂第一善本。（《觀堂別集》卷三）

閏二月，取鮑廷博所刻知不足叢書本《蛻巖詞》校所藏舊鈔本，並爲之跋。（同上）是月，學部奏設分科大學。派柯劭忞（經科）、林棨（法政科）、孫雄（文科）、屈永秋（醫科）、汪鳳藻（格致科）、羅振玉（農科）、何炳時（工科）、權量（商科）等，分充京師大學堂分科大學堂監督。（《中國近七十年教育記事》引《學部官報》章奏）

三月，過錄樊榭老人手鈔宋元四家詞本中陳克（子高）《赤城詞》，並跋之。又校南唐二主詞，爲南宋初輯本，即《直齋書錄解題》所著錄宋長沙書肆所刊行之本，乃如式手錄一冊，另爲補遺及校勘記附後。（《觀堂別集》卷三）

是月，見閩縣葉申薌詞鈔中所載劉後村（克莊）詞三十首，爲汲古閣本《後村別調》所未載，乃自閩縣陳壽祺（左海）所錄天一閣本《後村大全集》中鈔出，因重寫一本。是時羅振玉爲番禺沈宗畸校刻《晨風閣叢書》，因以先生所輯之後村詞及所校補之南唐二主詞次第刊入之。

五月，修訂《曲錄》成，定爲六卷。一、宋金雜劇院本部，二、雜劇部上，三、雜劇部下，四、傳奇部上，五、傳奇部下，六、雜劇傳奇總集部。並序其演變，大略稱：「戲曲之興，由來遠矣，宣和之末，始見萌芽，乾淳以還，漸多纂述，泗水潛夫紀武林之雜劇，南村野里錄金人之院本，醜齋點鬼，丹邱正音，著錄斯開，蒐羅尤盛，上自洪武諸王就國之裝，下訖天崇私家插架之軸，則有若章邱之李，臨川之湯，黃州之劉。山陰之淡生，海虞之述古，富者千餘，次亦百數。……暨乎國朝，亦有撰著，然傳奇彙考之作，僅見殘鈔，廣陵進御之書，惟存總目。放失之阨，斯爲甚矣，鄙薄之原，抑有由焉！粵自貿絲抱布，開敘事之端，織素裁衣，肇代言之體。追源戲曲之作，實亦古詩之流，所以窮品性之纖微，極遭遇之變化，激盪物態，抉發人心，舒軫哀樂之餘，摹寫聲容之末，婉轉附物，怊悵切情，雖雅頌之博徒，亦滑稽之魁桀。惟語取易解，不以鄙俗爲嫌，事貴翻空，不以謬悠爲諱。庸人樂於染指，壯夫薄而不爲，遂使陋巷言懷，人人青紫，香閨寄怨，字字桑間。抗志極於利祿，美談止於蘭芍，意匠同於千手，性格歧於一人。豈託體之不尊，抑作者之自棄也。然而明昌一編，盡金源之文獻，吳興百種，抗皇元之風雅，百年之風會成焉，三朝之人文繫焉！況乎第其卷帙，軼兩宋之詩餘，論其體裁，開有明之制義，考古者徵其事，論世者觀其心，游藝者玩其辭，知音者辨其律。……國維雅好聲詩，粗諳流別，痛往籍之日喪，懼來者之無徵，是用博稽故簡，撰爲總目，存佚未見，未敢頌言，時代姓名，粗具條理，爲書六卷，爲目三千有奇，非徒爲考鏡之資，亦欲作搜討之助，補三朝之志所不敢言，成一家之書請俟異日。」（《曲錄》）先生對戲曲的研究即植基於此。

案：胡適〈讀王國維先生的曲錄〉說：「《曲錄》卷一為宋金雜劇院本部，凡九百七十七種，多采自周密的《武林舊事》及陶宗儀《輟耕錄》。此外偶有采自錢曾《也是園書目》之宋人詞話十二種，當日猶未知其非戲曲也。至近年江東老鐔覓得京本通俗小說九種，共四冊，三冊上有錢遵王圖章，而其中〈錯斬崔寧〉和〈馮玉梅團圓〉兩種即見於《也是園書目》的，人始知此十二種乃是話本，不是戲曲。後羅振玉借得唐三藏取經詩話，影印行世，始知當日詩話、詞話皆是當日平話的種類，錢曾誤列此十二種入戲曲部，王先生沿其誤而不及改，以此類推，周陶兩目所列九百餘種中，定有很多不是曲文。其以調名（如金明池、山麻�琜）或以事繫曲調者（如四皓逍遙樂、請客薄眉、柳批上官降黃龍），固是曲無疑，其以事繫扮演之腳色者（如貨郎孤、貧富旦，孤與旦腳色名目）亦無疑。但其中有以事名者（如刺董卓，如懸頭梁上），有以人名者（如王安石、如史弘肇），皆不一定為曲文。王安石也許和京本通俗小說中的〈拗相公〉同是一本，其中最明順的是頁二十八之太公家教一本，此本之非曲文，王先生後來在他處曾得著鐵證，已無可疑。……卷二列有主名之元雜劇四百九十六種，卷三列有主名之明雜劇一百五十六種，元明無名氏雜劇二百六十六種，清雜劇有主名的六十九種，無名氏十四種，共五百零五種。計二卷，可定為元明清三朝雜劇共一千零一種。卷四列傳奇、有主名的二百六十七種，無名的百二十種，其首列之董解元西廂，乃絃索彈詞，不當列在此。又此三百八十多種，只有五六種是元人做的，大概皆元末明初人，其餘皆明人之作。卷五列清代傳奇，有主名的四百三十七種，無名的三百七十二種，附禁書目中六種，共八百十五種。中如歸莊的〈萬古愁明〉是彈詞，高鶚的《紅樓夢》明是小說，皆不當列入。又如舒位的《修簫譜》四種，皆是極短的雜劇，也不當列入傳奇之部。此外遺漏的當不少，如曹寅的〈虎口餘生〉(《鐵冠圖》)，原署《遺民外史》，此錄列入無名氏。曹寅作曲大概不少，今皆不可考了。計五卷所列三朝曲本共存三千一百七十八種之目，其全本留傳者，大概只有十之二三了。『正統文學』之害，真烈於焚書之秦始皇。文學有正統，而不認得時代文學。收藏之家出千金買一部絕無價值之宋版唐人小集，而不知收集這三朝的戲曲的文學，豈不可惜！全本既不可得，則保存一部分精華之各種總集為可貴了。《曲錄》於此類總集也有小錯誤，如《誠齋樂府》不當在〈小令套數部〉；如重要選本如《綴白裘》，竟不曾收入；又如曲譜中既收那些有曲無白的譜，而反遺去曲白俱全之《六也曲譜》，都是短處。」(《胡適文存》二集卷四)所評介至為詳盡而中肯切要。胡適還說：「此書出版……已近十四年了，這十四年中，戲曲新材料加添了不少，我們希望王先生能將此書修改一遍，於每目下注明存佚，那就更有用了。」可是先生自民國二年完成宋元戲曲史後便絕口不談此藝，所以即使對陳乃乾民國十年重刊《曲錄》時也不予理會。

又成《戲曲考源》一卷。謂：「戲曲一體，崛起於金元之間，於是有疑其出自異域而與前此之文學無關係者，此又不然，嘗考其變遷之跡，昔在有宋一代，不過因元人音樂上之嗜好而日益發達耳！」又說：雜劇之名亦起於宋，引宋人說部記載以爲證。如「趙德麟（令時）之商調《蝶戀花》，述會真記事，凡十闋，並置原文于曲前，又以一闋起一闋結之，視後世戲曲之格律，幾於具體而微。」毛奇齡詞話已視德麟此詞爲「戲曲之祖」。又政宣間曾布所撰《水調歌頭》大曲，與詞的《水調歌頭》字數韻數均不相合，又間有平仄通押之處。紹興時董穎所作的《道宮薄媚》大曲詠西子事亦然。「周密《武林舊事》所載南宋宮本雜劇段數，陶宗儀《輟耕錄》所載金人院本名目，共目之兼舉曲調名者，猶當與曾董大曲不甚相遠也。」結語說：「要之，曾董大曲開董解元之先，此曲則爲元人套數雜劇之祖，故戲曲不始於金元，而於有宋一代中變化者，則余所能信也。」此先生研究戲曲的第二步。此書與《曲錄》皆收入《晨風閣叢書》中。

案：吳縣王季烈輓先生詩中有「琴舊無絃師栗里」之句，自註說：「公不解音律，而著曲源曲餘等書，於詞曲源流考之甚詳，故以靖節無絃琴為喻。」如先生更兼曉音律，則所造詣當更不止於此。我以為先生不是不能兼曉音律，是先生自三十五歲以後便不朝這一方面努力了，他在別一方面的成就是足可以彌補這方面的損失的。先生一生畢竟貢獻了他的天才。

七月八日（八月廿三日），劉鶚因庚子拳亂時買倉糧以濟饑民事，被誣告逮捕，流戍新疆，至是卒於戍所，年五十三。鶚喜玩古董，所至搜羅。平生印行有《鐵雲藏龜》、《鐵雲藏印》、《鐵雲藏陶》、《鐵雲封泥》（封泥附藏陶中）等多種專書。此數者，本皆福山王懿榮舊物。庚子拳亂中，懿榮殉難，身後蕭條，其家將全部收藏售與鶚，鶚乃搨以問世，藏龜之拓，影響於近世學術尤大。近代甲骨出土，首先收藏者爲王懿榮，首先拓印行世的則爲鶚，而最先考釋文字的是孫詒讓。今甲骨研究如日中天，此三人者，華路藍縷，以啓山林，經始之功，不可泯沒。鶚所藏龜甲文字之未出版者，其卒後一部分歸羅振玉，拓印爲《鐵雲藏龜之餘》；一部分歸上海英籍猶太人哈同夫人（Mrs. Hardoon）羅氏（中國人），後印爲《戩壽堂所藏殷虛文字》；一部分歸葉玉森，後印爲《鐵雲藏龜拾遺》；一部分歸中央大學；一部分歸鹽城陳鐘凡；又一部分歸商承祚及洪維良等。（明義士《甲骨研究》及陳振東《殷契書錄》）

八月，法人伯希和教授寄敦煌所出古寫卷子本至，羅振玉等乃有《敦煌石室遺書》之輯，計慧超往五天竺傳沙州圖經十餘種，武進董康刊之，助之校理者亦以先生之力足多。《趙譜》先生又爲函託蘭州慕少堂將敦煌千佛洞莫高窟碑尊拓數十份，以作考證。（《敦煌石室》）《集蓼編》說：宣統紀元，法國大學教授伯希和博士賃宅於京師蘇州胡同，將啓行返國，所得敦煌鳴沙石室古卷軸已先運歸，尚有在行篋者，博士託其友爲介，欲見予，乃以中秋晨驅車往，博士出示所得唐人寫本及石刻，詫爲奇寶，乃與商影照十餘種，約同志數人觴之。」先生即爲參預其事的一人。伯氏又言，石室中尚有卷軸約八千軸，振玉乃請學部運至京師貯存，免得再流入外人之手。翁獨鍵撰〈伯希和教授傳〉說：「次年（一九〇九）夏，復至京師，得識直隸總督端方，相與研討考古問題，且與羅振玉、王國維諸先生商榷敦煌寫本之研究與計劃，先生之學問爲我國學者所認識蓋自此始。」（《燕京學報》三十期）

案：敦煌千佛洞之六朝及唐五代宋初人所書卷軸的發現，不僅為世界漢學家開一研究之新領域，且關係我國近代學術亦甚鉅。然國人初不知石室中有此祕寶，至宣統元年經伯希和一言啟迪，始得取其殘餘部分。賀昌群〈近年西北考古的成績〉說：「當時（一九〇八）法國新進的漢學家伯希和亦銜法國教育部及安南河內遠東學院、法國學士院金石文藝部三者之命，踰蔥嶺，沿塔里木盆地北段入甘肅，繼斯氏之後，又在敦煌千佛洞取得各種語文鈔本數千卷，其中以中文經子集三部書籍為最多，斯坦因所得則以古代中亞多種語文卷子為最多。斯氏對於印度的建築美術梵文，造詣甚深，而不懂中文。……伯氏出自法國文科大學，習英文學，繼供職於安南河內遠東學院，後居北京，遭拳匪之亂，多有所建白。當氏獲見這大批絕世敦煌卷子遄歸巴黎，交巴黎國家圖書館保存，法政府嘉其功績，即推薦他為學士會員。時伯氏年纔二十八歲。法政府又特為他在法蘭西學院（College de France）設中央亞細亞講座。其學極為精博，語言學之才能尤為可驚。不特精通法、英、德語，且通俄語、中國語、西藏語、波斯語、蒙古語、土耳其語、安南語的世界上第一流學者。……當他道過北京時，在六國飯店陳列著那些古色古香的卷帙以示北京的中國學界，滿口操着流暢的中國語，一場演說，使羅振玉等為之驚歎不已！當時我國宋版書已絕無僅有，忽然見到宋以前六朝隋唐的古寫本數千卷，一般學者真是驚呆了。於是羅振玉、李盛鐸、毛慶藩、劉廷琛等籲請學部，即刻派人將敦煌千佛洞殘餘的卷子運到北京來，交京師圖書館保存，僅餘二千五百卷了。當時有不少流散到民間轉售與日本人的。」國寶的流於外國，殊令人痛惜，當時設無羅振玉及先生等人的熱心文化學術，則雖此極小的殘餘部分亦恐難於保存了。先生說：「今秋觀法人伯希和君所攜敦煌石室唐人寫本。伯君為言：新得明汪廷訥環翠堂十五種曲，惜已束裝，未能展視。」（《錄曲餘談》）時先生正研究戲曲，多方搜集材料，煞費苦心，而此十五種曲即未能看到，惋惜的程度是可想而知的。

八月二十一日（十月四日），南皮張之洞卒。之洞掌學部，奏定分科大學章程，其中經學科、文學科章程，乃之洞最得意之作。之洞素以經術文章爲士大夫所推尊，然此二科章程只顧及保存國粹，而未圖及國家學術發達的長遠之計。所以先生於〈奏定經學科大學文學科大學章程書後〉一文中，即指出其根本之誤在無哲學一科。其次是經學科大學與文學科大學不可分而爲二，而群經亦不可再分，因爲歷來所謂經師，無不博綜群經。先生說：「今日所最亟者，在授世界最進步之學問之大略，使知研究之方法，至於研究專門中之專門，則又畢生之事業，而不能不俟諸卒業以後。」故主張經學科大學應合併于文學科大學中，而分爲五科：一經學科，二理學科，三史學科，四中國文學科，五外國文學科。先生所擬各科當授的課程，都有外國文、哲學概論、社會學、教育學，至今猶爲大學文學院各系所共同必修的科目，足見先生對西洋文化的嚮往，對現代教育的認識，都是高出儕輩的。

秋，外部與學部考試留美學生，先生爲閱試卷官員。羅振玉既任京師大學堂農科監督，因薦先生爲文科教授，大學堂總監督劉廷琛卻之，遂罷議。（《趙譜》）

九月十六日（十月二十九日），學部奏設編定名詞館，派嚴復（字幾道）爲總纂。先生被命爲名詞館協修。

十月，成《優語錄》一卷。〈自序〉說：「余覽唐宋傳說，復輯優人戲語爲一篇。……優人俳語大都出于演劇之際，故戲劇之源與其遷變之跡可以考焉！非徒其辭之足以裨闕失，供諧笑而已！……吳自牧《夢粱錄》謂雜劇全託故事，務在滑稽。洪邁《夷堅志》謂俳優侏儒，周伎之最下且賤者，然亦能因戲語而箴諫時政，世目爲雜劇。然則宋之雜劇即屬此種，是錄之輯，豈徒足以考古，亦以存唐宋之戲曲也。」錄中引用正史、編年史及筆記小說等二十餘種。是錄搜集唐宋的滑稽戲，計五十則。後來在宋元戲曲史第一章後半和第二章宋之滑稽戲裡，把這五十則材料選用了三十五則，另外還增加了十八則。先生初只搜到五十則，幾年後便增加到六十八則，可見這一類的材料還是可以繼續去發現的。

又成《唐宋大曲考》、《曲調源流表》及《錄曲餘談》等三種。其中《曲調源流表》未清稿，底稿早已散失，先生在世時，趙萬里嘗以此爲問，彼時已不可得見。蓋以先生中年後治經史之學，於早歲研究成果並不甚珍惜之故。其他三種《唐宋大曲考》、《優語錄》、《錄曲餘談》皆寄鄧實，於上海《國粹學報》中刊之。先生以元代雜劇，其源即出於唐宋大曲，因於各史〈樂志〉及宋人詞集、筆記中鉤稽之，尚可得其一二，於是有《唐宋大曲考》之作。謂大曲皆是舞曲，《宋史・樂志》教坊四十六曲爲四十大曲之誤，大曲之與雜劇合併，在大曲詠故事之後，宋在元豐以前，大曲即已詠故事，如此是大曲與雜劇二者漸相接近，因大曲一定之動作，不足以表戲劇自由之動作，惟有極簡易之劇始能以大曲演之，所以到元初純正的戲曲出，不得不加以改革，然其一切變化則在有宋一代。其《曲調源流表》，則爲考證各官調曲調之源於樂府及詩餘者，列表爲之。至於《錄曲餘談》，則是輯錄諸家記載，附以己見而成，蓋爲先生研究戲曲的綜述。其後撰《宋元戲曲史》，所用材料大半取之前此所撰諸書，所以這是一項鋪路工作。

十一月，日人藤田豐八寄到《英倫地學協會雜誌》，內有斯坦因游歷中央亞細亞演說，記在敦煌搜書和考定西域水道圖事甚詳。時羅振玉正校印伯希和郵寄來的千佛洞古寫本卷軸影片爲《敦煌石室遺書》，先生因譯斯氏演詞爲〈中亞細亞探險記〉，刊入《石室遺書》之附錄《流沙訪古記》中。羅氏序說：「今年秋八月，同好既影照敦煌石室文字，冬十一月，東友藤田學士豐八郵寄《英倫地學協會雜誌》，中載匈牙利人斯坦因氏游歷中央亞細亞演說，記敦煌得書事，並考西陲水道，敘述至詳。已而沈若昕伯肱復自巴黎譯寄伯希和氏演說。又於日本《史學雜誌》中見德人第二次游歷土耳其斯坦報告，爰會譯爲《流沙訪古記》。……適校印敦煌遺書竟，因附刊於後。」（《貞松老人外集》卷一）

十二月，將明季精鈔本鍾嗣成《錄鬼簿》對勘一過，又以《太和正音譜》、《元曲選》覆校一過，發現明鈔足本爲一善本。

先生官學部，與吳縣蔣斧（字伯斧）最友善。同事常熟孫雄說：「辛亥以前，靜安官學部，與蔣君伯斧相契洽。」又說：宣統初元，余與羅君叔言同任京師大學堂分科監督，屢往象來街叔言寓齋譚藝，與靜安接晤，時共唱和，靜安默默寡言，余與叔言、伯斧辯論時，靜安微笑而已！」（《王忠慤哀輓錄》）

是歲，敦煌所發現的遺書被英人斯坦因、法人伯希和所劫持去的殘餘部分運至京師，存於學部，日本漢學家們聞之，特來我國調查。據狩野直喜追憶說：「明治四十三年左右，據聞燉煌發現的遺書，運到前清新設的學部保管，我國京都大學的內藤虎次郎、小川琢治、濱田耕作、富岡謙藏諸君，奉命共赴北京調查，那時羅叔言君爲京師大學堂農科大學監督，藤田豐八博士亦在其下任教職，爲我們的遺書調查工作給我們很大的方便。當時王靜安君也在農科大學做職員，爲我們一行照顧不少。適其時我也想研究元代戲曲，已在京都大學講授元的雜劇，恰好王靜安君也和我的研究相同，他已著有《曲錄》及《戲曲考源》等書，因此我利用旅居北京之便，常與王君晤面，聽取他對元代雜劇研究的心得。很有意義。那時大阪《朝日新聞》計劃南極探險，引起世人的注意，小川博士見了中國友好完全在議論南極北極的問題，我則與王君討論中國戲曲中的南曲北曲。在旅居北京的一段時間裡，我們所交往的中國人，將南極北極與南曲北曲對比，成爲一則笑話。」（《藝文》第十八年八號）

案：日本漢學家來我國調查敦煌遺書，據周一良撰〈日本內藤湖南先生在中國史學上之貢獻〉，知在宣統二年七月，以今歲學部曾以三千元購得八千卷敦煌遺書，特繫於本年，以便省覽。是歲先生與貴池劉世珩（字聚卿）、仁和吳昌綬（字耘存）始相往返論學，二人都好搜書，有異聞時常向先生叨教，先生草成《曲錄》，亦仰二人之力為多。

宣統二年（民前二年、一九一〇年）庚戌　三十四歲

二月，將臧刻《元曲選》全書細讀一過，並以《雍熙樂府》校勘之，兩者不能偏廢。（《趙譜》）

五月，羅振玉窮日夜之力撰成《殷商貞卜文字考》一卷，以補日人林泰輔所作〈清國河南湯陰縣發現之龜甲獸骨〉一文之所未備。全書分四篇：〈史考第一〉：（一）殷之都城，（二）殷帝王之名謚。〈正名第二〉：（一）籀文即古文，（二）古象形字因形示意，不拘筆劃，（三）與金文相發明，（四）糾正許書之違失。〈卜法第三〉：（一）貞，（二）契，（三）灼，（四）致墨，（五）兆坼，（六）卜辭，（七）瘞藏，（八）骨卜。〈餘說第四〉。於是在甲骨學的一塊荒地上，開始了分類推求的研究方法。振玉考定甲骨出土之地，爲殷武乙的故墟，卜辭爲王室的遺物，給予後來研究甲骨文的學者們以莫大的啓示。（《羅雪堂年譜》）

八月，影鈔得江陰繆氏藏清初尤貞起手鈔本《錄鬼簿》，與明季鈔本對勘，各有佳處，互不相掩。及至十一月間，忽患眼疾，病中無聊，校此消遣。

九月，江陰繆荃孫來京師，任圖書館監督。《藝風自訂年譜》說：「時圖書館未建，借北城廣化寺開辦，到館任事，分類理書。去國二十年，又經大亂，名勝荒蕪，舊雨寥落，觸目生感。

師門已無一人。……舊游則榮中堂慶、張總憲英麟、陳閣學寶琛、盛尚書宣懷、鄒尚書嘉禾、董授經康、羅叔蘊振玉，新交則吳中書昌綬、海寧王國維、寶侍郎熙、鳳將軍山、毓學士隆、陳參事毅，門人則張侍郎亨嘉、王仁俊、孫雄、張錫恭、陳世昌，均不勝記。」

案：《趙譜》在宣統元年內載：「是歲，羅先生介先生與膠州柯鳳蓀（劭忞）學士及江陰繆藝風（荃孫）京卿相識，遂定交。柯學士治元史，又善詩，繆先生精目錄學，時任京師圖書館總監。」據《藝風自訂年譜》，知元年仍居江南，至今年九月始動身來京。故證《趙譜》繫年不合，特改之。

是月，撰成《人間詞話》。先生論詞曲，獨標出意境二字，此旨於前此所撰〈文學小言〉及〈人間詞甲乙稿序〉中業已言之，至是又暢發其旨，得六十四則，成《詞話》一卷。大要說：「詞以境界爲最上，有境界則自成高格，自有名句，五代北宋之詞所以獨絕者在此！而境非獨謂景物也，喜怒哀樂，亦人心中之一境界，故能寫真景物，真感情者，謂之有境界，否則謂之無境界。『紅杏枝頭春意鬧』，著一鬧字，而境界全出。『雲破月來花弄影，』著一弄字，而境界全出。境界有大小，不以是而分優劣。『細雨魚兒出，微風燕子斜』，何遽不若『落日照大旗，馬鳴風蕭蕭』？『寶簾閒掛小銀鉤』，何遽不若『霧失樓臺，月迷津渡』也？有造境有寫境，此理想與寫實二派之所由分，然二者頗難分別，因大詩人所造之境必合乎自然，所寫之境亦必鄰於理想故也。有有我之境，有無我之境，『淚眼問花花不語，亂紅飛過秋千去』，『可堪孤館閉春寒，杜鵑聲裏斜陽暮』，有我之境也。『采菊東籬下，悠然見南山』，『寒波澹澹起，白鳥悠悠下』，無我之境也。有我之境，以我觀物，故物皆著我之色彩，無我之境，以物觀物，故不知何者爲我，何者爲物。古人爲詞，寫有我之境者爲多，然未始不能寫無我之境，此在豪傑之士能自樹立耳！無我之境，人惟於靜中得之，有我之境，於由動之靜時得之，故一優美一宏壯也。」更進而辯析詞的境界有隔與不隔之別，說：「白石寫景之作，如『二十四橋仍在，波心蕩，冷月無聲。』『數峰清苦，商略黃昏雨』，『高樹晚蟬，說西風消息。』雖格韻高絕，然如霧裏看花，終隔一層。梅溪、夢窗諸家寫景之病，皆在一隔字。北宋風流，渡江遂絕。抑真有運會存乎其間耶？……即以一人一詞論，如歐陽修《少年游》詠春草，上半闋云：『闌干十二獨憑春，晴碧遠連雲，二月三月，千里萬里，行色苦愁人。』語語都在目前，便是不隔。至云『謝家池上，江淹浦上』，則隔矣！……『生年不滿百，常懷千歲憂。晝短苦夜長，何不秉燭遊。』又『服食求神仙，多爲藥所誤。不如飲美酒，被服紈與素。』寫情如此，方爲不隔。『采菊東籬下，悠然見南山，山氣日夕佳，飛鳥相與還。』『天似穹廬，籠蓋四野。天蒼蒼，野茫茫，風吹草低見牛羊。』寫景如此，方爲不隔。」（《人間詞話》卷上）

案：境界的觀念，是先生在文藝批評上見解成熟後的一個根本論點。吾人日常生

活是處於現實的世界，在欣賞文學作品時，則有置身另一世界的感覺，作品的世界，就是境界。先生論古今之成大事業大學問者必經過三種之境界。所謂：「昨夜西風凋碧樹，獨上高樓，望盡天涯路。此第一境也。衣帶漸寬終不悔，為伊消得人憔悴。此第二境也。眾裏尋他千百度，驀然回首，那人正在燈火闌珊處。此第三境也。此等語皆非大詞人不能道，然遽以此意解釋諸詞，恐晏歐諸公所不許也。」實先生一大創見。至談到境界一觀念的演進，則又說：「嚴滄浪《詩話》謂盛唐諸公唯在興趣，羚羊掛角，無跡可求。故其妙處，透澈玲瓏，不可湊泊，如空中之音，相中之色，水中之影，鏡中之象，言有盡而意無窮。余謂北宋以前之詞亦復如是。然滄浪所謂興趣，阮亭所謂神韻，猶不過道其面目，不若鄙人拈出境界二字為探其本也。」以境界的有無而評詞的優劣，實遠較興趣或神韻為具體為切當。勞榦先生在〈論神韻說與境界說〉一文中曾推測王漁洋的神韻說與先生的境界說，俱源出於禪宗。不無見地。謹附註於此，姑備一說。

先生主張文學的創作重在求自然，不在雕琢；尚意境，而厭堆砌。他說：「納蘭容若以自然之眼觀物，以自然之舌言情。此由初入中國，未染漢人習氣，故能真切如此！」又說：「大家之作，其言情也必沁人心脾，其寫景也必豁人耳目。其詞脫口而出，無嬌揉妝束之態。」如果恪守傳統，不能擺脫習慣上的臼窠，則便無文學創作可言了。故云：「社會上之習慣，殺許多之善人；文學上之習慣，殺許多之天才。」堪爲一針見血之論。先生前治德國叔本華、尼采的哲學，撰〈紅樓夢評論〉多用其說，今之詞話，亦引尼采之言：「一切文學，余愛以血書者。」故先生愛南唐李後主詞，因其不失其赤子之心，其詞乃「真所謂以血書者也。」先生主張文學的進化觀念，一個時代有一個時代的文學，在體裁上，「四言敝而有《楚辭》，《楚辭》敝而有五言，五言敝而有七言；古詩敝而有律絕，律絕敝而有詞。蓋文體通行既久，染指遂多，自成習套，豪傑之士，亦難於其中自出新意，故遁而作他體，以自解脫。一切文體所以始盛終衰者皆由於此。故謂文學後不如前，余未敢信，但就一體論，此論固無以易也。」中國文學史上文體的演變如此，先生之言，可謂精闢切當。又說：「白仁甫《秋夜梧桐雨》劇，沈雄悲壯，爲元曲冠冕。然作《天籟詞》，粗淺之甚，不足爲稼軒奴隸，豈創者易工，而因者難巧歟？抑人各有能有不能也？讀者觀歐、秦之詩，遠不如詞，足透此中消息。」從事文學創作的人，如欲有所創立，不可不採用新創的體裁。先生將詞分爲三個時期：一、唐五代，二、北宋，三、南宋。於五代則宗李後主，於北宋則宗歐陽修、秦少游、蘇東坡、周美成，於南宋則宗辛稼軒。先生所評之語，皆有獨到之處。認爲南宋諸詞家，除稼軒外，鮮有當意的。

又案：《詞話》初發表於《國粹學報》四十七期至五十期，迨先生逝世後，門人

趙萬里又將其未刊之一部分發表在十九卷三號的《小說月報》上。及《王忠慤公遺書》出版，是書收入遺書中，分為二卷，以曾發表在《國粹學報》上的為上卷，《小說月報》上的為下卷。是書長僅達數千字，但其品評唐、五代、宋諸詞家作品，雖短短兩三句，無不明確精當，使人讀之而心悅誠服。先生談詞、談戲曲必崇尚自然，曾說：「人能於詩詞中不為美刺投贈之篇，不使隸事之句，不用粉飾之字，則於此道已過半矣！」又說：「詩人對於宇宙人生須入乎其內，又須出乎其外。入乎其內，故能寫之，出乎其外，故能觀之。入乎其內，故有生氣，出乎其外，故有高致。」書中善言，不勝枚舉。繆鉞評論說：「王靜安《人間詞話》之論詞，精瑩澄澈，世多喜之，其見解似亦相當受叔本華哲學之濬發。雖不似〈紅樓夢評論〉一文有顯著之徵驗，然細讀之，亦未嘗無跡象可尋也。叔本華在其所著《意志與表象之世界》第三卷中論及藝術，頗多精言。叔氏之意，以為人之觀物，如能內忘其生活之欲，而為一純粹觀察之主體，外忘物之一切關係，而領略其永恆，物我為一，如鏡照形，是即臻於藝術之境界。此種觀察，非天才不能。《人間詞話》曰：『自然中之物，互相關係，互相限制，然其寫之於文學及美術中也，必遺其關係限制之處。』又曰：『無我之境，以物觀物，故不知何者為我，何者為物。』皆與叔氏之說有通貫之處。」至於先生的文學作品——詩詞之類，亦多受叔氏之影響，所作詩詞雖不多，而頗有特色。繆鉞稱其中含有哲學意味，清邃淵永，在近六七十年的作家中能獨樹一幟。並謂：「王靜安詩詞中所蘊含之人生哲學為何？一言以蔽之，曰：極深之悲觀主義，以為天地不仁，以萬物為芻狗，人生縛於生活之欲，只有痛苦，惟望速求解脫而已！此種思想之構成，初或因靜安本性即偏於悲觀，而推波助瀾使其深信篤守終身不移者，則叔本華哲學之力為多。……靜安詩詞中悲世憫生深婉愴楚之作甚夥，覽者可自得之。吾國古人詩詞含政治與倫理之意味者多，而含哲學之意味者少，……叔本華哲學思想是否純正乃另一問題，而靜安能將叔本華哲思寫入詩詞，遂深刻清新，別開境界。余平日持論，謂在近五十年詩詞作者之中，王靜安應據一重要地位。近人喜言新詩，詩之新不僅在形式，而尤重內容，王靜安以歐西哲理融入詞，得良好之成績，不啻為新詩試驗開一康莊。靜安學術貢獻，舉世推崇，其詩才實亦甚卓，所作量雖少而質則精，領異標新，未容忽視。」（〈王靜安與叔本華〉）其推崇之言，極為精到，庶幾可稱公論。先生又說：「有有我之境，有無我之境。……有我之境以我觀物，……無我之境以物觀物。」關於這個問題，近人朱光潛在其〈詩的隱與顯〉一文裏曾加以補充及修正。朱說：「王先生在這裏所指出的分別，實在是一個很精微的分別，不過從近代美學觀點看，他所用的名詞有些欠妥。他所謂『以我觀物，故物皆著我之色彩，』就是近代美學所謂移情作用。移情作用的發生，是由於我在凝神觀照事物時，霎時問由物我兩忘而至物我同一，於是以在我的情趣移注於物。換句話說：移情作用就是死物的生命化，或是無情事物的有情化，這種現象是在注意力專注到物我兩忘時纔發生。從此可知王先生所說的有我之景，實在是無我之景。他的無我之境的實例為『采菊東籬下，悠然見南山』，『寒波澹澹起，白鳥悠悠下』，都是詩人在冷靜中所回味出來的妙境，都沒有經過移情作用，所以其實都是有我之境。我以為與其說有我之境和無我之境，不如說超物之境和同物之境？……王先生以為有我之境（其實是無我之境即同物之境）比無我之境（其實是有我之境即超物之境）品格較低，但是沒有說出理由來。我以為超物之境所以高出同物之境者，就由於超物之境隱而深，同物之境顯而淺。」（《人間世》第一期）雖也說得是，但恐未必合於先生的原意。至於隔與不隔的問題，朱先生亦有批評，他說：「王先生論隔與不隔的分別，說隔『如霧裡看花』，不隔為『語語都在目前』，也嫌不很妥當，因詩原來有顯和隱的分別，王先生的話，偏重顯了。顯與隱的功用不同，我們不能要一切詩都顯，說賅括一點，寫景的詩要顯，言情的詩卻要隱。梅聖俞說詩『狀難寫之景如在目前，含不盡之意見於言外』，就是看到寫景宜顯寫情宜隱的道理。寫景不宜隱，隱易流於晦；寫情不宜顯，顯易流於淺。」（同上）此點批評，與先生隔與不隔的原意亦不盡合。蓋以先生所說的不隔和語語都在目前，是指詞句的自然與感情的真切而言，並非指表現的方法。如果詞句合於自然真切的標準，不管用顯隱的表現方法都是好的。如果虛浮雕琢，任何表現方法都不算好。（《近百年來的中國文藝思潮》）所以朱光潛的批評是落空了。

十一月，撰成《清真先生遺事》一卷，又屬草《古劇腳色考》，迨明年春，羅振玉創辦《國學叢刊》，即以此二書刊入之。《清真遺事》分爲四部分，一事蹟，二著述，三尙論，四年表，每部分皆有考證。先生評清真詞，謂除文字之外兼曉音律，其音不是大晟樂府之新聲，而爲隋唐以來的燕樂。「今其聲雖亡，談其詞者猶覺拗怒之中自饒和婉，曼聲促節，繁會相宣，清濁抑揚，轆轤交往，兩宋之間，一人而已！」（《清真先生遺事》）《古劇腳色考》討論戲劇中腳色，約分生旦淨丑，皆考其命名之義和其淵源流變。謂隋唐以前雖有戲劇而無所謂腳色，宋代始有腳色，分三級：一表其人在劇中之地位，一表其品性之善惡，一表其氣質之剛柔。元劇腳色全以唱不唱定之，南曲既出，諸腳色始都唱，唯劇中主人翁率以末旦或生旦爲之，多美少惡，下流之歸，悉在淨丑，由是腳色之分亦所以存善惡，寓褒貶之意於其間。先生說：「腳色最終之意義實在於此。以品性必觀其人之言行而後見，而氣質則可於容貌聲音舉止間一覽而得故也。」

其次考面具，考塗面，考男女合演，皆極明確。（《古劇腳色考》）

十二月二十九日，四子紀明（字季耿）生。

宣統三年（民前一年、一九一一年）辛亥　三十五歲

正月初七日（二月五日）跋馬元調刻沈括撰《夢溪筆談》，前曾假武進董康藏元翻乾道本校于《稗海》本上，至是得馬本以證之，一一相符，始知此刻之善。稗海本亦大有佳處，遇「本朝」、「祖宗」等字皆空格，因將該本字義長者及可兩存者，復校於馬本上，凡乾道本誤者，亦往往從稗海本校改於馬本上，其眉端並記與宋本異同，至上元燈節校畢。（《夢溪筆談校證附錄》）

二十六日（一月二十四日），假荊州田氏藏宋嘉定贛州刻本《容齋隨筆、續筆》，校掃葉山房重刻馬元調本，凡四日而工畢。繆荃孫復取宋本重勘，亦校得數十字。宋本乃田氏自日本購歸，僅至《二筆》。至二月，又假羅氏唐風樓所藏明活字仿宋本校《三筆》、《四筆》及《五筆》，至初八日（三月八日）校畢。後又臨寫繆氏校內閣大庫藏宋刻本，僅《四筆》前五卷，亦非全本。

正月，羅振玉創刊《國學叢刊》，先生為撰〈發刊詞〉一篇。略云：「學之義不明於天下久

矣，今之言學者，有新舊之爭，有中西之爭，有有用之學與無用之學之爭。余正告天下曰：學無新舊也，無中西也，無有用無用也，凡立此名者，均不學之徒，即學焉而未嘗知學者也。學之義廣矣，……今專以知言，則學有三大類，曰科學也，史學也，文學也。……凡事物必盡其真，而道理必求其是，此科學之所有事也。而欲求知識之真與道理之是者，不可不知事物道理之所以存在之由，與其變遷之故，此史學之所有事也。若夫知識道理之不能表以議論，而但可表以情感者，與夫不能求諸實地，而但可求諸想像者，此則文學之所有事也。何以言學無新舊也？夫天下之事物，自科學上觀之與自史學上觀之，其立論各不同。自科學上觀之，則事物必盡其真，而道理必求其是，凡吾智之不能道，而吾心之所不能安者，雖聖賢言之有所不信焉，雖聖賢行之有所不慊焉！……自史學上觀之，則不獨事理之真與是者足資研究而已，即今日所視爲不真之學說，不是之制度風俗，必有所以成立之由，與其所以適於一時之故，其因存于邃古，而其果及於方來，故材料之足資參考者，雖至纖悉不敢棄焉！……然治科學者，必有待於史學上之材料，而治史學者，亦不可無科學上之知識？……何以言學無中西也？世界學問，不出科學、史學、文學，故中國之學，西國類皆有之，西國之學，我國亦類皆有之，所異者，廣狹疏密耳！……中國今日實無學之患，而非中學西學偏重之患。……余謂中西二學，盛則俱盛，衰則俱衰，風氣既開，互相推助，且居今日之世，講今日之學，未有西學不興而中學能興者，亦未有中學不興而西學能興者。特余所謂中學，非世之君子所謂中學，所謂西學，非今日學校所授之西學而已！治《毛詩》、《爾雅》者，不能不通天文博物諸學，而治博物學者，苟質《詩》、《騷》草木之名狀而不知焉，則于此學固未爲善。必如西人之推算日蝕，證梁虞劆唐一行之說以明《竹書紀年》之非僞，由《大唐西域記》以發現釋迦之支墓，斯爲得矣！……學問之事，本無中西，彼鰓鰓焉慮二者之不能並立者，真不知世間有學問事者矣！……余謂凡學皆無用也，皆有用也。……事物無大小無遠近，苟思之得其真，紀之得其實，極爲會歸，皆有裨于人類之生存福祉。己不竟其緒，他人當能竟之，今不穫其用，後世當能用之，此非苟且玩愒之徒所與知也。學問之所以爲古今中西所崇敬者實由於此！凡生民之先覺，政治教育之指導，利用厚生之淵源，胥由此出，非徒一國之名譽與光輝而已！世之君子，可謂惟知有用之用而不知無用之用者矣！以上三說，其理至淺，其事至明，此在他國所不必言，而世之君子猶或疑之。適同仁將刊行《國學雜誌》，敢以此言序其耑。此誌之刊，雖以中學爲主，然不敢蹈世人之爭論，此則同人所自信，而亦不能不自白於天下者也。」（《觀堂別集》卷四）

案：先生早年治泰西哲學，本思有以「貫串精博」，雖未能終其業，但對世界學術之大潮流，文化發展的大趨勢，固早已有所瞭解。如云「治文史之學，如無科學上的知識以為之輔助，則不能得其真。」這句話，已為現代歷史學者奉為圭臬，先生以前的大學問家都沒有道及。然其卓見遠識，又不止此一端而已！先生雖也以半生精力專治經史考證，但方法不同於乾嘉諸老，而深度則又過之，其故就在先生已具備歷史學的輔助科學如心理學、哲學、社會學、理則學等的知識，而乾嘉諸老於此則茫然，所以日本漢學家狩野直喜說：「王靜安先生的偉大，就在於用西洋科學方法整理國故。」其道理在此！

二月，以日本享保甲辰近衛家熙校本之《大唐六典》，以校己所藏之正德本，錄其校語；遇家熙本所引各書有誤的，又檢原書重加改正。中間因患眼疾，時作時輟，至三月二十九日始校畢。（《趙譜》）

春，寫成《隋唐兵符圖錄附說》一卷，刊入《國學叢刊》第三冊。《隋唐兵符圖錄》爲羅振玉所輯，刊入《國學叢刊》第一冊，所載隋虎符拓本十一，唐龜符一，附錄唐魚符五，龜符三。先生之《附說》，乃述兵符之制，並考訂附錄八狩中有兵符，有交魚符，有隨身符，其文字與《唐六典》、《唐書》、《長安志》、《唐會要》所載頗有異同。而龍武軍、鷹揚衛左紫輝二龜符，則定爲贋作。後羅氏改編歷代符圖錄，先生爲寫序目，上追溯至秦，而終於明，因重訂此附說爲〈隋虎符跋〉、〈僞周二虎符跋〉，收入《海內外雜文》中刊之。先生的治古器物自此始。

八月，又見弘治乙卯歲（八年）華容令徐碓刻本《夢溪筆談》，亦從乾道本出，行款不同而

平闕仍舊，乃《禆海》本所根據之本，即移校於馬元調本上。（《趙譜》）

八月十九日（十月十日）武昌革命一舉成功，推翻兩千多年來傳統的君主政體，而創建一爲中華全民所共治的國家。但對清遜帝宣統仍訂定優待條款，給予如同對待外國君主之禮的優待，這是中國歷代亡國之君所從來未享受過的優遇。

十月，先生攜家眷隨羅振玉東渡，寄居日本京都。舊遊藤田豐八等人皆來相聚。羅振玉撰〈狩野君山博士六十壽序〉說：「辛亥仲秋，革命軍起，君與內藤、富岡諸君移書勸予浮海東渡，且爲之卜宅於京都，感君高義，乃與海寧王忠愨公攜家投止，舟至神戶，君與東西兩京知好咸來迎迓。」（《後丁戊稿》）自此至民國五年春回國，旅居日本達五年之久（先生自云四暑五冬）。這五年時間，對先生研究學問貢獻很大。日本友人狩野直喜在追憶先生的悼文中就這樣記載著：「中國革命發生，王靜安君攜家與羅叔言君同來我國京都，居住了五六年，在這段時間，他與我經常有往來。從來京都時開始，王君在學問上的傾向，似有所改變。這是說，王君似乎想更新中國經學的研究，有志於創立新見解。例如在談話中，我提到西洋哲學，王君總是苦笑著說，他不懂西洋哲學。其後從元代雜劇的研究擴大，成《宋元戲曲史》，此書對王君可說是業餘的著述。正如其常謂，雜劇的研究以《宋元戲曲史》爲終結，以後不再研究了。當時王君學問研究的領域，已另轉了一個方向，當時王君似在精讀《十三經注疏》，前四史也在精讀之列。寓居京都時閑暇日多，自然耽於精讀，爲讀書而翻破書，是件有意義的事。除非有很多閑暇，不然那是不可能的。我想或許是上帝厚愛王君，給與他此一大好機會。」又說：「王君寓居京都期間，日夜與羅叔言君生活與共。正如眾所周知，羅君在小學、金石文字學方面是冠絕一時的學者，而且也收藏甚多古物。王君與羅君在學問上朝夕相砌磋，……此次投湖，報紙一齊報導他在金石文字學方面的造詣，這一點羅君的影響是很大的。」（《藝文雜誌》十八年第八號）先生自此盡棄文學的喜好而轉向經史考據之學方面。

案：先生治文學，初僅就哲學觀點作文學批評，抒發超越時代的文學見解，並偶而填詞以自遣，二十一歲以後，始專力於宋元戲曲的研究。先生致力於文學研究為時雖不長，但其見解卻為五四新文學運動鋪下坦平的道路。吳文祺曾譽先生為文學革命的先驅者，他說：「王靜安先生二十年前的文學見解，竟和二十年後的新文學家不謀而合，如胡適之曾斥團圓式的小說為無價值（見〈文學進步與戲劇改良〉），王氏也很反對始困終亨先離後合的小說戲曲。胡適之以為白話的詞類較文言精密（見〈國語的進化〉），王氏也以為多節詞精密而單節詞不精密；胡適之曾說詩宜具體不宜抽像（見〈談新詩〉），王氏也有「美術之特質貴具體而不貴抽象」（〈紅樓夢評論〉）之言。又如近來的新文學家都嚷著「文學是表現人生的」、「文學是人生的圖畫」的口號，王氏也知道文學的目的在描寫人生。近來的新文學家很激烈地反對文以載道的文學觀，王氏也很不贊成勸善懲惡的《聖諭廣訓》式的文學。近來的新文學家都知道自然為文學的要素，王氏也說「古今來之大文學無不以自然勝」。近來的文學家都知道外國的文學較中國發達，王氏也說「我國之重文學不如泰西。」近來的新文學家都知道雅詞和俗語的價值，並沒有什麼高下，王氏不但知道「雅俗古今之分，不過時代之差，其間固無界限也。」並且很嘆賞元曲之運用俗語為「古所未有」。……王氏有這樣高超的見解，若是繼續不已地在文藝的園地裏盡力，那末我國的文藝之花，或許要開得格外鮮艷些也未可知。但是不幸得很，趣味也使王氏轉變了研究的對象，現在他已經踱出了藝術之宮，而去替國故學先生開掘金礦去了。這在國故學先生固然有得人之慶，但藝術宮中卻失了一個作工的能手了。」（〈文學革命的先驅者——王靜安先生〉）所言極是。先生到日本後，不僅研究學問的方向有了一個重大的改變，而且在思想上也有了大變化，先前的崇慕西洋文化，捨舊謀新，惟恐不力，從此也絕口不談了，轉而專研國學。

王觀堂先生年譜卷中之一

中華民國元年（一九一二）壬子　三十六歲

元月十九日（辛亥十二月初一日），與繆荃孫信報告來京都後近況。函云：「別後未及三月，不謂時勢遷流，遽至於此。……維於十月中旬與唐風樓（羅振玉）同東渡，現寓京都市外田中村。此間學士大夫頗多舊識，風土亦尚不惡。生活程度與北方略近，然長安居尚不易，況異國耶？誦芬室（董康）亦有來此之說，大約暫以售書爲活。到此以後，未見何物，唯於友人富岡君（君撝）處見影宋本《舊唐書》二冊，聞其餘盡在京都東福寺，合之富岡君所得，並無缺卷。又聞可以借校，如能以聞人本校出，洵快事也。」（《王國維學術研究論集》第三輯〈王國維致繆荃孫信札兩通〉）

二月、先生以羅振玉家人多地仄，同居不便，乃移居於鄰屋，常以書信與羅氏往返論學。時振玉藏書皆寄存於京都大學，先生逐日前往整理，因與彼邦諸文學教授常相過從，而藤田豐

八亦先生之舊遊者。（《趙譜》）

先生東渡後，始放棄前所治諸學問，而專習經史小學，日有常課，學力乃駸駸日進。初振玉勸先生專研國學，而先於小學訓詁植其基。並謂：「尼山之學在信古，今人則信今而疑古。本朝學者疑古文《尚書》、疑《尚書孔注》、疑《家語》，所疑固未嘗不當。及大名崔氏著《考信錄》，則多疑所不必疑。至於晚近，變本加厲，至謂諸經皆出僞造，至歐西之學，其立論多似周秦諸子，若尼采諸家學說，賤仁義、薄謙遜、非節制，欲剏新文化以代舊文化，則流弊滋多。方今世論益歧，三千年之教澤，不絕如線，非矯枉不能反經，士生今日，萬事不可爲，欲拯此橫流，舍反經信古末由也。君年方壯，予亦未至衰暮，守先待後，期與子共勉之！」先生聞而悚然，自懟以前所學未醇，乃取行篋中《靜安文集》百餘冊，悉摧燒之，欲北面稱弟子。自是又盡棄宋元文學，專攻經史，日讀註疏盡數卷，旁及古文字聲韻之學，如是者數年，所造乃益深且醇。（錢基博著《現代中國文學史》）

案：振玉撰先生傳稱：「初公治古文辭，自以所學根柢未深，讀江子屏《國朝漢學師承記》，欲於此求修學途徑。予謂江氏說多偏駁，國朝學術實導源於顧亭林處士，厥後作者輩出，而造詣最精者為戴氏震、程氏易疇、錢氏大昕、汪氏中、段氏玉裁及高郵二王，因以諸家書贈之。公雖加瀏覽，然方治東西洋學術，未遑專力於此。課餘復從藤田博士治歐文，並研究西洋哲學、文學、美術，尤喜韓圖、叔本華、尼采諸家之說，發揮其旨趣，為《靜安文集》，在吳刻所為詩詞，在都門攻治戲曲，著書甚多，並為藝林所推重。至是，予乃勸公專研國學，而先於小學訓詁植其基。並與論學術得失，謂：『尼山之學在信古，今人則信今而疑古，國朝學者疑古文《尚書》、疑《尚書孔注》、疑《家語》，所疑固未嘗不當，及大名崔氏著《考信錄》，則多疑所不必疑矣！至於晚近，變本加厲，至謂諸經皆出偽造，至歐西哲學，其立論多似周秦諸子，若尼采諸家學說，賤仁義、薄謙遜、非節制，欲創新文化以代舊文化，則流弊滋多。方今世論益歧，三千年之教澤不絕如線，非矯枉不能反經。士生今日，萬事無可為，欲拯此橫流，舍反經信古莫由也。公年方壯，予亦未至衰暮，守先待後，期與子共勉之。』公聞而悚然，自懟以前所學未醇，乃取行篋中《靜安文集》百餘冊悉摧燒之，欲北面稱弟子，予以東原之於茂堂者謝之，其遷善徙義之勇如此。公既居海東，乃盡棄所學而寢饋于往歲予所贈諸家之書，予復盡出大雲書庫藏書五十萬卷，古器物銘識拓本數千通，古彝器及他古器物千餘品，恣公搜討。復與海內外學者移書論學，國內則沈乙盦尚書，柯蓼園學士；歐洲則沙畹及伯希和博士；海東則內藤湖南、狩野子溫、藤田劍峰諸博士，及東西兩京大學諸教授。每著一書，必就予商體例，衡得失。如是者數年，所造乃益深且醇。」（《丁戊稿》）先生之學，實由羅振玉啟迪培成之。日人狩野直喜說：「辛亥革命發生，王與羅氏東渡日本，寓京都達五年之久，在此期間，王氏精讀《十三經注疏》，前後《漢書》、《三國志》。王氏寓京都日，日夕與羅君生活與共，王氏之金石古文字學受羅氏影響甚大。」（〈王靜安君追憶〉）可為佐證。

又案：先生為學興趣，自哲學之嗜好而轉向文學，又自文學而經史考據，雖受羅振玉影響，但他內心亦有此種傾向。繆鉞的〈王靜安與叔本華〉一文，亦曾論及叔氏哲學影響於先生之為人者。有云：「叔本華既以人生為痛苦，故貴求解脫，解脫有久暫兩種，暫時之解脫為藝術之欣賞，蓋欣賞藝術時，能暫忘其生活之欲也。永久之解脫則為滅絕意欲。……王靜安少治文學哲學，所祈嚮者，乃『深湛之思，創造之力，一旦集於吾躬。』（〈自序〉）三十以後，則漸棄故業，而專力於經史、古文字、古器物之學，即世所謂『考證之學』。此種轉變，雖環境使然，而靜安亦非盡屬被動，其內心或以為治考證亦一種解脫之法，故願從事於此。蓋治考證時，其對象為古文字、古器物、古代史事，遠於現實之人生，亦可以暫忘生活之欲也。……其所作〈浣溪沙〉詞云：『掩卷平生有百端，飽更憂患轉冥頑，……更緣隨例弄丹鉛，閒愁無分況清歡。』閒愁、清歡皆由於生活之欲，心境寂滅則憂歡兩忘，靜安蓋視『弄丹鉛』、治考證為遺愁之方，忘憂之地，此詞實乃其深心之流露。然治考證，……非但不能「忘憂煩而得解脫」，並增加其內心之衝突而更痛苦。蓋王靜安乃多情善感之人，如從事文學，其感情得盡量發抒，縱使深怨沉憂憫生悲世，而發抒之後，可得愉暢。……靜安既捨文學而專事考證，疲精殫力於博覽深研，其對象繁瑣枯燥，純用理智思考，而壓抑情感不得發抒，造成內心隱微中衝突之苦。吾人讀《觀堂集林》，觀其學術論文之精覈深密，想見戴東原……程易疇等樸學之境界，而讀至卷末，小詞數十闋，芳悱幽咽，淒艷絕世，又儼然秦少游、晏小山復生。未嘗不驚歎其才氣超人，以為學術史上難能之事。而孰知就人生而論，此種收穫，非盡靜安之幸也。」此言當屬極近情理。蓋先生終日疲精殫思於經史考據，固可達到忘憂之境，但情感的抑壓，為日久之，內心亦隱隱有一種衝突，先生有《蝶戀花》一詞，詞云：「辛苦錢塘江上水，日日西流，日日東趨海。」錢塘江的水，上潮時水西流，退潮時東趨海，可以象徵衝突的痛苦。先生這幾句詞託意頗深，蓋內心隱然藏有這種痛苦，觸景生感，不過是借錢塘江水以寄興罷了！

是月，青木正兒始識先生。青木氏序其所著《中國近世戲曲史》說：「明治四十五年（一九一二）二月，余始謁王先生於京都田中村之僑寓。其前一年，余草《元曲研究》一文卒大學業，戲曲研究之志方盛，極欲向先生有所就教，然先生僅愛讀曲，不愛觀劇，於音律更無所顧，且此時先生之學轉趨金石古史，漸倦於詞曲。余年少氣銳，妄目先生爲迂儒，往來一二次即止。遂不叩其蘊蓄，於今悔之。」其後青木著《明清戲曲史》，即在賡續先生所作。青木又說：「大正十四年（一九二五）春，余負笈於北平之初，嘗與友相約遊西山，自玉泉旋出頤和園，謁先生於清華園，先生問余曰：『此次遊學欲專攻何物歟？』對曰：『欲觀戲劇，宋元之戲曲史，雖有先生名著，明以後尚無人著手，晚生願致微力於此。』先生冷然曰：『明以後無足取，元曲爲活文學，明清之曲，死文學也。』余默然無以對。噫！明清之曲爲先生所唾棄，然談戲曲者，豈可缺乏哉！現今歌場中，元曲既滅，明清之曲尚行，則元曲爲死劇，而明清爲活劇也。先生既飽珍饈，著《宋元戲曲史》，余嘗其餘瀝，以編《明清戲曲史》，固分所宜然也。苟起先生于九原，而呈鄙著一冊，未必不爲之破顏一笑也。」（王譯《中國近世戲曲史》）足見日本漢學界奮起研究中國戲曲史，全是受先生影響。日人鹽谷溫氏在其所著《中國文學概論講話》中說：「近年中國本國也曲學勃興，曲話及傳奇的刊行不少。吾（鹽谷自稱）師長沙葉煥彬（德輝）先生及海寧王靜安先生同是斯學的泰斗。尤其是王氏有《戲曲考源》、《曲錄》、《古劇腳色考》、《宋元戲曲史》等有益的著述。王氏遊寓京都時，我學界也大受刺激，從狩野君山博士起，久保天隨學士、鈴木豹軒學士、西村天囚居士、亡友金井君等，都對於斯文造詣極深，或對曲學的研究吐卓學，或競先鞭於名曲底紹介與翻譯，呈萬馬騈鑣而馳騁的盛觀。」其第五章〈敘說〉講的十分清楚。

三月，作〈頤和園詞〉七言古詩一首，記述晚清末運之事，頗有以詩存史之意。如云：「五十年間天下母，後來無繼前無偶，卻因清暇話平生，萬事何堪重回首！……國事中間幾翻覆，近年最憶懷來辱，草地間關短轂車，郵亭倉卒蕪蔞粥。」（《觀堂集林》卷廿四）皆指慈禧太后而言。羅振玉見而激賞，爲手寫付石印，傳誦一時，日本友人鈴木虎雄比之爲吳梅村的〈圓圓曲〉。

春，草成〈簡牘檢署考〉，日本友人鈴木虎雄譯爲日文，刊於《藝文雜誌》第三年第四至六號。

五月三十一日（四月十五日），與日本友人鈴木虎雄（豹軒）書，稱道其近作〈哀清賦〉，書云：「前從《日本及日本人》〈雜誌〉中，見大著〈哀清賦〉，僕本擬作〈東征賦〉，因之擱筆。前作〈頤和園詞〉一首，雖不敢上希白傳，庶幾追步梅村。蓋白傳能不使事，梅村則專以使事爲工，然梅村自有雄氣駿骨，遇白描處尤有深味，非如陳雲伯輩，但以秀縟見長，有肉無骨也。拙詩附呈，祈教正。〈簡牘檢署考〉承辱大筆爲譯和文，甚感厚意。唯近復有補正之處，別紙錄呈，仍乞附譯爲禱！」（《藝文》雜誌第十八年第八號）

案：鈴木虎雄說：「王君寓居京都時期，示余詩篇甚多，刊載於《藝文》雜誌上。又君本身刪定當時諸作，以古本活字刊《壬癸集》。〈頤和園詞〉雖君自書，然實由羅氏影印行世者。《追憶王靜庵》又說：「君寓居京都田中村時，正值其整理戲曲研究。我當時亦起戲曲研究之念，乃屢屢叩君門，聆受君教。為了習練，嘗試圈點高則誠之《琵琶記》，難解之處，時時乞君指教。此稿本今猶藏於篋底。我圈點完畢後不久，已故西村天囚博士所日譯之《琵琶記》載於大阪《朝日新聞》。天囚氏研究戲曲，雖遠較吾輩為早，我也常見其往來於君門，獲益甚多，君當時已將《古劇腳色考》刊載於《國學叢刊》，我將此文譯載於《藝文》雜誌，此所發表僅為其研究的一部份。君之研究，當時已甚廣泛，後來《宋元戲曲史》於上海出版，〈簡牘檢署考〉余亦譯載於《藝文》，正如內藤湖南翁談話所說：君正精讀《十三經注疏》，君又就與君同時來寓京都之羅叔言振玉氏研究龜甲文字，幾乎每日赴羅氏處。余自君處得啟蒙之利，不只限於戲曲一事，其他如有關書籍，清朝掌故，社會風俗，日常瑣事等等，無遑枚舉。又當時京都大學亦有羅叔言氏所寄存之書，時往借觀，受益甚多。」（〈追憶王靜庵〉）
先生初到京都時的研究工作及與日本友人交遊情形大致如此。

六月廿二日（五月八日），鈴木虎雄來訪，不遇，因以書達。云：「本日下午，祇候門牆，不能奉承高誨，悵焉何已！日前垂示〈頤和園詞〉一篇，拜誦不一再次，風骨俊爽，彩華絢爛，漱王駱之芬芳，剔元虞之精髓，況且事該情盡，義微詞隱。國家艱難，宗社興亡，蘭成北徙，仲宣南行，慘何加焉！高明不敢自比香山，而稱趨步梅村，若陳雲伯，則俯視遼廓。僕生平讀梅村詩，使事太繁，託興晦匿，悵無人爲作鄭箋者，且乏開闔變化之妙，動則有句而無篇，殆以律詩爲古詩矣。繡組之工雖多，貫通之義或缺，僕不學則固爾！然結構措詞之間，作者亦豈無一二疏虞處哉？高作則異之，隱而顯，微而著，懷往感今，俯仰低回，淒婉之致，幾乎駕婁江而上者，洵近今之所罕見也，僕欲以斯鑄轉載敝邦一二叢報紙上，傳諸通邑大都，未知高明許之否？詞中事實，有蒙未解處，則將期執謁請教。《槐南集》近者上木，謹呈一本，叱留爲幸。」次日，先生覆書虎雄，略云：「昨承枉駕，在圖書館未返，致失迎迓，甚歉！承惠《槐南集》，並辱手書，均拜收。〈頤和園詞〉稱獎過實，甚愧。此詞於覺羅氏一姓末路之事略具，至於全國民之運命與其所以致病之由及其所得之果，尚有更可悲於此者，擬爲〈東征賦〉以發之。然手腕尚未成熟，姑俟異日。尊論梅村詩，深得中其病，至於龍跳虎臥，而具見起伏，鯨鏗春麗，而不假典故，要唯第一流之作者能之。梅村詩品，自當在上中、上下間，然有清剛之氣，故不致如陳雲伯輩之有肉無骨也。拙詞，尊意擬轉載貴邦雜誌，毫無不可。《槐南集》卷帙甚富，敝國近代詩人，無此巨帙，容緩緩細讀。」(《藝文》第十八年第八號)

八月，成《古劇腳色考》一卷，係就唐宋以來迄今劇中之腳色，考其淵源與變化。寄與鈴木虎雄，譯爲日文，刊於《藝文》雜誌第四年第一、四、七號，戲劇腳色有四：生旦淨丑。先生說：「隋唐以前雖有戲劇之萌芽，尚無所謂腳色也。唐中葉以後，乃有參運蒼鶻，一爲假官，一爲假僕，但表其人社會上之地位而已！宋之腳色，亦表所搬之人之地位職業者爲多，自是以後，其變化約分三級：一表其人在劇中之地位，二表其品性之善惡，三表其氣質之剛柔也。宋之腳色，以副淨爲主，副末次之，然宋劇之以孤名者不一而足，知他色亦有當場者矣！元雜劇中則當場唱者惟正末正旦，……雖劇中之主人翁，苟於此折中不唱，則亦退居他色，故元劇腳色全以唱不唱定之。南曲既出，諸色始俱唱，然一劇之主人翁猶必爲生旦，此皆表一人在劇中之地位，雖在今日猶沿用之者也。……元明以後，戲劇之主人翁率以末旦或生旦爲之，而主人之中多美鮮惡，下流之歸，悉在淨丑，由是腳色之分亦大有表示善惡之意。國朝以後，如孔尚任之《桃花扇》，於描寫人物尤所措意，其定腳色也，不以品性之善惡，而以氣質之陰陽剛柔。……自元迄今，腳色之命意不外此三者，而漸有自地位而品性，自品性而氣質之勢，此其進步變化之大略也。」又說：「近世戲劇中之腳色隱有分類之意，雖非其本旨，然其後起之意義如是，不可誣也。……以品性必觀其人之言行而後見，而氣質則可於容貌聲音舉止間一覽而得故也。」（《古劇腳色考》）先生因考其淵源演變。附〈面具考〉、〈塗面考〉及〈男女合演考〉，古劇中之各種腳色，悉盡於此。

九月，日本友人狩野直喜將遊歐洲，先生初擬作五言排律送之，得數韻後，頗覺不工，乃改作七古，於月之十六日脫稿。與鈴木虎雄書云：「索送狩野教授詩稿，茲特呈上。惟詩中語意，於貴國社會政治前途頗有隱慮，與倫敦泰姆士時報（The Times）意略相同。竊念君子居是邦，不非其大夫，……貴國人觀之，或恐不喜。登錄雜誌與否，祈斟酌為幸！」（《藝文》十八年八號）其送行詩云：「君山博士今儒宗，亭亭崛起東海東，平生未擬媚鄒魯，肸蠁每與沂泗通。自言讀書知求是，但有心印無雷同。我亦半生苦汎濫，異同堅白隨所攻。……四方蹙蹙竟安騁？幡然鼓棹來扶桑；扶桑風物由來美，舊雨相逢各歡喜。卜居愛住春明坊，擇鄰且近鹿門子，商量舊學加邃密，傾倒心知無窮已。……談深相與話興衰，回首神州劇可哀，漢土由來貴忠節，至今文謝安在哉？……半年會合平安城，只君又做西歐行，石室書紬自能事，縞帶論交亦故情。離朱要能搜赤水，楚國豈但誇白珩。坐待歸來振疲俗，毋令後世羞儒生。」（《觀堂集林》卷二十四）

案：先生所作送狩野詩，中有「……此邦曈曈如曉日，國體宇內稱第一；微聞近時尚功利，復云小吏乏風節，疲民往往困魯稅，學子稍稍出燕說」之句，正是對日本社會政治抱前途隱憂之處。

十月十日（九月初一日），〈簡牘檢署考〉始寫定，至此已四易其稿。春間鈴木所譯，乃屬未改定之本，及夏，復增補若干則，遂得寫定。歲暮，聞法國沙畹教授方研究斯坦因所得古簡牘，因複寫一本寄之。其後沙氏考釋漢晉木簡，亦多採先生說。

案：此篇首言書契之為用自刻畫始。簡策之別，以長短為定，策二尺四寸，簡一尺二寸，而周秦兩漢間簡策的種類亦不同。次言一簡行數，則或兩行為一行，字數則視簡之長矩以為差，自四十字至八字不等。其書體皆用篆或隸，至簡策之文，以刀刻或以筆書，戰國以後無有用刀刻者。其次，簡策的編結法，用葦或絲。再次言簡牘之制，簡牘之用及簡與牘之別。最後言書牘繩緘之法和封題之式，文長一萬三千言。沈曾植說：「此書雖短短十數葉，然非貫通經史者不能為也。」又說：「即此戔戔小冊，亦豈今世學者所能為。」〈王國維先生考古學上之貢獻〉其精賅如此。所用方法是沿襲乾嘉之分類考究。正如羅振玉說：「予在海東，與忠慤論今日修學宜用分類法，故忠慤撰〈釋幣〉、〈胡服考〉、〈簡牘檢署考〉，皆用此法。」（《集蓼編》）這是乾嘉樸學大師考證經史所通用的方法。

十一月，先生將歷年研究所得的宋元戲曲諸材料，著手撰寫《宋元戲曲史》此爲受商務印書館之約，亦欲將近年戲曲史研究告一結束。

十一月九日（十月初一日），奉函繆荃孫告以郵寄新作〈蜀道難〉謄寫板。函云：「近日作〈蜀道難〉一首，詠匋齋（端方）制府事，此公境遇可憐，其死後之慘，亦作詩大好題目。謹以謄寫板一份呈覽。字畫模糊，恐不宜老眼，然字句太多，無法錄呈也。授經（董康）北方行未歸，聞以重價購得《（永樂）大典》十餘冊，又購他書，共數千元。」（《王國維學術研究論集》第三集）

十二月二十六日（十一月十八日），致書於日本友人鈴木虎雄，求假《堯山堂外紀》等書。書略稱：「前聞大學藏書中，有明人《堯山堂外紀》一書，近因起草《宋元戲曲史》，頗思參考其中金元人傳部分，能為設法代借一閱否？又鄭樵《通志・金石略》中石鼓釋文一本，亦欲奉借一觀。」（《藝文》雜誌第十八年第八期）是先生對戲曲史材料之搜集，仍未歇手。月底，突患胃病，且頭痛與齒痛交作，遂暫停撰寫。

民國二年（一九一三）癸丑　三十七歲

元月五日（壬子十一月二十八日），奉書繆荃孫，告以正撰寫《宋元戲曲史》，行將脫稿。書云：「近為商務印書館作《宋元戲曲史》，將近脫稿，共分十六章，潤筆每千字三元，共五萬餘字，不過得二百元。但四五年中研究所得，手所疏記，心所儲藏者，借此得編成一書，否則荏苒不能刻期告成。惟其中材料皆一手蒐集，說解亦皆自己所發明。將來仍擬改易書名，編定卷數，另行自刻也。」（《書信集》）

元月中，撰成《宋元戲曲史》一書，計分十六章，一、〈上古至五代之戲劇〉，二、〈宋之滑稽戲〉，三、〈宋之小說雜戲〉，四、〈宋之樂曲〉，五、〈宋官本雜劇段數〉，六、〈金院本名目〉，七、〈古劇之結構〉，八、〈元雜劇之淵源〉，九、〈元劇之時地〉，十、〈元劇之存亡〉，十一、〈元劇之結構〉，十二、〈元劇之文章〉，十三、〈元院本〉，十四、〈南戲之淵源及時代〉，十五、〈元南戲之文章〉，十六、〈餘論〉。最後附錄元戲曲家小傳。自序說：「凡一代有一代之文學，楚之騷，漢之賦，六代之駢語，唐之詩，宋之詞，元之曲，皆所謂一代之文學，而後世莫能繼焉者也。獨元人之曲，爲時既近，託體稍卑，故兩朝史志與四庫集部均不著於錄，後世儒碩，皆鄙棄不復道。而爲此學者，大率不學之徒，即有一二學子以餘力及此，亦未有能觀其會通，窺其奧窔者，遂使一代文獻，鬱堙沉晦者且數百年，愚甚惑焉！往者讀元人雜劇而善之，以爲能道人情，狀物態，詞采俊拔，而出乎自然，蓋古所未有，而後人所不能髣彿也。輒思究其淵源，明其變化之跡，以爲非求諸唐宋遼金之文學弗能得也。乃成《曲錄》六卷，《戲曲考源》一卷，《唐宋大曲考》一卷，《優語錄》二卷，《古劇腳色考》一卷，《曲調源流表》一卷。從事既久，續有所得，頗覺昔人之說與自已之書，罅漏日多，而手所疏記與心所領會者，亦日有增益。壬子歲暮，旅居多暇，乃以三月之力，寫爲此書，凡諸材料，皆余所蒐集，其所說明，亦大抵余之所創獲也。世之爲此學者自余始，其所貢獻於此學者，亦以此書爲多，非吾輩才力過於古人，實以古人未嘗爲此學故也。」（《宋元戲曲史》）戲曲史的研究，先生是第一位有貢獻的人，此書是一部論中國戲曲源流最有系統也最精博的著作，是有其鑿空之功的。有了這部書作研究戲曲史的指標，然後方有後此諸人的成就。此書成於三個月之間，其所以如此之速者，蓋由於先生已完成《曲錄》、《戲曲考源》、《唐宋大曲考》、《古劇腳色考》、《優語錄》等書，此書之成，多採自前此諸書成說，所用材料，亦已在宣統年間搜集到十之七八。他人但知先生成書之速，而不知先生用力之專，植基之厚，因特表而出之。使後之人，研究學問，不要存輕率易爲的心理。

茲分述此書的要點如左：

第一章，略論上古至五代的戲劇：戲劇的起源是由歌舞，歌舞之興，是始於古之巫。巫是以歌舞爲職以樂神人的。其後有俳優，晉有優施，楚有優孟，優就是調戲的人。巫與優的區別，爲前者是女的，後者是男的，前者以樂神，後者以樂人。至漢，俳優便間或參演故事，而合歌舞以演一故事者，實始於北齊。北朝以外族入主中原，與西域諸國交通，外國的音樂和戲劇的形式遂以傳入，對中國戲劇產生極大的影響。唐五代於歌舞戲之外，又有滑稽戲。滑稽戲不用歌舞，而以言語爲主，託故事以諷時事，並輔以隨意之動作。

第二章至第七章，考證宋金戲劇的變遷及其內容與結構：宋之滑稽戲與唐代滑稽戲相同，當時亦叫做戲劇，雖託故事以諷時事，然不以演事實爲主，而以所含之意義爲主，因爲小說的發達，有助於滑稽戲漸變次爲演事實之戲劇。「後代之戲劇必合言語動作歌唱以演一故事，而後戲劇之意義始全，故真戲劇必與戲曲相表裏。」而戲曲實濫觴宋代的樂曲。宋之歌曲最通行者爲詞，亦稱近體樂府，亦謂之長短句。宋人讌集，無不歌以侑觴，其初常以一曲連續歌之，至北宋末，其體漸變，此外又有曲破及大曲，曲之遍數雖多，而仍限於一曲，至合數曲而成一樂者，則自諸宮調始。諸宮調爲小說之支流，而被之樂曲，而南宋的劇曲，又綜合種種樂曲。惟兩宋戲劇皆爲雜劇，至金始有院本的名目，實際上二者是一種東西，因現今皆無一存，但就其目觀之，知其結構與後世戲劇不同，因稱之爲古劇。然以其純粹演故事，所以也可以說真正的戲劇起於宋代。而論真正之戲曲，不能不從元雜劇始。

第八章至十三章，論述元雜劇的淵源，元劇的時地、存亡、結構與文章：宋金時代的雜劇院本，其中有滑稽戲，有正雜劇，有艷段，有雜班，又有種種技藝游戲。其所用的曲，有大曲，有法曲，有諸宮調，有詞，但都沒有一定的體段，至元代的雜劇出，纔完全具備各種體裁，如科白爲敘事體，曲文爲代言體，一屬形式，一屬材質，而成爲真正的戲曲，在我國戲曲史上是一大進步。元雜劇視前代戲曲之進步有二：其一，每劇皆用四折，每折易一宮調，較大曲爲自由，較諸宮調爲雄偉。其二，由敘事體而變爲代言體，形式與材質兼而有之。由元劇之形式材質兩方面研究，可知元劇雖有其特色，而非盡出於創造，宋金雜劇院本實爲其淵源。元劇分爲三期，一、蒙古時期，自太宗取中原至元的統一中國；二、一統時期，自至元至後至元間；三、至正時期。元雜劇發達的原因爲元初的廢止科舉。「蓋自唐宋以來，士之競於科目者已非一朝一夕之事，一旦廢之，彼其才力無所用，而一於詞曲發之。且金時科目之學最爲淺陋，此種人士一旦失其所業，固不能爲學術上之事，而高文典冊，又非其所素習，適雜劇之新體出，遂多從事於此，而又有一二天才出於其間，充其才力，而元劇之作，遂爲千古獨絕之文字。」惜現存元劇十不逮二三；其結構，大抵每劇都是四折，加上一個楔子，有曲文，有科白，每折唱者只限正角一人，他角則有白無唱，其第四折則尤非由正角唱不可。元劇腳色除末旦外，尚有淨、有丑，演劇時所用之物謂之砌末，亦即樂器之類。至論元劇的文章最妙處爲有意境，爲自然。「何以謂之有意境？曰寫情則沁人心脾，寫景則在人耳目，述事則如出其口。」「古今之大文學家無不以自然勝，而莫著於元曲。蓋元劇之作者，其人均非有名位學問也。其作劇也，非有藏之名山傳之其人之意也；彼以意興之所至爲之，以自娛娛人，關目之拙劣所不問也，思想之卑陋所不諱也，人物之矛盾所不顧也，彼但摹寫其胸中之感想，與時代之情狀，而真摯之理與秀傑之氣，時流露於其間。故謂元曲為中國最自然之文學無不可也。」於此新文體中自由使用新言語，足為元劇文章的一大特色。至其描寫當時政治及社會情狀，足以供後世史學家論世之資者亦不少。

第十四、十五章，述南戲的淵源時代及文章：南戲淵源於宋，反古於元雜劇。現存南戲之最古者，大抵作於元明之間，其文章之佳處與北劇略同，惟北劇悲壯沈雄，南戲清柔曲折，如〈拜月亭〉，宛轉詳盡，情與詞偕，非元人不辦。明以後的人，全無能為役者。所以說北劇、南戲，限於元代。

第十六章，餘論：「我國戲劇，漢魏以來與百戲合，至唐而分為歌舞戲及滑稽戲二種，宋時滑稽戲尤盛，又漸藉歌舞以緣飾故事，於是……而以故事為主。至元雜劇出，而體制遂定，南戲出，而變化更多，於是我國始有純粹之戲曲。」先生之盛推元劇如此。

案：《宋元戲曲史》一書，為先生研究戲曲的總成績，也是近四五年來研究戲曲的終結，此後便專力於經史古文字學。然先生整理戲曲的成績是輝煌的，《宋元戲曲史》的問世，便一致的受到學術界的推崇。傅斯年評道：「近年坊間刊刻各種文學史文學評議之書，獨王靜安《宋元戲曲史》最有價值。……中國韻文莫優於元劇明曲，然論次之者皆不學之徒，未能詳其文疏其跡也。王君此書，前此則未有作者，當代亦莫之與京，所以託體者貴，因而其書貴也。宋金元明之新文學，一為白話小說，一為戲曲，當時不以為文章正宗，後人不以為文學宏業，時遷代異，盡從零落，其幸而存者，泰山一毫芒耳！……即以元雜劇而論，流傳今世者不過臧刻百種，……持此以例其他，劇本散亡，劇故沉湮，淵源不可得考，事跡無從疏證者多多矣！鉤沉稽遺，亦大不易。當時人並無論此之專書，若於各家著述中散漫求之，勢不能不遍閱唐宋元明文集，然而唐宋元明文集浩如煙海，如何尋其端緒，縱能求得斷爛材料，而此材料又復七散八落，不相聯屬，猶無補也。王先生此書，取材不易，整理尤難，籀覽一過，見其條貫秩然，能深尋曲劇進步變遷之階級，可以為難矣！研究中國文學，而不解外國文學，撰述中國文學史，而未讀外國文學史，將永無得真之一日。以舊法著中國文學史，為文人列傳可也，為類書可也，為雜抄可也，為辛文房『唐才子傳體』可也，或變黃全二君『學案體』以為『文案體』可也，或竟成世說新語可也；欲為近代科學的文學史不可也。文學有其職司，更有特殊之體制，必不為無意義之作。王君此作，固不可謂盡美無缺，然體裁總不差也。王先生評元劇之文章，有極精之言，……且具世界眼光者也。王君治哲學，通外國語，平日論文時有達旨，余向見其《人間詞話》，信為佳作。……就本書論本書，卻為甚有價值耳！」（《傅孟真先生集》上編）吳其昌說：「先生之學，有承襲前人遺業而發揚光大之者，有從舊學圃中而另闢新園囿者，有雖為創通鑿空而仍有賴於他人之互助者，有絕無依傍孤立血戰獨成一軍者。如西北地理之學，自徐何魏李……以下，以至於今日沈、柯諸老，濬源既長，衍流亦廣，先生不過繼承而發揮，且其成績視咸同大老，究竟如何？尚未敢質言，此屬第一類也。金石之學，則自宋代歐、呂以來，有清大師，不謂不多，特先生大而化之，以金石互證經籍，由是以考測古代史料，如航海家之發現新陸，此屬於第二類也。龜契之學，先生雖為創通鑿空之元勳，而終尚賴劉鐵雲、孫中頌之援助，及羅叔蘊先生之切磋，此屬於第三類也。獨專治宋元戲曲史料，則雖不敢云後無來者，而前人確從未有為此業者，所以能立為一家言者，真是絕無依傍，全由一人孤軍力戰而成。此亦為先生之專門絕學，未可以其中年自棄而輕視之矣！」（〈王觀堂先生學述〉）先生的學術成就，方面之廣，實至可驚，《宋元戲曲史》不過是遺書中的一小冊子而已！但只此一小冊，便為後人研究戲曲史的留下一個絕好的範本。梁啟超更推崇先生在曲學上研究的成就說：「以經生研究戲曲者，首推焦里堂，著有《劇說》六卷。……最近則王靜安國維治曲學最有條貫，著有《戲曲考源》、《曲錄》、《宋元戲曲史》等書。曲學將來能成為專門之學，則靜安當為不祧祖矣！」（《中國近三百年學術史》）其言得之。

再案：此書有鑿空之功，影響於近年中外學者研究中國戲曲至鉅。正如王古魯在其所譯日人青木正兒著《中國近世戲曲史》敘文中說的：「中國戲曲之有史，還創始於近年海寧王靜安先生的名著《宋元戲曲史》。誰都知道向日的文人，素以此種民間文學鄙棄為巷談街說一類東西的，兩朝史志與四庫集部，都未著錄；……《欽定四庫全書簡明目錄》……說：『南北曲非文章之正軌，故不錄其詞。……』此種見解，阻止了究淵源明變化陳跡之戲曲史產生，並且因此不知埋沒毀滅了多少偉大鉅著。直到清季，王靜安先生以豐富的學識，精銳的目光，看出「凡一代有一代之文學，……宋之詞，元之曲，皆所謂一代之文學。」明瞭它的價值，故於《曲錄》、《戲曲考源》、《唐宋大曲考》、《優語錄》、《古劇腳色考》、《曲調源流考》之外，復進一步而著成上述之《戲曲史》。……他的這幾種大著，以及他研究曲學的精神，不獨喚起了本國學人注意曲學，而且在東瀛也惹起了不少學者來研究中國戲曲。對於此點，鹽谷溫氏在他的《中國文學概論講話》第五章〈敘說〉中明明白白地說：『……王氏遊寓京都時，我學界也大受刺激，從狩野君山博士起，久保天隨學士、鈴木豹軒學士、西村天囚居士、亡友金井君等，都對於斯文造詣極深，或對曲學底研究吐卓學，或競先鞭於名曲底紹介與翻譯，呈萬馬駢鑣而馳騁的盛觀。』狩野君山即青木氏書中所常引的『我師狩野直喜先生』。青木氏對中國曲學有如此之成就，一方面固然不能不說是狩野氏提掖勸誘之功，然而另一方面，亦不能忘卻鹽谷溫氏所說的『王靜安先生間接的影響。』」足為明證。又趙景琛撰〈讀宋元戲曲史〉說：「王國維《宋元戲曲史》第八章〈元雜劇之淵源〉，把元雜劇與宋官本雜劇和金院本名目相同的列成一表，以為元雜劇的材質是「取諸古劇」的。同人的《曲錄》作於《宋元戲曲史》以前，所以在宋金雜劇院本部裡，風花雪月、船子和尚四不犯、莊周夢、雙鬥醫條下，都不曾註出同名的元人雜劇，這些在《宋元戲曲史》裏就都添上了。」從這個例證，足見先生對搜集戲曲史的材料一直沒有間斷。先生研究戲曲的最後願望是寫一部宋元戲曲史，其他《曲錄》、《戲曲考源》、《唐宋大曲考》等之作，不過是為撰寫這部戲曲史所做的預備工作而已！

又案：先生自三十歲入京任學部圖書館編輯以後，即轉其治學之方向專治宋元通俗文學。有關戲曲的史料，所撰《優語錄》、《唐宋大曲考》、《錄曲餘談》皆為戲曲之史料，已刊於《國粹學報》第六十餘期。其刊於《國學叢刊》者，有《古劇脚色考》、《清真先生遺事》，亦於此前撰成。而刊於《晨風閣叢書》之《曲錄》，為考述宋元戲曲著作比較最完備的。尚有《戲曲考源》，亦成於是時。直至民國元、二年間，《東方雜誌》第九、十兩卷分期刊登《宋元戲曲史》止，此六、七年間，先生所治之學，皆可歸為宋元戲曲研究範疇。其後專治小學、經學，其旨趣乃在於史學。

是月，羅振玉於淨土寺町所建新居落成，乃遷入居住。《集蓼編》說：「予寓田中村一歲，書籍置大學，與忠慤往返整理甚勞，乃於淨土寺町購地數百坪，建樓四楹，半以棲眷屬，半以祀先人接賓友。……尋增書倉一所，……顏之曰大雲書庫。……移存大學之書於庫中，乃時以著書遣日。……是時王忠慤公盡摒平日所學以治國學，所居去余不數武，晨夕過從，忠慤資稟敏異，所學恆兼人，自肄業東文學社後，予拔之儔人中，以所至皆與偕。及予官學部時，言之榮文恪公（慶），奏調部行走，充編譯官，每稱之於當道，恆屈己下之，而聞譽仍未甚著，及至海東，學益進，識益完，十餘年間，遂充然爲海內大師矣！」

二月，爲日本友人隅田吉衛撰〈二田畫廎記〉，說：「日本備後三原城有好古之士三：曰川口國次郎，曰久野元吉，曰隅田吉衛，三君者相得也，余皆得與之遊。川口君所居有此君軒，久野君有墨妙亭，余皆記之矣，既而隅田君以書來曰：余有二田畫廎者，以沈石田、惲南田之畫名焉，君於二君之居既有文，請爲我記之。……」（《王忠慤公遺墨》）

案：先生所作〈墨妙亭記〉、〈此君軒記〉及〈二田畫廎記〉，皆題稱「齊州王國維」，蓋以寄寓日本京都，以齊州代表中國。又《觀堂集林》卷二十三亦載此記，自繫「壬子十月」，與遺墨不同，今從遺墨。想是記作於壬子十月，而書畢送交隅田君時則在癸丑正月。

四月五日（二月二十九日）清明節，與家人游真如堂，循東麓下，至安樂寺，時櫻花初放，興盡而歸。

先生圈點三禮，細讀一過，並時作疏記。自三月十六日（二月初九日）起至四月二十四日（三月十八日），讀《周禮注疏》畢；先生自跋注疏本後說：「此時注意於疏，而於經注反覺茫然。」自五月二十六日（四月廿一日）起至七月十二日（六月九日），讀《儀禮注疏》畢；每日讀完一卷，中二日盡二卷，幸無間斷。又自九月二十二日（八月十一日）起至十一月二十一日（十月十二日）讀《禮記注疏》畢；並跋其後說：「沖遠此疏，除大典制尚存魏晉六朝古說外，可取殊少，其敷衍經旨處，乃類高頭講章，令人生厭，不及賈氏二禮疏遠甚，若去其蕪穢，存其菁英，亦經義得失之林也。」先生於讀三禮的同時，又圈讀段玉裁《說文解字注》一過。自四月三日（二月二十七日）起至四月十八日（三月十二日），讀完第三篇，時因作〈明堂廟寢通考〉，中斷四十餘日。自五月三十一日（四月二十六日）起至六月下旬，又圈點完第七卷及第十五卷，其間八至十四卷只瀏覽一過，不再圈校，當時蓋以又要治他業之故。（《趙譜》）

案：先生〈跋段懋堂手蹟〉說：「平生於小學最服膺懋堂先生，以為許洨長後一人也。」（《觀堂別集》卷三）其推崇如此！

四月九日（三月三日上巳），京都大學諸教授原田、兩山等及羅振玉共約先生各以所藏王右軍羲之蘭亭帖佳本展覽，且賦詩以記其事。先生〈蘭亭會詩〉說：「大撓以還幾癸丑，紀年惟說永和九，人間上巳何歲無，獨數山陰暮春初。爾來荏苒經幾年，歲星百三十周天，會稽山水何岑寂，揭來異國會群賢。……我論書法重感喟，今年此地開高會，文物千秋有廢興，江河萬古仍滂沛。君不見蘭亭曲水埋荒煙，當年人物不復還，野人牽牛亭下過，但道今是牛兒年。」（《王忠愨公遺墨》）

五月十三日（四月初八日），奉書繆荃孫，告以將編印近作古今體詩及研究古代宮室之制。書云：「至東以後，得古今體詩二十首，中以長編爲多，現在擬以日本舊大本活字排印成冊，名曰《壬癸集》，成後當呈教。頃多閱金文，悟古代宮室之制，現草《明堂廟寢通考》一書，擬分三卷，已說爲第一卷（自注已成），次駁古人說一卷，次圖一卷。此書全根據金文、龜卜文，而以經證之，無乎不合。脫稿之後，再行呈教。」（《書信集》）

是月，撰〈明堂廟寢通考〉。明堂之制，歷來聚訟不決。此制起原最古，秦時即已失傳，自漢以後，歧說愈多，先生彙集眾說，用演繹歸納比較法，詳加分析。大要說：「我國家族之制古矣，一家之中有父子、有兄弟，而父子兄弟又各有其匹偶焉！……故穴居野處時，其情狀余不敢知，其既爲宮室也，必使一家之人所居之室相距至近，而後情足以相親焉！功足以相助焉！

然欲諸室相接，非四阿之屋不可。……使其堂各向東西南北於外，則四堂後之四室亦自向東西南北而湊於中庭矣。此置室最近之法，最利於用，而亦足以爲觀美。明堂、辟雍、宗廟、大小寢之制，皆不外由此而擴大之緣飾之者也。……明堂之制，外有四堂，東西南北兩兩相背。……四堂之後，各有一室。……四堂四室，兩兩相對，則其中有廣庭焉！庭之形正方，其廣袤實與一堂之廣相等。……明堂之制，既爲古代宮室之通制，故宗廟之宮室亦如之。古宗廟之有太室，即足證其制與明堂無異。……至燕寢之四屋相對，……與明堂宗廟同制，其所異者，唯無太室耳！」（《觀堂集林》卷三）先生根據殷商貞卜文字，《史記》、《考工記》及其他古籍，證明明堂之制爲古代宮室宗廟燕寢的通制。此文初載民國三年《國學叢刊》，後收入《雪堂叢刻》，又訂正收入《觀堂集林》中，其細目原分通論一：太室，通論二：明堂，通論三：宗廟，通論四：大小寢，悉被刪去。

九月，羅氏又出所藏齊魯封泥墨本，請先生排比而成之，爲《齊魯封泥集存》一卷。先生自序稱：「癸丑之歲，上虞羅叔言參事既印行敦煌古佚書及所藏洹陰甲骨文字，復以所藏古封泥拓本，足補濰縣陳氏、海豐吳氏《封泥考略》之闕者甚多，因屬國維就《考略》所無者，據《漢書》表、志爲之編次，得四百餘種，付諸精印，以行於世。竊謂：封泥與古璽印相表裏，而官印之種類則較古璽印爲尤夥，其足以考正古代官制地理者爲用至大。……以官制言之，則漢諸侯王官屬與漢朝無異也。《漢書·諸侯王表》謂：藩國宮室百官同制京師。〈百官公卿表〉謂：諸侯王群大夫都官如漢朝，賈誼書亦謂天子之於諸侯，臣同御同，宮牆門衛同。初疑其爲充類之說，非盡實錄。乃此編所載齊國屬官，……始知賈生等齊之篇，孟堅同制之說，信而有徵，此其關於官制者一也。若夫扶風列表，司馬《續志》，成書較後，頗有缺遺，此篇所錄，則漢朝官如雒陽宮丞、宮司空、私官丞、中私官丞，……皆班表、馬志所未載。餘如挏馬五丞中之有農丞，樂府之有鐘官，……班表亦僅列官府之目，未詳分職之名，此關於官制者二也。至於考證地理，所裨尤多，以建置言之，則此編中郡守封泥。有臨菑、濟北二郡，太守封泥有河間、即墨二郡，都尉封泥有城陽一郡，皆〈漢志〉所無。……此外縣邑封泥，如盧邱丞、梧里丞、稷丞等，前後二志均無此縣。此關於地理之建置者一也。〈漢表〉稱：列侯所食縣曰國，皇太后、皇后、公主所食曰邑，今此篇中邑丞封泥二十有八，除琅琊爲魯元公主所食邑外，餘皆列侯食邑，惟載國大行一封泥乃稱國耳！此關於他理之稱號者二也。又縣邑之名，往往歧誤，如齊悼惠王子罷軍所封侯國，《史》、《漢》均作管，今封泥有菅侯相印，菅屬濟南，時爲齊縣，王子所封，當在境內，則管侯乃菅侯之譌也。……餘如臨淄之爲臨菑，劇之爲勮，萊蕪之爲來無，……均字有通假，形有增損，非有實物，孰能知之？此關於地理者三也。至於二書違異，無所適從，如〈漢表〉洨夷侯周舍，〈史表〉洨作郊。……今封泥有郊侯邑丞，……則《史》是而《漢》非也。濟南著縣，前後二志均爲著字，韋昭讀爲著龜之著，師古非之，……今封泥又有著丞之印，則韋是而顏非也。……此關於地理者四也。凡此數端，皆足以存一代之故，發千載之覆，決聚訟之疑，正沿襲之誤，其於史學裨補非鮮。……至封泥之由來與其運用，詳余〈簡牘檢署考〉，其出土源流，則參事序中詳之。」（《觀堂集林》卷十八）羅振玉序稱：「道光初葉，古封泥始出於巴蜀，劉燕庭先生盡得之，已而，山東之臨淄稍稍有出土者。……予年逾冠，得燕庭先生手拓本，愛其文字精妙，且其所載官名、地名可刊正史志，而深惜其傳世有限，未能輯爲專書。嗣於虎林遇關中估人董伸，爲言：同光朝，山左所出至多，殆十百倍於蜀中，皆歸吳子苾閣學、陳壽卿太史，予託其購墨本不可得也。及光緒庚子，始見丹徒劉氏所藏百餘種，詫爲大觀，時劉君方編輯所藏古璽印，爲譜錄，予舉沈存中之說告之，曰：『古印章多軍中官，古之佩章，罷免遷死皆上印綬，土中所得，多是歿於行陣者，其言至確。故封泥所鈐，十九不見於傳世印章，其可貴更過於璽印，且質脆不任傳拓，盍亟謀所以傳之。』劉君韙予言，至甲辰春，乃附印於《鐵雲藏陶》之後。於是封泥始有專書。是年秋，海豐吳仲懌中丞，又印《封泥考略》十卷，則吳陳二家所藏。曩求之十年不可得者，一旦盡得披覽，其都數七百餘，去其複，尙得五百餘，考證類次，亦精善有法。意謂二書踵出，古封泥殆盡於是，後人不復能繼作矣！乃翌年，於吳中書肆得封泥墨本三百種，肆主云：是潘文勤公滂喜齋所藏，以校吳、劉兩錄，則軼出者十八九。因亟印入《陸庵孴古錄》。歲丙午至京師，聞濰縣郭君聞庭所藏封泥與陳吳劉所著錄絕異，苦不克披覽。是時歐人又於西域得古函牘，往往封泥具存，歐人不解拓墨，其文字未由寓目，僅於雜誌中窺知一二，頗以爲憾事。然至是始悟吳、陳、劉氏所錄猶未能盡當世之藏，繼作爲不可緩也。宣統紀元，滕縣之紀王城又出官私封泥三百餘，予悉購致之，汰其複，得七十餘，則又以前著錄所未有。頗欲裒集諸家，去其複出，會爲一編，卒以未見郭氏所藏，多方購求，以期合并。至今年春，濰縣高君翰生始爲我郵致，發函急讀，則編中所載與予曩歲得之吳市者正同，向之傳爲滂喜所藏者誤矣！……亟欲從事編輯，以償夙願。而篋中所儲陳劉郭三家墨本具存，獨無吳氏滬上所印《考略》，石印未精，不可復寫，因就劉郭及予所藏，勒爲一書，以補《考略》之闕。吾友王君靜安熟精《史》、《漢》，請其仍《考略》之例，爲之類次，並序其旨要。是編所載，爲數四百有奇，……是編既出，與《考略》並行，俾當世考求此學者，得此二書已足，而不煩他求，豈非快事哉！郭氏及予所藏皆出山左劉氏，偶有出蜀中者，然百不一二，故顏之曰《齊魯封泥集存》。王君所著〈簡牘檢署考〉，於封泥之制考證至密，當別刊行之，俾讀此編者得並觀省焉！」(《永豐鄉人稿乙》)是書分目爲〈漢朝官印封泥〉、〈漢諸侯王屬官印封泥〉、〈漢列侯屬官印封泥〉、〈郡縣官印封泥〉、〈無考各印封泥〉、〈新莽朝僞官印封泥及私印封泥〉等共七類。甚爲精密。(《齊魯封泥集存》)

案：以實物還證史書記載，以求其真，此新方法，實由先生啟之。後日治甲骨文字，考證殷之先公先王，即用此法。

十月，羅振玉影印《鳴沙石室古佚書》十八種成，並序其源流。大略稱：「距晉太康初紀汲郡出竹書之年，又千七百餘載，……海內再見古遺寶焉！一曰殷虛之文字，二曰西陲之簡軸。洹陽所出，我得其十九，既已氈拓之，編類之，考證之，雖舉世尚未知重，而吾則怏然自足，一若天特為我而出之者。鳴沙之藏，則石室甫開，縹緗已散，我國人士，初且未知。宣統改元，伯希和博士始為予言之。既就觀目錄，復示行篋中所攜，一時驚喜欲狂，如在夢寐，亟求寫影，遽承許諾，後先三載，次第郵致，則斯編所載是也。自夏徂秋，校理斯畢。……往者伯君告予：石室卷軸取攜之餘，尚有存者，予極言之學部，移牘甘隴，乃當道惜金，濡滯未決。予時備官大學，護陝甘總督者，適為毛實君方伯（慶蕃），予之姻舊；總監督劉幼雲京卿（廷琛），與予同鄉里，與議購存大學，既有成說，學部爭之，比既運京，復經盜竊，然其所存者尚六七千卷，歸諸京師圖書館。」（《羅雪堂年譜》）振玉之為人姑置不論，但是他對近代學術史上的貢獻，卻是不容抹滅的。

是月，草《布帛通考》二卷，於古今布帛之制及尺度之長矩，考證至為詳贍，並考自漢至元布帛丈尺價值之大略，後改名釋幣。

十一月，與繆荃孫信，詳告半年來之研究工作與新著作。信中略云：「今年發溫經之興，將《三禮注疏》圈點一過。阮校尚稱詳密，而誤處尚屬不少，有顯然謬誤而不贊一辭者，有引極平常之書而不參校者，臧、洪諸君非不通禮學，而疏漏如是。此係私家著述，猶不免是病，無怪官書之不能善也。夏間作《明堂廟寢通考》二卷，秋間作《釋幣》二卷，近爲韞公（羅振玉）編《封泥集存》，因考兩漢地理，始知《漢志》之疏。成〈秦郡考〉、〈漢郡考〉二文，自謂自裴駰以後，至國朝全、錢、姚諸家之爭訟，至是一決。而班孟堅所云高帝置之二十六部國，其三分之二乃置於景帝時，自來治地理學未有見及此者，殊可怪也。」（《書信集》）

十二月，次女東明生。東明於先生卒後若干年嫁陳秉炎，現住臺北縣永和市。以長女早夭，故東明女士亦稱長女。

冬，英人斯坦因將一九〇七年在敦煌西北古長城廢墟中發現的千枚漢簡、和他以前在尼雅及古樓蘭遺址所得的魏晉木簡，連同若干古紙文件帛書等物，共兩千號，交由巴黎法蘭西學院（College de France）沙畹教授代爲研究，沙氏選取其中較完整者九百九十一號，撰成《考釋》，於是年付印，書中每段考證，各在其有關釋文之後，按出土地區彙集爲三編，不分類，列敦煌漢簡共七〇五號，記有年代的共九十八枚，自武帝天漢三年〈前九八〉至順帝永和二年（一三七）。其出土地域，沙氏定爲東經九十三度十分到九十四度三十分，北緯四十度稍北。（〈近代出土的竹木簡〉）是時沙畹教授將其所撰的斯坦因所得《漢晉木簡文字考釋》（Les Documents Chinois decouverts par Aurel Stein dans les sables du Turkestan Oriental）一書已付印之初校本郵寄給羅振玉，羅氏奉到後，與先生急速展讀一過，覺其中頗多不愜意處，乃發奮重行分類考訂，其小學方技術數書及簡牘遺文，均由振玉自任之，其關於屯戍諸簡，則由先生任之，蓋以先生熟於兩漢史實之故。《集蓼編》說：「西陲古簡，英人得之，法儒沙畹教授爲之考證，書成寄予，予乃分爲三類，與忠愨分任考證，予撰小學術數方技書，簡牘遺文各一卷，……忠愨撰屯戍遺文，於古烽候地理考之極詳。」

是歲，日人一宮主辦盛京時報社，邀先生作劄記刊於日報中，月致稿酬三十元，且有時不送來，遂解約。《東山雜記》及《二牖軒隨筆》即作於此時。《趙譜》

民國三年（一九一四）甲寅　三十八歲

二月，先生與羅振玉自沙畹書九百九十一片中，選取五百八十八片，編爲《流沙墜簡》三卷，《考釋》三卷，第一卷爲〈小學術數方技書〉，共八十片，由振玉署名，第二卷爲〈屯戍叢殘考釋〉，由先生署名，第三卷爲〈簡牘遺文〉，亦由羅氏署名。振玉序稱：「光緒戊申，予聞斯坦因訪古於我西陲，得漢晉簡冊，載歸英倫，神物去國，惻焉疚懷。越二年，鄉人有自歐洲歸者，爲言：往在法都，親見沙畹博士方爲考釋；云且版行。……既刊定石室佚書，而兩京遺文猶未寓目，爰遺書沙君，求爲寫影。……又逾年，沙君乃寄其手校之本至。……今則斯氏發幽潛於前，沙氏闡絕業於後，千年遺跡，頓還舊觀，藝苑爭傳，率土咸誦，兩君之功，可謂偉矣！顧以歐文撰述，東方人士不能盡窺，則猶有憾焉。因與王靜安徵君分端考訂，析爲三類，寫以邦文，校理之功，匝月而竟。乃知遺文所記，裨益甚宏，如玉門之方位，烽燧之次第，西域二道之分歧，魏晉長史之治所。部尉曲候數有前後之殊；海頭樓蘭地有東西之異。並可補職方之記載，訂史氏之闕遺。若夫不觚證宣尼之歎，馬夫訂墨子之文。字體別構，拾洪丞相之遺；書跡遞遷，證許洨長之說。此又名物藝事，考鏡所資，如是之類，縷指莫罄。惟是此書之成，實賴諸賢之力：沙氏闢其蠶叢，王君通其衢術。」先生序說：「癸丑歲暮，始於羅叔言先生處讀斯坦因博士所得之漢晉簡牘及沙畹博士考釋之書，時先生方寫定《殷虛書契後編》，又以世人亟欲先睹是簡也，乃屬國維分任考訂。握槧踰月，粗具條理，乃略考簡牘出土之地，弁諸篇首，以諗讀是書者。案：古簡所出，爲地凡三，一爲敦煌西北之長城，二爲羅布淖爾北之古城，其三則和闐東北之尼雅城及馬咱託拉拔拉滑史德三地也。敦煌所出，皆西漢之物，出羅布淖爾北者，則自魏末以迄前涼，其出和闐旁三地者，都不過二十餘簡，又皆無年代可考，然其古者，猶當爲後漢遺物，其近者亦當在隋唐之際也。今略論諸地古代之情狀，而闕其不可知者，世之君子，以覽觀焉！……」（〈流沙墜簡・序〉）先生考定竹簡出土地，引徵史事，並以竹簡所記載者相佐證，考定太初二年以前的玉門關，當在酒泉郡玉門縣，後徙的玉門關，則在唐壽昌縣西北百一十八里，其西徙之年，當在李廣利克大宛之後，此即《漢書・地理志》所說的玉門關。又考證魏晉木簡出土之地決非古樓蘭，蓋用所出遺物以證之；又引古書上記載的樓蘭是在羅布淖爾西北，木簡出土於該湖之東北，自不相合。先生又據西域長史李柏二書，斷定木簡出土地實爲前涼時的海頭，亦即漢時的居廬倉，亦即西域人所稱的龍城，這正是由敦煌赴西域的必經之地。至於出土於和闐所屬的尼雅城及馬咱託拉拔拉滑史德三地的，木簡纔十餘枚，尼雅即古之精絕國故地，《後漢書》記西域諸國無之，皆有關于史事之犖犖大者。序言長達五、六千字，徵引詳博，爲近代考證西北地理的重要文獻。又先生撰〈屯戍叢殘考釋序〉說：「斯坦因博士所得簡牘，本出西陲，故除書籍函牘外，率紀塞上屯戍之事，今集爲一編，部分六目：簿書第一，烽燧第二，戍役第三，稟給第四，器物第五，雜事第六，排比既竟，即依此目釋之。」（《流沙墜簡考釋》卷二）

案：賀昌群《流沙墜簡校補》說：「斯坦因所獲漢簡，先經沙畹氏為之詮次，後經羅振玉、王國維二氏之考釋，千秋遺跡，得還舊觀，而前後漢間，漢兵甬道玉門，隔絕羌胡，使南北不得交關，當年經營，幸猶可見於今日，前賢之功，可謂偉矣！顧沙氏書與羅王二氏之考釋，流傳漸稀，得之不易，今羅氏既重錄印行，內容亦多所損益，尤以屯戍叢殘更改最繁，蓋王氏生前所手訂也。曩嘗以此書初版與沙氏者相校，欲辨其得失之處，而後知沙氏開闢蠶叢之不易，王氏考釋之精審，所以藝苑爭傳，率土咸誦，名不虛也。」（《圖書季刊》二卷一期）以是知先生做學問的切實，對於不滿意之處時在訂正，往往三易其稿，墜簡的補遺補正之作，即其佳例。至其〈流沙墜簡·序〉中所說的「闕其不可知者」，更是先生平生做學問的態度。

又案：此書〈小學術數方技書〉，共八十簡，未編號。〈屯戍叢殘考釋〉，分簿書、烽燧、戍役、稟給、器物、雜事六類，共四百二十簡。〈簡牘遺文考釋〉不分類，合簡紙計之，共八十八。

先生與羅振玉考釋《流沙墜簡》既竟，振玉命先生校對，次第清繕，至三月，寫至大半，忽得斯坦因紀行之書，足可補前考所未備者，乃撰《補遺》一卷。四月三日（三月七日）特序之。說：「余為〈屯戍叢殘考釋〉，屬稿於癸丑歲杪，甲寅正月而就，二月以後，從事寫定，始得讀斯坦因博士紀行之書，乃知沙氏書中每簡所記羅馬數字，皆記其出土之地，而其地大都具於斯氏圖中，思欲加入《考釋》中，而寫定已過半矣。據斯氏書，則前所考釋有當補正者二，有可佐證者四。……沙氏序錄稱漢簡出土之地起於東經九十三度十分，迄於九十四度三十分，拙序據以爲說，今據斯氏圖，則出土之地實東迄於九十五度二十分，此當補正者一也。拙序述白龍堆沙磧僅據舊圖，今覽斯氏圖，則敦煌塞外沙磧，其形不類腰鼓，其近塞者即《魏略》之三龍沙，其在蒲昌海迤北者，即《魏略》之龍堆，方位雖同，而地形則異，此當補正者二也。拙序以九十四度稍西之地爲漢之玉門關，今玉門各簡皆出於敦十四之地，斯氏圖中各廢址，雖無署敦十四字樣者，然其署敦十二、敦十五、敦十七三地，均在九十四度稍西，則敦十四一地當在其間，此可爲佐證者一也。前考定烽燧次第全據簡文，今據其所出之地，知前由文字所考定者，多與實際冥合，且各烽燧之度分，今又得據斯氏之圖定之，顧由所出之簡以定其地之名。亦有當審慎者：異地致書，自署地名，一也；記事之中，偶涉他地，二也。惟器物之揭所署之地，則以本地之物署本地之名，毫無疑義。今以此求之，則自東徂西，首利漢燧，爲斯氏圖中敦三十四之地，次萬歲顯武燧，即敦二十六之地。……次玉門，即敦十四。……於是沙漠中之廢址，驟得而呼其名，斷簡上之空名，亦得而指其地，此可爲佐證者二也。魏晉木簡所出地，余序中定爲《水經注》之龍城。……爲姜賴之墟，則其爲漢之居盧倉更無可疑。此其可爲佐證者三也。余前序中疑《魏書・張駿傳》之百域都護營爲西域長史營之誤，近讀斯氏《古于闐志》中所載晉初木簡，有西域長史營寫鴻臚書一語，可知《魏書・張駿傳》之三營，其一確爲西域長史營，又可知魏晉之間確已置西域長史，此可爲佐證者四也。」（《流沙墜簡補遺》）末附錄日本大谷光瑞在羅布淖發掘的前涼西域長史李柏表文一通，書稿三通，關係史事甚鉅，並考之。又附木簡出土地理圖及先生所撰〈烽燧表〉，並跋其後，以補前序之所未備。此又爲五月一日（四月七日）事，至是，全部寫完，羅氏即據先生手寫本付石印。我國近代對西陲發現的漢魏晉木簡的研究，當以此書爲始。所考乃斯氏《古和闐》第二冊所載尼雅木簡。

案：先生據敦煌出土的漢簡，以考漢代烽燧制度。張宴、司馬貞、張守節皆以為烽主晝，燧主夜。顏師古獨於〈賈誼傳注〉中破張宴等之說，謂：「白晝則燔燧，夜乃舉烽。」而木簡所記，燧之名多至數十，烽之名則僅三見，因為夜中之火比白晝之煙所及的遠，晝間之煙，不易分辨，所以要多設，證明顏說為是。

春，羅振玉擬校刊群書，月出一冊，名曰《國學叢刊》（後改爲《雪堂叢刻》），振玉請先生任編輯，於是先生將歷年海外著述，悉於此叢刊中刊之。先生並代振玉撰〈發刊序言〉一篇，歷述學術的演變。內稱：「……奏漢以還，迄於近世，學術興替，可得而言。自九流之學，並起衰周，六藝之傳，獨出孔氏。戰國以爲迂闊，強秦燔其詩書。……及孝武之表章，兼河間之好古，古文間出，絕學方興。……旋校中秘之文，並增博士之數，此一盛也。建武以降，群籍頗具，子春篤老，始通〈周官〉之讀，康成晚出，爰綜六藝之文。趙張問難於生前，孫王辨證於身後，此又一盛也。黃初君臣，雅擅詞翰，正始貴胄，頗尙清談；洎於六朝，此風猶盛。……然而崔皇特起於江南，徐熊並馳於河北，二劉金聲於隋代，孔賈玉振於唐初。綜七經而定正義，歷兩朝而著功令。此又一盛也。先秦學術，萃於六經，炎漢以還，爰始分道。則有若子長述史，成一家之言，叔重考文，發六書之旨。善長山川之說，君卿制度之書，並自附庸，蔚爲大國。……爰逮晚唐，茲音不嗣，天水肇建，文物鼎興。原父小傳，別啓說經之途，次道二書，聿新方志之體。長睿《餘論》，存中《筆談》，並示考古之準繩，窮格物之能事。至於歐趙之集金石，宣和之圖彝器，南仲釋吉金之文，鄱陽錄漢碑之字，旨趣既博，扃塗大開。洎於元明，流風稍墜。天道剝復，鍾美本朝，顧閻濬其源，江戴拓其宇，小學之奧，起於金壇，名物之賾，理於通藝。根柢既固，枝葉遂繁。爰自乾嘉以還，迄於同光之際，大師間出，餘裔方滋，專門若西京之師，博綜繼東都之業，規摹跨唐代之大，派別衍宋人之多，伊古以來，斯爲極盛矣！……重以地不愛寶，天啓之心，殷官太卜之所藏，周禮盟府之所載，兩漢塞上之牘，有唐壁中之書，並出塵埃，麗諸日月。芒洛古冢，齊秦故墟，絲竹如聞，器車踵出。上世禮器之制，殊異乎叔孫；中古衣冠之奇，具存於明器。並昔儒所未見，幸後死之與聞，非徒興起之資，彌見鑽求之亟。……」

（《觀堂集林》卷二十三）先生述自先秦兩漢以來學術盛衰的經過，雖寥寥千餘言，已賅括無遺，其才華如此！下繫「甲寅五月」（此爲陰曆，陽曆爲六月）。

六月，撰寫《宋代金文著錄表》，勒成一卷。自序說：「古器之出，蓋無代而蔑有，……趙宋以後，古器愈出，祕閣太常既多藏器，士大夫如劉原父、歐陽永叔輩，亦復蒐羅古器，徵求墨本，復有楊南仲輩爲之考釋，古文之學，勃焉中興。伯時、與叔復圖而釋之，政宣之間，流風益煽。籀史所載著錄金文之書至三十餘家，而南渡後諸家之書猶多，尚不與焉！……今就諸書之存者觀之，其別有三。與叔考古之圖，宣和博古之錄，既寫其形，復摹其款，此一類也。嘯堂集古，薛氏法帖，但以錄文爲主，不圖原器之形，此二類也。歐趙金石之目，才甫古器之評，長睿東觀之論，彥遠廣川之跋，雖無關圖譜，而頗存名目，此三類也。國朝乾嘉以後，古文之學復興，輒鄙薄宋人之書，以爲不屑道，竊謂考古、博古二圖，摹寫形制，考訂名物，其用力頗鉅，所得亦多，乃至出土之地，藏器之家，苟有所知，無不畢記，後世著錄家當奉爲準則。至於考釋文字，宋人亦有鑿空之功，國朝阮、吳諸家不能出其範圍，若其穿鑿紕繆，誠若有可譏者，然亦國朝諸老之所不能免也。今錯綜諸書，列爲一表，器以類聚，名從主人，其有歧出，分條於下，諸書所錄古器之有文字者，悉具於是。」共著錄鐘鬲敦尊爵等凡六百四十有三器。

案：先生時從羅振玉討論金石文字，得遍觀其大雲書庫所藏拓本，因思貫通宋代諸家金石之書，為便於檢閱計，乃草成此表。索引之書，我國素不被重視，先生能首先為之倡導，值得表揚。此表計收歐陽修《集古錄》十卷，呂大臨《考古圖》十卷，宋徽宗敕撰《宣和博古圖錄》三十卷，趙明誠《金石錄》三十卷，黃伯思《東觀餘論》二卷，董逌《廣川書跋》十卷，王俅《嘯堂集古錄》二卷，薛尚功《鐘鼎款識法帖》二十卷，無名氏《續考古圖》五卷，張掄《紹興內府古器評》二卷，王厚之《復齋鐘鼎款識》一卷，共十一家。表中皆著簡稱，諸器又以類分，極便檢閱。後容庚曾將先生原表加以重編，序稱：「余初治金文，讀王靜安先生此書而善之，然書下不注卷葉，以為猶有憾也。後語先生，先生方轉治遼金元三史，命余成之。余以宋代金文諸家，摹寫版刻，工拙各異，而考釋亦多訛舛，欲彙集眾說，比較異文，為《宋代金文集釋》，故欣然以重編自任。經事之始，不難于注卷葉，而難于辨同異，同器異名，同名異器，不能確知。荏苒二載，未遑寫定，而先生蹈湖死矣！去年冬，吾友羅福成任校刊王氏《遺書》之役，將以余校本付刊，貽書敦促。寒假休暇，復竭旬日之力成之。……其與原書體例異者約有數端；原書器之次序，依各書為先後，此則依字數為先後。宋人於器上所冠之名多未確，原書皆因仍未改，……此皆酌為釐訂。原書各器不列朝代及字數，各書不注卷葉，此為補入。所注卷葉皆據通行之本，他本相差不過三數頁，惟薛氏《款識》，阮元刻本與劉世珩刻本大異，故並列之。……原書於金文之存佚僞三者並列不分，此則以存者為主，佚者偽者附錄于後，《續考古圖》訛誤太甚，亦入附錄。原書以為偽者十七器，余意未能盡同。……嗚呼！余愛重先生，故敢竭所知以致獻于先生，然他人愛重先生，必有以余妄改為多事者，余惟自傷不獲質之先生而已！」（《北平北海圖書館月刊》一卷五號）容庚所編雖遠較先生原編為善，但先生篳路藍縷之功仍是不可奪的。

是月，又繼《宋代金文著錄表》後，起草《清朝金文著錄表》，至秋成書，凡六卷。自序闡述清代各家著錄金文的大略。說：「古器物及古文字之學，一盛於宋，而中衰於元明，我朝開國，百年之間，海內承平，文化溥洽。乾隆初，始命儒臣錄內府藏器，倣《宣和博古圖》，爲《西清古鑑》，海內士大夫聞風承流，相與購致古器，蒐集拓本，其集諸家器爲專書者，則始於阮文達公之《積古齋鐘鼎彝器款識》，而莫富於吳子苾閣學之《攈古錄金文》，其著錄一家藏器者，則始於錢獻之別駕之《十六長樂堂古器款識》，而訖於端忠敏之《陶齋吉金錄》。著錄之器，殆四倍於宋人焉！數十年來，古器滋出，其新出土者，與其前散在人間未經著錄者，又略得著錄者之半。光緒間，宗室伯羲祭酒廣蒐墨本，擬續阮吳諸家之書，時鬱華閣金文拓本之富，號海內第一。然僅排比拓本，未及成書也。稍後，羅叔言參事亦從事於此，其所蒐集者，又較祭酒爲多。辛亥國變後，祭酒遺書散出，所謂鬱華閣金文者亦歸於參事，合兩家之藏，其富過於阮吳諸家遠甚！汰其重複，猶得二千通。可謂盛矣！國維東渡後，時從參事問古文字之學，因得盡覽所藏拓本。參事囑分別其已著錄者與未著錄者，而將以次編類印行。又令通諸家之書，列爲一表。自甲寅孟夏，訖於仲秋，經涉五月，乃始畢事，書成，都六卷。長夏酷暑，墨本堆案，或一器而數名，或一文而數器，其間比勘一器，往往檢書至十餘種，閱拓本至若干冊，窮日之力，僅能盡數十器而已！既具稿，復質之參事，略加檢定。然著錄之器既以千計，拓本之數亦復準之，文字同異，不過毫釐之間，摹拓先後，又有工拙之別。雖再三覆勘，期於無誤，然重複遺漏，固自不免。……」此表區分器名、諸家著錄、字數、雜記四個項目，共分六卷，前五卷爲三代器，末卷爲秦漢以後器。所據之書計：錢坫《十六長樂堂古器款識》四卷，阮元《積古齋鐘鼎彝器款識》十卷，曹奎《懷米山房吉金圖》不分卷，吳榮光《筠清館金文》五卷，劉喜海《長安獲古編》二卷，吳式芬《攈古錄金文》九卷，徐同柏《從古堂款識學》十六卷，朱善旂《敬吾心室彝器款識》不分卷，吳雲兩《罍軒彝器圖釋》十二卷，潘祖蔭《攀古樓彝器款識》二卷，吳大澂《恒軒所見所藏吉金錄》不分卷，劉心源《奇觚室吉金文述》二十卷，端方《陶齋吉金錄》八卷《續錄》二卷又續一卷，羅振玉《集古遺文中金文》若干卷，《秦金石刻辭》三卷，《歷代符牌錄》二卷，計十六種。羅福頤說：「忠慤寓海東之四年，始治古文字之學，乃日假讀大雲書庫所藏吉金款識，並從家大人詢治是學之始基，家大人謂金石文字之學至今日而大昌，然金文尚無目錄專書，惟吳子苾閣學《攈古錄目》，於石刻以外兼及吉金，然蒐討尚未詳備，故欲治金文當從編目始。公因與家大人商榷條例，以五越月之力，成《國朝金文著錄表》六卷，既成書，自病其不免疏漏，請家大人爲之補正，家大人許之，故案頭常置此書，十餘年來，箋識殆遍，而未暇寫定也。頃印行忠慤遺著，乃命頤校寫，於原書多所是正，凡諸家已著錄而原書遺落或複出者，諸家著書當時未見或印行在成書後者。……出古器之散在人家與賈人之手及流入海外者，疑僞諸器未及審正者，均一一爲之補正。至原書於古器名皆沿用前人著錄舊名，雖明知其不當，亦不復改正。但注諸家稱名不同者於下方，以歸簡易。家大人勘定此書，於稱名未當者悉爲改正，其大端則仍原書之舊，不欲多所紛更。至原書著錄凡三千三百六十四器，今增至四千二百有五器。」（《國朝金文著錄表》）先生之治金文，實由羅振玉啓之。

案：此表初發表於《國學叢刊》（《雪堂叢刻》）第六卷至第十一卷，至民國十六年秋，羅振玉為先生編印《遺書》時，收入《遺書》第二集中，即略有增改。據《國學季刊》一卷一期載：「《三代金文著錄表》，舊名《國朝金文著錄表》，海寧王靜安先生原著，專據有清一代著錄金文之書類次而成，凡得四千二百九十五器，其書成於民國三年甲寅，至民國十六年丁卯先生自沉以後，上虞羅福頤又就該表添入《恪齋集古錄》、《殷文存》、《夢郼草堂吉金圖錄》三書中所著錄之器，改訂而成，刻入王氏《遺書》。後羅福頤又增訂為《三代秦漢金文著錄表》八卷，於藏器家、出土地及行款三者皆分項著錄。容媛評是書說：「清代吉金書籍十餘種，著錄三千餘器，名稱歧異，真贗錯出，讀者苦之。王國維先生通各家之書，為《國朝金文著錄表》六卷，檢索甚便，王氏既歿，羅振玉先生為印行《王忠愨公遺書》，于此書略有增訂。厥後鮑鼎先生重印《國朝金文著錄表》，復為《補遺》二卷，《校勘記》一卷，頗收偽器，未饜人意。茲羅福頤先生重訂而為此書，增行款、藏器家、出土地三項，于諸家著錄並注卷葉，此視前書為勝者。」（《燕京學報》第十四期）是又繼先生之作擴而大之者。

先生於《金文著錄表》完成後，羅振玉又勸先生通釋古金文，後以應哈同之聘，未能完成。又其後先生以治他業，至歿之日，終無暇再治金文。羅氏《三代吉金文存·序》稱：「往在海東，亡友王忠愨公從予治古彝器文字之學，予以古金文無目錄，勸公編《金文著錄表》，既竣事，公請繼是當何作？予曰；前人考古彝器文字者，咸就一器爲之考釋，無會合傳世古器文字分類考釋之者，今宜爲古金文通釋，可約分四類：曰邦國、曰官氏、曰禮制、曰文字。試略舉其凡：如古器所記國名，燕作匽，鄭作奠，……邶作北，與《左》、《國》諸書不同。又如官名之司空作司工，……又金文所載射禮，足資考證《戴記》。文字之繁變通假正俗，多可訂正許祭酒書。如是之類姑略舉，可以隅反。公聞而欣然，方擬從事，乃遽應歐人之請返滬江。公既歸，遺書曰：『金文通釋之作，沈乙庵尚書聞之，亟盼其成，然滬上集書甚難，各家著錄不易會合，與曩在大雲書庫中左右釆獲，難易不啻霄壤，某意不如先將尊藏墨本，無論諸家著錄與否，亟會爲一書，而後爲通釋，即此一編求之，不煩他索，成書較易矣！』予於時至韙公言。」（《後丁戊稿》）

七月十七日（閏五月二十五日），與繆荃孫書，陳述研治漢簡之心得。書云：「歲首與蘊公（羅振玉）同考釋《流沙墜簡》，並自行寫定，殆盡三四月之力爲之。此事關係漢代史極大，並現存之漢碑數十通亦不足以比之。東人不知，乃惜其中少古書，豈知紀史籍所不紀之事，更比古書爲可貴乎！考釋雖草草具稿，自謂於地理上裨益最多。其餘關乎制度名物者亦頗有創獲，使竹汀（錢大昕）先生輩操觚，恐亦不過如是。……近二三月內，作《金文著錄表》，宋代一卷已成，國朝四卷正在具草。又就蘊公所有拓本未著錄者尚有十之四五，蘊公即擬以次印行，亦即歸入表內。近時收藏金文拓本之富，無過於盛伯羲之鬱華閣金文，而蘊公二十年所收藏固已過之。前年盛氏拓本亦歸其所有，……故此次所作表，謂之金文之全目錄，亦略近之。比年已來，擬專治三代之學，因先治古文字，遂覽宋人及國朝諸家之說，此事自宋迄近數十年無甚進步，……最後得吳清卿乃爲獨絕，獨爲一官所累，未能竟其學。……蘊公繼之，加以龜板等新出文字，乃悟《說文》部目之誤，並定許所謂古文指壁中書，所謂籀文指漢代尚存之《史籀篇》，此實小學上一大發現，而世尚未之知也。」（《書信集》）

是月，讀潘祖蔭《攀古樓彝器款識》，並爲文跋其後，跋云：「此書萃各名士之說爲之，而可采者殊無一二，其中周孟伯說尤爲紕繆。張文襄說翼戴二字，差強人意，然非說金文，乃說謚法耳！」（《趙譜》）

十月，爲羅振玉校寫《歷代符碑圖錄》、《蒿里遺珍》、《四朝鈔幣圖錄》等書序目，或所附考釋，振玉即以先生手寫付諸石印。

是歲，法國漢學家沙畹約羅振玉去歐洲考察我國西陲文物，因歐戰起而未果行。《集蓼編》說：「宣統初，因法國伯希和教授得與沙畹博士書問相往還，又與英國斯坦因博士通書問。嘗以我西陲古卷軸入歐洲者所見僅百分之一二，欲至英德法各國閱覽，沙畹博士聞之欣然，方聯合英、德學者欲延予至歐洲爲審定東方古文物，予將約忠愨偕往，乃未幾而巴爾幹大戰起，遂中止。」

民國四年（一九一五）乙卯　三十九歲

元月，羅振玉撰《殷虛書契考釋》一卷成，自序說：「宣統壬子〈民國元年〉冬，予既編印《殷虛書契》，欲繼是而爲考釋，人事乖午，因循不克就者，歲將再周，感莊生吾生有涯之言，乃發憤鍵戶者四十餘日，遂成《考釋》六萬餘言。既竟，書其端曰：予讀《詩》、《書》及周秦之間諸子、《太史公書》，其記述殷事者，蓋寥寥焉。孔子學二代之禮，而曰杞宋不足徵，殷文獻之無徵，二千餘年前則已然矣。吾儕生三千年後，欲根據遺文，補苴往籍，譬若觀海，茫無津涯。予從事稍久，乃知茲事實有三難：史公撮錄商事，本諸《詩》、《書》，旁攬《系本》，顧考父所校，僅存五篇；〈書序〉所錄，亡者逾半。《系本》一書，今又久佚，欲稽前古，津逮莫由，其難一也。卜辭文至簡質，篇恆十餘言，短者半之；又字多假借，誼益難知，其難二也。古文因物賦形，繁簡任意，一字異文，每至數十，書寫之法，時有凌獵，或數語之中，倒寫者一二，兩字之名，合書者七八，體例未明，易生炫惑，其難三也。今欲祛此三難，勉希一得，乃先考索文字，以爲之階。由許書以溯金文，由金文以窺書契，窮其蕃變，漸得指歸，可識之文，遂幾六百。循是考求典制，稽證舊聞，途徑漸啓，扃鐍爲開。稽其所得，則有六端。一曰帝系：商自武湯，逮于受辛，史公所錄，爲世三十，見卜辭者二十有三。史稱太丁未立，而卜辭所載，祀禮儼同於帝王。又大乙、羊甲、卜丙、卜壬，校以前史，與此異文。而庚丁之作康祖丁，武乙之稱武祖乙，文丁之稱文武丁，則言商系者之所未知，此可資考訂者一也。二曰京邑：商之遷都，前八後五，盤庚以前，具見〈書序〉，而小辛以降，眾說多違。洹水故墟，舊稱亶甲，今證之卜辭，則是徙於武乙，去於帝乙。又史稱盤庚以後，商改稱殷，而遍搜卜辭，既不見殷字，又屢言入商，田游所至曰往，曰出，商獨言入，可知文丁帝乙之世，國尚號商。書曰戎殷，乃稱邑而非稱國，此可資考訂者二也。三曰祀禮：商之祀禮，夐異周京，名稱實繁，義多難曉，人鬼之祭，亦用柴煮，牢鬯之數，一依卜定。王賓之語，為〈洛誥〉所基，騂牡之薦，非鎬京始創，此可資考訂者三也。四曰卜法：商人卜祀，十干之日，各依祖名；共有爽者，則依爽名。又大事貞龜，餘事骨卜；凡斯異例，先儒未聞，此可資考訂者四也。五曰官制：卿士之名，同於雅頌；大史之識，亦載春官，爰及近臣，並符周制。乃知姬旦六典，多本殷商，此可資考訂者五也。六曰文字：召公之名，是爽非奭，鳥鳴之字，從鷄非鳥，隹鳥不分，子蕘殊用，牝牡等字，牛羊任安，牢牧諸文，亦同斯例。又藉知大小二篆，同乎古文，古文之真，間存今隸，如此之類，未遑屢數，此可資考訂者六也。」此書多采先生之說，及成書，又倩先生為之校寫，並為撰前後序各一以附之。〈前序〉說：「商遺先生《殷虛書契考釋》成，余讀而歎曰：自三代以後言古文字者，未嘗有是書也。炎漢以來，古文間出，孔壁、汲冢與今之殷虛而三。壁中所得，簡策殊多，《尚書》、《禮經》頗增篇數。……因所已知，通彼未見，事有可藉，功非至難。……晉世《中經》，定於荀束，今之存者，《穆傳》而已，讀其寫定之書，間存隸古之字，偏旁締構，頗異古文。……其餘郡國山川頗出彝器，始自天水，訖於本朝，呂薛編集於前，阮吳考釋於後，恆軒晚出，尤稱絕倫，顧於創通條例，開拓閫奧，概乎其未有聞也。夫以壁經、冢史，皆先秦之文，姬嬴漢晉，非絕遠之世，彝器多出兩周，考釋已更數代，而校其所得，不過如此！況乎宣聖之所無徵，史佚之所未見，去古滋遠，爲助滋寡者哉！殷虛書契者，殷王室命龜之辭，而大卜之所典守也。其辭或契於龜，或刻諸骨，大自祭祀征伐，次則行幸畋漁，下至牢鬯之數，風雨之占，莫不眕於鬼神，比其書命。爰自光緒之季，出於洹水之虛，先生既網羅以歸祕藏，摹印以公天下，復於暇日，撰爲斯編。余受而讀之，觀其學足以指實，識足以洞微，發軫南閤之書，假途蒼姬之器，會合偏旁之文，剖析孳乳之字。參伍以窮其變，比校以發其凡；悟一形繁簡之殊，起兩字並書之例。上池既飲，遂洞垣之一方；高矩攸陳，斯舉隅而三反。顏黃門所謂隱括有條例，剖析窮根源者，斯書之謂矣。由是太乙卜丙，正傳寫之僞文，入商宅殷，辨國邑之殊號。至於諏日卜牲之典，王賓有奭之名，槱燎薶沉之用，牛羊犬豕之數。損益之事，羌難問於周京，文獻之傳，夙無徵於商邑。凡諸放逸，盡在敷陳。馭燭龍而照幽都，拊彗星而掃荒翳，以視安國之所隸定，廣微之所撰次者，事之難易，功之多寡，區以別矣。是知效靈者地，復開宛委之藏，弘道惟人，終佇召陵之說。後有作者，視此知津。」又〈後序〉說：「余爲商遺先生書《殷虛書契考釋》竟，作而歎曰：此三百年來小學之一結束也。

夫先生之於書契文字，其蒐集流通之功，蓋不在《考釋》下。即以《考釋》言，其有功於經史諸學者蓋不讓於小學，以小學言，其有功於篆文者亦不讓於古文，然以考釋之根柢在文字，書契之文字爲古文，故姑就古文言之：我朝學術所以超絕前代者小學而已！順康之間，崑山顧亭林先生實始爲《說文》、音韻之學；《說文》之學；至金壇段氏而洞其奧；古韻之學，經江、戴諸氏，至曲阜孔氏，高郵王氏而盡其微，而王氏父子與棲霞郝氏復運用之，於是訓詁之學大明。使世無所謂古文者，謂小學至此觀止焉可矣！古文之學，萌芽於乾嘉之際，其時大師宿儒，或殂謝，或篤老，未遑從事斯業，儀徵一書，亦第祖述宋人，略加銓次而已！而俗儒鄙夫，不通字例，未習舊藝者，輒以古文所託者高，知之者鮮，利荆棘之未開，謂鬼魅之易畫，遂乃肆其私臆，無所忌憚。至莊葆琛、龔定庵、陳頌南之徒，而古文之厄極矣！近惟瑞安孫氏，頗守矩矱，吳縣吳氏，獨具懸解，顧未有創通條例，開發奧窔，如段君之於說文，戴段王郝諸君之於聲音訓詁者。余嘗恨以段君之邃於文字，而不及多見古文；以吳君之才識不後於段君，而累於一官，不獲如段君之優游壽考以竟其學，遂使我朝古文之學，不能與詁訓、說文、古韻三者方駕，豈不惜哉！先生早歲即治文字故訓，繼乃博綜群籍，多識古器，其才與識固段吳二君之儔，至於從容問學，厭飫墳典，則吳君之所有志而未逮者也。而此書契文字者，又段、吳二君之所不及見也。物既需人，人亦需物，書契之出，適當先生之世，天其欲昌我朝古文之學，使與詁訓、說文、古韻匹，抑又可知也。余從先生游久，時時得聞緒論，比草此書，又承寫官之乏，頗得窺知大體，揚榷細目，竊歎先生此書，詮釋文字，恆得之於意言之表，而根源脈絡，一一可尋，其擇思也至審，而收效也至宏。蓋於此事自有神詣，至於分別部目，刱立義例，使後人治古文者，於此得其指歸，而治《說文》之學者，亦不能不探源於此，竊謂我朝三百年之小學，開之者顧先生，而成之者先生也。……先生之書，足以彌縫舊闕，津逮來學者，固不在顧書下也。」（《殷虛書契考釋》）可謂推崇備至。

案：羅氏《考釋》一書，乃先生手自校錄，所為後序，推尊亦過實。或謂此實先生之作，羅以五百元買去。後傳斯年序董作賓《殷曆譜》說：「此書題羅振玉撰，實王氏之作，羅以五百元酬之，王更作一序，稱之上天，實自負也。羅氏老賊於《南、北史》、兩《唐書》甚習，故考證碑志每有見地，若夫古文字學固懵然無知。王氏卒後，古器大出，羅竟擱筆，其偶輯大令尊，不逮初學，於是形態畢露矣！亦可笑也。」〈《傅孟真先生全集》第四冊〉但據董作賓考察，認為此話近誣，董說：「羅氏所釋各字中，有新穎可喜而足以訂正《說文》之誤的很多。……書中引用王國維之說處，均有『王氏國維曰』字樣，如考唐、土、季、王亥、王恆、上甲六條，……間有附列己見的，則加『玉案』。這足證考釋一書為羅氏自撰，謂為『王氏之作』近誣。」（《甲骨學五十年》）羅振玉考釋甲骨文字方法，是「由許書以上溯金文，復由金文以上窺卜辭。」董作賓認為羅氏在中國學術界貢獻之大，早有公論，在甲骨文研究的前期，羅氏實為盡力最大的人。他說：「研究甲骨文字最努力又最有貢獻的只有兩個人——就是羅振玉同王國維。固然，劉鶚是第一個從祖乙、祖辛、祖丁、祖庚等『以天干為名，實為殷人之碻據』，斷定甲骨卜辭為殷代文字，見於〈鐵雲藏龜自序〉，這時是光緒二十九年（一九〇三）。孫詒讓的《契文舉例》是第一本研究甲骨文的著作，曾分別為日月、貞卜、卜事、鬼神、卜人、官氏、方國、典禮、文字、雜例等十個細目，為中國史學界開闢一個新領域，這時是光緒三十年（一九〇四）。都在羅氏之先。但是，可惜的是劉孫兩氏相繼凋謝，在甲骨學中只算曇花一現。劉氏書原由羅氏手拓編次且聳恿付印者。王氏考證卜辭，是在羅氏之後，且受羅氏的啟迪實深，所以嚴格來講，甲骨學能建立起來，得有今日，實出於羅氏一人之力。」（同上）其對羅氏的推崇可見。羅氏亦說：「宣統初年，予至海東調查農學，東友林博士泰輔方考甲骨，作一文揭之雜誌，以所懷疑不能決者質之予，予歸，草《殷商貞卜文字考》以答之，於此學乃略得門徑。及在海東，乃撰《殷虛書契考釋》，日寫定千餘言，一月而竟。忠愨為手寫付印，並將文字之不可識者為《待問編》，並手拓所藏甲骨文字，編為《殷虛書契後編》，又為《續編》，於是此學乃燦然可觀。予平生著書百餘種，總二百數十卷，要以此書最有裨於考古。厥後忠慤繼之，為〈殷先公先王考〉，能補予之所不及，於是斯學乃日昌明矣！」（《集蓼編》）其言得之。

又案：郭沫若亦嘗言：「《殷虛書契考釋》，實際上是王的著作，而署的却是羅振玉的名字，這本是學界周知的秘密。」（見郭氏撰〈魯迅與王國維〉）其後溥儀寫《自傳》亦述及：「羅振玉在日本出版轟動一時的《殷虛書契考釋》，其實也是竊據了王國維甲骨文的研究成果。」（金川出版社排印本，頁一九二）至民國十六年，由東方學會石印《增訂殷虛書契考釋》三卷，其中明言引先生之說凡十四條，皆極詳瞻，見劉節撰《甲骨學提要》。所以陳夢家認為考釋甲骨文，二人是合作的。

自二月十六日至二十五日（正月三日至十二日）寫《殷虛書契》一二兩卷釋文畢。（《趙譜》）

三月中旬，先生攜眷返國，回里掃墓，旋獨往上海。四月上旬，羅振玉亦返國，先生迎之於海上，羅氏欲親往河南考察安陽及洛陽古蹟，約先生同行，因患眼疾而未果。中旬，振玉介先生與嘉興沈曾植〈字子培〉相見，沈寓居麥根路十一號，時往請業，問以古音韻之學，談藝至洽，遂定交。先生所撰《爾雅草木蟲魚鳥獸釋例》一書，實自沈氏啓迪之。據〈爾雅草木蟲魚鳥獸釋例自序〉說：「甲寅歲暮，余僑居日本，爲上虞羅叔言參事作〈殷虛書契考釋後序〉，略述三百年來小學盛衰。嘉興沈子培方伯見之，以爲可與言古音韻之學也。然余於此學，殊無所得。惟竊怪自來治古音者，詳於疊韻，而忽於雙聲。夫三十六字母，乃唐宋間之字母，不足以律古音，猶二百六部，乃隋唐間之韻，不足以律古韻。乃近世言古韻者十數家，而言古字母者，除嘉定錢氏論古無輕脣舌上二音，及番禺陳氏考定《廣韻》四十字母，此外無聞焉。因思由陸氏釋文，上溯諸徐邈、李軌、呂忱、孫炎以求魏晉間之字母，更溯諸漢人讀爲、讀若之字，與經典異文，以求兩漢之字母，更溯諸經傳之轉注、假借，與篆文、古文之形聲，以爲如此，則三代之字母，雖不可確知，庶可得而擬議也。然後類古字之同聲同義者以爲一書，古音之學，至是乃始完具。乙卯春，歸國展墓，謁方伯於上海，以此願質之。方伯莞然曰：『君爲學，乃善自命題，何不多命數題，爲我輩遣日之資乎？』因相視大笑。余又請業曰：『近儒皆言古韻明而後詁訓明，然古人假借、轉注多取諸雙聲，段王二君，雖各自定古音部目，然其言詁訓也，亦往往舍其所謂韻而用雙聲，其以疊韻說訓詁者，往往扞格不得通，然則謂古韻明而後詁訓明，毋寧謂古雙聲明而後詁訓明歟？』方伯曰：『豈直如君言，古人轉注、假借，雖謂之全用雙聲可也。雙聲或同韻，或不同韻，古字之互相假借、轉注者，有同聲而不同韻者矣，未有同韻而不同聲者也。君不讀劉成國《釋名》乎？每字必以其雙聲釋之，其非雙聲者，大抵訛字也。』余因舉首章『天顯也』三字以質之。方伯曰：『顯與濕俱從㬎聲，濕讀它合反，則顯亦當讀舌音，故成國曰：以舌腹言之。』余大驚，且自喜其臆而中也。是夏復赴日本，長夏無事，稍就陸氏《釋文》以反切之第一字部分諸字，及五六卷而中輟。」（《趙譜》、《爾雅草木蟲魚鳥獸釋例》）

是月，偕長子潛明從羅振玉返日本。

春，撰〈鬼方昆夷玁狁考〉一卷，刊入《國學叢刊》第十卷中。鬼方之地，或以爲在北，或以爲在西，或以爲在南，世無定論，先生根據小盂鼎、梁伯戈諸器，考證鬼方、昆夷的事跡。謂：「其族隨世異名，因地殊號。其見於商周間者，曰鬼方，曰昆夷，曰獯鬻。其在宗周之季，則曰玁狁；入春秋後，則始謂之戎，繼號曰狄；戰國以降，又稱之曰胡，曰匈奴。……此族見於最古之書者，實爲鬼方。據小盂鼎及梁伯戈二器，證知鬼方之地，實由宗周之西而包其東北。」且小盂鼎紀伐鬼方，得俘虜一萬三千人，知其種族已甚強大。先生並證以古音的對轉，而謂鬼方、昆夷、獯鬻、玁鬻一語之變，亦即一族之稱。故幽王時滅宗周的犬戎，也當是宣王時的玁狁。（《觀堂集林》卷十三）

案：我國古代西北諸戎，部落雜居，更迭雄長，史書記其與中原發生關係，稱名不一，如鬼方、昆夷、玁狁、獯鬻，其是否為一族，論者不一，先生證其為一語之變，一族之稱，因中國對外族常加以醜名，其名隨時代而異，外族的本名，亦由於音譯的漢字不同，遂有諸種名稱。史書稱中國曰諸夏，稱西北外族曰諸戎，諸夏既為一種民族，則諸戎為一族似無不合，先生之說，可謂已接近其實情。容庚說：「余意當時西北諸戎，部落聚居，更迭雄長，不必抹擦一切，以為古書不可泥而混一之。《史記·秦本紀》：『周宣王即位，乃以秦仲為大夫，誅西戎。西戎殺秦仲。秦仲立二十三年死於戎，有子五人，其長曰莊公，周宣王乃召莊公昆弟五人，與兵七千人使伐西戎，破之。』斯戎也，寧即玁狁？必如其說，宗周以西之地，不容有二國共存；則越又稱於越，以音韻地理證之，將可以與吳為一家乎？」（〈王國維先生考古學上之貢獻〉）所疑不無道理，然亦不能推倒先生的論據。

春夏間，日人神田喜一郎〈字信暢，號鬯庵〉始識先生。神田回憶說：「我最初會見先生，大概是在大正四年〈一九一五〉三月左右，當時祖父曾託羅叔言先生及內藤湖南先生書寫家藏《隸古定尚書》的跋文。有一天，祖父命我攜新景印本數部送往寓居洛東淨土寺村的羅叔言先生，就在那時，我第一次會見王靜安先生，他正來訪羅先生。我已不復記憶當時的詳情，惟仍記得因見到大名滿天下的王先生深覺榮幸。辭別時，先生以他的詩集《壬癸集》（京都山田聖華房用古雅的木活字排印的）贈送祖父，託我轉交。我也是在這時初識羅叔言先生的次公子福萇先生，他是個眉目清秀的美男子，而王先生則風采質樸，二人迥異的風姿，至今仍深印腦海。自此以後，我便常找機會往請教於先生。當時我僅是高三的學生，與先生的交情尚談不上，不過那時的我，正在年輕好勝的時候，深受以內藤、狩野兩先生爲中心在京都大學新興的漢學研究的刺激，對與此新興學術氣脈相通的羅叔言先生、王靜安先生的學問，無上仰慕。自己以認識羅王兩先生自誇。……」（〈憶王靜安先生〉）

五月，浙江省政府當局，欲續修本省通志，敦請沈曾植爲總纂，又先後聘定朱祖謀（古微）、吳慶坻（子修）、陶葆廉（拙存）、章梫（一山）、葉爾愷（柏皋）、朱福清（湛卿）、金蓉鏡（甸丞）、喻長霖（志韶）、劉承榦（翰怡）、張爾田（孟劬）等人任分纂，續志起乾隆元年，迄宣統三年而止。（《沈寐叟年譜》）

是月，撰成〈三代地理小記〉，刊入《國學叢刊》第十一卷中。後改訂爲〈說自契至於成湯八遷〉、〈說商〉、〈說亳〉、〈說耿〉、〈說殷〉及〈秦郡考〉等六篇，收入《觀堂集林》中。抗父說：「〈書序〉、《史記》均謂盤庚遷殷，即爲宅亳，羅君引古本《竹書》，謂殷爲北蒙，即今彰德，王君於〈三代地理小記〉中證成其說，遂無疑義。」（〈最近二十年間中國舊學之進步〉）

案：先生考證湯以前八遷，雖皆言之有據，然近人亦有新研究，首先提出異議的是丁山，謂先生引今本《竹書紀年》，未可依據，商侯遷殷，殷侯復還商邱，六遷七遷實難置信。商邱與商，本為一地，昭明閼伯，亦屬一人，故八遷之中止有契居蕃，昭明遷商與相土東都三處可考。民國五十二年趙鐵寒先生有〈湯前八遷的新考證〉一文發表在《大陸雜誌》第二十七卷第六期中，足以補先生所不逮。趙先生文又收入《古史考述》中。

六月，第五子慈明生於海寧故里。

八月，撰成〈褲褶服考〉一卷，後改爲〈古胡服考〉，刊入《國學叢刊》第十八卷中。述胡服行於中國的經過，及流入中國後歷朝變革的大略。並說：「此服通行於中國者千有餘年，而沈約乃謂褲褶之服，不詳所起，沈括知其爲胡服，而又以爲始於北齊，後人亦無考其源流及制度者，故備著之。」(《觀堂集林》卷二十二)

案：羅振玉《集蓼編》說：「予在海東，與忠慤論今日修學宜用分類法，故忠慤撰〈釋幣〉、〈胡服考〉、〈簡牘檢署考〉皆用此法，予亦用之於考古學。」乾嘉時代的經史考證之學所以密於前人，即在用分類考究法，先生取精用宏，善於運用科學方法，故所造為乾嘉諸老所不逮。

是月，訂正《流沙墜簡考釋》，凡三十多處。至重陽節日，又讀《漢書、功臣侯表》，至續相如使西域事，因訂正前所撰《屯戍叢殘考釋》稟給類第一簡之誤，至爲愉快。(《趙譜》)

十月九日(九月一日)，撰《元刊雜劇三十種序錄》。此元刊雜劇三十種爲吳縣黃丕烈舊藏，題爲乙編，原書次序先後舛錯，因重爲釐定。序稱：「元雜劇之存於今者寡矣，國初藏書家蒐羅元劇者，曰虞山錢氏，江陰季氏。錢氏《也是園書目》撮錄元人雜劇一百四十種，季氏《滄葦書目》有鈔本元曲三百本一百冊，然其後均不知所歸，亦未有紀及此事者，蓋存佚已不可問矣！舉世所見，獨明長興臧晉叔懋循之《元曲選》百種與西廂五劇。而臧選之中尚有明初人作六種，則傳世元劇實尚不及百種，今此編三十種中，其十三種臧選有之，其餘十七種皆海內孤本，並有自元以來未見著錄者，有明中葉後人所不得見者，於是傳世元劇驟增至一百十有六種，即與臧選複出者，體制文字亦大有異同，足供比勘之助。且臧選刊於明萬曆間，西廂刊本世號最善者，亦僅明季翻刊周憲王本。……凡劇戲諸書，經後人寫刊者，往往改易體例，增損字句，此本雖出坊間，多訛別之字，而元劇之本面目獨賴是以見，誠可謂驚人祕笈矣。原書本無次第及作者姓氏，曩曾爲之釐定時代，考訂撰人。……」(《觀堂別集》卷三)

案：先生雖自民元以後捨棄通俗文學的研究，而專力於經史考據，但於元劇善本，仍極熱愛，故為考訂撰人，釐定時代，亦若宣統元年的撰《曲錄》等書一樣。先生在宣統二年二月跋《元曲選》，極稱讚臧懋循選曲之功。

是月，又撰〈古禮器略說〉一卷，刊入《國學叢刊》第十九卷。所說古禮器有鐘、句鑃、卣、斝、兕觥、盉、彝、俎上、俎下十篇，後改訂爲〈說斝〉、〈說觥〉、〈說盉〉、〈說彝〉、〈說俎〉上、下六篇，收入《觀堂集林》。先生能夠繼承吳大澂、孫詒讓諸前輩對金石的研究而發揚光大之，所說禮器，如合斝與散而為一，分匜與觥而為二，謂盉為和水之器，皆確當不易。容庚說：「余著〈殷周禮樂器考略〉，謂句鑃非鐸，甫人匜銘非偽刻，敦彝為簋，先生亦不遽以為非也。先生告余：略說中說學一節有誤。原云：『詩邶風：赫如渥赭，公言錫爵。《毛傳》云：祭有畀煇胞翟閽者，惠下之道，見惠不過一散，經言爵而傳言散，雖以禮詁詩，為《毛傳》通例，然疑經文爵字本作斝，轉訛為散，後人因散字不得其韻，故改為爵，實則散乃斝之訛字，赭斝為韻，不與上文籥翟為韻也。』案詩：虎、組、赭為韻，籥、翟、爵為韻。故余〈考略〉中引此篇時，將此節刪去之。」（〈王國維先生考古學上之貢獻〉）

是歲春，先生撰〈洛誥解〉一篇，印入《國學叢刊》，日人林泰輔（字浩卿）博士讀而善之，惟於先生據甲骨文以釋王賓殺禋之說，頗不以為然，因作〈讀國學叢刊〉一篇，指摘先生文中的瑕疵，刊於《東亞研究雜誌》中。十一月，先生與書詳答之。林泰輔又就先生的覆書再加批駁。十二月，先生乃有第二書之答。先生以洛誥先燔燎而後祼，為周初時禮。大宗伯以「肆獻祼享先王」，肆獻在祼前，因推知「既灌迎牲為後起之禮。」列舉事實，往返論難。㊀《詩》、《書》、《周禮》三經與《左傳》、《國語》有祼字，無灌字。㊁祼字，《周禮》本書作果。㊂祼從果聲與灌從雚聲部類不同。㊃《周禮》諸書，祼兼用於神人，為歆神而非專為降神之用。㊄大宗伯以肆獻祼為序，與司尊彝之先祼而後朝獻再獻之尊，次序互異。㊅殷周間稱先王曰王賓，洛誥時代去商甚近，所云王賓，當釋爲文王、武王，不當釋爲周公。林泰輔覆信中，認爲祼字之義，應是「灌地降神爲第一義，歆神爲第二義，用於賓客爲第三義。周中世以後，尚多用第一義，不應周初作洛誥時卻用第二義。」以此說難先生，先生再答書中，直言「吾儕當以事實決事實，不當以後世之理論決事實。」因列舉事實，謂：「果字最古，祼字次之。祼字形音義三者皆不與灌同，則不必釋爲灌地降神之祭。」「既非灌地降神之祭，則雖在殺牲燔燎之後，固無嫌也。」先生雖覆書，終以此書關係殷周禮制很大，不可以以疑文虛說及一二人的私見爲定，乃於翌年四月將往返各書彙之，成《祼禮榷》一卷，刊入《學術雜誌》中，以待海內外方聞之士論定之。（《趙譜》、《觀堂集林》卷一）

十二月，撰〈生霸死霸考〉，刊入《國學叢刊》第二十卷中。劉歆《三統曆》說：「死霸朔也，生霸望也。」後人多承其失。俞樾作〈生霸死霸考〉，援引許慎、馬融之說以正之，然於諸日名稱，除哉生魄外，尚用歆說。先生覽古器物銘文，而得古之所以名日者凡四：「曰初吉，曰既生霸，曰既望，曰既死霸。因悟古者蓋分一月之日爲四分。一曰初吉，謂自一日至七八日也；二曰既生霸，謂自八九日以降至十四五日也；三曰既望，謂十五六日以後至二十二三日；四曰既死霸，謂自二十三日以後至於晦也。」霸就是月亮始生之明。「蓋月受日光之處，雖同此一面，然自地球觀之，則二十三日以後月無光之處，正八日以前有光之處，此即後世上弦下弦之所由分。以始生之明既死，故謂之既死霸。此生霸死霸之確解。」「若更欲明定其日，於是有哉生魄，旁生霸，旁死霸諸名，以此讀武成所記諸日月，不待改月置閏而可通。（《觀堂集林》卷一）

門人戴家祥譯日人新城新藏〈周初之年代〉，附記說：「日本京都帝國大學教授新城新藏博士，近十數年來專攻我國古代年曆學，大正前著《春秋長曆》，……前年又以先師海寧先生發明之生霸死霸說推就周克殷年代，至今夏始發表於《支那學》第四卷第四號，其所得結論爲西元前一〇六六年，余讀之而三嘆焉！當乙卯之際，海寧先生以古武成一月二日爲壬辰，二月五日爲甲子，則四月中不得有庚戌，並灼知劉歆二月置閏之謬。因悟生霸望也，死霸朔也，乃劉歆異說，不足聽從。辛酉十月，先生復在北京大學研究所提出共和以前年代之研究，……家祥入都後，從先生問古文字學，擬以餘力攻此題，不意有去年五月三日之痛。今其年已過，每憶及此，不知涕淚之何從也。今得博士此作，古籍真僞錯雜之說，舉爲綜校互勘，而以一篇括之，鴻細靡遺，詳繹再三，愛不釋手。博士此說以武成月相與國語歲星爲根據點，而得王公積年之佐證，可謂信而有徵。蓋武成月相不能不從海寧先生之解釋也。如從之，則克殷年代之結果，非如博士之說不可，此其根本堅確，不可易也！」（《國學論叢》二卷一號）

案：先生為此文，搜集三代古彝器銘識上干支，一一為之配合、推審，以定其時代，以推測古代曆朔上之方術，其所用方法，完全與科學方法附合。藍文徵先生說：

「董作賓對王靜安先生〈生霸死霸考〉雖持異議，但學者間仍多韙先生說。」

民國五年（一九一六）丙辰　四十歲

元月二十三日（乙卯十二月十九日），日人富岡百鍊（鐵齋）、磯野惟秋（秋渚）及內藤虎次郎（湖南）、狩野直喜（子溫）諸名流，假座簡山春雲樓各出所藏蘇東坡墨跡或書籍陳列，以供衆覽，蓋是日爲東坡之生辰。先生與羅振玉均被約與會。先生集古人成句以助興，云：「堂堂復堂堂，子瞻出峨眉，少讀范滂傳，晚和淵明詩。」自注說：「雨山、君撝兩先生招集東山左阿彌旅館，作坡公生日，愧無佳語，因錄古人成句。」（《王忠慤公遺墨》）

先生旅居日本京都已歷四暑五冬，羅振玉既爲別賃室以居，又月致食用之需，至是時，京都百物騰躍，日常費用，漸覺不裕，而振玉以歷年印書，所費甚多，先生亦極不願再有累於羅氏，欲先返國。會同鄉鄒安（景叔）爲上海英籍猶太人哈同致書先生，約任學術雜誌編輯之職，乃決計於春節後返國。羅氏之《國學叢刊》也因之停版。（《趙譜》）

二月三日，農曆春節，羅振玉出所藏郭河陽《寒山行旅》，黃子久《江山幽興》，王叔明《柳橋漁唱》等圖卷，相與賞玩。（《趙譜》）

次日，收拾行裝，偕長子潛明登車赴神戶，羅振玉及日友狩野直喜等皆來送行。羅撰〈先生傳〉說：「公先予三年返國，予割藏書十之一贈之，送之神戶，執公手曰：『以君進德之勇，異日以亭林相期矣！』」五日，乘筑前丸輪赴滬，於舟中作一書致羅氏，論石鼓漱字，並舉《說文》內一字兩聲者共得三字。

九日，抵上海，暫寓友人樊炳清家，即就任哈同學術雜誌編輯之職。主其事者，分藝術、學術二種出版物，鄒安任藝術雜誌編輯，學術方面則由先生任之。月出一冊。先生流寓京都四載餘，在此時間中，先生自云生活最爲簡單，而學問則變化滋甚。成書之多，爲一生冠。客中無書籍，金石墨本等取諸羅氏大雲書庫。至上海後，則借書甚難。上海藏書，以華陽王秉恩（雪澄）爲巨擘，然王氏篤老，未便多煩擾。故臨行前於京都書肆購得《太平御覽》、《戴氏遺書》等書。羅振玉又贈以大雲書庫中複本書若干種，先生亦以所藏詞曲諸善本書報之，藉以答此四五年厚惠之友情。（《趙譜》）金梁撰〈王忠慤公哀輓錄書後〉說：「辛亥冬，從上虞羅氏避居日本，羅氏博古於金石龜甲文字，神悟多刱獲，每有發端，公輒爲會通貫串成一家言。故世論今之古學日新，發前人所未發，啓之者羅氏，而成之者公也。未幾，公先返國，寓上海，爲廣倉學宭主編譔及蔣氏密韻樓題敘藏書。」（《瓜圃叢刊敘錄續編》）

案：先生撰有《丙辰日記》，記與羅振玉在京都分手後所見所聞與所思，約異日

相見互閱之。又有七日一書信之約。日記僅存稿本，今藏北京圖書館，袁英光、劉寅生合編《王國維年譜長編》於本年二月內記事曾加徵引。先生於二月十一日與羅氏信中說：「別後於神戶、門司、長崎連上三書。」十三日的信開頭就說：「途中及到滬後所寄書，想均達左右，今日連接三函，敬悉一切。」二人皆通書甚勤，互相關懷和期許。近年長春市文史委員會編、王慶祥校注、羅繼祖審訂之《羅振玉、王國維往來書信》，已於二〇〇〇年由東方出版社出版。本年及以後所載羅王通信皆據此書，不另注出。

二月五日，羅振玉與先生書云：「昨送公驛次，歸途閱工藝館，抵家且日暮。……公行後，岑寂殊甚，念二十年來，客中送客，已成習慣，然未有如此別之惘惘者。家人及兒子輩恐弟苦寂，日夕省視，以不言相慰，想公別離之感，與弟正相等也。……七日一書之約，千祈勿寒此盟，若七日能兩書，更善也。」

十一日至十六日，先生連奉羅振玉三書，述及抵上海後與舊識、新知相晤之事，特別報告倉聖明智大學主其事者姬覺彌之爲人。如十六日書云：「姬君爲人，昨相處數日，已能知其概，大約乙老（沈曾植）及諸人之言不謬。其人隨處自顯勢力，一無學術及辦事用人方法，而主意絕多，復隨時變易。昨即延維爲該校教務長，觀其校事絕不合理，即設詞謝之。……我輩處今日，固不必深問其人品學術，然以一小人而復多變易，且未受社會陶融，此等人殆難共處。……惟昨日遊觀半日，訖無要語，最後維提議：學報（一）分門類而不立名目；（二）各門不必每期皆有；（三）兼印古書。此三者皆立刻解決。」

十九日，羅振玉致書先生，多所期勉。書云：「弟意公仍以守初志，專意辦學報，能兼教科更佳。弟所以以此相勸者，辦學報與公平日學術有益無損，學堂則是長局。……方今謀食雖至艱，然以常理觀之，斷不至餓死。……抑弟尚有厚望於先生者，則在國朝三百年之學術不絕如線，環顧海內外，能繼往哲開來學者，捨公而誰？此不但弟以此望先生，亦先生所當以此自任者。若能如前此海外四年餘，則在十年後，公之成就必逾於亭林、戴、段，此固非弟之私言也。若以天挺之資，而以生活二字了之，豈不可惜！弟非無前人之資稟，而少攖患難，根柢未深，中年又奔走四方，遂毫無成就，今且老矣！……顧影汲汲，綆短汲深，故期之先生者，不能不益殷。……」辭切情摯，令人動容。

二月，撰《史籀篇疏證》成，引證精博，多所發明。三月，又撰〈敘錄〉一篇，述此書的變遷，並誌其疑問者二事。一爲史篇之時代，二爲史籀之爲人名與否。略稱：「《史籀》十五篇，古之遺書，戰國以前未見稱述。爰逮秦世，李趙胡毋本之以作《蒼頡》諸篇，劉向校書，始著於錄。建武之世，亡其六篇。許慎纂《說文》，復據所存九篇，存其異文，所謂籀文者是也。其書亦謂之《史篇》，即《史籀篇》之略稱。……《史篇》爲字書之祖，故蒼頡以下亦蒙其名。……唐元度謂此篇廢於晉世，而自許君以後，馬、鄭諸儒即不復徵引，蓋自三蒼盛行（魏晉以後並呼揚雄《法言》、及班固、賈舫之書爲三蒼），此書之微久矣！……今就《說文》所錄遺字疏通證明之，而論其最要於篇首。……一、史籀爲人名之疑問也。自班志、許序以史籀爲周宣王太史，其說蓋出劉向父子，而班、許從之，二千年來無異論，余顧竊有疑者。《說文》云：籀，讀也。……古籀讀二字同音同義，又古者讀書皆史事。……大史籀書猶言大史讀書。……漢人不審，乃以史籀爲著此書之人，其官爲大史，其生當宣王之世。是亦不足怪。李斯作《蒼頡篇》，其時去漢甚近，學士大夫類能言之，然俗儒猶以爲古帝之所作，以《蒼頡篇》爲蒼頡所作，毋惑乎以《史籀篇》爲史籀所作矣！不知大史籀書乃周世之成語，以首句名篇又古書之通例。而猥云有大史名籀者作此書，此可疑者一也。一、《史籀篇》時代之疑問也。……《史篇》文字，就其見於許書者觀之，固有與殷周間古文同者，然其作法大抵左右均一。……推其體勢，實上承石鼓文，下啓秦刻石，與篆文極近。……篆文固多出於籀文，則李斯以前秦之文字，謂之用篆文可也，謂之用籀文亦可也。則史籀篇文字，秦之文字，即周秦間西土之文字也。至許書所出古文，即孔子壁中書，……壁中古文者，周秦間東土之文字也。然則史籀一書，殆出宗周文勝之後，春秋戰國之間，秦人作之以教學童，而不行於東方諸國。故齊魯間文字，作法體勢與之殊異。……秦人作字書，乃獨取其文字，用其體例，是《史籀》獨行於秦之一證。……且秦處宗周故地，其文字自當多仍周舊，未可因此遽定爲宗周之書，此可疑者二也。其可得而斷定者又有三事：一，籀文非書體之名，世莫不以古籀篆爲三體，謂籀文變古文，篆文又變籀文，不知自其變者觀之，則文字殆無往而不變，故有一卷之書，而前後異文，一人之作，而器蓋殊字。自其不變者而觀之，則文字之形與勢皆以漸變。凡既有文字之國，未有能以一人之力創造一體者。許君謂《史籀》大篆與古文或異，則固有不異者，且所謂異者，亦由後人觀之，在作書時亦祇用當世通行之字，有所取舍，而無所謂創作及增省也。……此可斷定者一也。《史篇》字數，張懷瓘書斷謂籀文凡九千字，《說文》字數與此適合，先民即取此而釋之，……此蓋誤讀〈說文敘〉也。〈說文敘〉引漢尉律諷籀書九千字，諷籀即諷讀，《漢書・藝文志》所引無籀字可證。且蒼頡三篇僅三千五百字，加以揚雄訓纂，亦僅五千三百四十字，不應《史籀篇》反有九千字，此可斷定者二也。至史篇文體，……決非如《爾雅》、《說文》，而當如秦之《蒼頡篇》。《蒼頡篇》據許氏〈說文敘〉，郭璞《爾雅註》所引，皆四字爲句，又據近日敦煌所出殘簡，又知四字爲句，二句一韻。倉頡文字既取諸《史篇》，文體亦當效之。……觀雩姚諸字，知用字之多假借，皆與蒼頡諸篇同。此可斷定者三也。此二疑三斷，關於全書之宏恉，故書以弁其首。」

刊入《學術叢編》第一集。

案：我國古文字學的研究，雖萌芽於北宋時代，但千餘年來，迄無一系統之作，直至清末瑞安孫詒讓撰《古籀拾遺》，吳縣吳大澂撰《說文古籀補》，對鐘鼎器上的文字作了有系統的整理。迨光緒末年，甲骨文字的陸續出土，古文字學的研究範圍益形擴大，適有先生及羅振玉應運而出，承孫、吳之後，做了一番切實而精深的考據工作，古文字學遂建設起來。先生於〈史籀篇敘錄〉中，從聲音訓詁上證明史籀不是人名，《史篇》亦不作於周宣王時。又從古書的著錄，文字的體勢上，證明「戰國時秦用籀文，六國用古文。」都為最新的發明，道前人之所未道。兩千年來，蒼頡造字，史籀作大篆的謬說，至此一掃而空，可謂文字學研究的一次大革命。此編刊登在《學術叢編》第一集中。考《史籀篇》始見於《漢書・藝文志》，《說文》據所存九篇錄其異文，《隋書・經籍志》以後，皆不著錄。清道光間，歷城馬國翰《玉函山房輯佚叢書》中始有輯本。其書采取說文重文中之籀文二百十九字，及《玉篇》所引籀文而為《說文》所遺者十三字，共二百三十二字，為《史籀篇》輯存一卷。先生以馬氏輯本頗多違失，就說文重文中之籀文，與解說中所引史篇匱、匋、姚、易四字，共二百二十三字，參驗以甲骨文及金文，疏通而證明之。《說文》艸部末大篆五十三字，以為非取自《史籀篇》，故不復收入。（〈追悼一個文字學的革命者王靜安先生〉、〈王國維先生考古學

上之貢獻〉）

又案：馬衡撰〈石鼓為秦刻石考〉，頗引先生之說。內稱：「古今文字之不同，有漸變無改造。近人康有為謂：『古無籀篆隸之名，但謂之文』是也。世之論文字源流者，咸以為由古而籀，由籀而篆，由篆而隸，皆有創作改造之者，其說大謬。蓋文字之興，孳乳浸多，隨時隨地而變，無主名，無形跡，於此而欲強為限斷，定其名稱，無是理也。《說文》之正文九千三百餘，皆當世所流行者，……其有標出古文籀文者，謂古文經《史籀篇》中有此異體，非即指為書體也，……（自注云：此恉自段玉裁發之，而王靜安引申之，說見段氏《說文注》及王氏〈漢代古文考〉。）《史籀篇》者，字書之祖，羅振玉謂『其書取當世用字，編纂章句，以便習誦。』蓋古字書之通例也。……王靜安以為『其書秦人作之以教學童者，其後秦人作字書，乃獨取其文字，用其體例，亦《史篇》獨行於秦之一證。』其說是也。……」（《國學季刊》一卷一期）其引先生說以證石鼓為秦刻石，則知先生的研究，實有啟迪之功。

是月，繆荃孫與先生談及汪有誥音學書，沈曾植處有之，至是乃於沈處假歸讀之，竟爲咸豐壬子重刊本，其所刊者爲《詩經韻讀》、《群經韻讀》、《楚辭韻讀》、《先秦韻讀》、《唐韻四聲正》、《諧聲表》、《入聲表》、《等韻叢說》、《隸書糾繆》凡九種，至是先生即以其所著〈史籀篇敘錄〉同《諧聲表》、《入聲表》、《唐韻四聲正》先後刊入《學術雜誌》。未幾，即得兩原刊本於上海書肆，先生自留其一，以另一本寄贈羅振玉。先生往聞王雪澄訪此書數十年不能得，今一旦購得二本，亦屬奇緣。（《趙譜》）

先生去歲春，問古音韻之學於沈曾植，今年春節後返上海，又以書詢沈古字母之學，沈復書說：「字母古學，自唐以後，陳氏《切韻考》得其會通，第六朝與隋唐，似不能絕無異同，兩漢與隋唐則顯有異同。凡在後世爲類隔者，在前世皆和也。釋名純是雙聲，且爲音和之雙聲，昔嘗以此證漢與隋、唐同異，未易可言，然循此以往，亦非必無可言者。」此信與先生撰〈爾雅草木蟲魚鳥獸釋例〉及究研古字母音韻學大有關係。（《趙譜》）

自農曆正月至二月底寫日記，中無間隔，至三月初一日中輟。記自日本返國及應哈同學術雜誌編輯之聘事。

繼《史籀篇疏證》之後，又草〈周書顧命禮徵〉，至二月始寫定，刊入《學術叢編》中。後改爲〈周書顧命考〉，收入《觀堂集林》。自序云：「《周書・顧命》一篇，記成王歿康王即位之事，其時當武王克殷，周公致太平之後，周室極盛之時。其事爲天子登遐，嗣王繼體之大事，其君則以聖繼聖，其公卿猶多文武之舊臣，其冊命之禮質而重文，而不失其情，史官紀之，爲〈顧命〉一篇。古禮經既佚，後世得考周室一代之大典者；惟此篇而已！顧年代久遠，其禮絕無他經可證，《書》今文家說是篇者，略見于《白虎通》及《吳志・虞翻傳注》所引〈翻別傳〉，而殊無理致。古文家如馬融、鄭玄雖禮學大師，其注是篇，亦多違失，虞翻所奏鄭注《尚書》違失三事，是篇居其二。翻所難固無當，然鄭以冊命之禮行於殯所，祭咤之事謂爲對神，其失遠在仲翔所舉二事之上。作《僞孔傳》者亦從其說，有周一代鉅典昏闇而弗章者，二千有餘年矣！今以彝器冊命之制與禮經之例銓釋之，其中儀文節目，遂犁然可解。世之君子，弗以《易》古注爲責，則幸矣！」（《觀堂集林》卷一）

三月二十一日（二月十八日），家眷自海寧來上海相會，即賃宅於大通路吳興里三百九十二號。

是月，將歷年所補釋《流沙墜簡》各條寫定，爲《補正》一卷。序云：「甲寅之春，與羅叔言參事共考敦煌及羅布淖爾北古城尼雅古城所出木簡。閱兩月而成。雖粗有發明，而違失漏略，時所不免。既於〈考釋後序〉及〈烽燧表〉中一一正之。二年以來，瀏覽所及，足以補苴前說者，輒記於書眉。共得數十事。」（《觀堂別集》卷四）於是輯錄成書，其精益求精的精神由此可見。

四月，睢寧姬佛陀敘《學術叢編》，實先生代筆。敘說：「學術之盛衰，其故萬端，而傳播之道亦居其一焉！古代傳經率用口說，宗廟之美，必入門而始見。災變之書，待枕郊而後傳，其事至難，其途至狹。既而貞石刊其文，竹帛著其說；闐車巷陌，觀太學之碑；買紙洛陽，寫三都之賦。而馳驅猶病，移錄爲勞，爰逮有唐，始有刊板，益州字書，廣陵歷日，並藉摹印之助，以代繕寫之煩。文選六經，相繼而出，肇自日用之書，遂及私家之作。然而專門之業，不朽之事，恆寫定於暮年，或刊行於身後，蔡、王異世，始獲《論衡》之書，劉、揚同時，未睹《方言》之目，其於學術之流通，可云易而未可云速也。近世以來，始有學報，創自東歐，施及東土。或網羅百家，或研鑽一術，逌人之所采穫，學子之所考訂，往往草稿甫定，剞劂已陳。所以通學海之置郵，供同方之討論，廣知識於大宇，得切磋於他山，法至善也。愛儷園主人產自西土，久客東方，每發思古之情，深知爲善之樂。德配羅夫人夙皈正覺，兼嗜外典，二乘秘文，復茲結集，三蒼横舍，於焉宏開。復刊是編，以餉學者。海寧王靜安徵君噬肯適我，出其書，上虞羅叔言參事遠自異邦，假以秘籍，故書新著，萃於一書，月爲一編，歲成編帙。佛陀承乏校事，坐觀厥成，冀使子雲絕言盡示其最目，孝公論難漸得夫道真，於流通學術之道，庶幾無憾云爾！」

五月，又序之，署名太隆羅詩，亦先生所代作。序說：「丙辰孟夏，本學所刊《學術叢編》既成，爰書其端曰：惟我神州道德之博大，名理之精微，學術之廣淵，文筆之燦爛，巍乎奐乎，莫之能名。然求其載之之器，則曰文字。原夫制之之人實惟史皇伊。昔荀卿解蔽，稱其好書，韓非五蠹，述其遺說。不韋審分之覽，淮南本經之訓，東京馮翌之碑，酈亭洛水之注，莫不綜其事實，起其靈徵。四目之相，見述於《論衡》，六丈之墳，可徵夫《皇覽》。曰皇曰帝，昔既極乎大名，左行右行，實難爲夫長次。昔者周室考工，創物者謂之智；河間論樂，作始者謂之聖。《檀弓》一書，專記事始，《世本》二卷，爰列作篇。下逮刳木與結繩，咸以厚生而利用。矧夫觀法象於天地，察蕃變於事物，設分理以別衆情，興神物以前民用。旁施於無垠，下暨於奕世者乎？太隆粗解文字，仰止靈蹤，精廬既闢，嘉名攸署，並旁延英彥，討論學藝，裒其著述，都爲斯編。竊謂：上古以還，代有儒碩，踵武前修，開闢新術，綿延勿替，迄於今茲。自頃滄海橫流，城闕興詠，庶晨雞於風雨，思燭龍於窮陰，此編之成，洵非無裨於學者。然而披條尋本，祭海洗河，獸䟘鳥跡，佇懷洛汭之蹤，丹甲青文，尚想陽虛之烈。爰書此旨，以弁卷端。」(《學術叢編》首冊)

其編例說：「一、本編名《學術叢編》，與本校所出《藝術叢編》相輔而行。一、本編宗旨：專在研究古代經籍奧義及禮制本末，文字源流，以期明上古之文化，解經典之奧義，發揚古學，沾溉藝林。一、本編刊行經學(首重三禮，旁及諸經。)、文字學、史學諸門新著，兼印行未刊舊籍，或雖已刊而流傳甚少者。一、本編月出一冊，每冊八十頁。一、每冊所刊新著、舊籍，自三種至四五種，皆以卷葉之多寡爲定。一、本編定每月下旬發行。」

五月二日，跋《大元馬政記》，粗爲排比，於《學術雜誌》刊之。先生謂此書足補《元史》及《元典章》之闕。

五月三日（四月初二日）手臨沈曾植校吳縣曹氏舊藏殘宋本《水經注》卷三十九之半及卷四十，沈校宋本於嘉靖黃省曾本上，先生則移錄於趙氏《水經注釋》內，蓋其時尚未蓄有朱王孫箋注本。

五月，編成《裸禮榷》一卷，自序說：「乙卯之春，余撰〈洛誥箋〉一篇，印入《國學叢刊》中，日本林博士泰輔讀而善之，惟於王賓殺禋之釋，頗不謂然，作〈讀國學叢刊〉一篇（《東亞研究》第五卷第九號）指其瑕亹，刊於《東亞研究》雜誌中，余以書解答之，博士復就余書有所違覆，（第五卷十二號）余於是有第二書之答，此事關於殷周禮制至鉅，有非可以疑文虛說及一二人之私見定者，故將往復各書布之海內，以俟達於禮者論定焉！」（《學術叢編》卷四）內容包括〈與林浩卿博士論洛誥書〉、〈再與林博士論洛誥書〉，後改爲〈洛誥解〉收入《觀堂集林》卷一。

十八日，羅振玉與先生書，尊稱人間先生，略述彼此最新著作及出版之事。書云：「近弟意造述，《書契後編》了後，即印《歷代符碑後錄》，已照成，但未印耳！《符碑後錄》成，即《殷虛古器物圖錄》，今年成書恐亦不過如是。大著《叢刊》月內可出版，至慰。林浩卿博士所著《周

公》一書，乃博士會院之賞金，此尚算公道，林在彼邦學者中自是翹楚也。」（《羅振玉王國維往來書信》）

是月，撰〈毛公鼎考釋〉，刊入《學術叢編》第四冊中。自序說：「三代重器存於今日者，器以盂鼎、克鼎爲最鉅，文以毛公鼎爲最多。此三器皆出道光、咸豐間，而毛公鼎首歸濰縣陳氏，其打本摹本亦最先出，一時學者，競相考訂，嘉興徐壽臧明經同柏，海豐吳子苾閣學式芬，瑞安孫仲頌比部詒讓，吳縣吳清卿中丞大澂，先後有作。明經首釋是器，有鑿空之功，閣學矜慎，比部閎通，中丞於古文字尤有懸解，於是此器文字可讀者十且八九。顧自周初訖今，垂三千年，其訖秦漢亦且千年，此千年中，文字之變化，脈絡不盡可尋，故古器文字有不可盡識者，勢也。古代文字，假借至多，自周至漢，音亦屢變。假借之字，不能一一求其本字，故古器文義有不可強通者，亦勢也。自來釋古器者，欲求無一字之不識，無一義之不通，而穿鑿附會者，非也。謂其字之不可識，義之不可通，而遂置之者，亦非也。文無古今，未有不文從字順者，今日通行文字，人人能讀之，能解之，詩書彝器，亦古之通行文字，今日所以難讀者，由今人之知古代，不如知現代之深故也。苟考之史事與制度文物，以知其時代之情狀，本之《詩》、《書》，以求其文之義例，考之古音，以通其義之假借，參之彝器，以驗其文字之變化，由此而之彼，即甲以推乙，則於字之不可釋，義之不可通者，必間有獲焉，然後闕其不可知者，以俟後之君子，則庶乎其近之矣！孫、吳諸家之釋此器，亦大都本此方法，惟用之有疏密，故得失亦準之。今爲此釋，於前人之是者證之，未備者補之，其有所疑，則姑闕焉！雖於諸家所得無多，然可知古代文字自有其可識者與可通者，亦有其不可識與不可強通者，而非如世俗之所云云也。」（《觀堂古金文考釋》）

案：此序不啻先生自道其考證金石文字的方法。糾正先儒的違失，示考證家以南針，語語精到，為前賢所未發。所謂：「考之史事與制度文物，以知其時代之情狀，考之古音以通其義之假借，參之彝器，以驗其文字之變化。」先生於考證甲骨文字亦盡用之，皆達到極縝密的程度。至於闕疑之說，後先生於民國十三年所撰的〈金文編序〉中，發揮極詳。

又撰〈樂詩考略〉成，收入《學術叢編》第三冊中。後訂正爲〈釋樂次〉、〈周大武樂章考〉、〈說勺舞象舞〉、〈說周頌〉、〈說商頌〉上下，及〈漢以後所傳周樂考〉等七篇，收入《觀堂集林》卷二中。

自四月起草《魏石經考》，由漢石經之經數石數，以考魏石經的經數石數。又詳釋黃縣丁氏所藏魏石經殘石，以定魏石經每行字數，又取每行字數，推定每碑行數。復以《太平御覽》引《洛陽記》所載碑數及諸經字數，參互求之，以定魏石經經數。又排比洪适《隸釋》、《隸續》

所載各殘石文字。中間因撰〈樂詩考略〉，間斷若干時日，到九月中旬始脫稿。書成二卷，上卷分〈漢石經經數石數考〉、〈魏石經經數石數考〉、〈漢魏石經經本考〉、〈魏石經古拓本考〉、〈魏石經經文考〉、〈魏石經篇題考〉六篇，下卷分〈魏石經古文考〉、〈魏石經書法考〉二篇，後附《隸續》魏石經圖五。自來言石經的很多，未有像這樣明晰的。民國十一年秋，洛陽新出石經很多，用以校此書所考，不無遺漏之處，因刪去經文考、篇題考、古文考三篇，其餘各考均收入《觀堂集林》中。

案：先生〈魏石經考序〉云：「余於丁巳作《魏石經考》，……為〈經文考〉、〈古文考〉，共書二卷，刊行於廣倉學宭《學術叢書》中。」實則為民五丙辰所作，先生一時誤記。又先生撰文末所附之〈隸釋所錄魏石經碑圖〉，於每圖末別行低一字書右圖幾，再於下方著其篇，然亦有可議處。其於圖首寫篇名者，如〈堯典〉、〈皋陶謨〉（右圖一），〈無逸〉（右圖五），〈君奭〉（右圖六），〈多方〉（右圖七），〈立政〉（右圖八），〈顧命〉（右圖九），因有標題，故圖規下不再附注。其無標題的，除右圖二下為〈金縢〉，右圖四下為〈梓材〉外，而於右圖三之〈康誥〉則又不書。竊意此處似亦應注明，免得讓讀者發生眩惑。

夏日，跋羅振玉《倉頡篇殘簡考釋》。云：「右一篇在《流沙墜簡考釋》中，姬君覺彌篤嗜古字書，爰爲之請於羅君，裁篇別出，以廣其傳。昔班孟堅謂史游《急就篇》，皆《蒼頡》中正字，今諸篇四十字中，游周章白黃病狂疕災灾疾貍寸厚廣俠好長十七字，並見《急就篇》，知史游正取諸此；則此爲《蒼頡》五十五章之本文，而非《訓纂》諸編語，又可知也。羅君忘舉此證，因附記於後。」（《羅雪堂先生遺書》續編第十三冊）

九月，又撰《漢魏博士考》三卷。《魏石經考》脫稿後，然頗怪漢石經諸經全用今文，而魏時石經全用古文，因思官學今古文之代謝，實以三國爲其樞紐。乃更考自漢以來諸經之立於學官的沿革，爲〈漢魏博士考〉。《趙譜》說：「爲〈漢魏博士考〉，已具大略，念前人究此學者，有胡秉虔之《西京博士考》，張金吾之《西漢五經博士考》，客中乏書，未之見也。八月，於坊肆始得張金吾書，其書採取雖博，而苦無鑒裁，繼又假得胡氏書於《續藝海珠塵》中，其書至不知博士與博士弟子之別。至是乃寫定已所考定者，得書三卷。上卷考博士之沿革，中下兩卷刺取諸書博士之名彙考之，並訂正張、胡書中誤處，爲跋錄於後。」（《趙譜》、《觀堂別集》卷四）

十月四日（九月初八日），撰〈周書顧命後考〉成。自序說：「丙辰春二月，余草〈周書顧命考〉一篇，據禮經通例及彝器所載冊命制度，以大保承介圭由阼階隮爲攝成王，以乃受同瑁一節爲康王受獻事，以大保受同降盥一節爲大保自酢事。以正鄭注（《尚書正義》引）及孔傳之誤。自謂得此解，則〈顧命〉一篇文字與其儀制，怡然理順矣。若如鄭注，則受冊之禮行於殯所，祭咤之事所以對神。君臣吉服，拜起尸柩之側，獻酢同事，分於二人之手，凡此數者，無一與禮意相合。鄭君禮學大師，豈宜不見及此。嗣讀《通典》（卷十七）魏尚書所奏王侯在喪襲爵議，（後附奪情議，實則一議，而杜氏分載之。）引鄭君又一說，則與《正義》所引鄭注大異，而與余說正合。《通典》此議，當出魏臺訪議，或六朝人所集禮論、禮論鈔諸書，其後又載王肅駁議，足與鄭說相發明，而自宋王深寧及近世江艮庭、王鳳喈、孫伯淵諸家輯《尚書鄭注》者全不及此，故取而銓釋之，不獨為古人表微，亦深喜余前說之非無根也。」後考刊入《學術叢編》第七冊中。此先生對禮學研究的心得，多有為前賢所不及之處。（《觀堂集林》卷一）

是月，於書肆得明本《孔子家語》，細審之，乃嘉靖間復宋刊本，因用汲古閣本對勘，卷一則汲古閣本注文較嘉靖復宋本為多，至卷三以下則無多大懸殊。先生說：「注文蓋出明人增加，不盡出王肅也。」（《趙譜》）

十一月，撰《漢代古文考》三卷，刊入《學術叢編》第八、九、十三冊中。後釐分為九篇，收入《觀堂集林》。計：〈戰國時秦用籀文六國用古文說〉、〈史記所謂古文說〉、〈漢書所謂古文說〉、〈說文所謂古文說〉、〈說文今序篆文合以古籀說〉、〈漢時古文本諸經傳考〉、〈漢時古文諸經有轉寫本說〉、〈兩漢古文學家多小學家說〉、〈科斗文字說〉。皆先生研究古文字學的重要著作。

先生認爲秦時統一文字，「罷其不與秦文合者」，其〈倉頡〉、〈爰歷〉、〈博學〉三篇爲小篆，皆取自《史籀篇》大篆，故知秦文即籀文；六藝（《詩》、《書》、《易》、《禮》、《樂》、《春秋》）皆用東方（六國）通行文字寫成，不流布於秦，六國文字，即爲古文。「故古文、籀文者，乃戰國時東西二土文字之異名，其源皆出於殷周古文。而秦居宗周故地，其文字猶有豐鎬之遺。故籀文與自籀文出之篆文，其去殷周古文反較東方文字（原注：即漢世所謂古文）爲近。」此說乃先生創見。又以兩漢所傳經本所用古文轉寫，學者解經必先得小學之助，所以兩漢古文學家多兼小學家，如張敞、桑欽、衛宏、賈逵、許慎等皆是。都可以互證前說。

案：周予同說：「靜安先生訓釋『古文』一詞，詳見《史籀篇疏證》（序見《觀堂集林》卷五）及〈戰國時秦用籀文六國用古文說〉、〈史記所謂古文說〉、〈漢書所謂古文說〉、〈說文所謂古文說〉、〈說文今序篆文合以古籀說〉、〈科斗文字說〉（均見《觀堂集林》卷七）諸文。他的意見，以為『古文』係秦漢以前的文字的總稱，『古文』就是『古代文字』的簡稱。《史》、《漢》、《說文》及其他書籍上所說的『古文』，其含義很複雜，大別可分為：㈠『殷周古文』，㈡『六國古文』，㈢『孔壁古文』。『殷周古文』，現存的材料就是近世出土的殷虛甲骨文字和北宋以來出土的鐘鼎彝器的款識，這種材料的來源大都可信，牠的拓本也都可以目驗，所以很可以根據牠以糾正說文及其他舊文字學上所寫的「古文」。『六國古文』就是戰國時六國所用的文字，係由『殷周古文』遞變而成，和當時秦所用的籀文成對峙的形勢。因為靜安先生主張古文與籀文，是戰國時代東土（六國）與西土（秦）同時所用的兩種字體，不是如《說文》等書所說的，以籀文為後一代的字體，是由前代的『古文』變改而成。『孔壁古文』就是《史》、《漢》、《說文》上所說的漢武帝時魯恭王壞孔子宅壁所得的古文，也就是經古文學家因以另起家法以與今文學家對抗的古文。靜安先生對於孔壁得書一案，雖不像經今文學者的過激，以為完全是假造的鬼話，但以為《說文》所載的古文都根據於壁中書及張蒼所獻的《春秋左氏傳》，假使我們能以新出土的『殷周古文』證實《說文》所載古文的誤謬，那末，孔壁得書一案也因之可以定讞了。所以依靜安先生的意見，古文一詞至少須加以限制詞，如稱為『殷周古文』、『六國古文』、『孔壁古文』，而不能含糊的總稱為『古文』，因為牠大有真偽是非先後的區別呢！」（〈追悼一位文字學的革命者王靜安先生〉）對先生的訓釋古文一詞，已闡發的無微不至。先生高弟徐中舒撰〈靜安先生與古文字學〉，列舉先生關於古文字學的重要貢獻有五：一、打破倉頡、史籀造字之說，二、糾正《說文》中的錯誤，三、根據古文字解釋六書中的指事，四、古文字的訂正與說明，五、關於古韻的主張。第五項後當詳述，茲述其前四項要點：自許慎〈說文序〉，謂黃帝之史官倉頡，初造書契。又說：「及宣王大史籀著《大篆》十五篇，與古文或異。」段玉裁注稱：「凡言古文者，謂倉頡所謂古文也。」「籀文者，以人名之。」蓋倉頡、史籀造字之說已深入人心一千數百年了。他們全不曉文字變遷的原理，看到小篆與大篆不同，大篆又與古文或異，就把三種字體送給倉頡、史籀、李斯三人，說是他們三人創造的。及至近代，古文字學興盛，古文字大出，孫詒讓、吳大澂的研究，斷定文字是圖畫的變形，古文是周末的字體，決不是倉頡所作。到羅振玉研究甲骨文，而獲得籀文乃是《史籀篇》這部字書中所有的字之一項結論。他說：「大篆蓋因商周文字之舊，小篆又因大篆之舊，非大篆創於史籀，小篆創於相斯也。」此從字形上而言。先生更從聲音訓詁上證明籀作讀書的讀字解，「大史籀書」就是大史讀書，足證史籀並不是人名，既不是人名，則造字之說自屬無稽。先生又從古書的著錄及從時地兩方面說明文字形體的變遷，證明戰國時秦用籀文六國用古文的假說。這一假說，足可打破造字之說，在文字學的研究上是向前邁進一大步的。自甲骨文的出土，羅振玉據以作《殷商貞卜文字考》和《殷虛書契考釋》，發現很多文字，都是《說文》所沒有的，遂創「糾正許書之違失」的新見解，於是以《說文》為中心的文字學，便起了根本的動搖。先生繼加研究，所糾正的計有形體的錯誤，聲類的錯誤，展轉的錯誤，全書的錯誤，古文本一字而誤分為二字、三字、四五字的錯誤，以及古文本二字、三字而說文誤合為一字的錯誤。其實例不勝枚舉。先生的做學問，不鈔說，不雷同，往往窮搜冥討，自尋途徑。每創一說，立一義，必待新材料與舊材料完備齊集，然後再加以大膽的假設，深邃的觀察，精密的分析，卓越的綜合，務使所得的結論與新材料舊材料恰有一個根本的調和。這種實證的方法，謹嚴的態度，只有在先生的著作裡可以看到。自然，先生對古文字訂正和證明的精確程度也就不難想到了。凡此皆足以說明先生研究古文字的成績。而新材料的發現，為先生能比以前的小學家更進一步研究古文字學的原動力。又先生論戰國時秦用籀文六國用古文說，錢玄同曾在〈論《說文》及壁中古文經書〉中加以批評，故後來先生又在〈桐鄉徐氏印譜序〉中再度闡發之。近代研究文字學的新系統，不能不說是由先生首先建立的。根據先生諸作，列表如下：

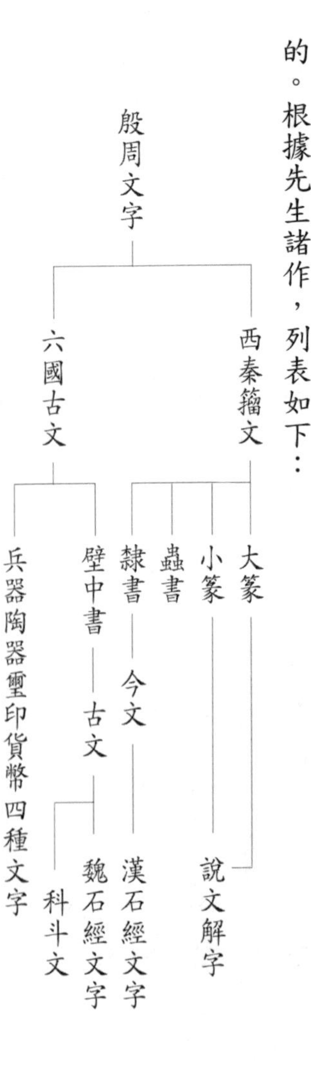

右表參見耘僧（朱芳圃）〈王靜安先生學述〉。吳其昌說得好：「先生之學，其目的則在古史，其根據則在小學。其於小學也，其關鍵則在《說文》，其根據則在古文字學。」真是一針見血之論。

又案：先生區分戰國時東西二土文字，兩者不同，證明秦（西土）用籒文，六國（東土）用古文，錢玄同認為此說不能成立。他評稱：「王國維也知道壁中古文與殷周古文不合，但他又造出『戰國時秦用籒文六國用古文』之說，王氏自信『此說之不可易』，據我看來，不但可易，而且還著實該易。……秦之統一文字，其事之性質正與今之統一國語相類，其竭力推行，務期普及，今昔亦正相類。……秦所要罷的，係專指形式『不與秦文合者』而言，太不合的固然要罷，小不合的也是要罷，因為目的在於使文字統一。六國的文字究竟比秦差了多少，這個我們固然不能臆斷，但就現存的鐘鼎看來（連秦國的），則可以說這樣幾句籠統話。要說異，似乎各國文字彼此都有些小異，要說同，也可以說彼此大體都相同。ㄍㄨㄟㄌㄧㄅㄠㄗㄨㄟ一句話，大同小異而已！若區為東土、西土兩種文字，則進退失據之論也。而況今所存齊魯邾諸國的鐘鼎文字，跟壁中古文距離之遠，正與秦文跟壁中古文距離之遠一樣呢？還有，王氏說『秦書八體中有大篆無古文，』這是因為秦時還沒有所謂『孔子書六經以古文』

之說，儒者之傳授六經，其初僅憑口耳，漸乃著於竹帛，著竹帛之時適用什麼樣的文字，他們就寫什麼樣的文字，傳經之儒對於文字的形式是絕不注重的，所以彼此所傳，異文假借非常之多。講到《史記》中的『秦廢去古文』一語，那是劉歆們竄入的。凡《史記》中古文二字，都是劉歆竄入的，這個意思，康氏的《偽經考》已啟其端，先師的《史記探源》乃盡發其覆。揚雄之時，古文偽經已出，揚雄便是上當的一個人，許慎更是迷信古文經的，所以他們倆的話是絕不足信的。總而言之，羅王兩氏都是精研甲骨鐘鼎文字的，他們看到文中的古文與甲骨鐘鼎文字差得太遠，知道它不古，這是他們的卓識，但總因為不敢懷疑於壁中書之為偽物，於是如此這般曲為解釋，或目它為『列國詭更正文之文字』，或目它為『晚周文字』，或目它為『東土文字』，其實皆無稽之談也。」（〈與顧頡剛論《說文》書〉）錢玄同的這些話，皆由於他過份疑古的關係所致。他從今文學派的立足點來論古文，自然要說古文全是偽作的，古文既是偽作，則「六國用古文」之說，自然失其依據了。其實古文絕不可能盡由某人一手偽造，所以錢玄同的批評全是主觀的。

至於先生所創的「《說文》中之古文無出壁中書及《春秋左氏傳》以外者」之說，錢玄同則極稱道。他評稱：「《說文》序中有『今敘篆文，合以古籀』二語，段玉裁、鄭知同、王國維三人有不同的解說，我以為王國維的話最不錯。他說：『《說文解字》實合古文籀文篆文為一書，凡正字中，其引《詩》、《書》、《禮》、《春秋》以說解者，可知其為古文，其引《史篇》者，可知其為籀文，引杜林司馬相如揚雄說者，當出倉頡凡將訓纂諸篇，可知其為篆文，雖《說文》諸字中有此標識者十不逮一，然可得其大略。昔人或以說文正字皆篆文，而古文籀文惟見於重文中者，殆不然矣！』（《觀堂集林》卷七頁九）他又說：『漢代鼎彝，所出無多，說文古文又自成一系，與殷周古文截然有別，其全書中正字及重文中古文，當無出壁中書及《春秋左氏傳》以外者。』（同書卷七頁八）王氏說文中之古文無出壁中書及《春秋左氏傳》以外者，我從各方面研究，知道這話極對。要問這種古文是否真古文，先要問壁中書是否真物。」（《北大研究所國學門周刊》二卷十五期）錢玄同認為壁中書為偽造，自然要懷疑古文了。

十二月，撰《爾雅草木蟲魚鳥獸釋例》成。自序說：「……丙辰春，復來上海，所居距方伯（沈曾植）寓所頗近，暇輒詣方伯談。一日，方伯語余曰：『棲霞郝氏《爾雅義疏》，於詁言訓三篇，皆以聲音通之，善矣！然草木蟲魚鳥獸諸篇，以聲爲義者甚多，昔人於此，似未能觀其會通，君盍爲部居條理之乎？』又曰：『文字有字原、有音原，字原之學，由許氏《說文》以上溯諸殷周古文，止矣！自是以上，我輩不獲見也。音原之學，自漢魏以溯諸群經《爾雅》，止矣！自是以上，我輩尤不能知也。明乎此，則知文字之孰為本義，孰為引申。假借之義，蓋難言之。即以《爾雅》權輿二字言，釋詁之權輿，始也；釋草之權黃華，釋木之權黃英，其義亦與此相關。故謂權輿，為虇蕍之引申可也；謂虇蕍、蠸輿，用權輿之義以名之，可也。謂此五者同出於一不可知之音原，而皆非其本義，亦無不可也。要之，欲得其本義，非綜合後起諸義不可，而亦有可得有不可得，此事之無可如何也。』余感是言，乃思為《爾雅》聲類以觀其之義通，然部分之法，輒不得其衷，蓋但以喉舌牙齒脣五音分之，則合於《爾雅》之義例，而同義之字，聲音之關係，若不甚顯。若以字母分之，則聲音之關係，顯矣！然古之字母有幾，又其字當屬何母，非由魏晉六朝之反切，以上溯諸漢人讀為讀若之字，及諸經傳異文與篆文古文之形聲，無由得之。即令假定古音為若干母，或即用休寧戴氏古二十字母之說，以部居《爾雅》，則又破《爾雅》之義例，蓋古字之假借轉注，恆出入於同音諸母中，又疑泥來日明諸母字亦互相出入。若此者，《爾雅》既類而釋之，今欲類之，而反分之，顛倒孰甚，因悟此事之不易。乃略推方伯之說，為《爾雅草木蟲魚鳥獸釋例》一篇。既名釋例，遂併其例之無關音聲者亦並釋之。雖未必得方伯之意，然方伯老且多疾，未可強以著書。雖以國維犬馬之齒弱於方伯者且三十寒暑，然曩者研求古字母之志任重道遠，間以人事，亦未敢期以必償。而方伯音學上之絕識，與國維一得之見之偶合於方伯者，乃三百年來小學極盛之結果，後此音韻學之進步，必由此道。」蓋物名有雅俗，有古今，《爾雅》一書，爲通雅俗古今之名而作。其釋草木以下七篇，古今學者均苦於艱澀難讀，自先生釋例問世，可讀者已大半。先生釋例，有如下十四條：一、釋雅以俗；二、釋古以今；三、草木蟲魚鳥多異名，故釋以名；四，獸與畜罕異名，故釋以形；五、雅與雅同名而異實，則別以俗；六、俗與俗異名而同實，則同以雅；七、雅與雅異名而同實，則同以俗。八、雅與俗同名而異實，則各以雅與俗之異者異之；九、雅與俗異名而同實，則各以其同者同之；十、凡雅俗多同名而稍變其音；十一、凡俗名多取雅之共名，而以其別名別之；十二、同類之異名與異類之同名，其音與義往往相關，十三、同類之異名，其關係尤顯於奇名；十四、異類之同名，其關係尤顯於偶名。此編收入《學術叢書》，後先生刪訂爲文二篇，載之《觀堂集林》，視初稿尤精密。（《爾雅草木蟲魚鳥獸釋例》）

冬日，得瑞安孫詒讓遺稿《契文舉例》稿本於上海書肆，因寄羅振玉，印入《吉石盦叢書》中。先生云：「此書雖謬誤十之八九，然篳路椎輪不能不推此也。」（《趙譜》）

是時，先生同事鄒安所主編的《藝術叢編》，苦乏材料，而羅振玉所著書之未印行者尚不在少數，因寄先生收入該叢編中刊之。計是年所印成者，有《殷虛書契後編》二卷、《古器物範圖錄》三卷、《金泥石屑》二卷、《殷虛古器物圖錄》二卷、《古明器圖錄》三卷等五種。（《趙譜》）

是歲，與錢塘張爾田、吳縣孫德謙訂交，時人稱爲海上三子。〈張君孟劬別傳〉說：「居上海時，與海寧王國維，吳縣孫德謙齊名交好，時人目為海上三子。國維或有創見，然好趨時，德謙隻辭碎義，篇幀自窘，二子者，博雅皆不如君。」（《燕京學報》第三十期）又張爾田序孫德謙《太史公書義法》說：「余自慚庸薄，兄事於君者踰三十年，其獲益也，寧復有既。猶憶乙卯、丁巳之交，與海寧王靜安同旅海上，去君居不數武，三人者無十日不見，見則上下古今縱譚忘暑，雖學詣塗轍不盡同，然皆就正於君，每一言發，笑謔間作，而君徐以一語消之，莫不相悅以解，人亦多有知吾三人者。當時妄謂此樂可常，乃不數年世變日亟，余既衰病侵尋，靜安則鬱濾自沉，從靈均之遺則，而君亦垂垂老矣！乙盦尚書嘗有詩云：『三客一時雋吳會，百家九部共然疑。』今三客已喪其一。」（《孫隘堪所著書》首冊）

案：孫德謙、張爾田皆治會稽章實齋的《文史通義》，有盛名。李詳（字審言）稱讚德謙說：「會稽之學，君與錢唐張爾田孟劬海內稱為兩雄，有益一人而不可得者。」德謙習六朝駢體文，一時論者，舉李詳為第一，德謙次之，然先生則推許德謙，說：「審言過於雕藻，知有句法，而不知有章法，君得疏宕之氣，我謂審言定不如君。」德謙每引以自重云。（《現代中國文學史》頁一一五至六）

是歲，劉承幹（字翰怡）在上海主淞社，約先生參加。《雪橋自訂年譜》說：「翰怡與周湘舲主淞社，集者藝風、子頌、鞠裳、息存、梅庵、叔問、橘農、元素、聚卿、積餘、金粟香、錢聽邠、吳倉碩、劉謙甫、王旭莊、劉語石、汪淵若、戴子開、金甸丞、惲孟樂、季申、瑾叔、崔磐石、宗子戴、潘蘭史、王靜安、洪鷺汀、陶拙存、朱念陶、褚禮堂、夏劍丞、張孟劬、姚東木，迭爲主客，與乙盦論文。謂董江都之說理，晁家令之言事，雖賈生劉更生不逮。宋人大文字，如王荆公〈上仁宗書〉、蘇文忠〈上神宗書〉、朱子〈戊申封事〉，可謂鼎足而三。朱子道理極足，文忠事理極明，荆公多空言，不過文理好耳！近人好言荆公，僅學其一二短篇，善學荆公者惟葉水心。皆獨到語也。」先生之認識承幹當自此時始。

案：承幹喜交遊，好搜書，居上海時，先生得借觀其求恕齋藏書。張崟〈南潯劉氏嘉業堂觀書記〉說：「先生好交遊，盍簪之雅，如金壇馮煦，嘉興沈曾植，歸安朱祖謀、華陽王秉恩、鐵嶺鄭文焯、德化劉廷琛、李盛鐸、中江王乃徵、吳縣吳郁生、曹元弼、海寧王國維、長沙葉德輝、上虞羅振玉、貴池劉世珩、南陵徐乃昌、江安傅增湘、江寧鄧邦述、寧海章梫，罔非一時飽學知名之士。而長洲葉昌熾、黄巖王舟瑤、江陰繆荃孫、湘鄉陳毅、武進董康，又皆嘗先後主其家。集思廣益，群才效技，以故賞鑑益精，考訂益審，珊網所收，鄴架插庋，蔚為琳琅燦爛之觀。」（《浙江省立圖書館館刊》四卷三期）可知承幹交游極廣，而所交又都是學術界極有名望的人士，宜乎他的藏書更有名了。

民國六年（一九一七）丁巳　四十一歲

元月中旬，以羅振玉函招，乘輪赴日本，寓居振玉家，即在京都過春節。（元月二十三日）

二月初，羅氏以日本寬永活字本《孔子家語》見贈，以之校四部叢刊影印明嘉靖間刻本，知寬永本的善處，實遠過其他刊本。（《趙譜》）

是月中旬，先生由日本返歸上海後，就著手草〈殷卜辭中所見先公先王考〉，至三月上旬始脫稿。計從卜辭中考定殷代先公先王，有帝嚳、相土、季、王亥、王恆、上甲、報丁、報丙、報乙、主壬、主癸、大乙（湯、唐），羊甲等十三人。自序說：「甲寅歲暮，上虞羅叔言參事撰《殷虛書契考釋》，始於卜辭中發現王亥之名，嗣余讀《山海經》、《竹書紀年》，乃知王亥爲殷之先公，並與《世本・作篇》之胲、〈帝繫篇〉之核、《楚辭・天問》之該、《呂氏春秋》之王冰、《史記・殷本紀》及〈三代世表〉之振、《漢書・古今人物表》之垓，實係一人。嘗以此語參事及日本內藤博士（虎次郎），參事復博蒐甲骨中之紀王亥事者得七八條，載之《殷虛書契後編》。博士亦釆余說，旁加考證，作〈王亥〉一篇，載諸《藝文雜誌》，並謂自契以降諸先公之名，苟後此尚得於卜辭中見之，則有裨於古史學者當尤鉅。余感博士言，乃復就卜辭有所攻究，復於王亥之外得王恆一人。案：《楚辭・天問》云：『該秉季德，厥父是臧。』又云：『恆秉季德，』

王亥即該，則王恆即恆。而卜辭之季之即冥（羅參事說），至是始得其證矣！又觀卜辭中數十見之田字，從甲在口中，及通觀諸卜辭，而知田即上甲微，於是參事前疑卜辭中之匚乙匚丙匚丁即報乙、報丙、報丁者，至是亦得其證矣！又卜辭自上甲以降皆稱曰示，則參事謂卜辭之示壬、示癸即主壬、主癸，亦信而有徵。又觀卜辭王恆之祀與王亥同，太丁之祀與太乙、太甲同，孝己之祀與祖庚同，知商人兄弟無論長幼與已立未立，其名號典禮蓋無差別。於是卜辭中人物，其名與禮皆類先王而史無其人者，與夫父甲兄乙等名稱之浩繁求諸帝系而不可通者，至是亦理順冰釋。而《世本》、《史記》之爲實錄，且得於今日證之。又卜辭人名中有夒字，疑即帝嚳之名，又有土字，或亦相土之略。此二事雖未能遽定，然容有可證明之日，由是有商一代先公先王之名不見於卜辭者殆鮮。乃爲此考以質諸博士及參事，並使世人知殷契遺物之有裨於經史二學者有如斯也。」此稿成後，即以寄羅振玉，羅一見驚爲絕作，且爲證成上甲二字之釋，後先生於英人明義士所摹《殷契卜辭》二十九葉及第一百十八葉兩見田字，然則上甲兩字於卜辭中亦不鮮見呢！此考對殷代世系的考證多極精確，如證明王亥爲殷的先祖，謂天乙是大乙之誤，《史記·殷本紀》報丁、報乙、報丙之次，當爲報乙、報丙、報丁之誤，又從甲骨文和《楚辭》證明王亥的弟弟叫王恆，都確切不可易。

案：先生考證殷代先公先王，自王亥始，而當時研究的興趣，曾受到羅氏與內藤

虎次郎二人莫大的鼓勵。董作賓認為先生在「甲骨文字的初步研究上，能夠把王亥二字看作一個人名，把孫詒讓認為立字的，斷定是王字，這已是不容易了，王氏更把〈殷本紀〉訛為振字的，考定就是王亥，尤是令人驚奇。一個亥字，在許多古籍中，增加了偏旁，成為垓、該、胲、核，還算保存著原狀的一半，等到又從核訛為振，或訛為冰，就不容易找到原形了，王氏能細心對證，考定了卜辭中王亥，就是《史記・殷本紀》的振，確是難得。」（《甲骨學五十年》）羅氏既考定天乙就是卜辭中的大乙，先生又考定卜辭中的唐即湯，極其精確。許多的考定，至今九十餘年仍顛仆不破。董氏又說：「從一個振字，考證出是亥，是王亥，這算是王國維氏在甲骨學研究的程途中，最為驚人的表現。……王氏從《山海經》和《竹書紀年》中找到了王亥之名，與卜辭完全相合，證明了《山海經》雖是荒唐不經之書，《竹書紀年》也不為世所重，但其中記載的王亥，在卜辭中乃確有其人，可見古代傳說，存於周秦之間的，並不是絕無根據，這足以喚醒一般極端疑古人士好以神話解說古史者的迷夢了。」（〈五十年來考訂殷代世系的檢討〉）其言得之。

又案：先生考定夋即殷的高祖夒，也就是帝嚳，後之治甲骨學者多從之，門人吳其昌作〈三續考〉，又加以疏證，已成定說。但疑古史派則非之，楊寬就對先生說加以攻擊，他說：「王國維謂夋即帝俊，既而因證帝俊即帝嚳，乃又改釋為夔，謂與嚳音同，又與夋相近，究何所見而云然耶？王氏為學尚稱審慎，其末流乃舉古史上之問題，一一以卜辭穿鑿附會之，地下之新材料誠較紙上之舊史料為可貴，實物之史料誠較傳說之史料為可信，但考釋必須觀其會通，然後能增高新史料之價值，若任情附會穿鑿，其與偽造新史料，相去僅一間耳！」（《古史辨》第七冊）其言亦為一偏之見，蓋新出史料合於舊記載，為極可能之事，果如楊寬所言，則世間便無信史了。

此稿寫成後，即以寄羅振玉請其斧正，振玉讀之，驚爲曠世之作。四月六日（閏二月十五日）與先生書云：「昨日下午郵局送到大稿，燈下讀一過，忻快無似，弟自去冬病胃，悶損已數月，披覽來編，積痾若失。憶自卜辭初出洹陰，弟一見以爲奇寶，而考釋之事，未敢自任，研究十年，始稍稍能貫通；往者寫定考釋，尚未能自慊，固知繼我有作者必在先生，不謂捷悟遂至此也。上甲之釋，無可疑者。弟意田字即小篆之甲所從出，卜辭十外加口，固以示別，……秦陽陵虎符甲兵之字作甲，變甲爲口。……又田或作㽙者，弟以爲即上甲二字合文，……古文諸上字皆从一。篆文皆从二，二、古文上字。……」十一日又與書云：「前書與公論㽙即上甲二字合書，想公必謂然。今日補拓以前未選入之龜甲獸骨，得一骨上有㽙字，則竟作上田，爲之狂喜。已而檢書契後編，見卷下第四十二葉上甲字已有作㽙之者，又爲之失笑，不獨弟忽之，公亦忽之。……卜辭上字多作𠃊，……所以別於數名之二也。……田爲𠁣字之省，亦無可擬，不僅可爲弟前說之證，亦足證尊說之精確。至今隸甲字全與田同，但長其直畫，想公於此益信今隸源流之古矣！」（《觀堂集林》卷九）

四月初，以清明寒食節將臨，回鄉展墓。中旬又返上海，得羅書，爲之狂喜。先生說：「丁巳二月，參事聞余考卜辭中殷先公先王，索稿甚亟，既寫定，即以草稿寄之，復書兩通，爲余證成上甲二字之釋，第一札作於閏二月之望，第二札則二十日也。余適以展墓返浙，至滬讀此二書，開緘狂喜，亟錄附於後。」（同前）後先生於英人明義士所摹《殷契卜辭》第二十九葉及第一百十八葉兩見𠁣字，然則上甲二字於卜辭中亦不罕見。

四月中旬，撰〈殷卜辭中所見先公先王續考〉成。自序稱：「丁巳二月，余作〈殷卜辭中所見先公先王考〉，時所據者《鐵雲藏龜》及《殷虛書契前後編》諸書耳！踰月，得見英倫哈同氏戩壽堂所藏殷虛文字拓本凡八百紙，又踰月，上虞羅叔言參事以養痾來海上，行裝中有新拓之書契文字約十紙，余盡得見之二家拓本中，足以補證余前說者頗多。乃復寫爲一編，以質世之治古文及古史者。」（《觀堂集林》卷九）

案：抗父說：「自殷虛文字出土，瑞安孫仲容氏詒讓即就《鐵雲藏龜》考其文字，成《契文舉例》二卷；（書成於光緒甲辰，越十三年丁巳，羅君得其手稿印行。）

雖創獲無多，而殷虛文字之研究，實自此始。嗣是羅君之〈殷商貞卜文字考〉（宣統庚戌）、《殷虛書契考釋》（甲寅），《殷虛書契待問編》（丙辰），王君之戩壽堂所藏《殷虛文字考釋》（戊午），先後成書，其於殷人文字，蓋已十得五六。又羅書《考釋》一書。兼及書契中所見之人地名及制度典禮。王君復纂其業，成〈殷卜辭中所見先公先王考〉、〈續考〉及〈殷周制度論〉各一卷（丁巳），就經傳之舊文與新出之史料，為深邃綿密之研究，其於經史二學，裨益尤多。茲舉其重要者：商自成湯以前，絕無事實，《山海經》、《竹書紀年》、《楚辭・天問》、《呂氏春秋》中之古代傳說，於荒誕之神話中，求歷史之事實；更由甲骨斷片中，發見上甲以下六代之世系，與《史記》紀表頗殊，真古今所不能夢想者也。」先生生當司馬遷後二千餘年，反能訂正《史記》的訛誤並補其缺遺，不能不說是對古史研究上的一大貢獻，且《史記》的為實錄及其客觀價值之高，亦由有先生的研究得到證明和評價。

又案：甲骨文的研究，自先生而有一個劃時代的創獲，決定了甲骨文這項新史料在史學研究上的地位。使茫昧的殷商歷史，呈現一片光明，使後日繼起研究殷商歷史的人不得不以甲骨文為唯一可靠的史料。先生所著〈殷卜辭中所見先公先王考〉、〈殷卜辭中所見先公先王續考〉、〈殷周制度論〉、〈殷虛卜辭中所見地名考〉、〈殷禮徵文〉、

《古史新證》等，都是用甲骨文記載以證古史。案甲骨文和古金文的研究，雖在清末已發其端，而利用這類考古學上的新材料，參考舊文獻的記載，以比較研究殷周歷史的真相，則自先生啟之。至民國二十一年六月，先生門人吳其昌撰〈卜辭所見殷先公先王三續考〉，意在繼先生之業。他說：「民國五年，……上虞羅叔言先生著《殷虛書契前後編考釋》，先師王先生國維著《戩壽堂殷虛文字考釋》，而先師之創獲新知，尤為卓絕百世。其最著者，如于《山海經》、《竹書紀年》、《世本》、《楚辭》、《呂覽》、〈殷本紀〉、〈三代世表〉、〈古今人表〉，紉綴通貫，而已佚先公王亥之史實，得起骸骨而重新。又日本內藤湖南先生（虎次郎）復增益之，而作〈王亥〉二篇。先師復感內藤之意，且創獲益豐。於是成〈殷卜辭中所見先公先王考〉，越一月，又作〈殷卜辭中所見先公先王續考〉。此二文成，而洹郼一代先公先王之史實文獻，鉤沈汲斷，彰著明白，無遺憾矣！然自先師此二文成後，迄今又十有五年，地不愛寶，卜辭所出愈多，即先師所及見之前後編等書中，為先師所遺佚未發者，亦復不少，經典群籍之史料，可以與卜辭旁證互發者亦未盡，而未聞有繼先師之志而賡業者，此庸非弟子輩之責歟？」又說：「先師考定王恆故事，詳悉靡遺，且亦知王亥之『亥』有時亦誤作鮌（《太平御覽》引《世本‧作篇》。）然尚不知亥字有時又誤作眩，而《楚辭‧天問》

『眩弟並淫』以下一節，正記王亥、王恆兄弟並淫仇殺之事，此又先師所未及知者。」其𠮓之〈三續考〉足以補先生缺遺。有云：「有龜契與經典傳說，密合妙符，而為先師所未及勘者。有龜契所著先公之名，經典固早已遺佚，而且為先師所未補出者。有經典中殷先公先王名號，先師等以為絕不見於龜契，今由審諦勘得其碻，而為千載積誤冰釋者。有先公先王名號經典與龜契違異，已經先師勘定為一，而未諗其故，今參稽金文群籍而得其碻解者。有殷代史獻故實，已經先師考定其果而未詳其因。今綜覈故籍金文，可以解霧惑而彌遺憾者。然而無先師則決不致此，則此區區卷幅，縱令亦有堅碻不易之處，亦胥沐先師之遺澤而已！」（《燕京學報》第十四期）乃誠摯之言。

屈萬里說：「甲骨文字雖然發現於清光緒二十五年，而用它來證史則始於王國維。自從王國維作了〈殷卜辭中所見先公先生王考〉和〈續考〉以後，研究甲骨文的學者，在討論殷史方面，已得到了不少的成績。」又稱道先生這兩篇文章，「證實了殷先公自上甲以下的次序，是報乙、報丙、報丁，而不是像《史記》和《漢書》人表的次序——報丁、報乙、報丙，他證實了殷中宗是祖乙而不是太戊。也證實了祖乙是中丁的兒子而不是河亶甲的兒子。另外，關於殷代帝王的世系，《史記．殷本紀》和《漢書》人表不合的地方，都證實了是《漢書》人表之誤。他固然糾正了《史記．殷本紀》

不少的錯誤，可也證實了〈殷本紀〉所記殷代帝王的世系大致正確可信。這告訴人對於《史記》所記的古史，固然不能全盤相信，但也使善疑的人們對於《史記》增加了不少的信心。利用甲骨文的材料，重建殷代的信史，王國維的這兩篇文章，無疑地是開山之作。」（〈中國傳統古史說之破壞和古代信史的重建〉）所言可謂天下之公論。

劉節《中國金石學》之〈緒言〉說：「在此數年中（一九一四—一九一七），王先生致力於殷墟書契最勤，先後成〈殷卜辭中所見先公先王考〉及〈續考〉各一卷，又據其研究所得成〈殷周制度論〉一卷，〈殷禮徵文〉一卷，計其所得皆能貫串經傳，發前人所未發，吾國上古史得王氏說而改觀矣！總之，殷虛書契之學，收集材料功在羅氏，至於考古史，王氏之力為多，後之作者莫不宗之也。」（《圖書季刊》一卷二期）

徐亮之說：「國維之大有造於現代學術者，為能史外求史。史外求史濫觴於宋歐陽修，修嘗纂《集古錄》，以為所得雖出荒林破塚間，往往可正史傳闕謬。……甲骨出土於清光緒二十五年，羅振玉嘗因王懿榮、劉鐵雲之藏以成《殷虛書契》及《考釋》二書，而國維復為〈殷卜辭中所見先公先王考、續考〉及〈殷周制度論〉，拂中天之雲翳，而祛萬古之疑團，其所造於修、振玉遠矣。」（《中國文人新論》）

四月，假羅振玉所藏海寧吳氏拜經樓舊藏嘉靖《海寧縣志》校光緒中重刻本一過，始知重

刻本乃出隆慶修改本，故視嘉靖本有詳略之不同。（《趙譜》）

時先生撰〈殷先公先王考〉，頗取資於《世本》，因據《史記索隱》所引，補《世本》佚文及宋衷注，爲孫馮翼輯本所未備者，共得十餘則。（《趙譜》）

是月，撰《古本竹書紀年輯校》成。自序說：「《汲冢竹書紀年》佚於兩宋之際，今本二卷，乃後人蒐輯，復雜采《史記》、《通鑑外紀》、《路史》諸書成之，非汲冢原書。然以世無別本，故三百年來學人治之甚勤，而臨海洪氏頤煊，棲霞郝氏懿行，閩縣林氏春溥三校本，尤爲雅馴。最後嘉定朱氏右曾，復專輯古書所引紀年，爲《汲冢紀年存真》二卷，顧其書傳世頗希，余前在上虞羅氏大雲書庫假讀之，獨犁然有當於心。丁巳二月，余復作〈殷先公先王考〉畢，思治此書，乃取《今本紀年》一一條其出處，注於書眉，既又假得朱氏輯本，病其尚未詳備，又所出諸書異同，亦未盡列。至其去取亦不能無得失，乃取朱書爲本，而以余所校注者補正之。凡增刪改正若干事，至於余讀此書有所考證，當別爲札記，將繼是而寫定焉！」

案：《古本竹書紀年輯校》收入《靜安遺書》，書前無自序，而此自序見之於《觀堂別集》卷四，未署年月。據周一平著《中西文化交匯與王國維學術成就》所附之〈著述年表〉，謂：「北京圖書館藏此書手稿，序署閏二月望。」為陽曆四月六日，今從之。

五月，撰《今本竹書紀年疏證》成。自序說：「……余治《竹書紀年》，既成《古本輯校》

一卷，復怪《今本紀年》爲後人蒐輯，其跡甚著。乃近三百年學者，疑之者固多，信之者亦且過半，乃復用惠、孫二家法，一一求其所出，始知今本所載殆無一不襲他書，其不見他書者，不過百分之一，又率空洞無事實，所增加者年月而已。且其所出，本非一源，古今雜陳，矛盾斯起，既有違異，乃生調停，紛糾之由，皆可剖析。夫事實既具他書，則此書爲無用，年月又多杜撰，則有說爲無徵，無用無徵，則廢此書可，又疏證者亦不作可也。然余懼後世復有陳逢衡輩爲紛紛也，故理而寫之，俾與《古本輯校》並行焉！」

案：梁啟超說：「關於此書《竹書紀年》的著述，據我所知道的，有徐位山（文靖）之《竹書紀年統箋》，有孫晴川（之騄）之《考定竹書紀年》，有董豐垣（豐桓）之《竹書紀年辨證》，有雷瞻叔（學淇）之《考訂竹書紀年》、《竹書紀年義證》，有洪鈞軒之《校正竹書紀年》，有武授堂（億）之《竹書紀年補注》，有郝蘭皋之《竹書紀年校正》，有陳逢衡之《竹書紀年箋證》，有朱亮甫（右曾）之《汲冢紀年存真》，有林鑑塘之《竹書紀年補證》，有董覺軒（沛）之《竹書紀年拾遺》，有王靜安（國維）之《古本竹書紀年輯校》、《今本竹書紀年疏證》。我所曾讀者，徐洪陳林王五家。徐氏《統箋》為治斯學之嚆矢，然書成於康熙間，考證學未興，故所箋駁雜無義法，徒為偽書助談。洪氏校正、林氏補證皆頗絜淨，而識斷尚欠精擇。陳氏《集證》積十年之功乃成，浩博詳贍，（書凡五十卷）卷首〈集說〉一篇，敘原來歷及前人批評，搜羅至博，足為治此學之最好資料。惟調停古今本，時復進退失據。王氏《輯校》、《疏證》二書最晚出，最謹嚴，但未及疏注，學者據王著以求汲冢真面目，據陳著以解釋此書內容，則這書可以全部弄明白了。」（《中國近三百年學術史》）蓋先生以古本為真，以今本為偽，《輯校》、《疏證》二書，其價值可以概見。

六月，輯英倫哈同氏所藏龜甲獸骨文字成，並寫《釋文》一卷附於書後。此乃代姬覺彌所作，由太隆羅詩氏序之，實先生代筆。內稱：「殷世書契文字出於河南安陽縣西北五里之小屯。其地在洹水南，《史記・項羽本紀》所謂洹水南殷虛上者也。光緒戊戌、己亥間，洹曲崖岸爲水所齧，土人得龜甲牛骨，上有古文字，估客攜至京師，爲福山王文敏公懿榮所得。庚子秋，文敏殉國難，其所藏歸丹徒劉鐵雲觀察鶚，而洹水之虛土人於農隙掘地，仍歲有得，亦多歸於劉氏，劉氏曾選拓千餘片，影印傳世，所謂《鐵雲藏龜》是也。嗣是洹曲所出多歸上虞羅叔言參事振玉，參事既印行《殷虛書契前編》八卷，《殷虛書契菁華》一卷，其《書契後編》二卷余亦介人乞得印行之，於是殷虛文字略備矣。余夙嗜古文字，與王、劉諸君具有同好，丙辰冬，得甲骨千片於海上，乃丹徒劉氏故物。其中見於《鐵雲藏龜》者十一二，而未見者十九八，乃復選其尤者影印，以傳於世，此編所輯，其數較羅氏書不過十之三，視劉氏書亦僅什之七，然如第一葉之第十片與《書契後編》上第十葉之第十四片，乃本一骨折爲二者，海寧王靜安徵君國維據此以定殷先公之世系。又如中宗祖乙、小祖乙等亦僅見此編中，其餘單文隻字足以補劉、羅二家書者，亦往往而有，雖區區數十葉書，其有裨於經史文字之學者要非淺鮮也。」(《學術叢編》)

案：先生此編為哈同妻羅迦陵編次，收錄其所取得之劉鶚藏龜千片，署名姬佛陀編，先生為之考釋，於先王先公祭祀、地名、方國、田獵、征伐，皆詳加考釋。先生研究卜辭，對古史的貢獻有三：一、考定殷之先公先王諸臣及諸侯，二、考定殷代制度典禮，三、考定古代民族及地理為後世治古史的人所取證。

又案：甲骨的綴合，始於先生的《戩壽堂殷虛文字考釋》。其第十版下云：「此片與《殷虛書契後編》卷上第八葉第十四片，文字體勢，大小全同。又二片斷痕，合之若符節，蓋一片折而為二也。」後先生在《古史新證》中即用此綴合片以考定殷之先公先王世系，為研究古史的一大發明。其後董作賓氏復綴合四斷片，文為「自上甲、大乙、大丁、大甲、大庚、大戊、中丁、且乙、且辛、且丁，十示率牡。」證明十示之義，是為王統的直系。先生前所考定中丁為大戊子，且乙為中丁子之說，由此綴合片，亦得證明。于是引起學者的興趣，每於零折的甲骨碎片求其可以綴合之跡，為治甲骨文的一新途徑，蓋以甲骨沈埋三千多年，其質脆弱，發掘不慎，便遭折損，若欲據卜辭以證古史，必須綜觀會通，所以綴合甲骨，恢復原狀，不失卜辭的完整性，然後方可收考據之功。

七月，爲友人張爾田序《玉溪生詩年譜會箋》。略云：「孟子之言詩也，曰：『說詩者不以文害辭，不以辭害志。以意逆志，是爲得之。』顧意逆在我，志在古人，果何修而能使我之所意不失古人之志乎？……誦其詩讀其書不知其人可乎？是以論其世也。……漢人傳詩皆用此法，故四家詩皆有序；序者，序其所以爲作者之意也。……及北海鄭君出，乃專用孟子之法以治詩，其於詩也，有譜有箋，譜也者，所以論古人之世也，箋也者所以逆古人之志也。……治古詩如是，治後世詩亦何獨不然。余讀吾友張君孟劬《玉溪生年譜》，而益信此法之不可易也。有唐一代，惟玉溪生詩詞旨最爲微晦，遺山論詩已有無人作鄭箋之歎。三百年來治之者近十家，蓋未嘗不以論世爲逆志之具。然唐自大中以後，史失其官，《武宗實錄》亦亡於五季，故新舊二書於會昌後事動多疏舛，後世注玉溪詩者，僅求之於二書，宜其於玉溪之志多所扞格也。君獨旁蒐遠紹，博采唐人文集說部及金石文字，以正劉、宋二書之失。宋次道之補亡，吳廷珍之糾繆，君殆兼之，而一寄於此譜，以古書例之，……君書則鄭君之譜及箋也。其所考定者，固質諸古而無疑，其未及論定者，亦將得其證於百世之下。……君嘗與余論浙東西學派，謂浙東自黎洲、季野、謝山以訖實齋，其學多長於史。浙西自亭林、定宇以及分流之皖魯諸派，其學多長於經。浙東博通，其失也疏，浙西專精，其失也固。君之學固自浙西入，而漸漬於浙東者。故曩爲《史微》，以史法治經子二學，四通六闢，多發前人所未發，及爲此書，則又旁疏曲證，至孅至悉。而孰知其所用者，仍先秦兩漢治經之家法也。……」（《觀堂集林》卷二十三）

案：〈張君孟劬別傳〉說：「《玉溪生年譜》四卷，辨正兩《唐書》，旁蒐雜史、文集，意在著明武、宣兩朝史事之幽隱者，于是玉溪生之詩，皆犁然有指證，補從來注家之所未及，嘗以示江陰繆荃孫，嘆為才大心微。」庶乎近之。

月之中旬，胡適自美國返國，先到上海，住了十二天，專去調查上海的出版界。不料這幾年來竟沒有出過一部哲學書。「文學書內，只有一部王國維的《宋元戲曲史》是很好的。」（《胡適之先生年譜長編初稿》第一冊）胡氏十分感歎。

是月，同邑管元耀振之爲先生鈔得周廣業（耕崖）《寧志餘聞》，及周春（松靄）《海昌勝覽》二書至。《趙譜》說：「案：先生是年既校嘉靖蔡（完）志原本於重刻本上，又於四明盧氏抱經樓散出書中購得康熙許（三禮）志，今又鈔得二周氏之書，而戰氏（效曾）州志，錢氏（泰吉）《備志》亦同時假至。於是吾鄉舊志爲先生所未見者僅趙氏（維寰）之《寧志備考》，談氏（孺木）之《海昌外志》及金氏（鰲）之《海寧縣志》而已！時邑人方擬創修邑志，僉以主撰須請先生任之，先生以事繁無暇他及卻之。原先生以錢氏《備志》搜輯最備，而體例亦最善！後之作者，即纂修近百年間事蹟以續備志可矣，似不必多所更張，此意與修史諸公相左，今州志稿已印成，惟藝文志尚詳該，其他各門均未能饜人意，亦由是故也。」

九月一日，先生與羅振玉信，報告近日改撰殷周制度異同之事。書云：「前日擬作〈三代地理小記〉，既而動筆，思想又變，改論周制與殷制異同：一、嫡庶之制，二、宗法與服術，三、分封子弟之制，四、定天子諸侯君臣之分，五、婚姻姓氏之制，六、廟制。此六者，皆至周而始有定制，皆周之所以治天下之術，而其本原則在德治。雖係空論，然皆依據最確之材料。」並謂本月中可以寫定。（《書信集》頁二一〇）

九月，撰〈殷周制度論〉一篇，文長萬餘言。先生以古器物古文字來證史，而卜辭簡略，不易了解，先生乃能於殷之先公先王一一鉤稽而出。此外，又考定殷以前的典禮制度，可徵實而推知者有五：一、殷以前天子諸侯君臣之分未定，當虞夏時，殷的先世已稱王。二、殷人兄弟無貴賤之分，嫡庶之別。故殷人祀其先王，兄弟同禮。三、商之諸帝，以弟繼兄，但後其父而不後其兄。凡一帝之子，無嫡庶長幼皆爲未來之儲貳，故商自開國之初，即無封建子弟爲諸侯的制度。四、殷商以前無女姓之制。據甲骨文，帝王之妣與母皆以日名，與先王同，稱爲妣甲，妣乙。五、殷人祀典，無親疏之殊，無尊卑之差，先公先王先妣，在位者與不在位者皆有專祭，其合祭亦無定制。周代制度與商不同，先生並推論周代立制之源，及文武周公所以治天下之精義。先生說：「周人制度之大異於商者，一曰立子立嫡之制，由是而生宗法及喪服之制，並由是而有封建子弟之制，君天子臣諸侯之制。二曰廟數之制，三曰同姓不婚之制。……其旨則在納上下於道德，而合天子諸侯卿大夫士庶民而成一道德之團體。」又說：「故有立子之制而君位定，有封建子弟之制而異姓之勢弱，天子之位尊。有嫡庶之制於是有宗法，有服術，而自國以至天下合爲一家。有卿大夫不世之制，而賢才得以進。有同姓不婚之制，而男女之別嚴。且異姓之國，非宗法之所能統者，以婚媾甥舅之誼通之。……周人一統之策，實存於是。」又說：「周之制度典禮，乃道德之器械，而尊尊、親親、賢賢、男女有別四者之結體也。」全篇根據事實，發前人所未發，其與另一篇論文〈殷禮徵文〉，對於殷商制度的探源和殷周制度的異同，均能發千古之秘。凡治古代史者，都應取資於此。（《觀堂集林》卷十）

案：抗父說：「王君之〈殷周制度論〉，從殷之祀典世系，以證嫡庶之制始於周之初葉，由是對周之宗法、喪服及封子弟、尊王室之制，為有系統之說明。其書雖寥寥二十葉，實近世經史二學上第一篇大文字，此皆殷虛文字研究之結果也。」（東方文庫《考古學零簡》）趙萬里也說：「案此篇雖寥寥不過十數葉，實為近世經史二學第一篇大文字。蓋先生據甲骨及吉金文字，兼以《詩》、《書》、《禮》參之，以證殷之祀典及傳統之制，均與有周大異。而嫡庶之別即起於周之初葉，周以前無有也。復由是於周之宗法、喪服及封子弟、尊王室之制為具體之解說，義據精深，方法縝密，極考據家之能事。殆視為先生研究古文字學及古史學之歸納的結論可也。」（《趙譜》）皆為不易之論。又先生論殷周間的大變革說：「殷周間之大變革，自其表言之，不過一姓一家之典亡，與都邑之移轉；自其裡言之，則舊制度廢而新制度興，舊文化廢而新文化興。又自其表言之，則古聖人之所以收天下及所以守之者，若無以異於後世之帝王。而自其裡言之，則其制度文物與其立制之本意，乃出於萬世治安之大計，其心術與規摹，迥非後世帝王所能夢見也。」蓋立子立嫡為我三千多年來帝王傳襲的不替之法，而同姓的不得婚配，上自帝王，下至庶民，都要遵守，不僅關係我中華民族的健康，更對我民族血統的融合大有幫助。先生以甲骨吉金文字為研究的根據，參以《詩》、《書》、《禮記》的記載，義據精深，方法精湛慎密，被譽為文化史上的一篇大文字。（〈殷虛甲骨文之發現及其著錄與研究〉）

又案：先生用二重證法研究甲骨文和舊文獻記載，而寫成此一深具影響力的論文。先生認為殷以前的帝王宅京皆在東方，只有周獨崛起於西土。接著先生門人徐中舒即作〈從古書中推測之殷周民族〉一文，以為「由載籍及古文字說明殷周非同種民族，約有四證：一曰、由周人稱殷為戎證之，……二曰、由周人稱殷為夷證之，……三曰、由殷周域內之地稱夷者證之，……四曰、由箕子遜於朝鮮證之。……綜此四證觀之，周人之視殷人為東方異族明矣。……」這個結論，對於古代民族史的研究確是個重大的啟發。等到傅斯年氏發表〈夷夏東西說〉，更鋪張古代民族有東西二系之說，不僅以為周興於西土，連夏也是興於西土的，只有殷是興於東方，從祖先神話證明殷與東北民族同出一源。傅文一出，給予古史學界的影響更大。從此，古代民族有東西二系的說法，幾乎已成為定論了。（《當代中國史學》）先生這篇論文，雖為一概論性質的東西，但可視為先生研究古史的一項結論，日本內籐虎次郎、貝塚茂樹、加藤常賢等人都曾有文介紹批評。〈殷周制度論〉可分三部分，一、討論古代中國東方與西方文化具有地域性的差異，可為序論；二、討論殷周在時間上具有先後兩個王朝的文化差異，可為本論；三、討論制作周代禮樂的文化英雄周公的貢獻，可為結論。後日的論殷周歷史文化者，莫不以先生的論點為前提。其中第一二部分，常不可分，因為文化異同的問題常與民族異同的問題相關聯。除上舉傅斯年、徐中舒二人論文外，陳夢家和梁思永都主張文化有東西二系統說，梁確定彩陶文化為西方系統，黑陶文化為東方系統。凡此都是就先生論文的觀點而引申的。

七月，撰〈唐韻別考〉成，九月，撰〈韻學餘說〉成。此二文後改訂入《觀堂集林》卷八，分爲〈五聲說〉、〈六朝人韻書分部說〉、〈書巴黎國民圖書館所藏唐寫本切韻後〉、〈書吳縣蔣氏藏唐寫本唐韻後〉、〈書小徐說文解字篆韻譜後〉、〈書古文四聲韻後〉、〈唐諸家切韻考〉、〈李舟切韻考〉、〈唐時韻書部次先後表〉、〈唐廣韻宋雍熙廣韻考〉、〈天寶韻英陳庭堅韻英張戩考聲切韻武玄之韻銓分部考〉、〈書金王文郁新刊韻略張天錫草書韻會後〉等十二篇。

案：《趙譜》說：「案先生於本年春致膠州柯鳳蓀學士書，有云：『近年講求古韻，始歎此學至王右臞、江晉三已極完密，惟維則謂戴孔兩君，所謂陽聲皆有平，無上去入，此說段君《六書音韻》已微發之，因欲將古韻與《說文》偏旁及《唐韻》平仄證明此事，然倉卒不易成書。又久思繼錢竹汀、陳蘭浦諸老之業，為古雙聲古字母之學，然為人事所間、亦未能着手』云云。至是先生始申段君之說，為〈五聲說〉一文。其言曰：『古音陽聲自為一類，有平而無上去入，今韻於此類之字讀為上去者，皆平聲之音變，而此類之平聲又與陰類之平聲性質絕異，故此陽聲一與陰聲平上去入四，乃三代秦漢間之五聲，此說本諸音理，徵諸周秦漢初人之用韻，求諸文字之形聲，無不吻合。』先生並舉三大證以明之，是其說幾於論定矣。至先生古字母之研究，雖迄未成書，然其方法已於壬戌冬致北京大學研究所國學門主任沈兼士書中已詳言之矣。今迻錄於左：

『一字之音，有母有韻。古韻之學創於宋人，至近世而極盛。古字母之學創於嘉定錢氏，同時休寧戴氏亦作《轉語》二十章，而其書不傳，其流亦微。惟番禺陳氏作《切韻考》，始據《廣韻》中反切，以求中古字母之系統，其所得與等韻家之三十六字母不同，至於古音中之字母，則尚未有論其全體者，此亦音韻學上之一闕點也。此問題不待說明，所當說者材料與方法耳！今舉其要，約有五端。一、經傳異文，如《尚書》古今文、《春秋》三傳，實同名異，往往遇之，漢儒注中，某讀為某，亦其類也。二、漢人音讀，古注中某讀如某，某讀若某是也。三、音訓，如仁人、義宜之類，《釋名》一書，所用以相釋者，什八九皆同母字也。四、雙聲字，如玄黃、觱發、栗烈之類，皆同母字也。五、反切，孫炎以下，至於徐邈、李軌之音，見古書注及《經典釋文》者是也。茍以此數者參互相求，但順材以求合，而不為合以驗材，仿顧氏《唐韻正》之例，勒為一書，庶幾古字母部目，或睹其全，不讓古韻之學專美歟！』」（《國學季刊》第一卷第三號）

九月，成《兩周金石文韻讀》一卷，刊入《學術叢編》第二集。自序說：「自漢以後，學術之盛無過於近三百年，此三百年中經學史學皆足陵駕前代，然其尤卓絕者則在小學，小學之中，如高郵王氏、棲霞郝氏之於訓詁，歙縣程氏之於名物，金壇段氏之於《說文》，皆足以上掩前哲。然其尤卓絕者，則爲韻學。古韻之學，自崑山顧氏，而婺源江氏，而休寧戴氏，而金壇段氏，而曲阜孔氏，而高郵王氏，而歙縣江氏，作者不過七人，然古音二十二部之目，遂令後世無可增損，故訓詁名物文字之學，有待於後人者尚多，至古韻之學，則謂之前無古人後無來者可也。原斯學所以能完密至此者，以其材料不過群經諸子及漢魏有韻之文，其方法皆因乎古人用韻之自然，而不容以後說私意參乎其間。……余比年讀三百篇，竊歎言韻至王江二氏，殆毫髮無遺憾，音分陰陽二類，當從戴孔。而陽類有平無上去入，當從段氏。前哲所言，固已包舉靡遺，因不復有所論述，惟前哲言韻皆以詩三百五篇爲主，余更蒐周世韻語，見於金石文字者得數十篇，中有杞鄫許邾徐楚諸國之文，出商魯二頌及十五國風之外，其時亦上起宗周，下迄戰國，亙五六百年，然其用韻，與三百篇無乎不合，故即王江二家部目譜而讀之，雖金石文字用韻無多，不足以見古韻之全，然足證近世古韻學之精密，自其可徵者言之，其符合固已如斯矣！」

案：此序先生後有改訂，載入《觀堂集林》卷八，稍有更易，然大意不外乎此。古韻之學，至清代王念孫、江有誥諸人而極密，但沒有兼及于金石文字的，故先生以此補之，凡金識三十有七，石文一，然尚有遺漏的，如姬𩰫鼎；亦有新出土而未及收

入的，如秦公敦。此亦在所難免。（〈王國維先生考古學上之貢獻〉）

又案：徐中舒撰〈靜安先生與古文字學〉中說：「先生對於古韻的主張，在音理方面主張古音有五聲，五聲就是『陽類一、與陰類之平上去入四，是也。』先生說：『陽聲自為一類，有平而無上去入。今韻於此類之字，讀為上去，皆平聲之音變。而此類之平聲，又與陰類之平聲性質絕異。如謂陰類之平為平聲，則此類不可不別立一名，陽聲一與陰聲平上去入四，乃三代秦漢間之五聲。此說本諸音理，徵諸周秦漢初人用韻，求諸文字之形聲，無不吻合。……故五聲者以古意言之也。宋齊以後四聲說行，而五聲說微。然周顒、沈約等撰韻書者，非不知有五聲。約〈答陸厥書〉曰：「宮商之聲有五，文字之別累萬，以累萬之繁，配五聲之約」云云。約知有五聲而作《四聲譜》者，以《四聲譜》為屬文而作，本非韻書。且其時陽類已顯分三聲，與陰類三聲及入聲而七。用之詩文則陰陽可以互易，而平仄不能相貿，故合陰陽兩類而為四聲。四聲者，就今音言之也。且五聲專以聲言，四聲乃以聲音之連用於詩文言。隋唐後編韻書者，亦本為詩文而作，遂從沈譜，并陰陽為一類。然一有入，一無入，後世猶得由之以知其族類性質之不同。……余之五聲說，及陽聲無上去入說，不過錯綜戴孔段王江五家之說，而得其會通，無絲毫獨見參於其間。而證之事實則如彼，求之諸家之說又如此，陽聲之無上去入，雖視為定論可也。』（《觀堂集林》卷八〈五聲說〉）先生在應用方面主張王念孫與江有誥的古韻二十二部說。……王氏及江氏韻目皆二十一部，而此云二十二部者，王氏於脂部中分出至質為一部，而江氏不分，江氏從孔廣森說分東冬為二部，而王氏不分，今於王氏部目中分東冬為二，於江氏韻目中分脂至為二，就都成為二十二部了。江氏的韻書，先生曾擇其重要者刊入《學術叢編》內。王氏古韻二十一部說，《經義述聞》中僅載其部目。先生曾就段玉裁的《六書音韻表》、嚴可均的《說文聲類》二書，用王氏的韻目。加以整理，期欲寫定王氏韻部一書。屬稿未成，先生晚年舉以付之余君紹孟，囑為繼續整理。先生當時並說：『今人有古韻二十八部之說，余雖未見其為書如何，但以文字的形聲，與三代秦漢人的用韻推之，古韻部似不應有如許之多。王氏二十一部說，實為言古韻者準繩，不可更易。』（先生此時未提及江氏）今案：治古韻學當以文字的聲類，及三代秦漢的韻文為根據，齊梁以後的韻書，僅可作為參考之用。先生說：「其材料不過群經諸子，及漢魏有韻之文，其方法則皆因乎古人用韻之自然，而不容以後說、私意，參乎共間。」（〈周代金石文韻讀序〉）這真是治古韻所應當堅持的態度。今人乃用齊梁以後的《廣韻》定古韻的韻部，這種古韻部，在數目上雖然可以說精密了，但是實際上反不及王氏、江氏二十二部說，猶能得古韻的真相。又周予同撰〈追悼一個文字學的革命者——王靜安先生〉則提出疑問。他說：「在音韻方面，因靜安先生對於近代發音學沒有什麼研究，所以他研究的材料僅限於《切韻》、《唐韻》、《廣韻》等韻書和有清一代古韻學家的著作，因之比較沒有創見。他的〈周代金石文韻讀序〉一文，很可以表見他的態度和意見。……其實，他的話很有商榷的餘地，就他的意見，似乎韻學的古韻，一部分幾乎已有定論，無復研究的可能，實則問題繁複，隨舉都是。例如：一、王江古韻廿二部與近人黃侃古韻廿八部的是非問題，二、周秦古韻與漢代古韻的異同問題，三、古韻的發音問題。都值得我們的鑽研，不能遽說『後世無可增損』或『前哲所言已包舉靡遺』，這些話不過表示他對於古韻學的無創見而已！」先生既以王、江二家二十二部之目，殆成定論，故不再從事探討。然章太炎、黃侃又有二十三部及二十八部之分，確較精密，在古音韻學上，先生實無太大創見。周予同認為勉強可說是有創獲的或者是〈五聲說〉——陽類一與陰類的平上去入四。周氏說：「近代文字學者對於四聲的遞變，普通以為：古音只有平入，到了魏晉之際才發生四聲，陰陽聲的分類，雖然自古已然，但當陰類之平演化為上去的時候，陽類之平也同時演化。靜安先生反對這種說法，他以為古音陽聲自為一類，與陰聲的平上去入四聲合為五聲。他的〈五聲說〉

說：「余則謂陽聲自為一類，有平而無上去入。今韻於此類之字讀為上去者，皆平聲之音變。而此類之平聲，又與陰聲之平聲性質絕異。如謂陰聲之平為平聲，則此類不可不別立一名。陽聲一與陰聲平上去入四，乃三代秦漢間之五聲。……故五聲者，以古音言之也。宋齊以後，四聲說行而五聲說微。」這五聲說固不失為有價值的假說，但究竟能否成立，在現在還在存疑之列。因為：第一、古音『韻』與『紐』都非常簡單，當時能否有比現代四聲還繁密的五聲，的確是個疑問。第二、陰陽聲的不同，不過韻尾附聲與否之別，陰聲既可演化上去，那末，陽聲之演化上去，也未見其不可能。第三、四聲的本質，在發音學上還沒有明確的說明，那末，根本上無論四聲五聲七聲，都還須加以精密的研究。總之，這五聲說無論成立與否，卻很值得繼承王氏學術的人之繼續研究。」（《文學周報》五卷一期）然先生平日並不自滿足於自己所創獲的，仍時時研究以益新知。據朱芳圃所說：「先師燕居時，與同門談及五聲之說，自言尚有須修改處，則是說已非其晚年定論，學者分別觀之可也。」（《王靜安的貢獻》），足以見之。

九月，友人孫德謙以所撰《漢書藝文志舉例》請為之序，先生以三疑資之。序略云：「丙辰春，余自日本歸上海，居松江之湄，閉戶讀書，自病孤陋，所從論學者，除一二老輩外，同輩惟舊友錢唐張君孟劬，又從孟劬交元和孫君益庵，所居距余居半里而近，故時相過從。二君爲學，皆得法於會稽章實齋先生，讀書綜大略，不爲章句破碎之學。孟劬有《史微》，益庵有《諸子通考》，既藉甚學者間。丁巳秋，益庵復出所撰《漢書藝文志舉例》，索予一言，余謂益庵之書精矣，密矣，其示後人以史法者備矣！……竊歎世之善讀書者，殆未有過於益庵者也。顧曩讀〈漢志〉，有未達者數事，……班志全用七略，即以中秘書目爲國史書目，然中秘之書亦有不入〈漢志〉者，如六藝類《尚書》、《禮》、《春秋》、《論語》、《孝經》皆有古文經，惟《易》無古文經。然志言劉向以中秘古文《易經》校施孟梁邱經，……是中書確有《易》古文經，而志僅錄施孟梁邱三家經各十二篇，與《書》、《禮》、《春秋》異例，此未逑者一也。又〈別錄〉《七略》頗有異同，志稱劉向校書，每一書已，輒條其篇目，錄而奏之。……所謂〈別錄〉是也。其略出之目，乃謂之略，是錄與略本不應有異同，錄、略與〈漢志〉亦不應有異同。乃別錄稱《禮記》四十九篇，又稱古文記二百四篇，而志但著錄記百三十一篇。……又王逸〈楚辭章句序〉云：劉向典校經書，分《楚辭》爲十六卷，……乃〈漢志〉無《楚辭》。……此未達者二也。據此書所舉出入及省二例，知班志於劉略稍有增損。然班氏所見《七略》未錄之書，……如〈律曆志〉之劉歆《鐘律書》及《三統曆》，……〈五行志〉之劉歆《洪範五行傳》，皆班氏修書時所據者也。叔孫通《漢儀》十一篇，又班氏所上者也，既有新入之例，而此諸書獨不入，此未達者三也。此三疑者，蓋久蓄於余心，求之此書所舉例中，亦未得其說，既讀此書，爰舉以相質，以益庵之善於讀書，必有以發千載之覆也。」(《觀堂別集》卷四)

案：錢基博著《現代中國文學史》載〈孫德謙傳〉稱：「少而從事聲音訓詁，好高郵王氏之學，久之，病其破碎，遂有事於會稽之學，以上溯班書〈六略〉，旁逮周季諸子，考其源流，觀其會通，成《諸子要略》五十篇。而目錄家言：三十以前，即有偏嗜，班書〈六略〉、《隋志》四部，時用鉤稽，徒見世之講版本者，得宋、元以矜奇秘，而於書之義理，則非所知；又斷斷在字句之間，以為劉氏向、歆之所長，祇此瑣瑣辨訂，未克條其篇目，撮其指歸，於是纂《漢書藝文志舉例》、《劉向校讎學纂微》兩書。」先生對舉例一書所提的三疑，是值得探究的。

是月，三女松明生。

十月二十六日(九月十一日)，跋魏毌邱儉紀功刻石殘卷，此日本友人內藤虎次郎所贈。(《觀堂遺墨》卷上)

是月，跋江氏《音學》。清代古音韻學者除王念孫外，歙縣江有誥爲另一大家，先生甚推崇之。跋稱：「余曩讀段懋堂先生《經韻樓集》，見有〈江氏音學序〉及〈與江晉三論韻書〉，知嘉道間言古音韻者，有歙縣江氏一家。客遊南北，求江氏書未得也。丙辰春，始於嘉興沈氏海日樓見之，乃咸豐壬子重刊本，其已刊者爲《詩經韻讀》、《群經韻讀》、《楚辭韻讀》、《先秦韻讀》、《唐韻四聲正》、《諧聲表》、《入聲表》、《等韻叢說》凡八種。而《隸書糾繆》一種，則重刊時所附也。亟假歸讀之，並取其〈敘錄〉及《諧聲表》、《入聲表》、《唐韻四聲正》四種先後刊入《學術叢編》。校理未竟，乃兩見原刊本於滬肆，亟購致之，自留其一，以其一寄羅叔言參事於海外。……江君古韻分部，與高郵王懷祖先生尤近，去入之祭與入聲之葉、緝各自爲部，全與王君同。惟王君於脂部中分出至質爲一部，而江君不分，江君從曲阜孔氏說，分東、冬爲二部，而王君不分，故兩家韻目皆二十一部。王君於古韻亦有專書，成書略與段君同時，其所定部目，當乾隆己亥，已與段君言之，然其書迄未刊布。至其子伯申尙書撰《經義述聞》，始載懷祖先生〈與李許齋方伯書〉及〈古韻二十一部目〉。《述聞》成於嘉慶二十一年，次年盧氏宣旬刊之南昌，而江君書成於嘉慶十七年，刊於十九年，反在王君之前。王君於道光四年三月復江君書，始以所撰〈與李方伯書〉及〈古韻目〉詒之，是江君以前未聞王說，而兩家所造若合符節，尤其脂、祭之分合於戴氏，屋、沃之分合於孔氏，其時亦未見戴、孔二家書也。……當戴東原與江愼修撰《古韻標準》，在乾隆一、二十年間，至丁亥（三十二年）而段君之《六書音韻表》成，載君因之於癸巳（三十七年）分古音爲七類，於丙申（四十一年）更分爲九類，孔氏《詩聲類》即繼之而出，王君著書與載、段同時，而其書未布。江君生諸老後，其於諸家之書有見有不見，而其說多與之闇合，或加精焉！前後數十年間，古韻之學，遂以大成。」（《觀堂集林》卷八）先生於清代古音韻學最佩服王念孫、江有誥，謂爲前無古人，故跋語中極爲推崇。

秋，撰〈商三句兵跋〉，收入《永觀堂海內外雜文》內，又刊在《學術叢編》第二十三、四兩冊中。姚名達說：「靜安先生稟二百載樸學昌盛之業，值三十年史料出現之富，其所著作，皆有發明，考證至此，極矣！然對於新出史料，或昧於出土確地，如商三句兵，初以爲出於保定清苑之南鄉，有跋著在《觀堂集林》，嗣又手批云：『後知此三器本出易州。』不知其所據者何人之言？而竟因此斷爲『殷時北方侯國之器。』『商之文化時已沾溉北土。』又謂：『蓋商自侯冥治河，已徙居河北，遠至易水左右，……則今保定（後改易州）有殷人遺器，固不足怪。』先生蓋已深信其說之不謬矣！然以吾聞之陸詠沂教授，則此三器實出陝西，陝西商人其攜之至保定。北京延古齋肆主陳養餘君得之，以轉售於羅叔言參事，先生又見之於參事許，蓋已見聞授受，至五六次，真相漸昧矣。陳君昨年親語教授，此器斷非保定易州出。教授亦曾以告先生，先生未置可否。此案雖難遽定，然恆農徒隸諸磚，始以爲出自靈寶，繼知確出孟津，參事已自言之，則史料的出土之確地，固不易知。讀先生文者，幸留意焉！」（〈友座私語〉）

案：藍文徵先生見告，姚名達君所記此段不確，本應刪去。俟奉藍先生手書並案語，云：「文徵案：姚名達輕信陸懋德教授之言，謂王先生昧于三句兵出土確地者，

實甚誤。徵與陸氏在西北大學同事甚久，彼性好詼諧，信口雌黃，嘗語徵云：『三句兵實在陝西出土』，徵詰之云：『你既謂三句兵出自陝西，為什麼你編的《中國上古史講義》偏說它出土易州？豈非故意自相矛盾？』彼赧顏語塞，此其一。據《夢郼草堂吉金圖》及王先生〈三句兵跋〉：此三器一銘多祖、一銘多父、一銘多兄，甲骨文中亦屢刻多父（林泰輔《龜甲獸骨文字》卷一第五頁及第十一頁，羅氏《殷虛書契前編》卷一第四十六頁及《後編》第廿五頁，《戩壽堂甲骨文字》第七頁。），可見其為殷郼風俗，而陝西出土銅器，則無多父之事，此其二。殷之方國，見于甲骨文者，有：邶、齊、雇（顧）、曹、晏（燕）、冀等，皆在易州之四周，可見易亦殷地，或其方國之地，故其文化同于殷，此其三。羅氏對金石之搜求鑑定，極內行，購三句兵時，不至為賈人所欺，更不至轉欺王先生，此其四。綜上四端，可見陸氏故意妄言，以給姚君。愚意可將此段刪去。」藍先生盛意甚可感，德毅所以未遵照刪去者，一則以藍先生案語誠精審，不忍割捨；二則足見靜安先生考證古器物之精審，決非淺學寡識之士所能企及的。讀先生書者，幸不為亂言所欺。

是秋，日本友人內藤虎次郎及富岡謙藏來上海，先生介富岡與徐迺昌相見。致徐信說：「頃有日本友人富岡君撝（名謙藏，日本京都大學講師）游歷來滬，夙聞收藏之富，擬詣前一觀。

富岡君於古鏡甚有研究，所收藏亦不少，擬盡覽尊藏古鏡，其餘金石古籍亦所篤嗜，亟請檢示便於檢尋者若干件，叔言參事有示介紹，附呈左右，如蒙允諾，請示一日期，當偕富岡君造謁。……」（《觀堂遺墨》卷下）

十一月十五日（十月一日），先生送日友內藤虎次郎北歸，爲賦長篇。序題說：「湖南先生北遊赤縣，自齊魯南來，訪余海上，出贈唐寫《古文尚書》殘卷景本，賦詩志謝，並送其北行。」詩有云：「安期先生來何許，赤松洪崖爲伴侶。……翻然游戲始齊魯，陟登泰山睨梁父。摩挲秦碑溯三五，上有無懷所封土。七十二王文字古，横厲泗水拜尼甫。……南下彭城過梁楚，飆輪直邸黃歇浦。同車陋卷叩蓬戶，袖中一卷鉅如股。尚書源出晉秘府，天寶改字笑莽鹵。……送君西行極漢滸，游目洞庭見娥女。北轅易水修且阻，困民之國因殷土。商侯治河此胥宇，灑沈澹災功微禹，王亥嗣作殷高祖，服牛千載德施普。擊床何怒逢牧豎，河伯終爲上甲輔。中興大業邁乘杜，三十六葉承天序。有易不寧終安補，我讓天問識其語，竹書讕言付一炬，多君前後相訮許。太邱淪鼎一朝舉，君今渡河絕漳滏，眼見殷氏常黼冔，歸去便將闕史補。」（《王忠慤公遺墨》）

十一月，彙集近數年間所爲文字，得五十七篇，分爲二卷，署名《永觀堂海內外雜文》。先生初號禮堂，其號觀堂或即自此時起。（《趙譜》）

十二月，據《唐語林》以校《封氏聞見記》，補第七卷北方白虹及西風則雨二則，並訂正誤奪處若干字。（《趙譜》）

王觀堂先生年譜卷中之二

民國七年（一九一八）戊午　四十二歲

元月一日（丁巳十一月十八日），先生與羅振玉書，言及蔣汝藻原先所請之吳縣曹元忠在過去之一年中未成隻字，難以續任，先生思欲取而代之。書云：「永意俟明年哈園事揭曉，當可與益庵謀之。好在我輩做事不肯素餐。」另又提到北京大學延聘之事，一時尚難以決定。據稱：「北學之事，若詢之寐叟，必勸永行。然我輩乃永抱悲觀者，則殊覺無謂也。」次日晨，遂往訪沈曾植長談，沈氏勸先生可允北學之事，並謂可乘此機會北行，做二月勾留。果然不出先生所料。（《書信集》頁二三四至二三五）

元月，校錄日本古寫本及敦煌唐寫本《尚書孔傳》於別紙，並據以校薛季宣撰《書古文訓》，知薛本與真本隸古定《尚書》文字，實有很大的懸殊。（《趙譜》）

元月二十一日（丁巳十二月初九日），以影宋李孟傳刊本《方言》（盛意園舊藏），校盧氏抱經堂本，方知盧氏所說的李本，實與今日所見的李本不同，或者盧氏所引的不是李氏原刊。

二月一日，又覆校一過。並以釋玄應、慧琳兩人《一切經音義》所引《方言》細勘之，因訂正今本訛奪處十多個。又將原本《玉篇》、《文選注》、《太平御覽》等書所引《方言》，校於眉端，並跋於後。（《趙譜》，〈批校書目〉）先生與羅振玉書云：「近以釋氏二《音義》并原本《玉篇》校《方言》，頗有所得。原本《玉篇》所引最佳，方知宋本已有脫字。他日擬并戴、盧兩家所校作續疏證，惟不用戴氏法，而用高郵王氏法耳！」（《書信集》頁二四四）

是月，以敦煌唐寫本及宜都楊氏影日本古寫本《尚書》、〈盤庚〉、〈說命〉、〈高宗肜日〉、〈西伯戡黎〉、〈微子〉諸篇殘卷，以校影印日本高山寺所藏古寫本。（《趙譜》）

春節前，於書肆得張船山舊藏明嘉靖黃勉之刊本《楚辭章句》以校汲古閣本《楚辭補注》，農曆除夕夜校畢三卷有奇，以後則中輟。（《趙譜》）跋云：「丁巳除夕。以此本校《楚辭補注》凡三卷，知此本全與洪氏考異所稱一本合。亦此本出於宋本之證。」

案：趙萬里於先生年譜中說：《楚辭章句》是明嘉靖間黃勉之刊本，但於先生〈手批手校書目〉中則說是明正德中黃省曾刊本。德毅於民國五十四年在國立中央圖書館見所藏新從美國運回國的國立北平圖書館善本書中，恰有先生手校之《楚辭章句》，幸得批覽，為之狂喜。書末跋云：「明正德刊《楚辭章句》十七卷，行款古雅，字畫精湛，實出宋槧。……舊為張船山藏書。丁巳春得於上海。」足證《趙譜》所繫有誤，姑且依他所記載的，而附加說明如上。

春節後，羅振玉攜眷自日本返國，抵上海，與先生相見，自去春別後，又經一年。

二月十八日（正月初八）函謝友人徐迺昌贈錢氏《方言箋證》。信說：「錢氏《方言箋疏》略讀一過，近校讀《方言》，於戴、盧二家外，頗有小得，中爲錢氏所已舉正者，亦多有之，承惠此書，深濟其需用。」（《觀堂遺墨》卷下）

三月二十四日（二月十二日），奉函羅振玉，告以致祭沈紘之事，並代撰輓聯。函云：「今日與抗父（樊炳清）往送昕伯（沈紘）之喪，此次代公作輓聯一，又自作一，錄呈：『問君胡不歸？赤縣竟無乾淨土；斯人宜有後，丹心喜見鳳凰雛。』此聯代公作。『壯志竟何爲，遺著銷煙，萬歲千秋同寂寞；音書悽久斷，舊詞在篋，歸遲春早憶纏綿。』此自作。」（《羅振玉王國維往來書信》頁三六〇）

案：抗父和昕伯皆先生二十年前東文學社同窗好友，昕伯在巴黎遊學，不幸病逝。

四月三日（三月二十二日），與羅振玉通書，告以《唐韻校勘記》已草成。書云：「《唐韻校勘記》草稿已具，須得百數十葉，乃逾原書兩倍以上，頗嫌冗贅。然非經此一番比較，乃不能知此殘本之價值何如？大抵大徐（徐鉉）《說文》……所引，或繫後人增益之本，此本雖出肅、

代間，然亦多舛錯奪略，且恐繫當時略出本也。」（《羅振玉王國維往來書信》頁三六三）

案：羅氏居京都，染患感冒，家人亦病，索居無聊，與先生通書最勤，相互叮嚀保健，有「若一星期不得手書，益問甚矣」之句，其情意之真切，可以見之。

四月，假羅振玉藏宋刻本《一切經音義》以校孫星衍校刊本。（《趙譜》）

日本友人鈴木虎雄，自去年冬來上海，留滬半年，在此期間，常與先生相過從，今春，鈴木始歸。據鈴木追憶說：「君歸上海後，暫時音信稍疏。大正六年（一九一七）末，我因留學中國來上海，居住半年。在此期間，復得與君常相往還，當時君語我，正從事古音韻學的研究，而君亦用意於史學，此由君之閒談中而知之。君於人，推許甚少，然對於寓居上海的沈曾植，君獨推許其學識既博且高。我某日被君拉去往訪沈氏，臨辭，氏以近作詩鈔《寐叟乙稿》相贈，歸而讀之，其文辭頗多難解之處，交游諸家稱呼皆用匿名，余困甚，訴之君，君很親切的對匿名一一替余註釋其真實姓名。……君更欲介紹我於朱祖謀氏，適以歸期甚迫，未能實現，至今猶引以為憾！朱氏為當代詞學名家，與君為忘年交，而輩份則在君上。君於朱氏，關於詞，立足點不同，朱氏以南宋為主，君則重北宋，其事，君亦不諱而直言之，蓋互以他山之石訂交也。君之詞集曰《人間》，我幸得借讀君之親筆本，亦有活字印本，於活字本上，君自註記刪存，我尚未知兩者出入如何？」（〈王君靜庵を追憶す〉）

案：先生與朱祖謀訂交不詳年月，當是在自日本返歸上海之後。祖謀為有清末代的詞宗，先生曾評說：「近人詞，如復堂詞之深婉，彊村詞之隱秀，皆在半塘老人上。彊村學夢窗，而情味較夢窗反勝，蓋有臨川、廬陵之高華，而濟以白石之疏越者，學人之詞，斯為極則，然古人自然神妙處，尚未見及。」（《人間詞話》卷下）足見先生對其崇仰之程度。

五月，假日本富岡謙藏覆宋陳道人本《釋名》，以校畢氏疏證本。先生跋其後說：「吾鄉查翼甫太守藏元刻本，不知校陳本異同何如也？」（《趙譜》）

是月，以日本小島知足手寫顏本《急就篇》，以校王應麟補注本。又用葉夢得、宋仲溫本校靈鶼閣刊鈕匪石校定皇象碑本。七月二十二日（六月十五日），復以孫伯淵所稱嘉靖本，及三希堂法帖所刊的俞紫芝本校勘之。八月十九日（七月十三日），又校以趙文敏（孟頫）章草本。由是傳世之《急就篇》異本，校得已過其半。（《趙譜》）

六月，撰《唐寫本唐韻殘卷校勘記》及《輯唐韻佚文》成。〈唐韻殘卷校勘記自序〉說：「唐寫本《唐韻》，存卷四、卷五兩卷，卷四之首及中闕葉。（闕葉一送至八未之前半，又闕十九代之後半，至廿五願之前半。）藏吳縣蔣伯斧（黼）部郎家。部郎曩跋此書，謂：此書雖名《唐韻》，實陸法言《切韻》原本。去歲，余作〈唐韻別考〉，舉十證以明此書是孫愐韻，非法言韻，蓋幾於論定矣！考孫愐書在唐時別本至多，書名亦不一。據《廣韻》卷首所載孫愐自序，雖稱《唐韻》；然日本人源順所撰《和名類聚鈔》，其所引有《唐韻》，有孫愐《切韻》。遼僧希麟撰《續一切經音義》，又引孫愐《廣韻》，（見卷三）又書中單引《廣韻》者凡十一條。希麟之書，成於遼聖宗統和五年丁亥，前於宋大中祥符重修《廣韻》時凡二十年，是凡單云《廣韻》者，亦指孫愐書。而唐僧慧琳《一切經音義》（八十）引《廣切韻》一條，在此殘卷中。蓋孫愐之書，本因法言《切韻》而廣之，故一名《廣切韻》，略之又稱《廣韻》。元王惲《玉堂嘉話》紀所見南宋內府書畫，有吳彩鸞《龍鱗楷韻》，後有柳誠懸跋，亦云：吳彩鸞一夕書《廣韻》一部，是孫愐之書，唐時稱名，固不盡同。然謂孫愐之書，《唐韻》以外，別有他名則可，謂《唐韻》非孫愐書，則固不可也。韻書爲唐時詩賦所需，當時迻寫者，當不下數萬部。故不獨書名互異，即各本卷帙詳略，亦不盡同。如魏鶴山所藏《唐韻》，二十九山之後，繼之以三十先、三十一仙，上下平不分，當是四卷本，而此本與唐宋史志所著錄者，則皆五卷。鶴山本部敘中各韻皆注清濁，而此本無之。《廣韻》注中紀姓氏者，皆孫愐舊文，極爲詳賅，此本則多刪節。又他書所引《唐韻》及孫愐《切韻》，亦與此本頗有異同。蓋傳寫既多，寫者往往以意自爲增損，固其所也。此本亦當時傳寫者之一，故譌奪往往而有。然《唐韻》規摹，已具於是。又天壤間僅此孤本，故竭數月之力，爲之校讎。以《廣韻》及他書所引《唐韻》勘其字，以大徐《說文》所用孫愐反切校其音，成《校勘記》二卷。復集他書所引《唐韻》此本所闕者，爲佚文一卷，與原本並行。世之治韻學者，或有樂於是歟？」（《觀堂別集》卷四，《趙譜》）

七月二十二日（六月十五日），序羅振玉《雪堂校刊群書敘錄》。序說：「近世學術之盛，不得不歸諸刊書者之功。刊書之家，約分三等，逐利一也，好事二也，篤古三也。前者勿具論，若近世吳縣之黃，長塘之鮑，虞山之張，金山之錢，可謂好事者。若陽湖孫氏，錢塘盧氏，可謂篤古者也。然此諸氏者，皆生國家全盛之日，物力饒裕，士大夫又崇尚學術，諸氏或席豐厚，或居官師之位，有所憑藉，成書較易，其事業未可云卓絕也。若夫生無妄之世，小雅盡廢之後，而以學術存亡爲己責，蒐集之，考訂之，流通之，舉天下之物，不足以易其尙。極天下之至艱，而卒有以達其志，此於古之刊書者未之前聞，始於吾雪堂先生見之。……至於神物之出，不與世相應。天既出之，固不忍聽其存亡，而如先生之奇節宏略。乃出於其間、亦以學術存亡之所繫。……先生校刊之書，多至數百種。於其殊尤者，皆有敘錄。戊午夏日，集爲二卷，別行於世。案：先生之書。其有功於學術最大者，曰《殷虛書契前、後編》，曰《流沙墜簡》，曰《鳴沙石室古佚書》及《鳴沙石室古籍殘》。此三者之一，已足敵孔壁、汲冢之所出。其餘所集之古器古籍，皆間世之神物。而大都出於先生之世。顧其初出，舉世莫之知，知亦莫之重也。其或重之者，蒐集一二以供秘玩，斯已耳。其欲保存之、流傳之者，鑒於事之艱鉅，輒中道而廢，即有其願與力矣，而非有博識毅力如先生者，其書未必能成，成亦未必能多且速。而此間世而出之神物，固將有時而毀且佚，或永錮於海外之書庫。是雖出猶不出也。先生獨以學術爲性命，以此古器古籍爲性命所寄之軀體。思所以壽其軀體者，與常人之視養其口腹無以異。辛亥以後，流寓海外，鬻長物以自給，而殷虛甲骨與敦煌古簡佚書，先後印行，國家與群力之所不能爲者，竟以一流人之力成之。他所印書籍，亦略稱是。旅食八年，印書之費以鉅萬計，家無旬月之蓄，而先生安之。自編次校寫，選工，監役，下至裝潢之款式，紙墨之料量，諸淩雜煩辱之事，爲古學人所不屑爲者，而先生親之，舉力之所及，而惟傳古之是務，知天既出神物，復生先生於是時，固有非偶然者。書有之曰：『功崇惟志，業廣惟勤。』先生之功業，可謂崇且廣矣。而其志與勤，世殆鮮知之。余從先生遊久，知之爲最詳，故書以爲之敘，使世人知先生之所以成就此業者，固天之所啓，而非好事者與尋常篤古家所能比也。」（《觀堂集林》卷廿三、〈雪堂校刊群書敘錄序〉、《永豐鄉人稿乙》）

羅振玉《集蓼編》說：「予往歲家居修學，無師友之助，聞見甚隘。三十以外，聞見漸增，始稍稍購書器，而江海奔走，廢學且十年。及四十後入都，聞見日擴，致書器日多；每以退食之暇，欲有所造述，牽於人事，無所成就。逮辛亥間，始創爲《國學叢刊》，不數月，以國變而止。……至是賡續爲之。時忠慤迫於生事，乃月餽二百元請主編校。又歲餘，上海歐人聘忠慤至滬。乃輟刊，予遂以一人之力，編次平生所欲刊布之古籍，並著錄所見所得古器物墨本，次第刊行。歸國後，復賡續之，先後得二百五十餘種，九百餘卷，撮其序跋，為《雪堂校刊群書敘錄》。」

案：羅氏早年校刊書籍。久已載譽海內外，後數十年學術界所致力探討的學問，多半由羅氏開其端緒。平生所刊刻的書，綜計不下千餘種，無一不是治國學者所亟待參考的要籍。其精力之宏，用志之專，學力之博綜，心思之周密，近百年來，殆無第二人可以與之相頡頏。故先生序中盛讚羅氏刊印殷墟甲骨，西陲木簡和敦煌石室遺書，此三者，在羅氏未加整理前，尚少有人留意及之。故羅氏對我國近代學術研究貢獻之卓絕，又豈僅開風氣之先一端而已！

九月二日（七月二十七日），以前年冬所校過的盧氏抱經堂刻本《方言》上眉注各條，細加整理，分注於戴東原《方言疏證》本上，復以李文授刊本《方言》及宋刊《爾雅》單疏本所載之《方言》各條細勘之，訂正戴氏《疏證》本注文很多。先生曾稱：「《方言》一書，經戴東原、盧抱經、劉端臨三先生校訂，又段懋堂先生《說文注》，王懷祖先生《廣雅疏證》，亦時訂其訛舛。丙辰冬，余讀《方言》，復取諸古書用戴氏《疏證》例校之，即書於戴本上。戊午冬，復檢前校，見有足訂正本文及注者十六事。……」後先生彙集歷年校《方言》眉注校語之精審者，

而成〈書郭注方言後〉三篇。（《觀堂集林》卷五並《趙譜》）

九月，假江陰繆荃孫藏大德平水本《爾雅注》，以校崇文書局本。十月，又校以明嘉靖間吳元恭刊仿宋本，日本松崎復刊北宋本及明刊黑口本。（《趙譜》）

秋日，遣人往松江府學拓得明正統四年吉水楊政摹刻葉石林所摹皇象本《急就篇》。是歲小除夕無事，手自黏裝成帙，以便循覽。先生云：「吾鄉陳氏玉煙堂法帖本，實從此出也。」（《趙譜》）

是秋，作〈釋由〉一篇，論《說文》甶字即由字，並舉三證以明之。〈釋由〉下篇說：「戊午秋，余作〈釋由〉一篇，論《說文》甶字即由字，由冬徂春：復得五證焉！……得此五證，知六朝以前：音《說文》者雖音由爲甾，然由之字形尚未全失，雖微古文字學及漢人手書，亦足以定此說矣。」（《觀堂集林》卷六）容庚說：「憶余謁先生於織染局寓廬，先生指〈釋由〉一篇以相示，余問先生《書》〈君奭〉：『迪惟前人光，施於我沖子』，〈立政〉『古之人迪惟有夏』，兩迪字，證以毛公鼎「迺唯是喪我國」，是否迪字之誤。先生首肯。」（〈王國維先生考古學上之貢獻〉）先生考證之精如彼，而從善如流又如此。實令人心折。

十月三十一日（九月廿七日）與友人徐乃昌信，討論爲《吉金圖》作序事。說：「昨蒙頒賜尊藏彝器拓本，急讀一過，賞鑑之精，爲今日藏家之最，欽佩無似！近數年思集金文拓本，所得無多，一旦得此多珍，遂如貧兒暴富，何幸如之！敬謝敬謝。尊撰《吉金圖》共分幾卷，冠以何名，附釋文否？均請見示。昨晚興發，已將序文草就，尚待潤色；書名卷數均需敘入也。維本不善書，而尤畏宣紙，如需錄稿，擬以日本皮紙書之如何？付印時或請他人另書尤善。」（《觀堂遺墨》卷下）南陵徐氏，喜收藏古器物，先生代其跋識者甚夥，其載於《觀堂遺墨》者亦不少，可與書函比觀之。

十一月二十一日（十月十八日），爲友人徐乃昌序《隨庵吉金圖》。序說：「私家藏器莫先於宋劉仲原父，爲古器之學及著錄所藏者亦自原父始，原父知永興軍日，得古器十有一，使工摹其文，圖其象，刻諸石，名之曰《先秦古器記》。其自序中具言攻究古器之法，曰：『禮家明其制度，小學正其文字，譜牒次其世謚，乃爲能盡之。』嗚呼！古器之學，略盡於此數語。著錄古器之法，亦蔑以進於此矣！嗣是李伯時、呂與叔《考古圖》，王楚等《宣和博古圖錄》，皆用其例。……近三百年，郡國山川所出古器，殆十倍於宋時，……而私家藏器者亦接武而起，其自爲譜錄有成書者：則有若嘉定錢氏之十六長樂堂《彝器款識》，吳縣曹氏之懷米山房《吉金圖》，諸城劉氏之《長安獲古編》，歸安吳氏之兩罍軒《彝器圖釋》。吳縣潘氏之攀古樓《彝器款識》，溧陽端氏《陶齋吉金錄》，最近則有上虞羅氏之《夢郼草堂吉金圖》，先後共得七家，皆用原父書例。……然此諸家所著錄，曾不能得古器之半。嘉道以來，藏器之家：若儀徵之阮，嘉興之張，錢唐之瞿，仁和之夏，皆足與錢、曹諸氏埒，而歙縣之程，漢陽之葉，抑又過之。咸同以後，則南之吳費，北之陳吳盛王三李二丁。所蓄乃愈精且富，而皆無譜錄。潘文勤之書成於中年，晚歲所藏幾增十之七八，亦均未入錄，其流傳人間者，僅賴拓墨及著錄文字之書，而其形制卒不可得而見。余曩者頗疑估人所謂虎頭匜者，即古之兕觥，而阮太傅書所錄之兕觥：乃斝角之屬，……然卒無由目驗以徵余說，則信乎圖錄之不可不作也。南陵徐積餘觀察博雅有鑒裁，多蓄書籍金石，而所藏古器物尤精。戊午冬日，出所撰《隨庵吉金圖》索余爲序。余謂：宋世著錄之器不下數百，而存於今者不及百分之一，惟考古、博古二圖全帙具存，固知竹帛之壽有永於金石者。觀察所蓄雖不逮潘、陳二家之富，然視盛王、二吳、三李、二丁固無以讓，顧諸家皆無成書，而觀察獨用原父書例，成此一編，以餉後世，其於傳古之功，正不知與潘、陳孰爲優劣也。夫古器之作，距今率二三千年，文物屢變，典籍俄空，原父所云制度、文字、世謚三者，雖經數百年數十家之攻究，所通者劣得其半。如古器之名皆定於宋人。然在今日尚有遇物而不能名，或名而未盡確者，至文字世謚尤爲糾紛。……蓋一人之學識有限，而方來之心思耳目無窮，今日所能爲者，在留其文字形制於天壤間，使天下後世皆得而攻究焉！……，此即原父作《先秦古器記》之意，余於觀察之書，歎其深有契乎此也。」（《觀堂集林》卷二十三）

十一月，讀《格致叢書》本李匡乂《資暇集》，改正誤字十餘處。（《趙譜》）

十二月。改定前所撰《唐韻別考》、《韻學餘說》二書，合之，署名《續聲韻考》，蓋以與戴東原《聲韻考》體例相合之故，即以託沈曾植作序。序未作，而原稿被遺落。先生於唐代韻學之沿革，考證極精，分析極密。大意分唐代韻書爲二大系：一、六朝正音，二、唐代方音。六朝正音，以部次觀之，又分爲二：陸法言《切韻》，孫愐《唐韻》及小徐《說文解字篆韻譜》，夏英公《四聲韻》所據韻書爲一系；李舟切韻，大徐改定《篆韻譜》，與《廣韻》所據者爲一系。唐代方音、韻書亦分二派，張戩《考聲》、《切韻》，陳廷堅《韻英》，天寶御製《韻英》，慧琳《一切經音義》，爲增韻派；武玄之《韻銓》，爲併韻派。（《觀堂集林》卷八）茲列爲一表，以清眉目。

唐韻書
- 六朝正音
  - 孫愐唐韻—小徐說文篆韻譜—古文四聲韻所據韻書
  - 李舟切韻—大徐改定篆韻譜—廣韻所據韻書
- 唐代方音
  - 增韻派—張戩考聲切韻—陳廷堅韻英—天寶韻英—慧琳一切經音義
  - 併韻派—武玄之韻銓

是歲，兼任上海倉聖明智大學教授。

案：先生在倉聖明智大學執教情形，記載不多，據蔣君章〈倉聖明智大學的回憶〉一文，知道這所大學在名義上羅迦陵夫人是院長，姬佛陀先生是校長，而實際上主持校務的是孫學濂先生。蔣氏回憶說：「明大的開學儀式，是特別值得一記的，照例校長是在最前面，教務長在校長的側面，接著的是王國維、王益吾、宋澄之等重要教習，他們的裝束都很古怪。王國維先生的大名，我在小學讀書時即已久仰，他短短的身體，嘴唇上蓄有八字鬍鬚，瓜皮小帽，綴有紅帽結，後面拖著一根長辮子，這是他的特別表記。十足的滿清遺老，最引起同學們的注意。」又說：「王靜安先生的學問，直到現在還被人家讚佩，我曾在窗前聽他的講學，但見他嘴唇上下翕動，聲音細小，咫尺之間也聽不清楚。」先生在明大執教時生活情況所知者如此而已！

撰〈書爾雅郭注後〉。《爾雅》郭注，注中有音，先生說：「夫景純於《爾雅》既別有音義矣，此注中復有音，何也？曰：非為古語作，實為釋古語之今語作也。為今語作音何也？曰：今語有音無字，吾但取今語之音，以與古某字之音相比附，而古字之義見矣。……則其音自為注作而不為經作，為今語作而不為古語作，明甚！……後人不達郭意，如元以來注疏本，以載音義故，遂將注中之音刪剟殆盡。近人雖多據舊本補綴，然頗不能言郭注中所以有音之故。」至是先生始發其覆，可謂郭注之功臣。（《觀堂集林》卷五）

冬，撰〈書郭注方言後〉三篇。先生說：「《方言》一書。經戴東原、盧抱經、劉端臨三先生校訂，又段懋堂先生《說文注》，王懷祖先生《廣雅疏證》，亦時訂其訛舛。丙辰冬，余讀《方言》，復取諸古書用戴氏《疏證》例校之，即書於戴本上。戊午冬，復檢前校，見有足訂正本文及注者得十六事。……」《郭注方言》全以晉時方言爲本。吾人讀揚子雲書。可知漢時方言，讀郭注，並可知晉時方言。晉時方言與漢時方言已有變遷，所以郭注比揚子雲之說常較廣泛。其例有二：

（一）廣地
- 漢時一方之言，至晉時爲通語。
- 漢時此方之語，晉時或見於彼方。

（二）廣言
- 今語雖與古語同，而其義廣狹迥異，或與之相涉，則亦著之。
- 今語之異於古者，亦記之，以廣異語。

此二例皆先生證明之。準此以讀《方言》，則易於入門，怡然理順了。（《觀堂集林》卷五）

羅振玉影印《鳴沙石室古籍叢殘》三十種成。（《趙譜》）

冬，日友富岡謙藏卒，先生爲詩悼之。詩云：「搖落孤生本易傷，窮冬急景去堂堂，親知聚散隨流水，文獻凋殘到異方。豪氣未應澆酒去，奇書須遣鬘楹藏，海西一老同垂涕，千載唐音待報章。」自注說：「去歲君游海上，東軒老人（沈曾植）屬訪日本所傳唐代樂譜，昨聞君訃，爲之太息。」（《觀堂集林》卷廿四）其情意之殷切，可以想見。

民國八年（一九一九）己未　四十三歲

元月，讀雅雨堂本《文昌雜錄》，以烏程蔣氏藏舊鈔本校之，復以己意訂正誤字二十餘處。又讀雅雨堂本顏師古《匡繆正俗》，書中諸題，悉加校正。（《趙譜》）

元月三十一日，重檢《唐語林》，以校《封氏聞見記》，又補第三卷〈風憲〉及第七卷〈石鼓佚文〉二則。

二月一日至十五日，清錄《殷虛書契考釋》上卷釋文畢。

是月，購得唐棲勞氏丹鉛精舍藏嚴元照《悔庵詩文稿》若干紙，即據以校刻本，頗有異同，想是刊刻時又有改訂。

三月三十日（二月二十九日），沈曾植七十壽慶，先生爲撰〈壽序〉一篇，暢論清三百年學術變遷之跡，於沈氏推崇備至，非一般應酬文字可比。先生首論有清三百年間學術凡三變，有云：「國初一變也。乾嘉一變也，道咸以降又一變也。順、康之世，天造草昧，學者多勝國遺老，離喪亂之後，志在經世，故多爲致用之學。求之經史，得其本源，一掃明代苟且破碎之習，而實學以興。雍、乾以後，……士大夫得肆意稽古，不復視爲經世之具，而經史小學專門之業興焉！道、咸以降，途轍稍變，言經者及今文，考史者兼遼金元，治地理者逮四裔，務爲前人所不爲。雖承乾嘉專門之學，然亦逆睹世變，有國初諸老經世之志。故國初之學大，乾嘉之學精，道咸以降之學新。……國初之學創於亭林（顧炎武），乾嘉之學創於東原（戴震）、竹汀（錢大昕），道咸以降之學，乃二派之合，而稍偏至者，其開創者仍當於二派中求之焉！蓋嘗論之，亭林之學，經世之學也。以經世爲體，以經史爲用。東原、竹汀之學，經史之學也，以經史爲體，而其所得，往往有裨於經世。蓋一爲開國時之學，一爲全盛時之學，其塗術不同，亦時勢使之然也。道咸以降，學者尙承乾嘉之風，然其時政治風俗已漸變於昔，國勢亦稍稍不振，士大夫有憂之，而不知所出，乃或託於先秦、西漢之學，以圖變革一切。然頗不循國初及乾嘉諸老爲學之成法。其所陳夫古者，不必盡如古人之真，而其所以切今者，亦未必適中當世之弊，其言可以情感，而不能盡以理究。如龔璱人（自珍）、魏默深（源）之儔，其學在道咸後，雖不逮國初、乾嘉二派之盛，然爲此二派之所不能攝其逸而出此者，亦時勢使之然也。今者時勢又劇變矣，學術之必變，蓋不待言。世之言學者，倀倀無所歸，顧莫不推嘉興沈先生，以爲亭林、東原、竹汀者儔也。先生少年，固已盡通國初及乾嘉諸家之說，中年治遼金元三史，治四裔地理，又爲道咸以降之學，然一秉先正成法，無或逾越。其於人心世道之污隆，政事之利病，必窮其原委，似國初諸老；其視經史爲獨立之學，而益探其奧窔，拓其區宇，不讓乾嘉諸先生。至於綜覽百家，旁及二氏，一以治經史之法治之，則又爲自來學者所未及。若夫緬想在昔，達觀時變，有先知之哲，有不可解之情，知天而不任天，遺世而不忘世，如古聖哲之所感者，則僅以其一二見於歌詩，發爲口說，言之不能以詳，世所得而窺見者，其爲學之方法而已！夫學問之品類不同，而其方法則一。國初諸老，用此以治經世之學，乾嘉諸老，用之以治經史之學，先生復廣之以治一切諸學，趣博而旨約，識高而議平，其憂世之深，有過乎龔、魏，而擇術之慎，不後於戴、錢，學者得其片言，具其一體，猶足以名一家，立一說，其所以繼承前哲者以此，其所以開創來學者亦以此，使後之學術變而不失其正鵠者，其必由先生之道矣！竊嘗聞之，國家與學術共爲存亡，天而未厭中國也，必不亡其學術，天不欲亡中國之學術，則於學術所寄之人必因而篤之。世變愈亟，則所以篤之者愈至。使伏生浮邱伯輩天不畀以期頤之壽，則《詩》、《書》絕於秦火矣！……若先生者，非所謂學術所寄者歟？……己未二月，先生年正七十，因書先生之學所以繼往開來者以壽先生。」此壽序乃先生撰，元和孫德謙書之。二人同拜祝。（《觀堂遺墨》卷下）據《沈寐叟年譜》說：「二十九日，爲公七十初度，逸靜夫人長公一歲，至是七十有一矣！親友暨及門弟子稱觴爲公壽，公謝不可，海內外壽公之文。闐溢戶牖，公以去歲病起自壽詩答之。」

案：沈曾植曾參與民國六年的復辟，其人雖為一徹頭徹尾的頑固守舊派，然實為有清一代學術史上之殿軍。《萬竹樓隨筆》稱其人精研我國西北地理，先生晚年治蒙古史及邊疆地理之學，乃純受沈氏之影響。

五月四日，北京大學生聯合在京的其他大學學生，共三千餘人，到天安門廣場舉行示威大遊行，大聲疾呼「外抗帝國主義，內除軍閥國賊。」是時歐戰結束，日本強佔青島，北洋政府未能收回主權，引起愛國青年的一致憤慨，史稱「五四運動」。於是罷課、罷工、罷市，並抵制日貨，全國各地響應，至六月初，上海亦大罷工。

五月十五日，先生長子潛明（字伯深）娶羅振玉三女孝純，自是羅王結爲親家。振玉於三女出嫁後即赴天津定居，先生親往送行。振玉於五月十六日抵津，次日即奉書致謝，開頭即稱「靜公親家有道」。兩天後又致書，至念女婿及女兒。（《羅振玉王國維往來書信》頁四五三至四五四）

案：羅振玉《集蓼編》說：「予自海東歸國，歲在己未春。先至滬，遣嫁王氏女，預於津沽賃樓三楹。以貯由海東運歸之書卷長物，請姊丈何益三孝廉住津接收，並請吾友王君九學部代覓宅以棲眷屬。」是振玉在民國八年春始回國，即將三女兒嫁與潛明。又據繆荃孫《藝風老人日記》載：「己未四月十九日，王國維娶媳，致賀儀。」則日期相差兩日，當從羅氏書信所記。

六月，讀法人伯希和所撰〈摩尼教考〉，內所引「九姓回鶻可汗碑」文，與李文田《和林金石錄》本不同，乃假嘉興沈曾植所藏拉特祿夫《蒙古圖誌》中所載本以校李錄。此碑共分八段，前三段拉氏原書中已聯合爲一，伯氏所引乃係諸家釐定之本，先生據以聯合四、五兩段，又自以行款文義定第六段之位置，第七、八兩段沈曾植已有跋文，於是全碑文義皆可通讀。（《觀堂集林》卷二十〈九姓回鶻可汗碑跋〉）

七月，據《笑道論》、《道宣集》、《及玄疑》、《甄正論》，以補蔣伯斧所輯《老子化胡經》佚文五則。（《趙譜》）

八月，以《蒙古圖誌》所載〈苾伽可汗碑〉，校《和林金石錄》本一過。（《趙譜》）

是月，由沈曾植處，鈔得其所撰〈和林三唐碑跋〉全文。（《趙譜》）

是月，得見日人狩野直喜所錄英倫博物館所藏敦煌唐寫本書，因草《敦煌石室碎金跋尾》。計：〈唐寫本殘職官書跋〉、〈唐寫本食療本草殘卷跋〉、〈唐寫本靈棋經殘卷跋〉、〈唐寫本失名殘卷跋〉、〈唐寫本太公家教跋〉、〈唐寫本兔園冊府殘卷跋〉、〈唐寫本大雲經疏跋〉、〈唐寫本老子化胡經殘卷跋〉、〈唐寫本韋莊秦婦吟跋〉、〈又跋〉、〈唐寫本雲謠集雜曲子跋〉、〈唐寫本春秋後語背記跋〉、〈唐寫本殘小說跋〉、〈唐寫本敦煌縣戶籍跋〉、〈宋初寫本敦煌縣戶籍跋〉、〈唐寫本字寶殘卷跋〉、〈唐寫本季布歌孝子董永傳殘卷跋〉等十餘篇。俱載入《觀堂集林》卷二十一及《別集》卷三中。

是月，又成〈摩尼教流行中國考〉一文。參考引用之書達二十八種之多。先生說：「宣統元年，吳縣蔣伯斧郎中〈跋巴黎所藏摩尼教殘經卷〉，附考摩尼教入中國源流，僅及唐會昌而止。後上虞羅叔言參事印行京師圖書館所藏《摩尼教經》一卷，法國伯希和教授譯之，後復附〈摩尼教考〉，並增宋世摩尼教事實，較蔣君所考甚爲該博。伯氏書用法文。余曩曾抄撮其所引漢籍。數年以來，流覽所及，頗有增益，計增日本僧圓化《求法記》一則，贊寧《僧史略》一則，方勺《泊宅編》，莊季裕《雞肋編》各二則，《建炎以來繫年要錄》、《高峰先生文集》、《嘉定赤城志》、《至正金陵新志》、《真西山文集》各一則，與前所抄者彙爲一編，庶唐宋二代彼教情形略可觀覽。」（《觀堂別集》卷一）

秋，先生又有〈西胡考〉，〈西胡續考〉之作，趙萬里說：「先生是年得見敦煌所出諸史料，因詳考中古西陲高昌及回鶻之史實，又《化胡經》、摩尼教等之關於古代宗教者，亦有所論述。

而〈西胡考〉之作，尤爲極重要之結論，先生之作〈西胡考〉也，羅君君楚（福萇）爲徵內典中故事。君楚爲羅先生次子，熟精梵天文字，又創通西夏國語，時養痾滬上，故與先生常相往還也。」（《趙譜》）

九月，患腳氣病。時羅振玉在天津所營新居已落成，先生乃由海道赴津養病，即住羅家，羅氏介先生與蒙古升允（字素庵）認識。後先生被薦爲遜清南書房行走，即是此人。次月，病少痊，即返滬。

是月，譯成法國伯希和教授講演詞〈近日東方古言語學及史學上之發明與其結論〉，並附記說：「法國法蘭西學院教授伯希和博士，世界東方語學、文學並史學大家也。一千九百十一年冬，博士就學院中亞細亞語史學教授之職，開講之日，實首說是篇，實舉近年東方語學、文學、史學研究之成績，而以一篇括之。次年八月，日本京都大學教授榊博士亮三郎譯爲日文，刊之《藝文雜誌》，余讀而善之。當光宣之際，余遇博士於京師，以爲博士優於中學而已，比讀此篇，乃知博士於亞洲諸國古今語無不深造，如敦煌以西迄于于闐；古代所用之東伊蘭語，即博士之所發見及創通者也。博士所獲之中國古籍，吾友上虞羅參事即印行其大半。世當無不知博士名者。既而歐洲戰事起，博士從軍達達尼斯海峽，既而復有事西伯利亞，今春凱還，過滬，遇參事，劇談，凡我輩所著新印之書，無不能舉其名及其大略者。軍旅之中，其篤學如此！嗚呼！博士所以成就其學業者，豈偶然哉！今博士復歸就教授之職，將來貢獻於世界及東方學術者，或更相倍蓰於此！……故爲重譯以餉學者。」（《觀堂譯稿》）

十月，成〈校松江本急就篇〉一卷，凡用十一種版本。一、漢人隸書本，二、松江石刻本，三、類帖本，四、陳氏獨抱廬覆刊松江本，五、趙文敏章草本，六、趙文敏正書本，七、岱南閣本，八、顏本（《玉海》附刊王伯厚補注本），九、古佚叢書本，十、宋太宗御書本，十一、日本僧空海臨本。並略敘各本之優劣，搜求經過，兼及彙萃比勘之不易，庶幾使此校本成爲定本云。序稱：「古字書，自《史籀》、《倉頡》、《凡將》三書既佚，存者以《急就》爲最古，自顏注行，而魏晉以來舊本廢；王氏補注出，而唐宋舊本亦廢。顏監所見，有鍾繇、皇象、衛夫人、王羲之所書，崔浩及劉芳所注；然宋代存者惟鍾、皇、索靖三本，元初王深寧所見，則惟皇象碑而已！明正統初，吉水楊政得葉石林所摹皇象章草本刊石於松江，又以宋仲溫所摹者補其闕字。明季類帖亦翻刊之，顧三百年來，小學家都未之見。乾隆中，內府始以趙子昂章草本及俞紫芝釋文刊於《三希堂法帖》；嘉慶初，孫伯淵得類帖本刊之《岱南叢書》中。道光中葉，金陵陳雪峰復刊葉本，摹寫不工，但具形似而已！光緒中葉，遵義黎蒓齋星使刊日本舊寫本於《古逸叢書》中。嗣是，元和江建霞學使得鈕匪石所錄趙子昂正書本刊於湘中，於是學者始知顏王二注外尚有他本。歲在甲寅，上虞羅叔言參事刊行敦煌所出木簡中有漢人隸書《急就》百餘字，去歲，復影印舊拓松江本於《吉石庵叢書》，予亦展轉拓得之。己未秋，復見日本遺唐僧空海臨晉人草書本，於是所見《急就》遂踰十本。……明季類帖與三山陳氏本同出松江刊石本，岱南閣本雖號出索靖，然孫氏所舉存字之數，與明刊葉本正合，趙氏真草二本存字較多，然亦與葉本同源，惟顏本及宋太宗本、空海本與葉本大異，即三本亦自相異，……顏本兼綜諸本，……顏注自序稱：舊得皇象、鍾繇、衛夫人、王羲之等篇本，備加詳覈，足以審定，凡三十二章，究其真實云云。是顏氏遍校諸家，定著三十二章。……就（顏、鍾、皇）三本互勘，則顏本章數與字數實居鍾、皇二本間，知顏氏詳覈諸本之說不誣。要其所歸，與鍾本爲近，故以章論，皇本尚存先漢之舊，鍾、顏則有竄入之章。以文字言，則皇本屢經傳摹，自不能無訛，鍾、顏二本亦有改字之失，各有優劣，不能偏廢也。敦煌漢簡不過百餘字，皇本在今日猶爲足本中之最古者，茲以葉摹皇本爲主，合諸本以校之，並略定其得失，雖不敢視爲定本，庶幾有所折衷焉！」（《靜安先生遺書》第二十冊）

是月，六子登明生。

初，先生以諸子學費稍拙，欲謀兼一份撰述工作。聞烏程蔣汝藻方擬纂修其《密韻樓藏書目錄》，已聘吳縣曹元忠任其事，歲餘無所成，羅振玉介人以先生薦。先生與曹君亦舊識，不忍遽然奪之，因不願就。至是元忠以事堅辭。先生乃應蔣氏之聘。趙萬里說：「案：烏程自來多藏書家，其流風至近代猶盛。蔣君與同邑張君石銘（鈞衡）、劉君翰怡（承幹），均以藏書名，而蔣君之藏爲尤富，南北故家，若四明范氏、錢塘汪氏、泰州劉氏、涇縣洪氏、貴陽陳氏流出之書，多歸之。其聘先生爲撰藏書志，亦最爲適宜。此後先生之書，以蔣氏書校者，殆皆爲蔣志作也。」（《趙譜》）

是時浙江省當局，擬續修浙江通志。聘沈曾植爲總纂。沈氏先後聘定吳慶坻（子修）、朱祖謀（古微）、金蓉鏡（甸丞）、葉爾愷（柏皋）、黃榕（一山）、喻長霖（志韶）、陶葆廉（拙存）、劉承幹（翰怡）、張爾田（孟劬）諸先生及先生爲分纂。十一月十四日（九月二十三日）送聘約至。先生與張爾田共同負責寓賢、掌故、雜記、仙釋、封爵五門的撰述事。先生嘗作書致沈曾植，詢問志書義例及範圍，沈覆書詳爲解答。先生原書已不可得見，今錄沈氏書如下：「接奉手書，瞋經再月，屢思作覆，畏難中止，病夫心理不完，大哲學家必能懸照也。晨起神思略清，復讀來書一過，粗略作答，幸希教示。舊志於前朝事實，誠多疏略，然如地理人物，補遺則易，經政各門，補遺則難。先事圖維，苦無善法，不知公意若何？姑舉一事言之，如南齊〈陸慧曉傳〉中，有論西陵牛埭稅一事，此於六朝賦稅，東州彫勉，具有關係。然其沿革，頗不易言，其等比又不能具述，僅錄舊文，而無所闡發，亦不足饜閱者之心。諒公部署，必有精思，儻可先示數紙否？若山川諸門，宋元舊志，自可據所見者，儘量補之。有徵則詳，無徵蓋闕，著之簡端，標爲義例，無不可也。如慮卷帙太繁，則去其與明志同者。更張太甚，似無此慮。例舉六事，所謂讀一省之志，不可不知一省之事者。此固讀書之士，心所同然。常氏《華陽》，早開茲例，粵西前事，見許通人。第猶病其兵事偏詳，他端未稱。今擬仿史表例，爲大事表，以舉其綱；仿紀事本末，爲大事錄，以詳其目。近代事如浙東義兵、湖州史案之類，前人記載，事蹟綦詳，非有專篇，不能委備。以古準今，則裘甫、方臘之騷亂，建炎、德祐之播遷，皆以紀事本末體敘之，亦《國語》、《越絕》之遺意也。學術源流，非一篇所能該舉。儒林、文苑、理學諸傳，或敘於前，或論於後，皆足以闡宗述緒，索隱表微。其顯學鉅儒，實有關於一代風氣者，仍集其同氣同聲、門人弟子彙爲專傳，其傳體仿竹汀先生所爲學傳例，鋪陳學術，不厭加詳。如竹垞、黎洲，雖專家不妨。至如紹興古器，復齋收藏，書板書棚，盡可於雜識中分類收之。越窯、剡紙、湖筆、紹酒，則敘諸物產考敘。其畸零無歸者，仍可歸諸雜識。竊意如此等比，吾公心得最多，現在儘可著手爲雜識。將來物產考敘，仍煩大筆，稍加增損，即可入書。公意以爲何如？風俗別四禮節物爲兩事，前後書之。其特別情形，古事如喫菜事魔，近事如金錢會匪之類，別以專篇。（在古爲考，在今爲記。）不可以少數奸民，遽誣全邑。海鹽戲劇，似亦入雜識，始得發揮盡致。吾意此雜識成，他日乃可單行，程度或與《夢溪筆談》相當，不儘《中吳紀聞》而已！大雅君子，亦有樂於此乎？努力書此，殊不盡意。」（下略）趙萬里說：「案：

先生此後所撰〈兩浙古刊本考〉及〈乾隆浙江通志考異〉，蓋均爲志局而作。先生又嘗於各書中劄出元明海運及倭寇事數十則，似爲《雜識》一門草稿，但不知其有否成書也。」（《趙譜》）

案：據《沈寐叟年譜》載：民國六年春，浙江省政府當局議修全省通志，敦請沈曾植為總纂。所聘分纂，皆一時之選。先生之被聘，依《趙譜》在本年，特附註之。又先生《書信集》並未收本年十月致沈曾植信，想是久已散佚。

十一月，撰〈蒼頡篇〉成，自序說：「字書創於《史籀》，而《蒼頡篇》繼之。《史籀》十五篇，後漢已亡其六，今其字存於《說文》者僅二百餘，蓋不及原書之什一矣！《蒼頡》三篇雖并於漢、亡於唐，然漢初所定五十五章三千三百字，今散見於諸書所引者尚得十之五六。乾嘉以來，孫、任諸家相繼纂輯，並有成書，近時陶、陳諸氏補之，其字益備。余嘗取諸家之書讀之，竊怪其勤於蒐集，而疏於體裁，又詳於注解，而略於本文也。夫古字書存於今日者，在漢惟《急就》、《說文解字》，在六朝惟《千字文》與《玉篇》耳！此四種中，《說文》與《玉篇》說字形者爲一類，《急就》、《千文》便諷誦者又爲一類。《蒼頡》一書，據劉子政、班孟堅、許叔重所說，與近出之敦煌殘簡，其與《急就》、《千文》爲類，而不與《說文》、《玉篇》爲類審矣！乃元吾邱子行作《學古篇》，謂《蒼頡》十五篇，即《說文》部目，近世馬竹吾用其說，遂盡取《說文》部首以入所輯《蒼頡篇》中。諸家輯本皆未明言其非，亦不言蒼頡體例之何若，其失一也。《急就》一篇，皆用《蒼頡》正字，劉、班二家並著其說，乃諸家輯本未有採及之者，蒐張、郭之訓詁，忘李、趙之舊文，其失二也。國維有見於此，乃以己意重輯此書，以史游所錄揚雄、杜林所訓之字爲上卷，則漢志《蒼頡》五十五章之正字也；以見於他書所引者爲下卷，則雜有揚雄訓纂賈魴滂喜所續之字者也。又以《蒼頡》本文爲經，而以揚、杜、張、郭之訓詁列於其下，則本文與注界畫分明，蓋有前人之得而無其失者，故刊而行之，世之言小學者，或有取於是歟？」自乾隆以來，輯《蒼頡》者有孫星衍、任大椿、馬國翰、陶方琦、顧震福、曹元忠、陳其榮等七家，皆「獵張、郭之訓詁，棄李、趙之舊文。」又以三蒼各自爲卷，此等分類，殊爲駢枝。且「《蒼頡》三篇，皆四字爲句，二句爲韻，由近世敦煌隸書殘簡足以證之，乃或信吾邱子行之說，謂《蒼頡》十五篇，即《說文》部目五百四十字，遂盡取以入錄，不知以字形分部乃創自許君，其部首諸字固非通行之字，《蒼頡》無緣收之。」先生所輯，盡正前人之失。「以漢殘簡之所存，揚雄、杜林之所說及《急就篇》所用《蒼頡》正字爲上卷，而以揚、杜、張、郭之說此諸字者附焉！其餘諸書所引《蒼頡》三蒼之字并爲下卷。上卷爲《漢志》所錄蒼頡之字，下卷則《隋志》所錄三蒼之字，又別本字與注爲二，原書次第已不可尋，故仍用孫氏書例，以《說文》部目爲之編次，取便檢閱。」此輯與諸家得失，讀者一覽便可自得之。（〈重輯蒼頡篇敘錄〉，見《靜安遺書》第十八冊）

案：趙萬里說：「先生此輯，以敦煌所出漢簡，及《急就篇》所用《蒼頡》正字為上卷，而以揚（雄）、杜（林）、張（揖）、郭（璞）之說此諸字者，附焉。其餘諸書所引《蒼頡》三蒼之字，并為下卷。卷首弁以序錄。自來輯之者凡七家，均未有如先生之詳盡者也。時同事某君欲著書，苦於無成，因以先生此書校刊之，而沒其名焉。昔吳蘭庭校《元豐九域志》成，桐鄉馮集梧假刊之，後世讀馮氏書者，幾不知校書者之為誰也。余頗懼後世或有惑於此者，因附見於此。」（《趙譜》）蓋以此輯乃是先生代姬覺彌（佛陀，時為倉聖明智大學校長）所作，由倉聖明智大學排印，故卷首不署先生之名。

十二月八日（十月十七日）起，以蔣氏密韻樓藏嘉靖徐氏刊本《周禮鄭注》，校士禮居叢書本，次日又以明翻宋相臺岳氏本校於眉端，凡十一日校畢。其異同悉錄入《藏書志》中。（《趙譜》）

十二月，以蔣氏藏嘉靖間復刊宋大字本《禮記》，以校崇文書局翻張敦仁復宋撫州本。（《趙譜》）又撰〈九姓回鶻可汗碑跋〉及圖記，以補沈曾植〈和林三唐碑跋〉文之所未備者。

是月，柯劭忞《新元史》由大總統明令列入正史。王桐齡說：「二十四史之中以《元史》爲最蕪雜，搜集史料太草率，編輯時間太倉猝，後人欲糾正整理之者甚多，若邵遠平之《元史類編》，錢大昕之《補元史藝文志及氏族表》，魏源之《元史新編》，洪鈞之《元史譯文證補》，……屠敬山先生之《蒙兀兒史記》，皆有清一代名著，努力修改元史而尚未完全成功者也。柯鳳孫先生爲吾國宿學，以四十餘年之精力整理元史，根據《永樂大典》及金石文字與西方史料，對於舊史加以訂正增補，刪其繁亂，正其謬誤，補其闕憾。使有元一代百餘年間之事跡一一羅列，若指諸掌。」……（《學衡》第三十期，〈介紹柯鳳蓀先生《新元史》〉）此書分本紀二十六卷，表七卷，志七十卷，列傳一百五十四卷。其特點有四：一、參照西方之史料，以補舊《元史》的闕漏，並正其謬誤。二、參考蒙古史料，如《祕史》等，以訂正舊史。三、參考《永樂大典》中所收元《經世大典》，以補舊史之闕如。四、參考元人文集以補舊史列傳。其浩大繁博，實遠過前賢。

案：蕭一山著《清代通史》第五冊〈清學者著述表〉有云：「余曩在梁任公先生座次，逢王靜安先生，談及《新元史》一書，均以未敘體例及取材為憾。」又徐中舒〈追憶王靜安先生〉一文，言：「先生於當時人士不加臧否，惟於學術有關者，則就其學術本身略加評騭。余第一次在研究室中見先生案頭置有柯鳳孫先生所著《新元史》，蓋先生此時正治西北地理及元代掌故也。先生謂：《元史》乃明初宋濂諸人所修，體例初非不善，惟材料不甚完備耳！後來中外秘籍稍出，元代史料漸多，正可作一部元史補正，以輔《元史》行世，初不必另造一史以掩原著也。」是劭忞之《新元史》，並不見重於先生，先生平生最服膺的人物是嘉興沈曾植，然劭忞卻極敬重先生學術，命二子昌泗、昌濟皆拜在先生門下。

是歲，與費行簡同教授於倉聖明智大學，每日皆相聚論學。行簡撰〈先生別傳〉說：「當歲己未，予居上海，同教授于英人哈同所立之大學，靡日不見，見則質證藝文，劇談爲樂。……予少治《禮》與《公羊春秋》，恆以請益於君，君謂：『公羊推衍義例，蓋一家之業，故漢儒稱其墨守，耑則精，旁通則支。嘉道諸儒務通其說于群經，誠後賢之蔽，不爲傳損益。若厥微言大義，劉宋以降闡發無遺，更衍則支說旁出矣！』予服其言，故所商榷多在乎《禮》，論禮又多在乎祭。……予皆得因君說以申暢疑滯，達厥制作，豈非厚幸。而君議論明塙，不幾超于戴憑井丹歟？若其不取辭費，則阮宣子之言寡而旨暢也。且不徒精于禮制，凡聲音、訓詁、名物、象數，莫不研幾窮微，尤善論證金石文字。其論近世學人之敝有三：損益前言以申己說，一也；字句偶符者引爲塙據，而不顧篇章，不計全書之通，二也；務矜創獲，堅持孤證，古訓晦滯，蔑絕剖析，三也。必溺三陋，始可言考證。考證之學精大，則古義古制日以發明，次亦可以董理群書。於戲！可謂片言中彀者已！其所爲文辭，從容雅樸，惡夫容言游說者之以古文自炫也。故一篇之成，必有實義。」（《碑傳集補》卷五十三）其所推重皆真實明確，非相互標榜者可以比擬。

民國九年（一九二〇）庚申　四十四歲

元月二十三日（己未十二月三日）起，以蔣氏密韻樓藏北宋刊《爾雅》單疏，校阮氏嘉慶江西刻本晉・郭璞《爾雅注疏》，凡四日而畢。繼又據《爾雅注疏》所引《方言》，以校戴氏《疏證》本，頗有異同，俱載於藏書志中。（《趙譜》）

二月十一日（己未十二月二十二日），江陰繆荃孫病卒於上海，年七十六。先生輓以聯云：「樸學抱經傳，鍾山龍城，更喜百年開講席；著錄平津亞，圖書金石，尚留二志重文林。」（《趙譜》、《雪橋自訂年譜》）

三月，以《續古逸叢書》影內府藏宋刊大字本《孟子章句》，以校《吉石盦叢書》影印日本覆宋音注本。又以《孟子音義》檢對一過。（《趙譜》）

四月九日（二月二十一日），以蔣氏密韻樓藏覆宋小字本《史記集解索隱》，以校汲古閣本《史記索隱》末二卷。並有跋語。（《趙譜》）

四月，於蔣氏密韻樓見盧弓父校本《穆天子傳》，以校翟云升校注本，二者多合，似翟氏曾

見盧本也。又校明天一閣刻本。先生又爲增釋若干條，亦兼采沈曾植之說，並註於眉端。（《趙譜》）

五月，以蔣氏藏影元鈔本《東京夢華錄》，校江山劉履芬舊藏乾隆間刻本一過，劉氏曾據汲古閣本以校之，並有手跋，此乃先生在蘇州時所收得者。

九月九日（七月二十七日），爲友人徐乃昌序《隨庵吉金文字》。序說：「甲骨文字出於安陽之小屯，福山王文敏公懿榮始得之，文敏殉國，悉歸丹徒劉鐵雲觀察鶚，鐵雲又續有所得，選其精者印行爲《鐵雲藏龜》一書。嗣後安陽所出，多歸上虞羅叔言參事，參事所藏凡二三萬片，印於《殷虛書契前、後編》者，皆其選也。顧甲骨閱時既久，其質頗脆，非如吉金樂石可把玩摩挲者。余於劉、羅二君皆至稔，然於其所藏，除《藏龜》、《書契》二書所載及羅氏選拓數十冊外，固未能盡覽焉！丙辰、丁巳間，鐵雲所藏，一部歸於英人哈同氏，余爲編次考釋之，始知鐵雲所藏之佳者，《藏龜》一書固未能盡之。又鄞縣馬君叔平贈余以京師大學及其所藏甲骨拓本千餘片，其中文字頗有出於《藏龜》、《書契》二書外者，益知殷虛遺物片骨隻字皆足資考證，劉、羅二家選印之舉，蓋出於不得已也。庚申秋日，積餘先生復出所藏甲骨拓本見示，其中小半，參事已選印入《殷虛書契後編》，然其中文字異體及卜辭之可資考證，而爲參事所遺者，亦尚有之，此研究古文字及制度者，所不可不肄業及之也。且甲骨一經摹拓，便有損壞。先生此拓，其與實物同寶之。」（《觀堂遺墨》卷上）十一日，又與書說：「前日奉詣，適值公出爲悵。《建康志》并尊藏龜甲拓本冊，想已察入。冊中裱倒者幾百餘片，尊冊本非剜裱，似尚可揭去重裝，不甚費事也。尊藏龜甲拓本頃始見之，尊函言：前以雪堂選餘之半贈維者，殆誤憶也。雪堂近得一楚鐘，形在句鑃與鐸之間，其銘半泐，可讀者作四字韻語，頗爲新出諸器中所僅見。近見有佳品否？石銘藏器拓本，如晤時乞一催之。」（《觀堂遺墨》卷下）

九月二十六日（八月十五日），以明・黃省曾刻本《列女傳》，校蕭道管集注本。蕭氏書由侯官陳氏家刻，正文依王照圓注本，不知自何本出。先生又據《藝文類聚》所引者比勘之，凡以己意改正者，並記於下，又有眉註數處。（《趙譜》及〈批校書目〉）

十月，讀《詩話總龜》，據以補《封氏聞見記》卷七高唐館佚文一則。趙萬里說：「《封氏聞見記》十卷，雅雨堂刻本，校馮己蒼抄本，勞季言校本，又據《唐語林》、《詩話總龜》及《全唐文》，補佚文六則，及缺文若干字。更據《隋志》、《唐六典》各書比勘，所得益多。去年秋，余購得雅雨堂本，曾假先生此本臨校一過，復以《學海類編》本校之，學海本遠勝盧本，與馮本大同。余復檢《南部新書》、《唐語林》、原本《說郛》，又勘正數十字，遂成善本矣。」（〈手批手校書目〉）

是月，以蔣氏密韻樓藏士禮居舊藏宋刻本《景定嚴州續志》，校漸西村舍本，漸西本據四庫

全書本校刊，惟其遜於宋刻本遠甚！（《趙譜》）

十一月，以影汲古閣影宋抄本焦氏《易林》，校士禮居本，訂正甚多。繼又以彭華本校前八卷，又以嘉靖四年重刊彭本校後八卷。校彭本時用朱筆，用以與宋本相識別。《易林》善本，首當推此。（《趙譜》、〈手批手校書目〉）

是月，以日本寬永十五年活字本《孔子家語》，校明嘉靖間黃周賢刻本，又校汲古閣仿宋刻本。寬永本佳處出諸本上，即宋刊大字本亦不足與之相抗衡。（《觀堂別集》卷三）先生爲補嘉靖本注中音切，及卷九、卷十缺文數百字。

是歲，先生爲蔣氏修藏書志，用其大部分時間遍校各書，並寫跋記，作爲《藏書志》的初稿。先生與友生蔣穀孫一再函催取書送書，以便錄校，依經史子集分若干梯次取換。茲轉錄原函五通，以見當時取換書的情形。（一）「弟處經部書業已錄畢，望飭車將史部書送下，並將經部書取回，至感。史部正史一類有只需首冊及尾冊者，……如檢理爲難，則請先將部頭小者（如別史、雜史二類中多小部書）交下亦可。」（二）「正史諸書寫錄已畢，此次書稍多，請先飭車來取一大部分，有數種尚待考究者，暫留敝處。編年一類可便擲下。又前經部樂類中有《鹿鴻鷹揚二晏樂章》一冊，尚有欲查之處，前誤交還，仍乞擲下，因須一校其中律呂工尺也。」（三）「前所來書三單，因酷熱停頓，近日始錄畢。乞遣車取回。現在史部尚有地理、職官、目錄、金石四類，種類較繁，其餘應補之書，恐不甚多矣。目錄中《遂初堂書目》一冊，請先擲下，因弟別有欲檢查處故也。」(四)「類書一門錄畢，乞飭車換書爲荷。《三才廣志》第二百三十九卷有撰人姓名，題浙西吳琉編，後檢《千頃堂書目》，知琉字汝美，長興人，此外尚有著書，此書爲湖州人著述，尤可喜也。」(五)「前書錄畢，乞飭車換書，近竭三日之力，校尊藏明鈔《張說之文集》二十五卷過，明鈔本佳甚，嘉靖刊本奪去二葉，又卷二十三內奪文一篇，又脫落一行者幾十處。改正刊本誤字甚多，不能悉計，可謂最善本矣！四部叢刊本後附校記，乃據傅沅叔所藏汪小米臨黃校本錄出，僅前十卷有校，餘悉無之，且所錄疏忽，尤可異也。」(《觀堂遺墨》卷下)

案：先生函札皆不書年月，甚至亦不繫日，這五封信亦然，姑並繫於此，以見當時調換藏書的情形。據趙萬里撰先生〈手校手批書目〉說：「靜安先生逝世後，里與其公子等整理遺書，共檢得先生手校手批書一百九十餘種，……皆先生畢生精力之所在也。蓋先生之每治一學，必先有一步預備工夫，如治甲骨文字，則先釋《鐵雲藏龜》及《書契前、後編》文字。治音韻學，則遍校《切韻》及《廣韻》。撰蔣氏《藏書志》，則遍校《周禮》、《儀禮》、《禮記》等書不下數十種。其他遇一佳槧，必移錄其佳處或異同於先生自藏本上。間有心得，必識於書之眉端。自宣統初元以迄於今，二十年間，無或間斷。求之三百年間，實與高郵二王為近，然方面之多，又非懷祖、伯申兩先生所可及也。先生逝世前夕，嘗語人曰：『余畢生惟與書冊為伴，故最愛而最難捨去者，亦惟此耳！』嗚呼！此可以見先生之微意矣。」先生一生的精勤如此。

又案：上海華東師範大學在一九八二年出版吳澤主編《王國維書信集》考證為在民國九年及十年。

是歲，與日本友人狩野直喜書，論世界局勢變化。說：「前日奉手教並竹添先生《毛詩會箋》首冊，敬悉一切，又審先生近抱鼓盆之戚，殊深惋歎，一別四五年，師友皆入老境，而維亦至中年，死生聚散之感，往往有之。君撝遺書除四王吳惲一書，近尙有出版否？其所藏《王子安集》、《壹神論》等，皆不可不傳之書，想先生與湖南諸公當可爲之料理。世界新潮傾洞澎湃，恐遂至天傾地折，然西方數百年功利之弊，非是不足一掃蕩，東方道德政治，或將大行於天下，此不足爲淺見者道也。去歲弟患腳氣，轉地至津，一月而愈。……竹添先生書已交子培方伯，所欲作序文，是否遺書總序，抑係《毛詩會箋》一種之序？請示爲感。……」（《王忠愨公遺墨》）

案：先生去年九月患腳氣病，赴天津療養，則此書當在今年。

民國十年（一九二一）辛酉　四十五歲

北京大學極欲聘請先生任文科教授，託馬衡馳書致意，羅振玉亦加勸說，先生一時難以應允，乃於元月二十八日（庚申十二月二十日）與羅氏書云：「馬叔翁及大學雅意與公相勸勉之厚，敢不敬承。惟旅滬日久，與各處關係甚多，經手未了之件與日俱增。兒輩學業多在南方，雖亦有懷土之意，以遷地爲畏事。前年已與馬叔翁面言，而近歲與外界關係較前尤多，更覺難以擺脫。仍請將此情形轉告叔翁爲荷。」（《書信集》頁三一二）

二月四日（庚申十二月廿七日），跋劉氏《金石苑》稿本。說：「諸城劉燕庭方伯《金石苑》稿本，共六十一冊，今在上海涵芬樓。……嗣涵芬樓又得仁和胡次瑤孝廉所編《金石苑序目》手稿二冊。……案：方伯之爲此書，孝廉實佐之。孝廉序《嘉蔭簃蒐古彙編目》云：『壬子之秋，余爲方伯編《金石苑》目次，凡得十種。』……考方伯之卒，在咸豐癸丑春日，壬子秋之目，當爲最後所定。其時《金石苑》已得十種。……胡氏名琨，一字美中，仁和人。道光甲辰舉人，殉咸豐庚申之難。余藏其致勞季言手札，述校《說文繫傳》事，語極精確，其編次金石，亦頗有法，學問淹雅，當時無赫赫名，今更罕知其姓氏矣！」（《觀堂集林》卷廿一）先生表彰前賢學術，不遺餘力，他如跋江有誥《音學》，稱述江氏在古音韻學上的貢獻，此皆犖犖大者。

二月，以蔣氏密韻樓藏馮己蒼抄本及勞季言校本《封氏聞見記》校雅雨堂本，得校訂多處，且多有與先生舊校相合的地方。

二月十五日（正月初八日），假舊鈔本《文昌雜錄》以校雅雨堂刻本，復以己意訂正二十餘字。繼而又以范氏天一閣舊藏明鈔本《資暇集》，校胡文煥刻本。

三月二日（正月二十三日），假某氏所藏內閣大庫舊藏殘宋本《大唐六典》，以校明正德中重刊宋紹興本，補第三卷佚文數百字。先生早在宣統三年以日本近衛公爵校本校之，移其校語於眉端，然意有所未安，輒又檢古籍細勘之，至是精加校勘，允稱善本。

春日，先生致書友人某君，與論《詩》、《書》中成語，共二封，乃輯平日所撰〈經義雜記〉而成，其體裁託爲書信，實無友人某君其人存在。先生論詩書難解之故有三：「譌闕，一也。古語與今語不同，二也。古人頗用成語，其成語之意義與其中單語分別之意義又不同，三也。」先生從《詩》、《書經》各篇中舉出很多實例，說明各成語相沿之意義。「知字義之有轉移，又知古代已有成語，則讀古書者，可無以文害辭，以辭害志之失矣。」是爲先生的創見。（《觀堂集林》卷二）

春，仁和姚虞琴以邑人張渭漁舊藏查他山先生《敬業堂文集》請序於先生，先生爲述有清三百年來海寧收藏家之概略以序之。並說：「此邑人張君渭漁藏書，當吾之世，吾寧言收藏者推渭漁，寧固文獻之邦也。……自余童丱以至弱冠，居鄉之日，未嘗見一舊本書，一金石刻。蓋三百年來文獻盡矣！暨光宣之間，始得渭漁。渭漁長余三四歲，當就傅時，書塾相望也，顧余未嘗習渭漁，後頗聞渭漁棄舉子業，攻金石書畫。光緒乙巳，余歸自吳門，渭漁訪余於西城老屋，出唐解元芍藥、馬湘蘭蘭石小幅相與把翫移晷，嗣後遂不復相聞。惟聞人言渭漁學益進，藏益富。逮丙辰春，余自海外歸，欲盡覽渭漁之所藏，而渭漁則死矣！……歿後遺書、遺器及金石拓，尚塞破數屋，均未整比，斯不能不爲吾邑文獻惜也！……」蓋先生深哀悼之。（《觀堂集林》卷二十三）

五月二十二日（四月十五日），先生寫定近數年內所爲文字刊於《學術叢編》，及舊作之刊於雪堂、廣倉二叢刊者，刪繁挹華，編爲《觀堂集林》二十卷。友人烏程蔣汝藻出資以仿聚珍版印行。趙萬里說：「先生之輯《集林》也，去取至嚴，凡一切酬應之作，及少作之無關弘旨者，悉淘去不存。舊作如〈魏石經考〉、〈漢魏博士考〉、〈爾雅草木蟲魚鳥獸釋例〉，亦只存一部份而已。」（《趙譜》）又先生於所收各學術論著，多有改訂，較前尤加精密，由此亦可見先生做學問的精益求精之精神。

自是月二十六日起，以蔣氏藏明鈔本《張說之文集》，校《四部叢刊》影印明嘉靖本，訂正誤字千餘，至六月上中旬間始校畢。明鈔本與結一廬朱氏刻本佳處大致相同，又以《唐文粹》

檢校一過，遂成善本。與友生蔣穀孫信，（見前引書札第五封）即討論此一問題。

六月，以殘宋刊建安本《元微之文集》，校明董氏刻本。宋刻僅存十四卷，篇數編次都與董本大不相同，但其佳處每出董本之上。（《趙譜》）

是月，又假蔣氏藏北宋刊南宋剜改本李賀《歌詩編》，校《四部叢刊》影印常熟瞿氏藏之刻本。又假蜀本《笠澤叢書》，校影黃復翁校明抄本一過。趙萬里說：「北宋本舊藏武進董氏，後歸烏程蔣氏，即董氏據以影印，蔣氏據以影刻者。但其剜改處均不能於影本刻本上辨別之。比假蔣氏所藏原本細勘一過，凡南宋剜改諸字，悉標注於眉端，於是兩本佳處一覽可知矣！未有跋語，考定常熟瞿氏藏本乃蒙古憲宗時刊本，瞿目定爲金本，未免近於誇誕。」（《趙譜》及趙撰〈王靜安先生手批手校書目〉）五月十五日與友生蔣穀孫信說：「李賀詩用金本一勘，其與金本異同處，十之八九皆係剜改，而金本祖本係司馬溫公藏本，即此本之未剜改本，此則經南渡後剜改之本，其刊於北宋即此可證。」（《觀堂遺墨》卷下）

七月，盛暑中，以蔣氏藏藝芸精舍抄本《小畜集》，校《四部叢刊》影印經鉏堂舊鈔本，訂正誤字千餘，影本末卷有闕葉、錯葉亦四五處，皆于以補訂校正。

八月，前輩沈曾植手書杜甫詩於扇上以贈先生，詩後曾植附跋語說：「晚歲讀草堂蜀中諸詩，彌益親切，覺其善道人意中事，寄情於景，寫實以虛，正使元白張姚盡其筆力，不能當此老一二語助詞也。質之高明，以爲何如？」是沈氏推尊杜甫，可謂達到極點。明年四月，先生乃手寫沈氏民國四年還家伏日雜詩四章以並之。

九月十一日，胡適讀先生著《古本竹書紀年輯校》，甚爲稱許。胡氏是日《日記》載云：「看王國維的《古本竹書紀年輯校》。此書甚好。他還有一部《今本竹書紀年疏證》，也在《廣倉學宭叢書》二集中，這兩書都是近人的著作中不可多得的產品。」（《胡適日記全集》第三冊）

九月，江陰繆荃孫藏書散出，先生購得光緒四年吳興陸心源十萬卷樓刻本《爾雅單疏》，以蔣氏密韻樓藏北宋本校之。又得道光二十三年日照許印林刻本《孟子音義》，十六日（八月十五日），以黃氏《士禮居叢書》影宋本《孟子音義》校許本一過。並跋於後，認爲是「家塾善本」。

案：劉聲木《萇楚齋隨筆》說：「日本島田瑜撰《皕宋樓藏書源流考》一卷，目藏書為不祥之物。子弟若不能讀，論斤出售，視如糞土，言之驚心動魄。予在滬，購得興化李審言茂才詳所撰《媿生叢錄》二卷，宣統元年八月刊本，當時以一帙贈江陰繆筱珊太史，尚有審言茂才贈書一訊，夾入卷中。太史病故上海，未逾年，藝風堂藏書，全數為古書流通處賈人海寧陳笠宕所得。《媿生叢錄》又展轉為余所得，茂才一訊，紙墨如新，書乃易姓。乃歎島田之言不為無見也。」（《古今典籍聚散考》卷三）繆氏辛勤搜集三、四十年的書籍和金石拓本，因為子孫的不肖，不能傳下去，而以其身亡為終結，實為一件可哀歎的事。

十月，法人伯希和以敦煌古卷中陸法言《切韻》凡三種影本寄給羅振玉，未及精印。自月初起，先生爲臨寫一本，至二十三日錄畢，石印以行世，因增訂舊文，爲跋尾，附於所寫本後。巴黎國民圖書館藏敦煌所出唐寫本《切韻》凡三種，第一種存上聲海至銑十一韻，第二種存卷首至九魚凡九韻，前有陸法言、長孫訥言二序；第三種先生考定爲長孫訥言節本。先生說：「又以書體言，則第一種爲初唐寫本，第二種、第三種並唐中葉寫本，亦足證前者爲陸氏原本，後者爲長孫氏箋注本，若其節本也。」又說：「先儒以《廣韻》出於陸韻，遂謂陸韻部目及其次序與《廣韻》不殊，此大誤也。以余曩日所考，則《廣韻》部目次序並出李舟，而《切韻》、《廣韻》則自爲一系，今見陸氏書，乃得證成前說。」（《觀堂集林》卷八〈書巴黎國民圖書館所藏唐寫本切韻後〉）先生之言，可謂發千載之覆。

是月，羅振玉之次子福萇（字君楚）卒，年纔二十六。先生自君楚六、七歲時即已相識，親見其自幼而少而長，聞其卒，萬分悲痛。先生撰其小傳說：「君楚幼而通敏，……年未冠，即博通遠西諸國文字，……繼乃治東方諸國古文字學。當光緒之季，我國古文字、古器物大出，其犖犖大者，若安陽之甲骨，敦煌塞上之簡牘，莫高窟之卷軸，參事實始爲之蒐集、編類，考訂流通，有功於學問甚鉅。而塞內外諸古國，若西夏、若突厥、若回鶻，遠之……若身毒，其文字器物亦多出於我西北二陲。胥於我國舊聞相涉，而梵天文字則又我李唐之舊學也。……惟君楚實首治梵文，又創通西夏文字之讀，……故海內二三鉅儒，謂他日理董絕國方言，一如參事之理董國聞者，必君楚其人也。……光緒末，俄人某於甘州古塔中得西夏譯經數篋，中有漢夏對譯字，書名《掌中珠》者，君楚得其景本數葉，以讀西夏石刻〈感通塔記〉及法屬河內所藏西夏文《法華經》殘卷，旁通四達，遂通其讀，成《西夏國書略說》一卷。……君楚爲學，有異聞必以語余，余亦時以所得告之，余作〈西胡考〉，君楚爲余徵內典中故事。君楚所釋《華嚴經》刻本，余於其歿後數月始得考定爲元初杭州所刊河西字《大藏經》之一，恨不得以語君楚，然則余亦安得復有聞於君楚耶！將突厥、回鶻、修利諸史料，不能及今世而理董耶？即異日有繼君楚之業者，如君楚之高才力學又豈易得也。君楚沒，海內知參事及君楚者，無不痛惜。嘉興沈乙庵先生與余言君楚，輒涕泗不能禁，然則君楚之死，其爲學術之不幸何如也。」（《觀堂集林》卷二十三）迨至次年元月二十九日（正月二日），君楚妻汪氏卒，年僅二十五，先生亦爲撰墓碣銘。

十一月，陳乃乾輯成《金石叢書》，請先生爲序冠其首。十七日與書云：「委撰胥輯《金石叢書》序，頃始脫稿，附呈，請察收。叢書何時可出？銷路可望佳否？如能賡續出書，亦一大佳事。」（《觀堂遺墨》卷下）先生即序之，略謂：「自雕板行而得書易，石印行而得善本書易，古本善本閱世愈久，傳世愈鮮，非能入肆而求之，盡室而儲之也。自有寫影入石之法，而古本善本之僅存者，影之印之，一化爲十，百化爲千萬，無傳寫刊刻校勘之勞，亦無因傳寫刊刻所生之誤，法至善也。顧石印法入中國數十年，其用以印行善本則自近歲始。歲庚申，上海涵芬樓印行《四部叢刊》，於是經史子集之最要者頗易致善本，然其書於目錄、金石二類闕如。金石一類，近世非無彙爲一集者，如四明葛氏、吳縣朱氏、宜都楊氏之數，亦蔚爲大觀，顧其蒐集猶未備，所據本亦未必盡善，即善矣而亦不能無傳寫刊刻之誤，此雕板之所不能免也。吾邑陳君乃乾，熟於簿錄之學，乃取金石之書流傳最罕者凡十種，影印以廣其傳，足以彌涵芬樓之闕，而補葛朱諸家之所未備，其事甚盛。余又思歐、趙、呂、薛、洪、婁諸書，世亦不易覯善本，陳君儻能蒐訪舊本，賡續印行，其裨於茲學者當更遠大。余既喜此書之成，尤樂見其繼是而有作也。」（《百一廬金石叢書》）

十二月，以蔣氏密韻樓藏明嘉靖徐氏復刊宋建安大字本及宋刊纂圖互注本《禮記》，校崇文書局重刻張氏影宋撫州刻本。《四部叢刊》即據蔣氏藏影印，但有描失處，因以原本刊正之。（《趙譜》）

是歲，先生摘出經典中連綿字，爲《連綿字譜》，草稿初具，計分三卷，上卷爲〈疊韻連綿字〉，中卷爲〈雙聲連綿字〉，下卷爲〈非疊譜非雙聲之古成語〉。（《趙譜》）周予同說：「文字學大概分形音義三部分，就是所謂形體、音韻和訓詁。在訓詁方面，靜安先生大概只有整理補充而沒有什麼創說。《觀堂集林》卷五〈爾雅草木蟲魚鳥獸名釋例上、下〉一文，可以說是代表作品。在這篇文章裏，他就若干普通名詞與許多生冷怪僻的文字中，整理出幾條提綱挈領的原則，很可以告訴我們治學的方法。去年，我聽說靜安先生在清華研究院提出聯綿字的研究，所謂『聯綿字』研究，就是搜集中國文字中的雙聲疊韻重言的形容詞、副詞，就音韻方面研究他們的訓釋與轉變。關於這方面，不曉得他已否著手研究，或已否得有結果；不過這的確是文字學的訓詁方面一個新提案或者一條新途徑。」（《文學周報》五卷一、二期）實際上，先生已有研究，且已有結果。不過先生認爲這只是一個開頭，還有賴於諸同道的共同研究，所以在民國十一年秋後，任北京大學研究院國學門通信導師時，首先提出此一問題，繼而於民國十五年在清華研究院再度提出，其道理在此。

民國十一年（一九二二）壬戌　四十六歲

三月，次子高明完婚，先生歸里主持。

是月，撰《兩浙古刊本考》成。其《五代兩宋監本考》草稿亦略具，以有待於增訂者尚多，故迄未刊行。先生本想撰歷代監本考，以元明以下材料尚未完備，故先將《五代兩宋監本考》次第寫定，分上中下三卷，上卷記五代監本，中卷記北宋監本，下卷記南宋監本。先生序《兩浙古刊本考》說：「鏤板之興，遠在唐世，其初見於紀載者吳蜀也。而吾浙爲尤先，元微之作〈白氏長慶集序〉，自注曰：揚越間多作書摹勒樂天及予雜詩賣於市肆之中。夫刻石亦可云摹勒，而作書鬻賣，自非鏤板不可，則唐之中葉吾浙已有刊板矣！《冊府元龜》載：後唐長興中，馮道、李愚奏云：『嘗見吳蜀之人鬻印板文字，色類絕多。』則五季之頃，其行轉盛。及宋有天下，南并吳越，嗣後國子監刊書，若七經正義，若史、漢三史，若南北朝七史，若《唐書》，若《資治通鑑》，若諸醫書，皆下杭州鏤板，北宋監本刊於杭者殆居泰半。南渡以後，臨安爲行都，胄監在焉，板書之所萃集。宋亡，廢爲西湖書院，而書庫未燬。明初，移入南京國子監，吾浙之寶藏俄空焉！又元代官書，若宋、遼、金三史；私書若《文獻通考》、《國朝文類》，亦皆於杭州刊刻，蓋良工之所萃，故鋟板必於是也。至私家刊刻，在東都時已亙四部，而宋季臨安書肆，若陳氏父子遍刊唐宋人詩集，有功於古籍甚大。至諸州刊板，天水以後，公座郡庠，仍世刊刻，而紹興爲監司安撫駐地，刊書之多，幾與臨安埒。又四部以外，湖之恩谿、杭之南山，均有大藏全板。元初刊西夏字全藏，亦於杭州開局，而一代大著述，如胡氏《資治通鑑音注》、王氏《玉海》，皆於其鄉學刊行，自古刊板之盛，未有如吾浙者。……宋元人所撰方志，若《寶慶四明志》、若《新定續志》、若《至正四明續志》，頗紀郡中板刻。而他州闕如，今撮錄世有傳本，及見於紀載者，爲《兩浙古刊本考》，分郡羅列，釐爲二卷，雖可考見者十不得四五，然大略可睹矣！」（《兩浙古刊本考》）其目爲：（一）杭州府刊板，甲、北宋監本刊於杭州者，乙、南宋監本，丙、南宋內府刊本，丁、浙西轉運司本，戊、杭州及臨安府刊本，己、雜刊本，庚、元官刊本，辛、元雜本，壬、西湖書院書板考。（二）嘉興府刊板，（三）紹興府刊板，甲、浙東轉運司本，乙、紹興府本，丙、宋元雜板。（四）甯波府刊板，甲、郡齋本，乙、郡學本，丙、宋元雜本。（五）台州刊板，（六）嚴州府刊板，（七）金華府刊板，（八）溫州府刊板，（九）處州刊板。

案：先生居上海，所看到的劉氏嘉業堂及蔣氏密韻樓所藏宋元版書甚多，故著錄各書版行牒文甚詳。

是月，羅振玉於北京書肆偶見〈洪文襄公揭帖〉及〈高麗國王貢表〉，知爲內閣大庫舊藏文書，新自歷史博物館售於故紙商，以爲造還魂紙的原料。羅氏因追蹤之，得其全部，凡九千袋，十五萬斤，因以三倍其原值的價錢買回。羅氏乃馳函先生告之，先生爲作〈庫書樓記〉以記其事。略云：「光宣之間，我中國新出之史料凡四：一曰殷虛之甲骨，二曰漢晉之簡牘，三曰六朝及有唐之卷軸，而內閣大庫之元明及國朝文書實居其四。……內閣文書，除宋元刊寫本書籍入京師圖書館外，其餘十三年間之幾毀者再，而卒獲全者，雖曰人事，蓋亦有天意焉！案：內閣典籍廳大庫，爲大樓六間，書籍居十之三，案卷居十之七，其書多明文淵閣之遺，其案卷則有列朝之硃諭、敕諭，內外臣工之黃本、題本、奏本，外藩屬國之表章，歷科殿試之大卷。其他三百年間檔冊文移，往往而在，而元明遺物亦間出其中。……然三百年來，……學士大夫罕有窺其美富者，宣統元年，大庫壞，……乃暫移於文華殿之兩廡，地隘不足容。……時南皮張文襄公方以大學士軍機大臣管學部事，奏請以閣中所藏四朝書籍，設學部京師圖書館，其案卷則閣議概以舊檔無用，奏請焚燬，已得諭旨矣！適上虞羅叔言參事以學部屬官赴內閣參與交割事，見庫垣中文籍山積，皆奏准焚燬之物，偶抽一束觀之，則管制府榦貞督漕時奏摺。又取觀他束，則文成公阿桂征金川時所奏，皆當時歲終繳進之本，排比日月，具有次第。乃亟請於文襄，罷焚燬之舉，而以其物歸學部，藏諸國子監之南學。……辛壬以後，學部後樓及南學之藏又移於午門樓上所謂歷史博物館者。越十年，館中資費絀，……乃斥其所藏四分之三以售諸故紙商，其數以麻袋計者九千，以斤計者十有五萬，得銀幣四千元，時辛酉冬日也。壬戌二月，參事以事至京師，於市肆見〈洪文襄揭帖〉及〈高麗國王貢物表〉，識爲大庫物，因蹤跡之，得諸某紙舖，則庫藏具在，將毀之以造俗所謂還魂紙者，已運數車赴山西矣！亟三倍其價償之，稱貸京津間，得銀萬三千元，遂以易之。於是此九千袋十五萬斤之文書，卒歸於參事，參事將築庫書樓以儲之，而屬余爲之記。……參事夙以收藏雄海內，其天津之嘉樂里第，有殷時甲骨數萬枚，古器物數千品，魏晉以降碑誌數十石，金石拓本及經籍各數萬種，實三古文化學術之淵藪。今者又得此大庫之書，宸翰之樓，大雲之庫，與斯樓鼎峙北海濱。……雖然，參事固不徒以收藏名家者也，其於所得之殷虛文字，固已編之、印之、考之、釋之，其他若《流沙墜簡》，若《鳴沙石室古佚書》等凡數十種，先後繼出，傳古之功，求之古今人未見其比。今茲所得，又將以十年之力，檢校編錄，而擇其尤重要者次第印行，其事誠至艱且鉅，然以前事徵之，余信參事之必能辦此也。」（《觀堂集林》卷二十三）

案：此記末載「壬戌七月（國曆八月）」，乃在購得大庫案卷五月之後，特因述及此事附載之。據董作賓撰〈羅雪堂傳略〉，稱述羅氏對近代學術貢獻最大者有五，其一即內閣大庫明清史料之保存。內說：「戊申冬（一九〇八），清宣統即位，令內閣於大庫檢閱清初時攝政典禮舊檔，閣臣檢之不得，因奏庫中無用舊檔太多，請焚毀，得旨允行。翰苑諸臣因至大庫求其本人及清代名人試策，偶于殘策中得宋人《玉牒》寫本殘頁，寧海章梫以此影印分呈張文襄及榮慶先生，因知大庫藏書尚多，力請文襄整理保存歸學部，允之。文襄具奏，奏中具言片紙隻字不得遺棄，委劉啟瑞、曹元中二人同整理，並面諭先生時至內閣相助。至是大庫所存無數重要史稿，經先生悉力以爭，得免毀滅。後十年，又幾有造紙之厄，先生復購存之，乃得留於今世。」（《大陸雜誌》

第二十四卷第四期）羅氏購歸，存於天津、北平兩地。十三年，羅氏略加整理，編成《史料叢刊初編》十冊二十二種，由東方文化學會印刷局出版，其後李盛鐸復以一萬六千元的代價，從羅振玉處購去。北伐後，中央研究院成立。歷史語言研究所於十八年春遷往北平，所長傅斯年經馬衡之介紹，復由李盛鐸處購回內閣大庫檔案全卷，乃成立明清史料編刊會，由傅斯年、陳寅恪、朱希祖、陳垣諸君子總其事。陸續出版《明清史料》，每編十冊。現檔案皆存南港史語所，今明清史料已出至辛編了。

是月，於蔣氏密韻樓得見《永樂大典》四冊，自卷一萬一千一百二十七至三十四，乃《水經注》自河水起至丹水止，恰得原書之半，就是戴東原校本所自出之本，因以戴本校之，始知凡戴本所云據《永樂大典》校改者，實與《大典》十不合一。於是先生乃一一校之，自九日（二月十一日）校起，至十五日校畢。二十一日，又假沈曾植所藏明嘉靖間黃省曾刊本以校戴本，至四月一日（三月五日）校畢。（《趙譜》）

春，北京大學研究所成立，以校長蔡元培兼所長，內分自然科學、社會科學、國學、外國文學四學門，其國學門，由教授沈兼士兼主任。北大《國學季刊》第一卷第一期附錄研究所國學門重要記事說：「研究所國學門內部現分文字學、文學、哲學、史學、考古學五個研究室，請本校教授講師分任指導。至於校外學者，則已聘請羅振玉及王國維兩先生爲函授導師。」

春，抗父撰〈最近二十年間中國舊學之進步〉一文，結論說：「最近二十年中，我國舊學之進步，求之前古，蓋未有如此之亟者。……至近舊學之進步，則以羅、王二君爲中心。羅君以學者之身，百方蒐求新出之材料，而爲近百年文化之結集，其研究之功，乃爲其保存流通之功所掩。王君以精密之分析力與奇異之綜合力，發見舊材料與新材料間之關係，而爲中國文化第二步之貢獻，遂使群眾舊學退步之近二十年中，爲從古未有之進步。」（《東方雜誌》十九卷三期）

四月十八日（三月二十二日），顧頡剛來訪先生，其《日記》載：「王靜安極樸誠，藹然可親。其寓所甚不考究。」（《顧頡剛日記》第一冊）

春夏間，先生考定歷代尺度，成〈日本奈良正倉院藏六唐尺摹本跋〉、〈宋鉅鹿故城所出三木尺拓本跋〉、〈宋三司布帛尺摹本跋〉等文。先生舉出五證以證明唐尺即沿用周、隋之尺，又以宋鉅鹿故城所出土三木尺與唐尺比較觀之，知宋公私尺度仍用唐舊制，並舉程大昌《演繁露》爲證。又認爲宋民間所用浙尺略同唐秬尺，淮尺略同唐大尺。並說：「嘗考尺度之制，由短而長，殆爲定例，其增率之速，莫劇於晉與後魏之間，三百年間，幾增十分之三，求其原因，實由魏、晉以後以絹布爲調，官吏懼其短耗，又欲多取於民，故三司布帛尺之大於唐秬尺，亦不外此例。」（《觀堂集林》卷十九）

案：楊寬撰《中國歷代尺度考》，論及宋代尺度，內中說：「宋代沿襲唐制，因為宋代政府所頒佈的標準尺，主要還是為徵收布帛之用，所以稱布帛尺。又因為宋初貢賦由三司使徵收，因而這尺也稱三司布帛尺。」又說：「王國維在考證宋代尺度時，一方面誤信了程大昌《演繁露》的推斷，一方面又誤信了三司布帛尺摹本，因而得出了下列錯誤的結論：（一）鉅鹿出土宋尺為淮尺；（二）宋三司布帛尺長營造尺八寸七分強；（三）合布帛尺八寸九釐有奇的浙尺，略同於唐秬尺（即唐小尺），淮尺略同於唐大尺，淮尺、浙尺即出於唐的大尺、小尺。（四）三司布帛尺的所以大於唐秬尺，由於『代有增益』。」楊寬認為鉅鹿出土的宋尺既出土於大觀二年所淹沒的鉅鹿故城，必是當時一般通行之尺。宋代的布帛尺就是沿襲唐大尺，並不是宋淮尺沿襲唐大尺。此足正先生之失，特附記於此，以待來者。

五月，以結一廬刊本《張說之文集》校嘉靖伍氏刻本，至月底校畢。（《趙譜》）

五月二十三日（四月二十七日），先生以鄉人陳乃乾欲翻印所著《曲錄》，與書解釋之；並勸其改印《元刊雜劇三十種》。說：「拙著《曲錄》，當時甚不完備，後來久廢此事，亦不復修補，弟意此書聽其自滅，至爲佳事，實不願再行翻印，兄若不見告而徑行翻印，則弟亦絕不干預也。弟意，兄欲印曲本，無如取日本京都大學所刊《元刊雜劇》三十種放大印之。此書子敬前欲石

印而未果，可與子敬一商也。弟有敘錄一篇，其編次與倭本不同，如印時當檢出奉寄也。」（《觀堂遺墨》卷下）

二十五日（四月二十九日），顧頡剛與先生信，論〈顧命〉。（《顧頡剛日記》）

六月五日（五月初十日），陳乃乾覆信欲印《曲錄》及《元刊本雜劇三十種》，先生又回信請其爲《曲錄》做補遺工作。信內說：「拙著《曲錄》，不獨遺漏孔多，即作者姓名事實可考者尚多，後來未能理會此事，故不願再行刊印。兄如能補遺正誤，並將作者事實再行蒐羅，則所甚禱也。〈元雜劇敘錄〉七紙檢出，送上，請察收，此文署年係乙卯，乃八年前作，亦不必改也。」（同上）

案：乙卯乃民國四年，此所謂八年前，應是自民四至民十一，前後恰是八年。

七月（閏五月），以蔣氏密韻樓所藏海寧陳仲魚抄本《千頃堂書目》。校《適園叢書》本，陳本較適園本多出數百條，均錄於眉端。八月，復以《明史・藝文志》校勘之。其見於〈藝文志〉者，則以朱筆爲識以別之。又據密韻樓所藏明人著的書，一一比勘其書名及卷數的異同，丹黃滿卷，堪稱先生手校書中之最精者。（〈王靜安先生手批手校書目〉）

八月，爲友人蔣汝藻撰〈傳書堂記〉。記說：「烏程蔣孟蘋學部，落其藏書之室，顏之曰傳書堂，蓋其先德書箴先生書室之舊額也。初，道咸之間，西吳藏書家數蔣氏，書箴先生尊人子壴先生與季父季卿先生，以兄弟相師友，專攻小學，兼精讎校，大江以南，精槧名鈔，麕走其門。子壴先生藏書之居曰茹古精舍，季卿先生之居曰求是齋，皆有聲吳越間。無何，赭寇亂作，兩先生挾其書走海門，而季卿先生旋卒，書之厄於水火盜賊者幾大半。比子壴先生歿，先生悉推家產於諸昆弟，而獨取書籍二十篋，名其所居曰傳書之堂，其風尚如此！孟蘋即先生長子也。幼傳家學，能別古書真僞，自官京師，客海上，其足跡率在南北大都會，其聲氣好樂，又足以奔走天下，故南北故家，若四明范氏、錢塘汪氏、泰州劉氏、涇縣洪氏、貴陽陳氏之藏，流出者多歸之。其於先世遺籍求之尤勤，凡舊籍之有茹古精舍、求是齋圖記者，估人恆倍蓰其直以相要市，孟蘋輒償之。藏蓄家知孟蘋者，間得蔣氏故書，亦頗以相贈遺。故孟蘋所得先世遺書，雖經兵火轉徙之後，尚不下百種，然以視其所自蒐集者，劣足當其百分之一。顧取先人舊額，以傳書名其堂，余謂爲子孫者如孟蘋，始可謂之能傳書矣。……若孟蘋者，生於藏書之鄉，又生於藏書之家，其於經籍心好之而力赴之，固非偶然。是故書有存亡，惟此傳書之精神則歷千載而不亡。……余既登孟蘋之堂，而覽其書，樂其蒐討之勤，而又能通其先人之美也，故書而著之，俾後世知所自焉！」（《觀堂集林》卷廿三）

案：烏程蔣氏藏書，於江浙間最享盛名，先生自民國八年始為汝藻編《密韻樓藏書志》，因得縱觀蔣氏所珍藏的善本及海內孤本，先生之學遂益博。前輩謂先生一生成就之大，方面之廣，多得力於書之助。如姚名達說：「成學固不易，靜安先生所以有如此成就，固由其才識過人，亦由其憑藉彌厚。辛亥以前無論矣，辛亥以後至丙辰，則上虞羅氏之書籍碑版、金石甲骨任其觀摩也。丙辰以後至壬戌，則英倫哈同、吳興蔣氏、劉氏之書籍聽其研究也。癸亥、甲子，則清宮之古本彝器由其檢閱也。乙丑以後至丁卯，則清華學校之圖書亶其選擇也。計其目見而心習者，實至可驚！人咸以精到許先生，幾不知其淵博為有數。返觀身後所遺藏書則寥寥萬卷，無以異人，古物尤不數數覯。後之學者可以省矣！」（《國學月報・王靜安先生專號》）是蔣氏藏書對先生治學貢獻極大，自民八至十一，凡四年間。先生校勘之書十數種，多假諸密韻樓，其與汝藻之私交足可概見。又先生撰〈樂庵居士（汝藻別號）五十壽序〉說：「余與樂庵居士生同歲，同籍浙西，宣統之初又同官學部，顧未嘗相知也。辛亥後余居日本，始聞人言今日江左藏書有三大家，則劉翰怡（承幹）京卿，張石銘（鈞衡）觀察與居士也。丙辰之春，余歸海上，始識居士。居士亢爽有肝膽，重友朋，其嗜書蓋天性也。余有意乎其為人，遂與定交，由是得盡覽其書。居士獲一善本，未嘗不以詔余，苟有疑義，未嘗不與相商度也。余家無書，輒假諸居士，雖金槧明鈔，走一力取之，俄頃而至。……余在海上時，視居士之書猶外府也。」（《觀堂遺墨》卷上）先生與蔣氏交情之深厚如此。得力於密韻樓藏書之助又如此，所以盡載是記，藉以明兩人間關係的淵源。

又案：先生為蔣氏所編之《書志》，於民國六十三年由臺北藝文印書館影印問世，為線裝書，共十六冊，改名為《傳書堂藏善本書志》，將上引〈傳書堂記〉改為序文，重加排版，置於書前，末附臺大中文教授臺靜農跋文。此稿由蔣汝藻哲嗣穀孫先生於民國三十八年帶來臺灣者，歷二十五年，終於出版。

八月，《觀堂集林》刻畢，都文二百篇，詩詞六十七首。友人蔣汝藻序之說：「海寧王靜安徵君，著書刊於上虞羅氏雲窗、雪堂兩《叢刻》及英倫哈同《廣倉學宭叢書》者不下數十種，世甚重之。歲在辛酉，君復薈萃前所刊書，刪繁挹華，益以未刊諸作，爲〈藝林〉八卷、〈史林〉十卷、〈綴林〉二卷，名曰《觀堂集林》。余亟請於君，以活字板印行。越二年，癸亥，校印斯竟。竊謂君書才厚數寸，在近世諸家中，著書不爲多，然新得之多，未有如君書者也。君新得之多，固由於近日所出新史料之多，然非君之學識，則亦無以董理之。蓋君於乾嘉諸儒之學術方法無不通，於古書無不貫串。其術甚精，其識甚銳，故能以舊史料釋新史料，復以新史料釋舊史料，輾轉相生，所得乃如是之夥也。此書之成，余實任校刊之役，比年以來，牽於人事，百事之諉諉，賓朋之談讌，輒夜分始得休，休則檢理書畫，或爲君校此書，往往漏盡始就枕。

顧以爲一日之樂莫逾於此時者。此非余之私好，凡讀君書者意必與余有同況也。昔施北研先生《元遺山詩注》，汪剛木大夫子長術諸書，皆先大父爲刊刻。嚴鐵橋先生《全上古三代漢魏六朝文》，先叔祖季卿先生校刊未竟，黃岡王氏得其校本始刊成於粵東。不佞薄劣，未足紹先哲，顧君之書，實不在施、嚴、汪三先生下也。君年未艾，而學日新，他日有作，尚能爲君刊之，姑書此以爲嚆矢云。」（《觀堂集林》卷首）

案：此序乃先生代撰。《觀堂遺墨》卷下有先生致汝藻信云：「大序屢擬增改，訖無善，恐即此已妥，再加反為蛇足。」云云。足可佐證。

八月二十八日（七月初六日），胡適私下評當代學人，獨推重先生。其《日記》云：「現今的中國學術界，真凋敝零落極了。舊式學者只剩王國維、羅振玉、葉德輝、章炳麟四人，其次則半新半舊的過渡學者，也只有梁啓超和我們幾個人。其中章炳麟是在學術上已半僵了，羅與葉沒有條理系統，只有王國維最有希望。」（《胡適日記全集》第三冊）那知至民國十六年竟自沉了！

九月，臨惠棟（定宇）校鄂州本《公羊注疏》於阮刻注疏本上。是月復以何休注所本漢人舊說注於書眉，先生說：「何注殆字字有來歷，徐疏不能徵引。故備錄之，以供參考耳！」（〈批校書目〉）

十一月二十一日（十月初三日）沈曾植病歿於滬寓，年七十三。先生哭之慟，並輓以聯，云：「是大詩人，是大學人，是更大哲人，四昭炯心光，豈謂微言絕今日；爲家孝子，爲國純臣，爲世界先覺，一哀感知己，要爲天下哭先生。」趙萬里說：「先生自海外歸國後，與沈先生過從最密，沈先生寓居新閘路，與先生寓所相距甚近，沈先生每見一書畫或金石墨本，必招先生往，相與商榷。沈先生篤老不著書，惟以吟詠自娛，故常與先生相唱酬。先生每成一文，必先以質沈先生。後先生治西北地理及元史學，似受沈先生相當之影響也。」（《趙譜》）王蘧常曾說：「先生學蓋淹貫天人，不當以一家論。……北魏遼金元史及四裔輿地之學，尤爲專門。嘗切磋於順德李仲約侍郎文田、吳縣洪文卿侍郎鈞、桐廬袁爽秋太常昶，有《蠻書》、《黑韃志》、《元朝秘史》、《長春真人西遊記》、《蒙古源流各箋注》、《皇元聖武親征錄校注》若干卷。在譯署時，所爲〈和林三唐碑跋〉尤有名，糾正新舊《唐書》之誤，並通突厥及古今蒙古語譯音之異同。至今東西學者重之。……又嘗考定《元經世大典》西北地理圖爲回回人所績，並考正其傳寫之訛，參互群書，證以今地。自謂方域城邑，炳然可觀。……成《元經世大典西北地理圖考》若干卷。」尚有其他著述多種，於詩尤稱獨步。（〈嘉興沈乙盦先生學案小識〉）

案：錢萼孫撰《海日樓詩註》說：「寐叟詩，最初刊者為《乙卯稿》，海寧王靜安國維編次，元和孫隘堪德謙校刊，錢唐張孟劬爾田為之序。」所謂海上三子，沈氏都器重之。

初，在民國八年夏天，北京大學文科聘先生爲教授，請先生友人鄞縣馬衡（字叔平）爲之先容，先生婉辭卻之。民九又提前請，先生仍以不能北來爲藉口。至民十一，北大研究所國學門成立。函聘先生爲通信導師，一再懇請乃接受。是年十二月，先生始提出研究問題四目，以寄研究所主任沈兼士。其研究問題是：「一曰詩書中成語之研究，二曰古字母之研究，三曰古文學中連綿字之研究，四曰共和以前年代之研究。尚有一目曰六朝迄唐蕃姓之研究，因日本桑原騭藏已從事於此，故不復提出。」（《趙譜》）先生致兼士信說：「前日辱手教，並屬提出研究題目，茲就一時鄙見所及，提出四條。惟古字母及共和以前年代二條，其事甚爲煩重，非數年之力所能畢事，姑提出以備一說而已。前日寄上新作〈書式古堂書畫彙考中所錄唐韻後〉一篇，由叔平（馬衡）兄轉交，想蒙察入。題目四紙附上呈正，專肅敬候起居，不盡。」（《國學季刊》一卷三期）

附「研究發題」

一、《詩》、《書》中成語之研究

說明：「古今言語文章，無不根據于前世之言語；今之言語中，有元明之成語；元明言語中，有唐宋之成語；唐宋言語中，有漢魏六朝之成語；漢魏六朝言語中，有三代之成語；凡此成語，率爲複語，與當時分別之單語，意義頗異，必於較古之言語中求之。今之成語，我輩得求之於元明以上之言語中。漢魏六朝之成語，我輩得求之于三代之言語中，若夫以《詩》、《書》爲三代言語，其中必有三代以上之成語，然今日所存言語，無更古于三代者，其源既不可求，其語亦遂不可解；然猶可參互求之。今略舉數例。如《詩・鄘風》：『子之不淑，云如之何！』傳箋均以『善』訓『淑』。不知『不淑』乃古成語。《雜記》載諸侯相弔辭曰：『寡君聞君之喪，寡君使某，如何不淑。』〈曲禮〉注載古傷辭曰：『皇天降災，子遭罹之，如何不淑。』〈左莊十一年傳〉，魯弔宋辭曰：『天作淫雨，害于粢盛，若之何不弔。』〈襄十四年傳〉，魯弔魏辭曰：『寡君使瘠聞君不撫社稷，而越在他境，若之何不弔。』古『弔』、『淑』同字，若之何『不弔』即如何『不淑』也。是『如何不淑』一語，乃古弔死唁生之通語。『不淑』猶言不幸也；子之不淑，云如之何者，言夫人當與君子偕老，而宣公早卒，則子之不幸，將如之何矣。〈王風〉『遇人之不淑』，亦猶言遇人之不幸，與遇人之艱難同意也。又『陟降』一語，亦古之成語；其義爲『陟』或爲『降』，不必相兼。〈大雅〉：『文王陟降，在帝左右，』是陟而連言降者也。〈周頌〉『陟降厥士，日監在茲，』是降而連言陟者也。《尙書》多言降格，格之本字爲各，其字從夊，與降字形、聲、義三者皆相近，故陟降一語又轉爲『陟各』。〈左昭七年傳〉：『叔文陟恪，在我先王之左右，』正用《詩》語。恪即各之借字，「陟各」即『陟降』也。古『陟』、『登』聲相近，故又轉爲『登假』。〈曲禮〉告喪曰:『天王登假』;《莊子・養生主》曰:『彼且擇日而登假。』;〈大宗師〉:『是智之能登假於道也。』;若此『登假』,亦即『陟降』。《書》文侯之命言:『昭登於上』(《史記・晉世家》引今文),《詩・大雅》言:『昭假于下』;登假相對爲文,是『登假』即『陟降』之證也。又轉而爲『登遐』。《墨子・節葬篇》:『秦之西有義渠之國者,其親戚死,聚柴薪而焚之,燻上,則謂之登假』。『登遐』亦即『陟降』也。上所舉『陟恪』、『登假』、『登遐』諸語,皆舉其一端言之;則《詩》之『陟降』,於〈大雅〉義當爲陟,爲〈周頌〉義當爲降;然則古之成語不能以分別之單語解之,斷可知矣。(《傳》以文王上接天下接人解『文王陟降』,《箋》以天上下其事解『陟降厥士』,皆坐分別解之之誤。)又如〈大雅〉:『帝命不時』,『不時』即『丕時』,《書・君奭》:『在讓後人於丕時』。即用此語。永言配命,與永言孝思,句法不同;『孝思』、『配命』,皆爲成語。《詩》:『孝思維則』,〈毛公鼎銘〉:『不研,先王配命』,亦其一證。《詩》、《書》中如此類,其數頗多,自來注家均以雅訓分別釋之,殊不可通。凡此類語,能薈萃而求其源委歟?其或不能,則列舉之,而闕所不知,或亦治經者所當有事歟?」

二、古字母之研究

說明:「一字之音,有母有韻,古韻之學,創於宋人,至近世而極盛。古字母之學,創於嘉定錢氏,同時休寧戴氏亦作《轉語》二十章,而其書不傳,其流亦微。惟番禺陳氏作《切韻考》,

始據《廣韻》中反切，以求中古字母之系統；其所得，與等韻家之三十六字母不同。至於古音中之字母，則尚未有論其全體者，此一音韻學上一缺點也。此問題不待說明，所當說者，材料與方法耳！今舉其要，約有五端：一、經傳異文。如《尚書》古今文，《春秋》三傳，實同名異，往往遇之；漢儒注中，某讀爲某，亦其類也。二、漢人音讀，古注中某讀如某，某讀若某是也。三、音訓。如仁人、義宜之類。《釋名》一書，所用以相釋者，什八九皆同母字也。四、雙聲字。如玄黃、觱發、栗烈之類，皆同母字也。五、反切。孫炎以下，至于徐邈、李軌之音，見古書注及《經典釋文》者是也。苟以此數者參互相求，但順材以求合，而不爲合以驗材，仿顧氏《唐韻正》之例，勒爲一書，庶幾古字母部目或睹其全，不讓古韻之學專美歟！」

三、古文學中聯綿字之研究

說明：「聯綿字：合二字而成一語，其實猶一字也。前人《駢雅》、《別雅》諸書，頗以義類部居聯綿字，然不以聲爲之綱領；其書蓋去類書無幾耳。此等複語，其變化不可勝窮，然皆有其公共之源。如風曰觱發、泉曰觱沸、跋扈曰畔援、廣大曰伴奐、分散曰判奐；字雖不同，其聲與義各有其相通之處。又如雨之小者曰霢霂，草之小者曰蘮蕪、曰綿馬，木之柔者曰木髦，蟲之小者曰蠛蠓，狀草木之細密曰蝴髦，狀鳥之小者曰綿蠻；殆皆與微字之音義相關。辭賦既興，造語尤夥，乃至重疊用之，如〈離騷〉：須臾、相羊，見於一簡之中；〈上林賦〉：『滵測泌漸，谽呀豁閜』，疊於一句之內，其實爲一語之變化也。若集此類之字，經之以聲，而緯之以義，以窮其變化，而觀其會通，豈徒爲文學之助，抑亦小學上未有之事業歟！」

四、共和以前年代之研究

說明：「《史記・年表》起於共和；厲王以前，年祀無考。〈魯世家〉別據魯曆，上起考公；而伯禽一代未著年數，則未能上關周初也。其諸公年數，亦劉歆《三統曆》所紀，互有異同。《汲冢紀年》雖有夏商年紀，此太史公所謂『不同，乖異，不足取信者』，今茲所傳，又非原本，自皇甫謐以下嚮壁虛造者，更無論已！然《周書》〈武成〉、〈召誥〉、〈顧命〉諸篇，頗具年月；如能以黃帝、顓頊、夏、殷、周、魯六曆，各上推四五百年，各著其分至、朔望之甲子，以與《尚書》及古器物之月日相參證，雖宗周諸王在位之年數，無從臆說，然武王克殷之年，周公營洛之歲，與成王在位年數，或可得定歟？」

附志：「黃帝等六曆，及曆法，及積年，見《開元占經》卷一百五，並參考汪曰楨《古今推步諸術考》。」（《國學季刊》一卷三期）

先生對研究題目之說明，真是提綱挈領，燦若星眉，稍懂治學問門徑的人，自不難從中得到益處。這四個問題的提出，雖相隔八十多年，仍有待大家的研究。

先生研究題目寄出後，不久即收到學生何之兼、李滄萍、郝立權、安文溥、王盛英五人信，請教研究方法和門徑。說：「昨由研究所開列先生提示研究題目四則，提綱挈領，迢迪來學，廣川大業，庶幾親炙。惟茲事體大，後生末學慮弗勝任。謹先選定古文學中聯綿字之研究一題，共同研習。俟有眉目，再及其餘。謹列數疑，乞予指教。（一）材料之選定：按《駢雅》、《別雅》諸書，取材不下數百種，幾于經史子集，訓詁名物，稗官野史，無所不包。兩書龐雜，稱引弗倫，自不必懸為準的。吾人研究此題，自應由韻文入手，自三百篇以至《楚騷》、《文選》、歷代詩賦、宋元詞曲，懸為標的，以推其餘。至於《說文》、《爾雅》、《方言》、《釋名》、《埤雅》以及經子諸書，似亦應涉獵一過。就中以何者為先，何者為要，何者可以緩置弗問？務希一一開示，俾可遵循。（二）研究之標準：研究之初，可否定一標準？如《昭明文選》之類，先事研閱，然後旁通淹貫，參互交流，抑由上而下，循序推研，翻閱既竟，再事連貫，亦乞予以指示。（三）部居之分別：吾人既不以《駢雅》但知義不求聲韻為然，自必推究聲音，予以排比。然如徜徉有相羊、儴佯、常羊、仿羊之不同，嗚呼有烏乎、於戲、嗚虖之各別；匍匐與扶服異文，痀瘻與傴僂並詁：自應加以考定，別其先後，極其每變，可否先以聲韻為歸，略仿《駢雅》先例，再以義類相從？凡此諸端，均乞詳為指示。」先生復書說：「（一）聯綿字取材之處，須遍四部，先以隋以前為限，好在五君共同研究，可以分擔經史子集四部。就一部分中，每閱一書，即將其中聯綿字記出，（並記卷數，以便再檢。）其有類似聯綿者，亦姑記之。（如《莊子》中人名三字者，中亦有聯綿字。）後再增刪，彙集，分類。（二）分類之法，擬分雙聲字爲一類，疊韻字爲一類，其非雙聲疊韻者，又爲一類。雙聲字以字母爲次（古音字母不過二十餘，不妨借用三十六字母。）；疊韻字以《廣韻》爲次；其非雙聲疊韻者，則以第一字之聲或韻爲次。而一字母又以其音義最近者，互相繫連，則可以觀其會通矣。（三）漢魏人經注中字，與《爾雅》、《方言》、《釋名》、《廣雅》、《說文》中字，任經部者兼之；金石文字，（漢魏以前者）任史部者兼之。《史記》、《漢書》中所載古賦，與《文選》往往有異同，亦須兼采。子部中如高誘《呂覽》、《淮南注》，亦可采入。集部于《楚辭》、《文選》外，可參考《全上古三代秦漢六朝文》。」何、李諸人接書後，仍有疑難處，又來信請教。說：「承示研究方略，爽若眉目，自無間言，唯四部材料，多寡各不相同，取徑既殊，興會斯異，成效亦不明著。茲經商量結果，擬先由集部入手，以嚴可均《全上古三代秦漢六朝文》爲本，《楚辭》、《文選》、《古文苑》及其他集部爲輔，分段研習，俟有眉目，再及其餘。蓋集部材料較多，最感興味故也。」先生即覆信說：「聯綿字研究知已著手，甚爲欣喜！先從集部入手，亦無不可。惟嚴氏《全上古三代秦漢六朝文》所收，亦頗雜以僞作。可以參考，而不可據爲典要，是在觀其所引據者出自何書分別之耳。前見大學日刊，知五君均尚在校三四年級，既有聽講功課，則於此事自不能從速進行。一切情形，弟在遠無從懸揣，任諸兄自視便利爲之耳。」（《國學季刊》一卷三期）足見先生指導學生，視其才能高下而誨之，故學生易於受益。

十二月十二日，先生復與馬衡書詢問大學有否設滿、蒙、藏文講座？並言：「此在我國所不可不設者。其次則東方古國文字學，並關緊要，研究生願研讀者，能質遺法、德各國學之，至善。惟須擇史學有根柢者乃可耳！此事兄何不建議？亦與古物學大有關係也。」（《書信集》頁三三六）

十二月，以蔣氏藏明刊《張文獻公集》，校《四部叢刊》影印明成化刻本一過，此本前有嘉靖十五年湛若水序，已佚去，是知此乃嘉靖重刊成化本，而非原刊。（〈手校手批書目〉）

民國十二年（一九二三）癸亥　四十七歲

元月，洛陽城東南三十里朱格搭村田中發現一石，面爲《尙書》〈無逸〉、〈君奭〉，背爲《春秋》〈僖公〉、〈文公〉，兩面共得一千七百一十七字，先生即據以作〈魏正始石經殘石考〉。

去歲十二月，日人神田喜一郎來上海，寓先生處，居留月餘。今年元月三十一日（壬戌十二月十五日），神田出素紙索書，先生爲錄舊作〈海日樓歌壽東軒尙書七十〉及〈冬夜讀山海經感賦古風〉兩首以送其行。神田回憶說：「大正十一年（一九二二）十二月我遊上海，會見久違的王先生，在大通路吳興里先生的住宅，蒙先生饗宴，暢談甚久。尤使我至今難忘的，就是當時我停留上海的一個月中，先生常常帶我到蔣汝藻氏的密韻樓去參觀，從其許多藏書中，取出種種貴重的宋元本舊鈔本，對我詳加說明。在收載《水經注》的《永樂大典》之前，對趙一清與戴震間的疑案，敘述先生的新見解。當時適逢我在北京傅增湘先生處參觀其所珍藏宋本《水經注》之後，對《水經注》興趣正濃，所以對先生的解說，聽得津津有味。臨別之際，先生應我要求，書贈自作的古詩二首做爲紀念。」（《支那文學月報》廿六號）

二月，以明初黑口本《鄧析子》校《四部叢刊》影明本。又以嘉靖丙戌王學書院刻本《國語補音》，校曲阜孔氏微波榭刻本。（《趙譜》）

是月，先生因事返鄉里，門生趙萬里於戚氏家謁見先生，問以治學之道，先生舉治學必先通《說文》，而後再治《詩》、《書》、《三禮》以相告。（《趙譜》）

三月十五日（正月二十八日），據蔣氏密韻樓藏殘宋本《草堂詩箋》目錄，以校黎刻《古逸叢書》本，知黎刻原缺拾遺十卷。其常熟瞿氏藏殘宋本，存卷二十六至五十，後復有〈外集〉一卷，知蔡氏原書凡五十一卷，因爲釐定《古逸》本的卷數。（《趙譜》）

三月，撰高郵王念孫先生《訓詁音韻書稿敘錄》。清代治古音韻學者，始於崑山顧炎武，至婺源江永、休寧戴震、金壇段玉裁，而解析益精，至曲阜孔廣森及高郵王念孫出，此學乃益大備。但前五家之書，早以先後行世，獨念孫的著作迄未刊布，民初，始由羅振玉爲之印行。先生極讚佩念孫在古音韻學上的創見，謂念孫「分古音爲無入、有入二大類，與戴、孔二君同；而不用其異平同入及陰陽對轉之說。其分支爲三，尤侯爲二，真諄爲二，與段君同；又以尤之入聲之半屬侯，與孔君同，而增至、祭二部，則又爲段、孔二君之所未及。此六家之古韻，雖先後疏密不同，其說亦不能強合，然其爲百世不祧之宗則一也。」念孫於戴震爲弟子，於段玉裁、孔廣森爲同門，然念孫分別韻部，略與段氏同時，又在戴、孔二人之前。念孫在乾隆三十一年，方開始治古韻，段玉裁於三十五年成《六書音韻表》，四十年服官，始得見之，念孫分古韻爲二十一部，其精密蓋在戴、段二家之上。

案：門人徐中舒記述先生對於古韻的主張說：「先生在應用方面，主張王念孫與江有誥的古韻二十二部說。先生說：『余讀諸家韻書，竊歎言韻至王、江二氏已無遺憾。』又說：『古音二十二部之目，遂令後世無可增損。』（〈周代金石文韻讀序〉）王氏、江氏韻目皆二十一部，而此云二十二部者，王氏於脂部中分出至、質為一部，而江氏不分；江氏從孔廣森說，分東、冬為二部，而王氏不分。今於王氏部目分東、冬為二，於江氏韻目中分脂、至為二，就都成為二十二部了。……王氏古韻二十一部說，《經義述聞》中僅載其部目，先生曾就段玉裁的《六書音韻表》，嚴可均的《說文聲類》二書，用王氏的韻目加以整理，期欲寫定王氏韻部一書。屬稿未成，先生晚年舉以付之余君紹孟，囑為繼續整理。先生當時並說：『今人有古韻二十八部之說，余雖未見其為書如何，但以文字的形聲與三代秦漢人的用韻推之，古韻部似不應有如許之多。王氏二十一部說，實為言古韻者準繩，不可更易。』今案：治古韻學當以文字的聲類及三代秦漢的韻文為根據，齊梁以後的韻書僅可為參考之用。……今人乃用齊梁以後的《廣韻》定古韻的韻部，這種古韻部，在數目雖然可以說精密了，但在實際上反不及王氏、江氏二十二部說，猶能得古韻的真相。」（《文學周報》五卷一、二期〈靜安先生與古文字學〉）

是月，《觀堂集林》版行於世，乃烏程蔣氏以聚珍版印行者。羅振玉爲之序，實先生事先自撰就，後經羅氏稍加改訂者，略述先生半生治學的變遷。序說：「海寧王靜安徵君，裒其前後考證經史之作並詩文若干篇，爲《觀堂集林》二十卷，烏程蔣孟蘋學部爲之校刊，成書有日矣！徵君書來，索余文弁其首。余謂徵君之學。於國朝二百餘年中，最近歙縣程易疇先生及吳縣吳愙齋中丞。程君之書以精識勝，而以目驗輔之，其時古文字古器物尚未大出，故扃塗雖啓，而運用未宏。吳君之書，全據近世之文字器物以立言，其源出於程君，而精博則遜之。徵君具程君之學識，步吳君之軌躅，又當古文字古器物大出之世，故其規橅大於程君，而精博過於吳君。

雖然，余交君二十有六年，於君學問之變化知之爲最深。光緒戊戌，始與君相見於上海，時余年三十有三，君二十有二，君方治東西文字，繼又治泰西哲學。逮歲丁未，君有《靜庵文集》之刻。戊申以後，與君同客京師，君又治元明以來通俗文學，時則有《曲錄》之刻，而《宋元戲曲史》亦屬草於此時。然君治哲學，未嘗溺新說，而廢舊聞，其治通俗文學，亦未曾尊俚辭而薄雅故。辛亥之變，君復與余航海居日本，自是始盡棄前學，專治經史，日讀注疏盡數卷，又旁治古文字聲韻之學。甲寅，君與余共考釋流沙墜簡，余考殷虛文字亦頗採君說。丙辰之春，君自日本歸上海。爲英倫哈同氏編《學術叢刊》雜誌，君之撰述乃益富。丁巳，君撰〈殷卜辭中所見先公先王考〉及〈殷周制度論〉，義據精深，方法縝密，極考證家之能事。而於周代立制之源及成王、周公所以治天下之意，言之尤爲真切，自來說諸經大義，未有如此之貫串者。蓋君之學，實由文字聲韻以考古代之制度文物，並其立制之所以然，其術在由博以反約，由疑而得信，務在不悖不惑，當於理而止。其於古人之學說亦然。君嘗謂：今之學者於古人之制度文物學說無不疑，而獨不肯自疑其立說之根據。嗚呼！味君此言，可以知君二十年中學問變化之故矣！……」（《觀堂集林》卷首）

案：此序乃先生起草。草成後經羅振玉改訂數字，遂成定稿，故所言先生治學演變能親切如此！

是月，友人徐乃昌以秦公敦拓本屬題，因節錄舊跋相示，並請正之。

四月十六日（三月一日），清遜帝溥儀欲選海內碩學入直南齋，蒙古升允（素庵）以先生薦，乃命在南書房行走，同被命者尚有楊鍾羲，景方昶及溫肅三人。上海友朋聞訊，均以詩道賀。《雪橋自訂年譜》說：「癸亥三月朔，奉諭：楊鍾羲、景方昶、溫肅、王國維均着在南書房行走。」

五月十一日（三月十六日），與日本友生神田喜一郎（鬯庵）書，討論魏石經事。略云：「屢奉手書及雜誌各種，均已拜領。……湖南（內藤虎次郎）教授病體入院後想漸康復，甚爲繫念。弟於本月初奉入直南齋之命，目下料理行裝，即須北上，入都後寓所定後，再行奉告。洛陽近出魏三體石經一石，有一千八百餘字，即黃縣丁氏所藏殘石之上半。此事於經學小學關係至大，現拓本尚不易得。」又介紹與劉承榦通信。云：「劉君承榦刻在上海，其住址在愛文義路八十四號，當將兄名告之，以後兄有書贈彼，或向彼索所刻書，可徑自通信也。」（《王忠愨公遺墨》）

五月，岳母潘太夫人病卒於家，先生遂又返里料理喪事。

是月，烏程蔣氏《密韻樓藏書志》撰成，歷時二年餘，書以經史子集分部，如《四庫全書》分法，部各分目，不分卷次，書志中著錄各書皆一一作提要，述版本源流及諸本異同，精審無比。稿藏蔣家。聞蔣穀孫先生將稿本寄存香港，行將託友攜來臺灣，影印問世，此乃士林所最期待最關心之事。趙萬里說：「稿本似未全，且未分卷、藏於家，清稿在烏程蔣氏許，乃代蔣君孟蘋所輯。蔣氏藏書甲於海上，而先生所撰《藏書志》亦精審無二，惜至今未見印行，遂使世人治目錄學者，未爲考鏡，斯爲憾矣！」（〈王靜安先生著述目錄〉）

案：上所載為民國五十五年本年譜初版的記實之述，當時尚不知蔣穀孫先生能否據稿本影印。迨至民國六十三年二月，穀孫先生終於交由藝文印書館影印問世，書用線裝，計三函十六冊，此《藏書志》終於為世所共見，使今之治目錄學者有所考鏡。特附記之，以明其本源。

五月二十五日（四月十日），先生東裝自上海由海道北上，行前，蒙在滬友朋設宴餞行。二十八日到天津，三十一日抵北平。六月七日（四月二十三日）與友人蔣汝藻一信，略述此行經過及所見聞。內稱：「弟感冒二日，上船即愈。於十三日到津，十六日入都，二十日覲見，即到差。現在不必每日入直，俟四人到齊再定入直辦法。入都後即住金君息侯處（司法部街東華銀行），現正在覓屋，俟覓得後即擬遷入，方可照常作事。書箱當已運到，俟房屋定後，然後去取。……弟初到忙碌，上海諸謝函均未及作，晤諸友時祈兄致意爲感。北方所出金石極夥，又內府初唐人所寫韻書，業已照相，既非《切韻》，又非《廣韻》，真奇書也。……」（《觀堂遺墨》卷下）

六月八日，與徐乃昌信說：「洛陽新出魏石經甚多，除三大塊外，尚有小塊無數，又出一字石經《論語》一小塊，尚有相似者數小塊，亦似漢石經，此近來一最快事也。」（同前）先生之熱心古遺書古遺物於此可以見之！

十日，又與汝藻信，相商印行《觀堂集林》事，並報告北京近況。說：「此間氣候，較南方爲熱，連日得雨，乃覺清快。節前尙須赴天津一行，後恐常須入直，乃無暇也。敝集雪堂一序已代撰就，後由其改定數語。大序屢擬增改，訖無善，恐即此已妥，再加反爲蛇足。未識公意如何？……弟之房屋現向南北長街覓之，則出入甚爲便利，其地租價亦不甚昂。無則再向後門內尋訪。昨日警察罷崗十二時，然秩序安靜如常，但政變所不能免耳！敝集序跋成後，便可印裝，用黃色者但須二部，其餘不必也。……」（《觀堂遺墨》卷下）

案：據門人徐中舒回憶，先生每有著作，類皆小字楷書，中舒曾向先生借〈魏石經續考〉稿本及即將寫定的《高郵王氏韻部》手稿未完本，交付余永梁（紹孟），囑繼續整理。徐中舒追憶說：「余以黃岡黃侃古韻二十八部說，近日學術界幾視為古韻學上最後之結論，當時因論高郵王氏韻部，遂以此問先生。先生謂：『余未見黃氏書，不知其立說如何？但以三代韻文論之，古韻似不應有二十八部之多。余以高郵王氏二十一部之說，在現代古韻學中實無別說可以易之。』此事初未及與先生詳辯，退而思之，知先生之說極為近真。蓋從來言古韻者，類皆重視陸法言《切韻》，不知陸書作於六朝，而聲音之道隨時地而變，三代古韻，豈能盡與六朝相同？況從陸書以至《廣韻》，中間累經修改，而《廣韻》韻部，又本於唐人李舟之說，已非法言之舊，（此本先生之說，見《觀堂集林》卷八）今黃氏二十八部之說，即以唐韻為主，故知其說未為定論。此三代古韻學上一大公案也，他日有暇，當取先生寫定之《高郵王氏韻部》手稿未完本整理之。」（《文學周報》五卷一、二期）徐中舒所說的先生寫定之《高郵王氏韻部》手稿未完本，不見於日後所印的兩種《遺書》中，恐被徐、余二人弄遺失了。現《遺書》中只有《補高郵王氏說文諧聲譜》一卷而已！

夏，先生赴津，於羅振玉處借回王石臞（念孫）《釋大》及《方言疏證》稿，手自抄錄一份藏之，石臞手稿中有〈周秦合韻譜〉，與金壇段氏《六書音韻表》例同，中採《穆天子傳》、《逸周書》及《戰國策》諸書。又有《西漢合韻譜》，中採《尚書大傳》、《韓詩外傳》及《春秋繁露》諸書。先生頗懷疑其未能遍輯，容或有遺漏之處，乃自八月一日起，重讀《外傳》、《繁露》及《逸周書》、《山海經》等書一遍，凡遇有韻處皆集之。先生之意，蓋想完成石臞未竟之業，但其生前未見成書。又先生在石臞遺稿中復發現有《諧聲譜》二冊，乃以古音二十一部譜《說文》諸字，稿亦未備。先生遂又開始草《說文諧聲韻譜》，以補其所缺，至歲終成書一卷。

七月一日（五月十九日），序商承祚《殷虛文字類編》，略稱：「今世弱冠治古文字學者，余所見得四人焉！曰嘉興唐立庵友蘭、曰東莞容希白庚、曰膠州柯純卿昌濟、曰番禺商錫永承祚。

立庵孤學，於書無所不窺，嘗據古書、古器以校《說文解字》。希白則專攻古金文，欲補吳縣吳愙齋中丞之書，而其書皆未就。純卿爲鳳蓀學士次子，年最少讀書亦最多，嘗以書問字於余，余歎其逸足，每思所以範之。前歲撰《殷虛書契補釋》一篇寄余，尚未能中繩墨也。錫永從上虞羅叔言參事遊，壬戌夏，持參事書訪余於上海，出所纂《殷虛文字類編》索余文弁其首。癸亥五月，余來京師，錫永書亦垂刊成，乃始得而序之。夫殷虛文字之學，始於瑞安孫仲容比部，而實大成於參事。參事於宣統庚戌撰《殷虛貞卜文字考》，甲寅復撰《殷虛書契考釋》，創獲甚多。丙辰之夏，復集殷虛文字之不可識者，爲《殷虛書契待問編》，參事與余續有所釋，皆箋識其上，其於考釋一書又大有增刪。錫永乃彙諸書以《說文》次序編之，其所自釋者亦十之一二，精密矜慎，不作穿鑿附會之說。……如錫永此書，可以傳世矣！雖然，書契文字之學，自孫比部，而羅參事，而余，所得發明者不過十之一二，而文字之外，若人名、若地理、若禮制，有待于考究者尤多。故此新出之史料，在在與舊史料相需，故古文字、古器物之學與經史之學實相表裏，惟能達觀二者之際，不屈舊以就新，亦不絀新以從舊，然後能得古人之真，而其言乃可信於後世。若以錫永之條理，劑以立庵、純卿之博綜，他日所得，必將有進於是編者。」（《觀堂別集》卷四）

案：序中所說的「不屈舊以就新，亦不絀新以從舊。」先生治學的根本態度正是如此。古文字、古器物之學與經史之學相為表裏，惟有取新出的實物，始足以證明經史所記載的史實之可信程度，先生的治古文字、古器物，目的即在證史。此即先生所揭示的二重證法。

六月二十九日（五月十六日），遷居後門內織染局十號。七月四日（二十一日），與友人蔣汝藻書云：「弟於十六日已遷至後門內織染局十號，新租之屋，共屋廿間，上房及廂均甚高敞。現在家眷未來，即以正屋作起坐及客廳之用，於消夏爲宜也。北方所見金石極多奇品，惟書籍則不多見。昨在隆福寺文奎堂見一安桂坡館活字本《顏魯公集》，書品不甚佳。價須五百元。又於一家見一明仿宋《徐節孝集》價三百元，其貴固與上海相等。沅叔前日因便道往訪，未值，尚未晤也。敝集已印就，深拜嘉惠。古老校詞圖卷仍在篋中，叔言引首早已題就，聞印丞近益貧病，恐不能繳此卷，故未敢送去，或先請弢老題詩，請一問古老並示爲荷！入新屋後，檢理書籍，三日乃畢。鄰居馬幼漁（裕藻）藏普通書頗多，一瓻之借，反較滬上爲便也。」（《觀堂遺墨》卷下）

七月十四日（六月初一日），奉清遜帝溥儀手令，「加恩賞給五品銜，並賞食五品俸。」（《趙譜》）

十五日，再與友人蔣汝藻書，研商撰寫明人文集目錄事。說：「前月移居後，將尊藏明人集目排比一過，而尚有二、三十種爲《千頃堂書目》所無，其人亦不易考，無法位置。尊藏如有明進士題名錄，擬檢一過，如題名錄無者，則可用《千頃堂書目》例附於每朝之後。此書請與拙集一同寄來。……」（《觀堂遺墨》卷下）

七月，以敦煌所出六朝人寫本《抱朴子》內篇一、二卷校《四部叢刊》影明魯藩刻本。餘卷亦通讀一遍，訛字甚多，僅能略訂正其可知者而已！（《趙譜》）

七月下旬，與友人蔣汝藻信，述身體近況，並請幫忙詢問哈同倉聖明智大學五、六兩月薪俸事。內稱：「弟上月發動舊患阿彌巴赤痢，由西醫注射兩次而愈。此月中旬初赴日使館晚餐，『食冰忌琳』稍多，乃復發作。現注射三次，雖已立愈，然尚須注射一、二次乃可不發耳！尊處書目，明人專集已編排就緒，惟尚有二、三十種無可歸類，須檢明人進士題名錄，若題名錄所無者，則置之每朝之後可耳！尊刻書籍在京如有鈔校等事，當代辦理。……茲有懇者：頃接滬上家信，知哈園五月份薪水，至此月十三、四尚未送至敝寓，擬請託欣木先生代爲一詢。此款固是交情上事，未便催詢，但弟行時已計入預算中，現京寓亦無款可以寄家。擬託欣木一探，如送薪至六月之說並未改變，則請其早送最好。」（《觀堂遺墨》卷下）

八月五日，汝藻覆信，言哈園薪水已送五、六兩月。八日，先生回信談及接眷問題。說：「敝眷仍擬令於七月杪入都，因兩處開銷終非久局。現在局勢亦不能過圖穩便故也。此次如有戰爭，必在東北或南方，京師不致當其衝。至於欠餉過多，或有變故。似尚不至波及措大。兄函所謂居京師之人不甚介意者，實有此心理也。……」(同上)

八月十六日(七月初五日)，與友人蔣汝藻信商買書及借款事。說：「《明進士題名碑錄》已在文友堂覓得一部，兩三日內可將全書取得，印本尚佳，如價尚合宜，即爲兄購之，得此書則明人集部次第便可定稿矣！……敝眷行時，恐須尊處接濟二百元，因接家信，知上月用費不少故也。」(《觀堂遺墨》卷下)

二十三日，又與信說：「敝眷大約二十左右北上，行李等舍間有人照料，護照亦似可不需，因天津有人迎接，不至有費事故也。北上之費，無意之中，此月忽得通志館三個月脩二百四十元，此款已由孟劬(張爾田)送至舍下，殆可不需公處撥付，如尚小有不足，當令舍間通知尊處也。明進士及國朝進士(至乾隆止)《題名碑錄》已購得，價洋六元，此書坊間頗時有之，而壞板甚多，即所購者亦間有一二壞板，然已爲稍佳矣！……沅叔(傅增湘)在五月中曾往訪一次，未遇，而渠亦未來，(殆不知弟住處)故至今尚未見面，近十日內成〈魏石經續考〉一卷。秋涼以後，當修整公之書目，(現已得明進士錄，可以定稿。)並作序跋，大約公北來必可告竣，其目可攜歸矣！……」(同前)又書云：「兄之聚書經歷望暇時記出，不妨瑣碎，以爲作跋材料，如是，庶幾能親切有味。」(同上)

二十六日（七月十五日），與陳乃乾書，討論洛陽新出土石經的問題。信中說：「三字石經其行款有二種：一《尙書》首數碑作品字式，皆每行七十四字（與漢石經行款同），每碑約二十五、六行。又一種則每碑三十餘行，每行六十字，品字式。現所出已有六、七小塊，皆〈皋陶謨〉之文。（石經無〈益稷篇〉，合于〈皋陶謨〉。）而又有女、說（二字並列）二字石，則非品字式，而與〈多士〉、〈無逸〉、〈君奭〉二碑同式。此女說二字，或釋爲『予達女弼』及『庶頑讒說』之女說二字，以行款校之卻合。如女說二字果係此經，則以字數計之，《尙書》首二碑爲品字式，第三碑以後即改爲三字直下式也。此二種行款雖異，而碑之高廣則同，因品字式者字較小故也。承問言字，乃〈皋陶謨〉：『朕言惠可』底行之言，此處，碑本比今本少一字，而〈益稷〉篇則古文所本無，故不必計也。弟於此碑新有考證，約得三十紙，而尙未定稿，且冀續有所見，故現不能發表也。」（《觀堂遺墨》卷下）

先生到北京後，事務清閒，得以校錄王念孫手稿，從事古音韻學之研究。撰〈說文諧聲譜〉一卷。《趙譜》說：「先生到京後，上午入直，下午在寓自課。長夏無事，赴津於羅先生處假歸王石臞先生《釋大》及《方言疏證稿》，手自錄副藏之。王氏手稿中，有〈周秦合韻譜〉，與金壇段氏《六書音韻表》例同，中釆《穆天子傳》、《逸周書》、《戰國策》諸書，又有〈西漢合韻譜〉，中釆《尙書大傳》、《韓詩外傳》、《春秋繁露》諸書。先生疑其未盡輯，容有遺漏，乃自八月一日（九月十二日）起，重讀《外傳》、《繁露》及《逸周書》、《山海經》等書一過，凡有韻處皆規之，窺其意，似欲竟王氏之業，然迄未成書。先生又見王氏遺書中，有《諧聲譜》二冊，乃以古音二十一部譜《說文》諸字，稿亦殘缺。乃重草《說文諧聲譜》一卷，以補王氏之缺，至歲終始寫成。」

九月十八日（八月初七日），家眷來北京，先生既已賃宅於地安門內織染局，乃得安頓。十九日與至友蔣汝藻書，請暫代清還借款。說：「敝眷已於初七日到京，在滬臨行結束，用款甚多。初謂通志館之款可以敷用，及行時仍覺不給，乃由他處通融，現須還此款，請尊處付壹百伍拾元，交抛球場冠群坊華豐麵粉公司陳枚叔收爲感。如此，尊處六百元之薪已盡取用矣！」

二十九日，又寄書商印書等事。說：「刻書之事進行至速，極爲欣快。陸氏所藏《說文解字》，即孫刻祖本，然孫刻改字甚多，未爲善本。陸氏藏本亦南渡末年所刊，至元時尚修板印行，故別本卷末有江浙行省一行，字雖不全，可知此板至元時尚印行也。商務館印此書，題北宋本，大誤。現既有印本行世，則俟他書不能足二十種時再刻無妨也。尊藏諸書中可刊者，除已寫樣數種外，《中興館閣錄・續錄》二書，當在必刻之列。《帝王經世圖譜》雖非全帙，可以《大典》本所有者附刻于後，此人間孤本也。影宋本中，則《漢上易傳》、《營造法式》、《地理新書》皆可刊，此數種，部帙稍大，然如公言，不必定須二十種也。刻書題跋，只須照書志中原跋稍加修改，甚是易易，當陸續爲之。惟藏書志跋，請公將欲說之語暇時隨筆記出，弟再整頓潤色之可耳！孟劬處有弟通志館脩八十元，渠行時已囑其交尊處，款到後仍請飭送五十元至冠群坊華豐麵粉公司陳枚叔收爲感！」（《觀堂遺墨》卷下）

十月九日（八月廿九日），又覆信說：「孫書至今日始入藏書家之眼，殊可喜。《公羊》行款不知何如，《左傳》八行，行十六字，猶是五代、北宋監本舊式，大家本《後漢書》或即與公所藏殘葉同歟？此間有一南宋初刊本《白氏六帖》，較石銘藏本爲善，全體無闕，惟有補鈔數葉，乃傳是樓藏本，需價四千元，乃今年所出第一宋本也。此書弟未見，昨聞沈寶庵及徐森玉言之，當不謬也。刻書精進，忻快無似。授經首書招之，然能否再出，亦視時勢如何爲定。方體字叢書擬刊若干種，祈先示及，當於尊藏目中先開一單寄呈。孟劬處八十元如送到，乞盡數飭送冠群坊華豐麵粉公司陳枚叔收爲荷！」（同前）

是月。以王念孫〈讀淮南雜誌〉所訂正諸字，錄於《四部叢刊》影宋本《淮南子》上，以便檢索。

十月廿五日（九月十六日），與蔣汝藻書，問刻《集林》事。說：「現刻書事想進行甚速，此間天氣已涼，規定每六日入內一次，他無所事，故往往有三日不出者，然卻不見有甚成績也。弟之文集不知此月能印成否？翰怡下月進京，或能帶來否？授經借弟之《盛明雜劇初集》，聞並未遺失，仍在其手，請轉告其檢出送至公處，與文集等一同寄下爲感。」又說：「公之書目，大致已修改完竣，惟宋元本諸種前在摘錄清本上已改一過，須兩本參合，將來可將彼本所改者錄入稿本，乃完全耳！」（《觀堂遺墨》卷下）

十一月一日（九月二十三日），奉派清查景陽宮等處書籍。《雪橋自訂年譜》說：「九月廿三日，派查景陽宮等處書籍，廿五日，偕朱艾卿、袁玨生（勵準）、朱聘三（汝珍）、景明久（方昶）、溫毅夫（肅）、王靜安詣景陽宮看視掃除，分班清理。辰入未出，以爲常。」

十一月四日（九月二十六日），與至友蔣汝藻信商校讎《北礀集》事。略道：「京師圖書館因教部罷工，關門已數閱月。前月有外國友人欲抄一書，竟無從問津。《北礀集》事，當即作函詢徐森玉，如該館有人招呼，往校極是易事。俟得其回信，再行奉聞，免致空寄一次也。」（《觀堂遺墨》卷下）

十一月十日（十月三日）又與信，說：「森玉來，同至京師圖書館，現雖罷工，不售門票，而人尚未散，《北礀集》已取出一閱，乃陸存老（陸心源）送南學之本，尚屬乾嘉舊鈔。存老以朱筆校，所據似係宋本。圖書館只有此鈔本，別無宋本也。如欲校，則請將原書寄下。現既經森玉介紹。則隨時可往校也。」（同上）

十一月，日人原田大觀來北京，既相見，求先生墨寶，因錄舊作爲贈，附記說：「宣統辛亥冬，余東渡日本，卜居西都，凡閱五寒四暑，時原田大觀翁居大阪，時至西都存問，相得甚歡，余歸國後，不相見者八年。今夏，余奉入直南齋之命，移居京師，翁以事兩度游燕，年將七十矣！談論意氣不減十年前，並出素紙索書，因書癸丑京都蘭亭會詩，並丁巳送內藤博士詩遺之，蘭亭會翁之所贊助，博士亦翁之摯好也。」（《王忠慤公遺墨》）

十一月二十九日（十月二十日），跋《北磵集》，說：「明鈔《北磵集》十卷，頗有訛闕，孟蘋既假涵芬樓所藏宋刊本校前八卷，而宋本闕後二卷，乃寄此二卷至京師，屬余就圖書館所藏陸存齋捐入南學本校之，陸本前錄吳甌亭跋，謂出馬氏小玲瓏館，宋本其卷十空聖予哀辭，上有校語云：以下宋本闕，則似亦以宋本校過也。然其本訛脫，乃較此明鈔本尤多，然亦有足以正此本之誤者。天寒晷短，予以二日之力始校畢，並錄吳跋於後。」（《觀堂遺墨》卷上）

次日，已校畢《北磵集》。與汝藻信說：「初十左右接惠書並《北磵集》二冊，敬悉一切，因稍有應酬，繼以風沙。甫於十八、二十兩日往圖書館將《北磵集》二冊校畢，今由郵局掛號寄上，請察收爲荷！陸本卷八末亦有〈請慧愚極佳華亭北禪〉一疏，而目則無之，蓋宋本後來增入，未必遽有二本。孟劬以意改者大抵皆是，稍有一二字不合者已注改。陸本訛脫尚多於公本，然頗足以補公本之缺，其中省筆字恐自宋本已然，未必盡出寫手。刊時應改與否，請再酌之。聞台從不日北上，前津友言丁在君已爲公在津物色寓所，想命駕不遠，甚爲忻盼。」（同前）

十一月，以朱王孫《水經注箋》校戴本一過。十二月，復以全氏七校本再校戴本一過，始知戴氏所改定經注，大半朱、全二氏已先爲之。是月又假江安傅氏藏宋刻殘本，及孫潛夫校宋刻殘本以校朱本，繼又以吳琯《古今逸史》本再校朱本一過，於是傳世酈書舊本得校者已過半。趙萬里說：「《水經注箋》四十卷，明萬曆中刻本，校江安傅氏藏宋刊殘本，（此明文淵閣舊藏，共存殘本十一卷有奇，即前沈乙庵先生所校者，但沈氏只校一卷半耳！）孫潛夫本、海鹽朱氏藏明抄本，及吳琯《古今逸史》本，又錄舊校《永樂大典》本，及黃省曾本校語於眉端，計前後所校凡六本，《水經》異本畢具於此矣！惟先生舊校《永樂大典》本及黃本，頗多遺漏。余於去冬（民國十五年）曾假先生此本臨校一過，先生並爲文跋其後，余頗思再假蔣氏舊藏《大典》本及黃本勘之，以畢全業，先生亦深然之。今先生逝矣，而蔣氏所藏早已移歸涵芬樓，此願不知何日得償，念之慨然！」（〈著述目錄〉）

十一月，友人張爾田與先生書論治公羊學，說：「得書曠若復面，且知近治公羊之學，甚善。《公羊》孤經，失其傳者二千年矣，國朝儒者，孔顨軒、劉申受輩，稍稍創通大義，而立言不慎，滿招嫉者之口，沈文起作〈左傳補注序〉，遂至醜詆《公羊》，不遺餘力。浸尋至於近代，一二猖狂者出，撥亂反正之書，一變而爲犯上作亂之媒介，吁可嘆也已！夫《春秋》者，不過聖經之一，而《公羊》者亦不過《春秋》之一，當公羊高與其弟子胡毋生著之竹帛時，何嘗思以此書奪《左》、《穀》之席哉！漢之博士爭立學官，兩家始成水火，迨至宋儒，以遵王發揮《春秋》，而《公羊》益爲世所詬病矣！夫苟以末流之失言天下學術，固未有無蔽者，公羊黜周王魯，固當在不赦之科，彼《左傳》所載周鄭交質、王貳於虢等語，吾亦未見其義深君父也。平心論古，不宜如是。大抵治義理之學較之考覈名物訓詁者，難且百倍，考覈名物訓詁者，但使有強有力之證據，即可得一結論。治義理之學，既無實在證據取供吾用，則必須縱求之時間，橫求之空間，從至繁極賾中籀一公例。綜合而比較之，而後結論乃成。自古成家之學，殆未有如是者。儒者立言，往往徇於風會，輒據一時所見，循一隅之指，妄欲議古人成家之學之是非，此遺經所以難治也。兩漢傳《公羊》者，董生固爲大師，而能參異己之長者，厥維劉子政氏，其見之於言者，無不淵然粹然！不似董生巖岸氣象。昔程子嘗言：「有關睢、麟趾之意，方能行周官之法，余亦謂有惻隱古詩之志，方可治《公羊》之學，兄真其人矣！」又與書論今文家學。說：「兄論《公羊》三統三世，樹義精確，可謂不隨俗儒耳食之談，惟弟尚有欲進之於兄者，則以不知兄之此言係讀書得間歟？抑從有統系中綜合而得之歟？吾人研究一學，必須先定方法，方有軌道可言。兄嘗謂清朝三百年學術，惟古韻之學成就大，即以其能從至繁極賾中綜合之，成一統系也。雖其後有分十八部者，有分二十一部者，此不過密以加密，而終不能違越其大體，使非然者，則但可謂之讀書得間，讀書得間固爲研究一切學問之初步，但適用於古文家故訓之學，或無不合，適用於今文家義理之學則恐有合有不合。何則？古訓之學可以目論，可以即時示人以論據；義理之學，不能專憑目論，或不能即時示人以證據故也。兩漢今文學上帨化於戰國諸子，下開章句，佚書雖亡，今見之於世者，伏生之《書》、韓嬰之《詩》、董生之《春秋》，殆無一不用周秦說經家法。周秦說經之家法，大柢皆根極名學，而最通用者，在《論語》則謂之反，而在《孟子》則謂之推，七十子後學之傳記，其引經演義，殆無不然。即如孟子之說武、說雲漢之詩，幸而出於亞聖，使出於後人，考據家見之，有不目笑者耶？惟其所用之方法不同，故古今文兩家流別，亦遂碩異，由古文考證之法言之，雖謂西京今文家說，皆不出於孔子可也。若由余所論之方法言之，則雖謂西京今文家說，皆不背於孔子亦可也。故弟嘗謂不通周秦諸子之學，不能治今文家言。雖然，此種方法善用之，則為益無方，不善用之，亦流弊滋大。清嘉道以來，不乏治今文諸經者，結果無一人成就，終不能與金壇、高郵諸儒同其論定者，凡以此也。兄近治《公羊》，詳於義例，故訓名物曆算，自是清朝治學正軌。惟弟之所言，似亦不可不存為參鏡之資，否則，遇無可佐證處，或恐有疑非所疑者矣！蓋學問各有方面，即各有其應用之方法，此如水火相反，而不容相非，方法譬則儀器，所研究之學譬則天體，儀器所以測天，苟所測於天不符，即當修改儀器，斷不可強天以就儀器，前書太略，故再為申暢之。相知最深，或不以鄙言為詭辯也。」（《學衡》第二十三期）

案：此二信刊於民國十二年十一月出版之《學衡》第二十三期，則致函先生必距此時不遠，特繫於此月，以待查證。

十二月六日（十月二十九日），又與蔣汝藻信說：「昨接手教，敬審《北磵集》二冊已收到，至慰。此公文字俊逸，在惠洪諸人之上，與參寥相儷，誠爲雙璧，更喜俱有宋本，可與雪簑、草窗同觀也。敝集已見樣本，更爲歡喜。滬上欲贈書者，如雪老、古老、隘庵、孟劬等，均公至好，餘亦不記有他人。惟此間需得三十五部，（內十部左右係寄海外者）俱用普通本可也。其連史六開本，弟意欲乞二部，其一以進呈，其一自留，種種拜惠，實非言語所能謝矣！……公北遊事既因事不果，則相見恐在明春。此間早寒，今日得雪寸許，而方降未已，或可降至明晨也。售書之事，商務、中華均有條例太苛，結算不實之弊，誠如尊論，然他處亦未必能勝。聞此間有王富晉者，專以代售家刻書爲業，其店甚爲發達，信用亦佳。他日有便當詢售書之家，可得其詳，再行奉聞。」（《觀堂遺墨》卷上）

十二月十六日（十一月初九日），與蔣汝藻信說：「近從沅叔借得宋刊《水經注》，又一孫潛夫校本，雖皆不全，實是罕祕，宋本已校十卷許，始知公之《永樂大典》本實從宋本出也。沅叔方與印丞同編其書目，將來成書，必可觀也。」（《觀堂遺墨》卷下）

是日，友人胡適來訪，討論學問。《胡適日記》載：「訪王靜安先生，談了一點多鐘。他說：

戴東原之哲學，他的弟子都不懂得，幾乎及身而絕。此言是也。戴氏弟子如段玉裁可謂佼佼者了，然而他在年譜裏恭維戴氏的古文和八股，而不及他的哲學，何其陋也。靜安先生問我：『小說薛家將寫薛丁山弒父，樊梨花也弒父，有沒有特別意義？』我竟不曾想過這個問題。希臘古代悲劇中常有這一類的事。他又說：西洋人太提倡欲望，過了一段時限，必至破壞毀滅。我對此事卻不悲觀，即使悲觀，我們在今日勢不能不跟西洋人向這條路上走去。他也以為然。我以為西洋今日之大患不在欲望的發展，而在理智的進步不曾趕上物質文明的進步。」（《胡適日記》第四冊）此言極是

十七日（十一月初十日），胡適三十二歲生日，先生特往回拜。（《胡適日記全集》第四冊）

十二月卅一日（十一月廿四日），《觀堂集林》印刷裝訂竣事，友人蔣汝藻寄來一部，先生乃與其商議寄售一事。先生覆書說：「昨接快信並《觀堂集林》一部，敬悉一切。《集林》已略觀一過，誤字雖發現數處，然比較尚不為多，世無不誤之書，即此已為審慎矣！江浙空氣甚惡，然亦恐不敢遽發，果爾，則全國皆被牽動，不止東南一隅也。弟此間俸入，因上面念寒儒之寒，故庫藏雖支絀，仍按月給發。秋冬間，因置備家具、冬衣，幾於竭澤而漁，然年底卻無欠賬，故可以度歲。滬上明正小兒學費，已亦略為布置，盛意殷拳，至為感紉。來歲如値缺乏，當奉告也。……富晉事當即詢問。此人於生意甚為巴結，如果滬上有數家歸其專售，即親至滬接洽，

恐亦甚願也。」隔日又有信，說：「富晉寄售書籍事已打聽明白，雪堂處寄售皆作七折計算，間有一二書作八折算者，是折扣不為不大，惟歸帳信用尚佳。雪堂每二三月與結帳一次，無不應者，即每月一結恐亦可辦到耳。」繼又說：「《集林》一書，滬上須送者皆兄必送之人，故不必另送，惟送外國者，則送伯希和一部，請託巴黎公司轉致。」（《觀堂遺墨》卷下）

王觀堂先生年譜卷下

民國十三年（一九二四）甲子　四十八歲

元月七日（癸亥十二月二日），遜清末帝溥儀命先生可在紫禁城騎馬。（《趙譜》）

三十日，致書日本友人內藤虎次郎謝贈書，並報以新出版之《觀堂集林》。書稱：「違教數載，企仰奚似。春間（癸亥年）聞貴體違和，極深馳繫，後聞快愈，又極忻慰。歷次惠贈書籍，頃又蒙賜大著《寶左盦文集》及十二長物影片，伏讀一過，如親晤對。先生大著作多以貴邦文字書之，若能將重要者譯成漢文，都爲一集，尤所盼禱也。昨晤今西博士，出示尊札，詢及新鄭所出銅器銘文，此器維本有所見，尚未作跋，因尊問所及，乃作一跋，錄呈教正。上海友人蔣君孟蘋爲維印文集，時閱二年，頃方有成，謹以一部奉呈台教。又一部寄狩野先生處，未及作函，請晤代爲問好。尊體康復，甚盼與君山（狩野直喜）先生再作西遊，如庚戌年故事，想不難副所望也。」（《王忠愨公遺墨》）

二月五日（正月初一日），農曆新正，入宮向清遜帝賀歲，歸而賦詩一首。有曰：「百年竟遇歲朝春，甲子仍兼日甲寅。天地再清山岳秀，周邦雖舊命維新。」下題「宣統甲子元旦，乾清宮朝賀歸試筆。」

案：此處所言「周邦」乃暗指前清，且用宣統紀年，其眷念已亡社稷，由此見之。

二月六日（正月初二日）與蔣汝藻信，言所編《密韻樓藏書志》已修改一次，即可俟其北來之時面交。

顧頡剛一生最佩服先生學問，其在本年三月三十一日（二月二十七日）《日記》中載：「予近年之夢，以祖母死及與靜安先生遊最多。祖母死爲我生平最悲痛的事情，靜安先生則爲我學問上最佩服之人也。今夜又夢與靜安先生同遊吃飯。因識於此：看此段文字，知我那時引爲學術上之導師的是王國維，不是胡適。而數十年來，人多詆我爲胡適門徒，則以《胡適文存》銷行之廣，決非《觀堂集林》可比也。胡適利用我爲彼收集資料，以此捧我。又給我以生活費，使我甘心爲他使用，與朱家驊之百般接近我，以金錢爲餌，同爲政治手段。此種手段，只能買我一時，決不能買我永久。至於我之心儀王國維，則是我一生的不變看法。我之成績不及彼，則是時代動蕩所構成。」（《顧頡剛日記》第一冊）

三月，法國漢學家伯希和，寄其所手寫敦煌所出〈秦婦吟〉二足本至，一爲巴黎國民圖書館藏，一爲倫敦博物館藏，互校一過，遂成完璧。先生再跋云：「余曩考日本狩野博士所錄倫敦博物館殘本，據《北夢瑣言》定爲韋莊〈秦婦吟〉，後閱巴黎國民圖書館敦煌書目，有《秦婦吟》一卷，署右補闕韋莊撰。因移書伯希和教授，屬爲寫寄。甲子二月，教授手錄巴黎所藏天復五年張龜寫本以至，復以倫敦別藏梁貞明五年安友盛寫本校之。二本並首尾完具，凡千三百八十六字。」案：據《瑣言》，知此詩在當時甚風行一時，然韋莊既貴後，卻諱言此詩，故不編入《浣花集》中，遂不傳於世。至近世敦煌石室洞開，乃與其他古佚書並現於世。（《觀堂集林》卷二十一）

又與友人蔣汝藻書，討論《水經注》版本及代售《觀堂集林》事。云：「前晚沅叔家所見書，以所藏王荆公《百家詩選》爲最，其書分類而不分人，當猶是北宋末刊本也。撫州本《春秋經傳集解》亦佳，白帖仍在沅叔處。則外人言其售出者訛也。……弟此月校得沅叔所藏《水經注》及孫潛夫校本（亦只存十卷許），然後知公之《大典》本乃全自宋刊本錄出，所有異同，特筆誤耳！宋本此二十卷中僅存七卷，而《大典》之可貴亦不亞於宋本矣！」（《觀堂遺墨》下）

春，北大國學研究所欲聘先生爲主任，先生不欲就。在四月六日（三月三日）與汝藻信中曾道及其原故。據稱：「東人所辦文化事業，彼邦友人頗欲弟爲之幫助。此間大學中人亦希其意，推薦弟爲此間研究所主任，（自註：此說聞之日人。）然弟以絕無黨派之人，與此事則可不願有所濡染，故一切置諸不問不聞，詢弟此事辦法意見，弟亦不復措一詞。觀北大與研究所怕有包攬之意，亦互相惡，弟不欲與任何方面有所接近。近東人談論亦知包攬之不妥，將來總是兼容辦法。兄言甚是，但任其自然進行可耳！弟去年於大學已辭其脩，而尚掛一空名，即以遠近之間處其最妥也。」（《觀堂遺墨》下）

四月八日（三月初五日），校勘明・吳琯《古今逸史》本《水經注》完畢，發現朱謀瑋本即出吳本，然吳本殊有勝處。（《水經注校》卷四十）

十七日，胡適奉函先生索新作〈戴校水經注跋〉。有云：「頃聞先生論戴東原（震）《水經注》一文已撰成，千萬乞賜與《國學季刊》登載。季刊此次出東原專號，意在公平的評判，不在一味諛揚。聞尊文，頗譏彈東原，同人決不忌諱。……尊文已寫定，乞即賜交敝寓，或送研究所。」（《文獻》第十五輯〈胡適致王國維書信〉）

案：先生撰〈聚珍本戴校水經注跋〉一文，下繫甲子二月，並未送與北京大學《國學季刊》，先生有沒有回函？實無從查考。又查《胡適日記》第四冊，民國十三年內亦不載與先生通信之事，不知何故？

二十二日（三月十九日），顧頡剛奉書先生，有謂：「擬俟生活稍循秩序，得為一業之專攻，從此追隨杖履，為始終受學之一人，未識先生許之否也？」（《顧頡剛日記》）

四月，以商邱宋氏藏鈔本《明內閣藏書目》校張氏適園叢書刻本。又以此目與《文淵閣書目》比勘，所亡十之八九，而地理志亡者甚多。且《文淵閣書目》所載亦不備，如此目中載《水經注》僅存一冊，而今大庫所出者乃有四冊，足證此目之未備。(《觀堂別集》卷三)

五月，在養心殿庫中發見散氏盤，溥儀命摹拓六十本賜所屬，先生亦得一本，因草考釋長篇，以補前作〈散氏盤跋〉的所未備。(《趙譜》)

先生上書遜帝溥儀，條陳時勢，暢論學術。有云：「自三代至於近世，道出於一而已！泰西通商以後，西學、西政之書輸入中國，於是修身齊家治國平天下之道，乃出於二。光緒中葉，新說漸勝，逮辛亥之變，而中國之政治學術，幾全爲新說所統一矣！而原西說之所以風靡一世者，以其國家之富強也。然自歐戰以後，歐洲諸強國情見勢絀，道德墮落，本業衰微，貨幣低降，物價騰涌，工資之爭鬥日烈，危險之思想日多，甚者如俄羅斯，赤地數萬里，餓死千萬人，生民以來，未有此酷。而中國此十餘年中，紀綱掃地，爭奪頻仍，財政窮蹙，國幾不國者，其源亦半出於此。嘗求其故，蓋有二焉：西人以權利爲天賦，以富強爲國是，以競爭爲當然，以進取爲能事，是故挾其奇技淫巧，以肆其豪強兼并，更無知止知足之心，浸成不奪不饜之勢；於是國與國相爭，上與下相爭，貧與富相爭。凡昔之所以致富強者，今適爲其自斃之具，此皆由貪之一字誤之！此西說之害，根於心術者一也。中國立說，首貴用中。孔子稱過猶不及。孟子惡舉一廢百。西人之說，大率過而失其中，執一而忘其餘者也。試言其尤著者：國以民爲本，中外一也。先王知民之不能自治也，故立君以治之；君不能獨治也，故設官以佐之，而又慮君與官吏之病民也，故立法以防制之。以此治民，是亦可矣！西人以是爲不足：於是有立憲焉，有共和焉。然試問立憲共和之國，其政治果出於多數國民之公意乎？抑出於少數黨人之意乎？民之不能自治，無中外一也。……孔子言患不均，《大學》言平天下，古之爲政，未有不以均平爲務者，然其道不外重農抑末，禁止兼并而已！井田之法，口分之制，皆屢試而不能行，或行而不能久。西人則以爲不足，於是有社會主義焉，有共產主義焉，然此均產之事，將使國人共均之乎？抑委託少數人使均之乎？均產以後，將合全國之人而管理之乎？抑委託少數人使代理之乎？由前之說，則萬萬無此理；由後之說，則不均之事俄頃即見矣！俄人行之，伏尸千萬，赤地萬里，而卒不能不承認私產之制度，則曩之洶洶，又奚爲也！抑西人處事，皆欲以科學之法馭之：夫科學之所能馭者，空間也，時間也，物質也，人類與動植物之軀體也。然其結構愈複雜，則科學之律令愈不確實。至於人心之靈及人類所構成之社會國家，則有民族之特性，數千年之歷史與其周圍之一切境遇，萬不能以科學之法治之。而西人往往見其一而忘其他，故其道方而不能圓，往而不知返，此西說之弊，根於方法者二也。至西洋近百年中，自然科學與歷史科學之進步。誠爲深邃精密，然不過少數學問家用以研究物理，考證事實，琢磨心思，消遣歲月斯可矣！而自然科學之應用，又不勝其弊。西人兼并之烈與工資之爭，皆由科學爲之羽翼。是以其無流弊如史地諸學者，亦猶富人之華服，大家之古玩，可以飾觀瞻，而不足以養口體。是以歐戰以後，彼土有識之士，乃轉而崇拜東方之學術，非徒研究之，又信奉之，數年以來，歐洲諸大學議設東方學講座者以數十計。德人之奉孔子、老子說者，至各成一團體。蓋與民休息之術，而長治久安之道，莫備於周孔，在我國爲經驗之良方，在彼土尤爲對症之新藥，是西人固已憬然於彼政治之流弊，而思所變計矣！我惛不知，乃見他人之落阱而輒追逐其後，爭民施奪，處士橫議，以共和始者，必以共產終。」（《現代中國文學史》）侃侃而道，爲時人所未及見、未曾道，但以其迂遠而闊於事情，又不爲世所重視，殊可浩歎！

案：此書上達之年月不詳，《趙譜》所錄編年文繫於本年，姑從之。又羅振玉在先生既葬後撰〈王忠慤公別傳〉，首載此文，名曰〈論政學疏〉，較錢氏所錄者多出新舊之爭一段，並論及是非利害。羅氏總結說：「其論古今中外政學得失，辨析至精，後有聖哲，不能易其言也。」又說：「世之學識，如公者幾人哉？爰記其說，為公〈別傳〉，俾當世君子知公學術之本原，固不僅在訓詁考證已也！」羅氏又在〈王忠慤公遺書序〉中讚揚先生觀世之識，其末引先生與北方某耆宿的信，末云：「觀中國近況，恐以共和始，而以共產終。……乃至今日，而其言竟驗矣！」（均載《王忠慤公遺書》

卷首）自是慨乎言之！羅氏謂此疏乃上給遜帝溥儀，尊稱皇上，而自稱臣。或謂此為愚忠，但若從另一方面觀之，也算是知識份子的一種堅持。

六月，序容庚《金文編》。內稱：「孔子曰：多聞闕疑。又曰：君子於其所不知，蓋闕如也。許叔重撰《說文解字》，竊取此義。於文字之形聲義有所不知者，皆注云闕。至晉•荀勗等寫定《穆天子傳》，於古文之不可識者，但如其字，以隸寫之。猶此志也。宋•劉原父、楊南仲輩釋古彝器，亦用此法。……（近時）吳清卿（大澂）中丞撰《說文古籀補》，則以字之不可識者爲附錄一篇，乃有合於《說文》注闕之例。今古文日出，古文字之學亦日進。中丞書中附錄之字，頗有可灼知其爲某字者，其本書中之字亦有不能不致疑者。顧未有續中丞書而補其闕遺，匡其違失者，亦茲學之缺典也。癸亥冬日，東莞容君希白出所著《金文編》相示：其書祖述中丞，而補正中丞書處甚多，是能用中丞之法而光大之者。余案：闕遺之說出於孔子：蓋爲一切學問言，獨於小學則許叔重一用之，荀勗輩再用之，楊南仲三用之。近時吳中丞又用之。今日小學家如羅叔言參事考甲骨文字。另撰《殷虛文字待問編》一卷，亦用此法。而希白是編與參事弟子商錫永《殷虛文字類編》用之爲尤嚴，至於他學，無在而不可用此法。古經中若《易》、若《書》，其難解蓋不下於古文字，而古來治之者皆章疏句釋，與王、薛諸氏之釋彝器款識同。余嘗欲撰《尚書》注，盡闕其不可解者，而但取其可解者著之，以自附於孔子闕疑之義。荏苒數年，未遑從事。希白尚有意乎？」（《觀堂別集》卷四）容庚說：「十年前，余始治彝器文字，欲補吳大澂《說文古籀補》，乃讀各家著錄金文之書，同器異名，同名異器。苦於檢索。讀先生《宋代金文著錄表》、《國朝金文著錄表》二書，大喜，家貧不能得，乃假友人盧貫藏本手錄之。並得讀其他關於金石之作，未嘗不愜於心。民國十二年夏。先生來京師，北京大學研究所國學門開歡迎會，余得趨謁焉！冬，《金文編》寫定，就正於先生，先生爲舉正四、五十事。至是過從日密。」（〈王國維先生考古學上的貢獻〉）

案：先生考證古文字，首重闕疑，前序不啻先生自道其治學的態度。又容庚〈自序〉說：「宋人始為彝器款識之學，至清阮元……吳大澂……潘祖蔭……諸家，摹錄考釋，各有成書。當代羅振玉先生之《殷文存》、鄒安先生之《周金文存》二書，著錄之器。逾二千種，可謂盛矣！地不愛寶，甲骨之文復出於河南之安陽，故劉氏鶚印行《鐵雲藏龜》，羅氏振玉印行《殷虛書契前、後編》，甲骨之文幾與金文相埒。而羅振玉、王國維兩先生加以考釋，文字益復大明。其餘璽印封泥、泉鏡、石匋磚瓦之屬，亦各有專錄，蔚為巨觀矣！欲窮文字之變，定作書之始，究古文之體，補字書之闕，正許氏之訛。捨是其曷由乎？……十一年夏。與家弟北遊京師，謁羅先生於津沽，……以所著《金文編》請正，辱承獎借，勗以印行，未敢自信也。時羅先生之子福頤有《璽印文字類編》之作，門人商承祚有《殷虛文字類編》之作，與余不謀而合。旋讀書於北京大學研究所國學門，假觀羅先生《集古遺文》，與所藏盛氏鬱華閣金文，及陳承修先生所藏綴遺齋彝器欵識，兩年以來，畢力於此！每字皆從腦海中盤旋而出，苦心焦思，幾忘寢食。復經羅、王兩先生訂其謬誤，始克寫定。蓋稿凡五易矣！」其〈凡例〉又稱：「諸家著錄，真贋錯出，非見原器，鑑定不易。此編以王先生國維《國朝金文著錄表》為據，雖不盡碻，較得其真。審釋文字，采各家考證之說，清代吳中丞大澂，當代羅先生振玉、王先生國維之說，采摭尤多。」（《國學季刊》一卷四期）足見容庚的成書，得力於先生幫助之處很多。

是月，陳乃乾影印日本京都大學刊本古今雜劇三十種，卷首收載先生撰的〈元雜劇三十種序錄〉。

八月十一日（七月十一日），友人楊鍾羲六十初度，先生爲寫生日詩以壽之。有「與君努力崇明德，牆角西山燦晚霞」之句。（《雪橋自訂年譜》）

九月二日（八月初四日），羅振玉亦奉清遜帝溥儀詔命，入值南齋，抵北平，即住先生家。十九日，以日本舊鈔本皇侃《論語義疏》以校正平本《論語集解》。二十一日，又以注疏本勘之，又取阮氏校勘記檢補一過。（《趙譜》）

二十日（八月二十二日），郭曾炘（字家楡）七十大壽，先生往賀，並撰壽序。

十月，溥儀派先生同羅振玉檢理內府所藏彝器，因得獲觀散氏盤於養心殿西廊。（《趙譜》）振玉《集蓼編》說：「諭令即檢查審定內府古彝器。既退，謁陳、朱兩傅，朱傅謂：南齋現已有六人，事務至簡，已代爲懇辭。……已而又親訪忠慤，屢勸予不必留京，然予既奉檢查內府古器之命，不可遽辭。幸當時已即面薦王國維同任檢查事，仍預爲乞退地。意欲於三月後陳乞，乃於次日即與忠慤同檢查寧壽宮藏器，甫三日，復奉命與袁勵準、王國維先檢查養心殿陳設。」

秋，國立清華大學當局，擬創辦研究院，欲聘海內名宿爲院長，主持學校大計的人，以爲清華有獨立的經費，在學術的研究上，應當有獨特的表現。時北大教授績溪胡適（字適之）以先生薦，校長曹祥雲乃親往敦請，而先生則以時變方亟，婉辭以謝。

案：劉崇鋐先生記國立清華大學說：「清華大學初成立的時候，有一件事值得大書特書，那就是國學研究所（實稱『國學研究院』）」的創辦。當時主持學校大計的人，以為清華有獨立的經費，特殊的歷史，應當有獨特的工作，在學術上有所表現。以往清華只是留美預備學校，所以偏重英語、英文與西方文化科目。現在既改成國立大學，應當提倡國學的研究，來溝通中西的文化，用西方的科學方法，科學觀念，來整理國家固有的文化。時在五四新潮之後不久，國學與科學同為當世所重視，所以清華國學研究所的成立。很受學術界的注意，所聘導師皆是當時一時的人選，王國維、梁啟超、陳寅恪、趙元任、李濟諸先生，各以蜚聲學術界的專門學問，來指導後進。所招收的研究生，也多是相當成熟，國學具有根柢的熱心求學者。整理國故，研究古文物，孜孜努力，後來頗有幾位有卓著的成就。可惜為時不久，王、梁二師先後逝世，繼者無人，暄赫一時的國學研究所，祇訓練了三期（實為四期）的學生，便如曇花的一現，沒有繼續下去，日後的清華大學，還是以理工見稱。」（《中華民國大學誌》）蓋有不勝慨歎者。文中記述有誤處，皆予註明，所加注語，皆承藍先生惠告。

十一月五日（十月初九日），北京政府當局修改對清室優待條欵，遜帝溥儀遵照新條款，遷出皇宮，暫住醇王府。是日先生侍行，未敢稍離左右。（《趙譜》）

案：《東方雜誌》廿一卷廿二號時事評述〈清帝出宮與優待條件的修改〉條說：「中華民國北京皇城內的前清宣統皇帝，因民國成立時的優待條件關係，十三年來，得在共和國內做起超出國家範圍的皇帝，而有時對於民國的官吏人民頒爵賜謚，發布諭旨，雖經民國四年時的限制。張勳復辟的教訓，仍不能稍為抑制。到了本年十一月五日，因北京在政變狀態中，由馮玉祥派鹿鍾麟、張壁迫令出宮。並修正原訂優待條件，廢除其帝號，從此清帝問題得一結束，不可謂非民國史上的一件重要事情。關於清室優待條件的廢除，本年春夏間議員李燮陽在國會中曾提出議案，但未能引起國人的注意。政變以後，國人亦初未注意及此。乃十一月五日，北京國民軍當局一面撤換清室守衛兵士，一面使北京警衛司令鹿鍾麟，警察總監張璧及李煜瀛三人，與清室內務大臣紹英交涉，告以內閣已修正優待條件，並提出修正內容五條為：（一）永除皇帝尊號，與國民享同等權利，（二）民國每年補助清室家用五十萬，並特支二百萬開辦工廠，收容旗籍貧民。（三）清室照原條件第三條移出宮禁，自由擇居，民國仍任保護。（四）清室宗廟陵寢永遠奉祀，民國派兵保護。（五）清室私產歸清室享有，公產歸民國。紹英當即報告清帝，召集御前會議，決定對內閣修正優待條件全體容納。清帝溥儀及其妻妾並隨從少數太監宮女，即偕同鹿鍾麟、張璧分乘汽車五輛匆匆出宮，移居溥儀父親的醇王府中，由鹿、張派兵守衛。廢除帝號與出宮的兩件事，一日之間即行解決。」民國對清室的優待可說史無前例。清室雖保有尊號，但只是虛名，沒有對中華民國的國民發佈諭旨之權，如果超越權限，便是自討侮辱。所以廢除尊號，迫令出宮，乃是必然的後果。某些人以滿清遺老自居，對此頗多微詞，殊不知民國之待清室，本已仁至而義盡了。歷史上亡國之君受到如此優容的，也只有溥儀一人而已！

又案：故宮博物院編藏有《甲子清室復辟文證》，載康有為請莊士敦代奏遊說經過函及內務府大臣金梁之奏疏，均用「宣統十六年」，其不奉民國正朔，並意圖在甲子年復辟，明甚。故有修改優待清室條款令遜帝溥儀出宮之舉。

是月，先生日在憂患中，常欲自殺，爲其家人監視得免。

案：先生十二月一日（十一月五日）與日友狩野直喜信中說：「皇室奇變，辱賜慰問，不勝感激。一月以來，日在驚濤駭浪間，十月九日之變，維等隨車駕出宮，白刃炸彈，夾車而行。比至潛邸，守以兵卒。近段、張入都，始行撤去。」（《藝文》十八年八號）知先生對清室尚效其愚忠愚誠。日人青木正兒撰〈王靜安先生之辮髮〉，稱先生恬雅和靜，學品並楙，惟自始至終猶垂髮辮。蓋以其個性所使然。如言立異，又不類其行誼。（同前）先生乃學問中人，而非政治中人，這一些乖忤的行誼，實屬不必要的。然其堅持到底，亦不能不令人尊重。

十二月四日（十一月初八日），顧頡剛致書胡適：「請薦靜安先生入清華。」（《顧頡剛日記》第一卷）

十二月，借得海鹽朱氏藏明鈔本《水經注》以校朱王孫本。明鈔本與《永樂大典》本，以及孫潛夫校宋刊本，皆大致相同。其原始本當同是自宋本而來。今宋本已殘缺，共存殘本十一卷有奇，而大典本亦只存前半第一至第二十卷，然則傳於今世的酈道元書，其最古最完備的版

本，當首推朱氏所藏明鈔本了。（《趙譜》）

是歲，廉泉爲柯劭忞編印《寥園詩鈔》五卷，先生最稱道之。（《燕京學報》第十四期〈悼柯劭忞先生〉）

案：蔣穀孫先生見告：先生一生最佩服沈曾植，二人做學問的路線完全相同。又最稱道柯劭忞的詩，劭忞亦極欽敬先生的學問，命二子昌泗及昌濟皆拜在先生門下。

民國十四年（一九二五）乙丑　四十九歲

元月，撰〈魏石經續考〉，草稿略具。自序說：「余於丁巳作〈魏石經考〉，據黃縣丁氏所藏殘石，以定魏石經每行字數，又由每行字數，推定每碑行數，復以《御覽》引《洛陽記》所載碑數及諸經字數，參互求之，以定魏石經經數。又排比《隸釋》所存殘字，爲《經文考、古文考》，其書二卷。刊行於廣倉學窘《學術叢書》中。歲在辛酉，復删《經文考、古文考》諸篇，而掇取其首五篇，編入《觀堂集林》。癸亥春，乃聞洛陽復出魏石經殘石一，兩面分刻《尚書》〈無逸〉、〈君奭〉二篇，《春秋》僖、文二公，字數至千餘。三月中，始得拓本，則已剖而爲二。又見《尚書·多士》、《春秋·文公》一小石，亦二百餘字。比四月，予來京師，則見殘小石拓本至多，其爲《書・皋陶謨》者，有吳興徐氏所藏〈帝言〉一石、〈夜五〉一石、〈明庶〉一石、〈禹四〉一石、〈五典〉一石、〈木臮〉一石、〈應欲〉一石、〈綵〉一石、〈黼黻〉二石、〈介退〉一石。皖中周氏所藏〈都帝予〉一石、〈女說〉一石。《尚書・無逸》篇則有鄞縣馬氏所藏〈小烏〉一石，《春秋》則有某氏所藏〈姬遇〉一石，（莊公三十年）。徐氏所藏〈趙敷〉一石（文公八年），共十餘石。已而復見〈無逸〉、〈君奭〉一石未剖時拓本，中間〈君奭〉篇題一行，與《春秋・僖三十一年》取濟西田一行具存，餘亦較剖後拓本多十餘字。此石與丁氏殘石正相銜接。總今日所有殘石，凡得二千有數字，除磨滅不可見者尙二千字，視五代宋初人所見拓本，字已逾倍。乃復爲此考，以補前考之未備焉！」（《魏石經考》）

案：羅振玉〈漢石經殘字集錄序〉說：「近世言石經者，莫精於海寧王忠慤公之《魏石經考》，其考魏石並及於漢刻之經數、經本、行字、石數，顧於漢石經未及為專書，遽完大節。今余所考證，有足證成公說者，有公所未及見，未及知，及知之而未詳審者。……公謂往昔言漢石經者有五經、六經、七經之殊，而《隋志》為可信，今傳世殘石有《周易》、《魯詩》、《儀禮》、《春秋經》、《公羊傳》、《論語》，合以宋人所見之《尚書》，正與《隋志》所載一字石經合，此足證成公說者一也。公謂漢學官所立諸經，皆今文石經爾！今證以予所見《儀禮・士虞禮》：明日以其班祔之班作胖，正與鄭注所謂今文者合，此足證成公說者二也。……公既不及考漢石經，予乃為是編以彌公憾！」又〈漢熹平石經殘字集錄序〉說：「往歲與亡友王忠慤公擬就前籍所記經石之數，及石之高廣，以求行字之數，寫定為碑圖，顧諸經書寫格式不能明晰，致行數無由確定。遂不果作。」（《遼居稿》、《遼居乙稿》）先生未及對漢石經加以研究，實為缺憾。甚至於〈魏石經續考〉，亦是未完成之作。

是月，清華大學禮聘吳宓爲研究院籌備主任，研擬章程。

二月十三日，經胡適與清華曹雲祥校長協商後，特致函先生，請早日應清華國學研究院之聘。函云：「頃已打電話給曹君，轉達尊意了。一星期考慮的話，自當敬尊先生之命。但曹君說：先生到校後，一切行動均極自由，先生所慮不能與清室往來一層，殊爲過慮。鄙意亦以爲先生宜爲學術計，不宜拘泥小節。甚盼先生早日決定，以慰一班學子所期望。」（胡適《書信集》）

案：據吳宓《雨僧日記》民國十四年二月至五月記事，宓任研究院主任，時常謁見先生商定研究院章程及購置圖書事宜。胡適先前曾將曹校長送來聘約，特轉寄來，故再致書請先生早應清華之聘。

二月，先生始決計就清華學校國學研究院教授之聘。《趙譜》說：「正月，先生被召至日使館。面奉諭旨命就清華研究院之聘。」據李濟撰〈回憶中的蔣廷黻先生〉說：「民國十四年，爲清華學堂開辦國學研究院的第一年，這在中國教育界，可以說是一件創舉。國學研究院的基本觀念，是想用現代科學的方法整理國故。清華爲研究院所請的第一批教授，有王國維、梁啓超及陳寅恪、趙元任諸先生，我是受聘去作講師的一人。那時華北的學術界的確是很活躍的，不但是純粹的近代科學，如生物學、地質學、醫學等均有積極的研究工作表現，受人重視，就是以近代科學方法整理國故爲號召，也得到社會上熱烈的支持。」（《傳記文學》八卷一期）先生爲該研究院聘請的第一位導師，首先到院，規劃一切，爲研究院的添購圖書，貢獻最多。

案：先生的去清華任教，乃另有一段曲折。據藍文徵先生見告：「初，清華學校擬創辦研究院，校長曹雲祥欲仿照美國大學研究院的辦法，商之於胡適之先生，胡氏以為美國研究院制度不盡適應於中國，請參照中國宋元以來的書院制度，於是乃擬定研究院規程。旋經董事會通過成立。曹校長請胡氏主持研究院一切，胡氏辭以學問名望皆不足以領導群倫，乃推薦數位海內大師如梁任公、陳援庵、羅叔言、王靜安四人，曹校長皆同意，並敦請胡先生代為禮聘。胡先生往請靜安先生，先生婉謝之。胡先生大感失望，乃去託溥儀請其代為勸駕，溥儀答應了。胡先生並請他寫封信給靜安先生，溥儀在天津關起門來做皇帝，便命師傅們代寫了一道詔書。靜安先生至是不好再謝絕，就答應下來，所以靜安先生到清華任教是奉遜帝詔去的。」特附記在這裏，也算是一段掌故。藍先生於民國六十七年撰〈清華大學國學研究院始末〉一文，所述略同，亦可參考。此外，劉蕙孫所撰〈我所了解的王靜安先生〉一文中提及北京大學欲聘先生為教授，特託馬衡轉寄聘書，先生告以「當請示羅先生再定。」到民國十四年清華大學成立國學研究院，聘先生為導師，據云：「這次靜安不再向雪堂請示，而向溥儀請示。溥儀命他去，又函告雪堂皇上諭令去，也就無話可說。」此亦得到印證。

三月，撰〈水經注跋尾〉，是爲先生歷年校勘《水經注》的總成績。後釐分爲〈宋刊水經注殘本跋〉、〈永樂大典本水經注跋〉、〈明鈔本水經注跋〉、〈朱謀㙔水經注箋跋〉、〈孫潛夫校水經注殘本跋〉、〈聚珍本戴校水經注跋〉等六篇，先生於跋戴校中，述歷年校勘《水經注》的經過。說：「壬戌春日，余於烏程蔣氏傳書堂見《永樂大典》四冊。全載《水經注》河水至丹水二十卷之文，因思戴校聚珍板本出於《大典》。乃亟取以校戴本，頗怪戴本勝處全出《大典》本外，而《大典》本勝處，戴校未能盡知，疑東原之言不實。思欲取全、趙二家本一校戴本，未暇也。既而嘉興沈乙庵先生以明・黃省曾刊本屬余校錄《大典》本異同，則又知《大典》本與黃本相近，先生復勸余一校朱王孫本，以備舊本異同，亦未暇也。癸亥入都，始得朱王孫本，復假江安傅氏所藏宋刊殘本十一卷半，孫潛夫手校殘本十五卷，校於朱本上。又校得吳琯《古今逸史》本，於是於明以前舊本沿褫得窺崖略。乃復取全、趙二家書，並取趙氏朱箋刊誤所引諸家校本

以校戴本，乃更恍然於三、四百年諸家釐訂之勤，蓋《水經注》之有善本，非一人之力也。」（《觀堂集林》卷十二）

案：先生謂戴東原（震）私改《大典》原本，又偽託歸有光本，「凡此等學問上可忌可恥之事，東原胥為之而不顧，則皆由氣矜之一念誤之。至於掩他人之書以為己有，則實非其本意。」又說：「平生尚論古人，雅不欲因學問之事傷及其人之品格，然東原此書，方法之錯誤，實與其性格相關，故縱論及之，以為學者戒。當知學問之事，無往而不當用其忠實也。」足見先生對治學所持態度，其治學忠實的程度，於遺書中在在可以見之。

三月二十五日（三月二日），與友人蔣汝藻書云：「數月以來，憂惶忙迫，殆無可語，直至上月，始得休息。現主人在津，進退綽綽，所不足者錢耳！然困窮至此，而中間派別意見排擠傾軋，乃與承平時無異，故弟於上月中已決計就清華學校之聘，全家亦擬遷往清華，離此人海，計亦良得。數月不親書卷，直覺心思散漫。會須收召魂魄，重理舊業耳！」（《觀堂遺墨》卷下）

案：據此書，知先生的應聘清華，乃為出於自己的抉擇。非盡出於溥儀的命令。蓋先生不善角逐名利，非政壇中人物，故以教書生涯較為相宜。先生既有自知之明，因此以應聘清華，能離開是非圈，稱為得計。

是月，清華公布研究院章程，其規定：「本院以研究高深學術，造就專門人才爲宗旨，開辦之第一年，先設國學一科。其內容約爲中國語言、歷史、文學、哲學等，其目的在養成以著述爲畢生事業者。各種學校之國學教師。」（《清華大學九十年》）

四月十七日（三月二十五日），遷居清華園。又與汝藻信說：「弟定於二十五日移居清華園，園中房屋不及城中寬暢，且兩所隔離，相去逾百步，然別無他屋可覓，祇得暫行敷衍。校中事，弟提議必多購置書籍，然每歲僅能購萬元，而預算亦尚未定，然在京校中已算第一有力矣！」（《觀堂遺墨》卷下）《趙譜》說：「三月，移居清華園西院。以院長須總理院中大小事宜，先生辭不就，專任教授。主其事者（案：此時清華學校校長爲曹雲祥。）乃改聘涇陽吳雨僧先生（宓）爲主任。又聘新會梁任公先生（啓超）、武進趙元任先生、義寧陳寅恪先生爲教授。時院務草創，梁、陳諸先生均未在校，一切規劃均請示先生而後定。」

是月，日本友生青木正兒來北平，謁先生於清華園。青木回憶說：「大正十四年四月，遊北京西山的歸途中，訪先生於清華園，先生的辮髮依然垂於腦後。其時先生說：『我未知西山』。接著又加上一句說：『我自住到這裏以後，未嘗進過城。』我聽了以後，不禁油然想起了好幾年足不入城的易代之際的古聖先哲的風格，尊敬之意，惻隱之懷，使我不期然而然地俯首無語。先生問我到這裏來打算修學什麼？我答稱：想看戲。元以前的戲曲史已有先生的大著，我不過嘗試研究明以後的戲曲史罷了。先生謙遜地說：『我的著作並不好。』接着又正色說道：『可是，明以後的戲曲沒意思，元曲是活文學，明清之曲是死文學。』當時我聽了心裏頗有點反感。雖然元曲是活文學，已經是不可易的事實，但明清之曲並非全是死文學。若僅論曲詞，則明清之曲已為詩餘之習氣所籠罩，缺乏生氣，不若元曲之富有自然之美。然就劇之全體觀之，不見得比元曲退步。先生嘗於其大著《宋元戲曲史》中論道：『余謂北劇、南戲限於元代，非過為苛論也。』這種說法，我早已服膺，從來就想步先生之後塵，聊窺元曲之門徑，先生宋元戲曲史之研究，在資料蒐輯的豐富與眼光的犀銳上，是無以倫比的，現在除非發現了珍奇的新資料，否則對先生的研究很難加以增補修正。明以後不過先生食剩的殘羹而已！我不過就是想嘗嘗先生的餘瀝。」（《藝文》十八年八號，〈王靜庵先生之辮髮〉）又青木著《中國近世戲曲史》自序云：「大正十四年春，余負笈於北京之初，嘗與友人相約遊西山，自玉泉旋出頤和園，謁先生於清華園。先生問余曰：『此次遊學，欲專攻何物歟？』對曰：『欲觀戲劇。宋元之戲曲史雖有先生名著，明以後尚無人着手，晚生頗致微力於此。』先生冷然曰：『明以後無足取，元曲為活文學，明清之曲死文學也。』余默然無以對。噫！明清之曲為先生所唾棄，然談戲曲者，豈可缺之哉？況今歌場中，元曲既滅，明清之曲尚行，則元曲為死劇，而明清為活劇也。先生既飽珍羞，著《宋元戲曲史》，余嘗其餘瀝，以編《明清戲曲史》，固分所宜然也。」其書於先生卒後三年始問世，先生已不及見。

案：先生著戲曲史，限於宋元，認為元曲足以代表一代之文學，其佳處為以自然勝，所以是活的文學。先生對青木氏的答語。僅為陳述他個人對戲曲本身價值的批評意見，並非對青木研究明清戲曲的志趣有所卑視。試看先生所著《曲錄》，明清之曲即居其半，本來他的計劃是要兼及明清的，但因晚年對學術興趣有所改變，而不得不作罷休。其後青木氏的《明清戲曲史》完成，或許可以彌補先生之憾於萬一！

是月，以敦煌所出唐寫殘本《唐律疏義》，以校嘉業堂刻本《宋刑統》，其缺字，則據《通考》補之。（《趙譜》）據趙撰先生〈手校手批書目〉，稱《刑統》三十卷。吳興劉氏嘉業堂據天一閣舊藏鈔本復刻。「天一閣本首數卷殘缺，劉氏以《唐律疏義》補全。先生據天一閣本校之，其原缺處以朱筆識之。又據《文獻通考》補首數卷缺字若干，並以敦煌所出唐寫殘本《唐律疏義》殘卷校之。」

是年春，始擬治西北地理及元代史。五月，從《通典》中抄出杜環《經行記》，而以《太平寰宇記》所引者校之。又從《五代史》中抄出高居誨《使于闐記》，從《宋史・外國傳》抄出王延德《使高昌記》，並以王明清《揮麈前錄》所引校之。又從《吳船錄》鈔出繼業《三藏行記》。從《庶齋老學叢談》抄出耶律楚材《西遊錄》，從陶宗儀《游志續編》抄出劉祁《北使記》，又從明刊《秋澗大全文集》卷九十四《玉堂嘉話》中鈔出劉郁《西使記》。並以四庫本校之。共得古行記七種，裝爲一冊，以備參閱。（《趙譜》）吳其昌撰〈王觀堂先生學述〉說：「自先生四十七歲入京以後，其學又一大變，轉而專治西北地理。……蓋治金必兼及於石，石則全部資料爲古碑，則與地理學遂生相互不可分離之關係。又治史學者，其一部分之重要材料，即在古碑，中央大政則古籍具在，不煩旁求，惟邊圉荒蠻，及鄰國遙遠之史事與地理，書本材料，缺乏殊甚。則其取材，惟有乞靈於邊圉之古碑耳！故先生自四十歲返滬以後，其學已漸漸向此微轉。又因當時敦煌古籍，愈出愈多，流沙又出墜簡，而邊方古刻，亦層出不窮，此種學問，皆爲先生所深嗜者，遂漸漸起而爲之考釋。在日本時，已作《流沙墜簡考釋》，歸國以後，居滬時所作，如〈劉平國治口關城誦跋〉，……〈九姓回鶻可汗碑跋〉、〈書虞道園高昌王世勳碑後〉，……於當時之史事地理多所補證，頗能明白顯示吾人以由『吉金文字』之學，轉至『考古地理』之學，其間漸變之趨勢與痕跡。同時羅氏亦著〈高昌麴氏年表〉、〈沙洲曹氏年表〉……等，與先生走入同一之趨勢。於是再進而作〈西域井渠考〉矣，更進而作〈西胡考〉、〈續西胡考〉矣。及至入京以後，始專究宋元時代之西北地理。至四十九歲（民十四年），而〈韃靼考〉、〈宋元時代蒙古考〉成。於是漸次及於《聖武親征錄》、長春《西遊記》、《蒙韃備錄》、《黑韃事略》、《元秘史》、劉祁《北使記》、劉郁《西使記》、杜環《經行記》、王延德《使高昌記》、耶律楚材《西遊錄》

等書。於五十歲之夏，而前四種校注告成。其他於《元秘史》則成索引，於耶律文正則成年譜，皆成而未修。於《西使》、《北使》、《經行》、《高昌》四記則隨筆校注，而尚未脫稿。至其臨歿前三月，猶作〈金界壕考〉，臨歿數日前，猶修〈韃靼考〉，記〈蒙古札記〉。由是趨勢以推之，則先生在此數年之間，如不至遽卒，其必注全力於此數書，可必也。此先生晚年由古文字學轉入西北地理之學之原因、之經過、之趨勢也。」研究西北地理之學者，自嘉道以來，有徐松、張穆、何秋濤、魏源、張鑑、施國祁、李文田、洪鈞、江標等諸前輩，以至近時的屠寄、沈曾植、柯劭忞、丁謙及先生等輩，外國則有俄人拉特洛夫，法人沙畹、伯希和，德人牟列爾，英人斯坦因，日人內藤虎次郎、藤田豐八等，「發揚蹈厲，光燄萬丈。先生著作，不過占其中之一小部分。然先生治學標準，求精確不求廣闊，求專門不求閎通，寧失之偏狹，不寧失之宏大，寧失之瑣屑，不寧失之籠統。故其魄力雖遠不如何願船、魏默深、李仲約、柯鳳蓀之功大而烈偉，而其專門精確之處，則頗各有短長，亦有非諸家所可及者在焉！」（〈王觀堂先生學述〉）

自五月十一日（四月十九日）起，從《連筠簃叢書》內鈔出《長春真人西遊記》，凡十日而畢。二十二日（閏四月初一日），又從陶宗儀《輟耕錄》中補鈔詔書及表二篇，凡所注釋，均箋識於眉端。

五月，東方文化總委員會在北平成立。委員中國人有柯劭忞等十一人，日人有狩野直喜、內藤虎次郎等十人。以柯爲主任委員。（《燕京學報》第十九期）中日學人多希望先生來參加，日本漢學家中尤以狩野直喜持之最力。然先生終不願居委員之名，一則先生不喜交際活動，二則亦不慕浮名虛利，作爲一位純學人，先生是有其份的。

案：狩野直喜說：「我最後會見王君，那是前年（一九二五）東方文化事業總會在北京開會，我赴中國，在北京郊外西山的清華學校會見他，受到他熱烈的招待。我對東方文化事業，首先希望王靜安君參加，屢向我當局提及此事，也對中國委員們說過：東方文化事業，如果要研究學問，首先非請王君參加不可。雙方都表示了贊成之意。今日中國，因為在政治上意見相異和思想混亂狀態之下，所以不一定大家都會與王君共鳴。然對於王君的學問，因其學識超越時代，……只要對中國學問有了解的人，沒有一個不推崇王君的。甚至連北京大學的新進學者，在學問上也同聲稱讚他。」（〈憶王靜安君〉）可知在國際漢學研究的潮流中，先生正是中流砥柱。

先生自郊居後始著手注《西遊記》。六月二十三日（五月三日），與友人蔣汝藻書云：「弟自郊居後。進城極少，每月不過一二次。近作《長春真人西遊記注》，大略可以脫稿，唯尚有書須查，定稿尚待數月也。」（《觀堂遺墨》卷下）

七月，爲清華學校暑期補習學校演講〈中國近二三十年中新發現之學問〉一題。由方壯猷筆記，據稱：「民國十四年暑假期間。清華學校創辦研究院，延靜安先生主講，於未開學之前，全校學生會請先生公開講演，先生允之，爲講此題。」（女師大《學術季刊》一卷四期）大略說：「古來新學問大都由於新發現，有孔子壁中書出，而後有漢以來古文家之學，有趙宋古器出，而後有宋以來古器物古文字之學。……然則中國紙上之學問，賴於地下之學問者，固不自今日始矣。自漢以來，中國學問上之最大發現有三：一爲孔子壁中書，二爲汲冢竹書，三則今之殷虛甲骨文字、敦煌塞上及西域各處之漢晉木簡、敦煌千佛洞之六朝及唐人寫本書卷、內閣大庫之元明以來書籍檔冊，此四者之一，已足當孔壁、汲冢所出，而各地零星發現之金石書籍，於學術有大關係者尚不與焉！」並分五目講述：一、殷虛甲骨文字，二、敦煌塞上及西域各地之簡牘，三、敦煌千佛洞之六朝唐人所書卷軸，四、內閣大庫之書籍檔案，五、中國境內之古外族遺文。前三者，先生皆曾創通之，考釋之，故此次講演可謂自道其研究之經歷。

八月十七日（六月二十八日）赴天津，祝羅振玉六十大壽，並以詩賀之。稱：「卌載雲龍會合常，半年濡呴更難忘，昏燈履道坊中雨，羸馬慈恩院外霜。事去死生無上策，智窮江漢有回腸，毗藍風裏山河碎，痛定爲君舉一觴。」「事到艱危誓致身，雲雷屯處見經綸，庭墻雀立難存楚，關塞雞鳴已脫秦。獨贊至尊成勇決，可知高廟有威神，百年知遇君無負，慚愧同爲侍從臣。」（《觀堂別集》初編）

是夏，《學術雜誌》第四十三期重刊先生舊作〈書辜氏湯生英譯中庸後〉，特撰附記云：「此文作於光緒丙午，曾登載於上海《世界教育雜誌》，此誌當日不行於世，世鮮知之者。越二十年，乙丑夏日，檢理舊篋始得之。《學術雜誌》編者請轉載，因復覽一過。此文對辜君批評頗酷，少年習氣，殊堪自哂。案：辜君雄文卓識，世間久有定論，此文所指摘者，不過其一二小疵。讀者以此而抹殺辜君，則不獨非鄙人今日之意，亦非二十年前作此文之旨也。國維附記。」

八月，門人趙萬里北來受業於先生之門，先生命館於其家。適巧研究院原聘助教陸君以事辭，院主任吳宓命萬里補其缺，日與先生檢閱書籍及校錄文稿。（《趙譜》）

是月，草成《耶律文正公年譜》，於譜餘中殷殷致意，頗推崇元遺山（好問）。內說：「元遺山以金源遺臣，於金亡後，上耶律中書書，薦士至數十人，昔人恆以為詬病，然觀其書，……誠仁人之用心，是知論人者不可不論其世也。」（《耶律文正公年譜》）

九月九日，清華大學舉行開學典禮，校長曹雲祥致詞，有云：「現在中國所謂新教育，大部抄歐美各國之教育，欲謀自動，必須本中國文化之精神，悉心研究。所以本校同時組織研究院，研究中國最高深之經史哲學。其研究方法可以利用科學方法，並參考中國考據之法，希望研究院中尋出中國之國魂。」（《清華周刊》第三五〇期）

案：據吳學昭《吳宓與陳寅恪》第二章記清華國學研究院云：「經過半年多的緊

張籌備，於一九二五年九月九日開學，九月十四日正式上課。研究院章程規定，研究方法注重個人自修，教授專任指導。教學方式分普通講演與專題研究。」先生主講〈古史新證〉、〈說文練習〉、《尚書》、〈最近二三十年來中國境內新發現之學問〉，專題指導範圍為經學、小學（訓詁、古文字學、古音韻）、上古史、金石學和中國文學。

九月二十八日（八月十一日），研究院開學後，舉行第一次師生茶話會。姚名達所撰〈哀餘斷憶〉記載當時情形。說：「名達始識靜安先生，以乙丑八月十一日，即一九二五年九月二十八日，午後四時，清華研究院第一次師生茶話會，出席者達五十餘。名達方以是日午前到校，舉目無親，逢人輒詢姓名，而又素不識先生。見有布袍粗褂，項後垂辮者，私心奪想，『此豈李濟先生耶？』須臾，主席致辭，並一一介紹，始知久仰而素昧者，即爲此老，聆其聲，望其貌，蓋忠厚人，可與語，然面生口澀，終席不敢啓齒也。又明日，午前九時，受先生課《說文》，始驚其妙解，而有從學之心。課後，以舊在南方大學所考〈孔子適周究在何年〉求正於先生。是篇以確實之證據，摧破前人魯昭公二十年、二十四年、三十一年之說，而斷爲七年或十年。先生閱畢，尋思有頃，曰：『考據頗確，特事小耳！』隨手繙次篇〈易之定義〉，名達以說未定阻之。因叩讀書求學之法，盡興而別。自是頗有志於訓詁考證。……」（《國學月報・王靜安先生專號》）

案：清華研究院的成立，乃我國近代學術史上的一件大事，《國學論叢》一卷一號有〈研究院記事〉，詳載成立宗旨、組織、科目及制度等項。略述之如下：

宗旨：在於研究高深學術，造就專門人才。

科目：暫設國學一科，其內容約為中國語言、歷史、文學、哲學、音樂及東方語言等。

教授及講師：敦聘宏博精深，學有專長之學者數人，為專任教授，常川住院，任講授及指導之事。其對於某種學科素有研究之學者，得由院隨時聘為特別講師。

組織：為清華學校之一部，清華學校校長總攬本院一切事務。

制度：略仿昔日書院及英國大學制，注重個人自修，教授專任指導。故課程方面，分為普通講演及專題研究二項。普通演講為本院學生所必修，每人至少須選定四種，由教授就個人專長開課，擇定題目，規定時間，每星期演講一次或兩次。範圍較廣，注重於國學上之基本知識。專題研究，則於各教授所指定之學科範圍內，專就一己之志向興趣學力之所近，選定題目，經教授確定後，以為本年內之專門研究，可定時向自己選定的導師請教。學生於報考時，即須認定學科範圍，報考取錄入校以後，即於所報考學科範圍內，與教授商定專修題目，隨時至教授處請業。題目不得隨意更換，以免有曠時雜騖之弊。教授對專從本人

請業之學員，應訂定時間，常與接談，考詢成績，指導方法和應讀書籍。（《國學論叢》一卷一號）

時先生爲經史小學導師，並爲諸生講《古史新證》每週一小時，講《尙書》二小時，《說文練習》一小時。《古史新證》乃先生改訂舊作〈殷卜辭中所見先公先王考、續考〉、〈三代地理小記〉、〈殷周制度論〉等文而成。共分五章：一、總論，二、禹，三、殷之先公先王，四、商諸臣，五、商之都邑及諸侯。獨惜全編未成而先生棄世。金石可以證史，固然，而卜辭文字簡略，不易了解，而先生乃能於殷之先公先王，一一鉤稽而出，足見先生博通捷悟。先生作〈殷先公先王考〉時，先釋《鐵雲藏龜》第一冊，及《殷虛書契》前二卷，復釋戩壽堂所藏殷虛文字，及釋《殷虛書契後編》上卷，而作〈續考〉。先生在《古史新證‧總論》中說：「研究中國古史，爲最糾紛之問題，上古之事，傳說與史實混而不分，史實之中，固不免有所緣飾，與傳說無異。而傳說之中，亦往往有史實爲之素地，二者不易區別，此世界各國之所同也。在中國古代已注意此事。……至於近世，乃知孔安國本《尙書》之僞，《竹書紀年》之不可信，而疑古之過，乃併堯舜禹之人物而亦疑之。其於懷疑之態度及批評之精神，不無可取。然惜於古史材料，未嘗爲充分之處理也。吾輩生於今日，幸於紙上之材料外，更得地下之新材料。由此種材料，我輩固得據以補正紙上之材料，亦得證明古書之某部分全爲實錄，即百家不雅馴之言，亦不無表示一面之事實，此二重證據法，惟在今日始得爲之。雖古書之未得證明者，不能加以否定；而其已得證明者，不能不加以肯定，可斷言也。」先生所指紙上的材料，有《尚書》、《詩經》、《易經》、〈五帝德〉及〈帝繫姓〉、《春秋》、《左氏傳》、《國語》、《世本》、《竹書紀年》、《戰國策》、周秦諸子以及《史記》。地下的材料，近代出土的，爲甲骨文字和金文。此書未能全部完成，乃先生揭示二重證據法，實爲今日研究古史的不二法門。（《國學月報》第二卷八至十期）門人徐中舒說：「民國十年，余在上海得瑞安孫仲容先生所著書，其〈名原〉一篇，雕刻窳劣，所引古文字，率以墨釘替之，每一執卷，輒難卒讀，因廣搜彝器款識、龜甲獸骨文字以補其闕，遂於上虞羅氏所刻雪堂、雲窗兩叢書及英人哈同所刻《廣倉學宭叢書》中，得讀先生所著書不下數十種。於是始知並世學者中乃有謹嚴精深之大師如先生其人者。民國十四年秋，北京清華學校研究院國學門成立，延先生主講席，余遂決然前往就學，欲以償積年願見而無緣相見之大師焉！初余在南中，頗聞先生尚留辮髮，至是驗之而果然。先生體質瘦弱，身著不合時宜之樸素衣服，面部蒼黃，鼻架玳瑁眼鏡，驟視之幾若六七十許老人，態度冷靜，動作從容，一望而知爲修養深厚之大師也。時先生方講《古史新證》，以鐘鼎款識及甲骨文字中之有關古代史蹟者，疏通而證明之。使古史得有地下材料爲之根據，此爲先生平生最著名之研究。蓋取舊作〈殷卜辭中所見先公先王考〉、〈續考〉、〈殷周制度論〉諸篇，增定而成。先生口操浙江音之普通話，聲調雖低而清晰簡明可辨。當先生每向黑板上指示殷虛文字時，其腦後所垂纖細之辮髮，完全映於吾人視線之前，令人感不可磨滅之印象焉！」（《文學周報》第五卷一、二期）當年先生授課的情形可以想見。徐氏並論先生古文字學上之貢獻有五：「一、打破倉頡造字之說，二、糾正《說文》中的錯誤，三、根據古文字解釋六書中的指事，四、古文字的訂正與證明，五、關於古韻的主張。」由此，古文字學奠下一個穩固的根基。至於先生對甲骨文字研究的貢獻，據李星可〈甲骨學目錄並序〉說：「與羅氏雁行者爲王國維。羅氏撰《殷虛書契考釋》，即多采王氏之說。民國元年冬，羅氏編印《殷虛書契前編》，時王氏與羅氏同居日本，必襄其事。二年，氏作〈明堂寢廟通考〉，即引用殷商貞卜文字。四年，撰〈洛誥解〉，更據甲骨文以釋『玉賓磯禮』之說。同年，作〈鬼方昆吾玁狁考〉（初名〈古代外族考〉）、〈三代地理小記〉，徵引卜辭甚多。五年冬，氏於滬肆購得孫詒讓《契文舉例》稿本，寄羅氏爲刊印之，而孫書得賴以傳世。六年，氏作〈殷卜辭中所見先公先王考〉及〈續考〉，正《史記》之訛僞並補其脫，於古史貢獻極大。同年五月，氏輯哈同妻羅迦陵所藏甲骨，爲《戩壽堂所藏殷虛文字》一卷，書成，又寫《考釋》一卷，附於書後，七月撰〈殷周制度論〉，是爲卜辭綜合比較研究之始。王氏之學，以甲骨文字研究爲主幹，其著作除上舉數種外，其他說禮制、說都邑、說文字之零作甚多，具見於氏之全集中。其於文字考釋，方法縝密，義據精深，時且超越羅氏，而王氏之後，則幾成絕響。」（《中法大學月刊》四卷四期）可謂推崇至極。

案：孫海波〈讀王靜安先生古史新證書後〉說：「自王國維先生《古史新證》出，而殷代之世系制度以明。此為王氏研索卜辭之大發明，促成卜辭為系統之研究者，當自王氏始也。其所考訂殷之先公先王，以精塙稱於世。」茫茫古史有待先生發明者尚多，此文惜亦未寫完。自先生逝世後，迄無人以繼之者。先生所授《尚書》，吳其昌有〈王觀堂先生尚書講授記〉一文，刊於《國學論叢》一卷三號，分目精細，條理燦然。劉盼遂說：「先師海寧王先生，學綜內外，卓然儒宗。而於甲部之書，尤邃《書》、《禮》。比歲主講清華園，初為諸生說《尚書》二十八篇，盼遂既疏剌之，成〈觀堂學書記〉矣！大抵服其樹義恢廓甄微，而能闕疑闕如，以不知為不知。力剔嚮壁回穴之習，此則馬、鄭、江、段之所未諭。洵稱鴻寶。」又說：「先師所講諸書，盼遂別有〈觀堂學書記〉、〈說文練習筆記〉、〈古史新證筆記〉、〈金文舉例筆記〉數種，待校理清楚，即當載入本刊，期以揚先師之軼業，扇末年之游塵也。」（〈觀堂學禮記〉）

又案：清華大學於一九九四年影印先生自民國十四年至十六年所印發的講義，共二十九種，凡一百一十八張。提供者為當年研究院生季鎮淮。據季氏說：當時研究院辦公室匯訂為一冊，蓋上研究院印章，註明「清華學校研究院講義（王靜安先生）」

字樣，以示鄭重。其中《古史新證》便是一篇完整的新式史學論文，「這篇論文是王國維辛亥東渡日本開始研究國學以來的一篇綜述性論文，蓋其以經史小學為基礎，研究殷虛甲骨文字的新發現，以闡明新史學的創立及其研究古史的方法，是一篇劃時代的著作。」所以清大匯印的這套講義，便以《古史新證》命名，列為《清華文叢》之五，其末附錄先生門人吳其昌、劉盼遂二人聽課時隨堂筆記七篇，十分難得。

是月，日友狩野直喜贈先生彼邦新刊宋本《尚書正義》一部。

是年夏，爲日友內藤虎次郎六秩誕辰，其友朋爲聚貲刊行《支那學論叢》以壽之，乃徵文於先生。至九月，先生以新著〈西遼都城虎思斡耳朵考〉一文應命。（《趙譜》）先生與神田喜一郎信說：「內藤博士華甲之壽，凡在知好，同深祝賀，茲寄上近作〈西遼都城虎思斡耳朵考〉一篇，欲以奉獻博士，祈勞收轉致爲荷！」（《支那學》四卷三號）

十月二十六日（九月九日），假沈寶熙所藏薌楂書室鈔本《蒙古源流》，以校光緒中刻本，又以《元秘史》、《元史》、《明史》等書詳爲校注。刻本錯字纍纍，端賴鈔本正之，先生原擬寫定爲校注，與蒙古史料四種並行，後因找不到善本及蒙文原本比勘，未能如願。趙萬里說：「余頃見漠南汪睿昌譯注本，較沈藏鈔本尤善，文字多與先生校語合，恨先生不及見也。」（〈手校手批書目〉）

案：沈曾植著有《蒙古源流箋證》一書，由張爾田校補付印。張序說：「嘉興沈乙盦先生與洪文卿、李芍農二侍郎同治西北輿地之學，而於此書研覈尤勤，洪、李書行世最早，先生著述矜緩，丹墨叢殘，及身多未寫定，其偶落於人間者，吉光片羽而已！先生既歸道山，余始與亡友王忠愨相約為之理董。」又附記說：「此書寫成後，復從趙君萬里假得傳錄亡友王靜安校本，靜安自識云：乙丑重九，假沈乙庵宮保所藏鄦楂書室鈔本，比勘竟，鈔本亦有脫落，然文字頗勝於此本也。……細審其本脫誤，亦與通行本同，實未太遠於先生所據諸本，惟靜安簡端籤語졍精，頗有可與斯箋印合處，今遴其碻當及小有意者，都載箋中，稱王靜安校以別之。」（《蒙古源流箋證》）足見先生之捷悟。

是月，先生讀《金史》，發現阻轐字樣多處，而《元史》中並無此種部族。乃大疑之。一夕，讀《元祕史》，見卷四載有大金因塔塔兒不從，王京丞相領軍來剿，於浯泐札河破之。因與《金史·完顏襄傳》參對，地望人名完全相合，是以悟出《金史》中之阻轐，即《元祕史》中之塔塔兒。而塔塔兒一語，亦即唐宋間韃靼之對音。乃摘錄史籍中所言韃靼、阻卜、阻轐事，草〈韃靼年表〉及〈韃靼考〉一卷。是年冬，即提出此一問題為北京歷史社會學會講演之。（《趙譜》）

又草成《元朝祕史地名索引》。《趙譜》說：「案：先生初擬草遼金元三史人名地名索引，已注於其所見於汪氏《三史同名錄》眉端，後以茲事不易，乃改著此篇，並以《親征錄》、《元史》比勘之，未能遍也。」

十一月十九日（十月十五日），撰〈跋蒙文元朝祕史〉。謂此書之有譯本乃在明洪武初年，宋濂修元史時，採史四方，凡有涉於蒙文者，皆令譯成漢文，《祕史》即其一。

是月，跋《蒙韃備錄》，並稱此書紀事多覈實可信，足以補宋元二史之闕。（《蒙古史料四種》）

是月，又以《元朝祕史》校《皇元聖武親征錄》，因憶前在沈曾植案頭，見所校舊錄《雲麓漫鈔》本《親征錄》，較刻本異同頗多，後詢之江安傅增湘（字沅叔），始知沈氏所校者乃舊鈔《說郛》本，不是《雲麓漫鈔》本。（《趙譜》）

十二月，撰成〈遼金時蒙古考〉。自序說：「余頃作〈韃靼考〉及〈韃靼年表〉，始證明元之季世，諱言韃靼，故韃靼之名雖已見於唐世，而宋、遼、金正史中乃不見韃靼事，又或記其實而沒其名，其於蒙古亦然。蒙兀之名已聞於唐代，而《遼史》部族屬國中並無其名，《金史．兵志》雖有萌骨部族節度使，及萌骨扎詳隱，而〈地理志〉部族節度八處，詳隱九處，皆無之。知元人諱言其祖與諱言韃靼同，茲就書傳所見蒙古上世事實，彙而考之，俾與〈韃靼考〉互證焉！」又結語說：「余頃考韃靼事，知遼金二史中有待發之覆，因彙舉蒙古上世事實，疏通證明之；庶足為讀史者之一助乎？」（《蒙古史料四種校注》附）所以此考也稱〈蒙古上世考〉。

是月，從王惲《秋澗大全集》中《玉堂嘉話》錄出張德輝《塞北紀行》，又從羅振玉處假錄《黑韃事略》一過。

民國十五年（一九二六）丙寅　五十歲

二月二日（乙丑十二月二十日），跋《黑韃事略》。略云：「此書後有嘉熙丁酉，永嘉徐霆長孺跋云：『初歸自草地，嘗編次其風土習俗，及至鄂渚，與前綱書狀官彭大雅解逅，各出所撰以相參考，亦無大遼絕，遂用所著者爲定本，間有不同，則霆復疏於下方云云』。今書中頂格書者彭大雅原書，其低一字者，長孺所疏也。……大雅後爲四川制置副使，以貪黷獲咎，然其爲此書，敘述簡該，足徵覘國之識，長孺所補，亦頗得事實。蒙古開創時，史料最少，此書所貢獻，當不在《秘史》、《親征錄》之下也。」（《蒙古史料四種校注》）

月之上旬，又從傅增湘處借到明弘治鈔《說郛》本《聖武親征錄》，以校何秋濤本，又得訂正訛誤處若干。（《趙譜》）

二月十五日（正月初三），《說郛》本《親征錄》校畢，又借得江安傅氏所藏明鈔《說郛》本《蒙韃備錄》，以校《古今說海》本和《古今逸史》本。二十七日去天津，又從武進陶氏處借得明萬曆鈔《說郛》本《親征錄》校勘一過。

三月，又從江南圖書館鈔得汪魚亭藏抄本《親征錄》，以校何秋濤本，知汪本與何本同出一源，汪本雖優於何本，實遜於《說郛》本。乃知《說郛》本爲傳世最古最完備的本子，因撰校注一卷，至四月五日方寫定。自序說：「《聖武親征錄》一書，乾隆間修四庫全書時，以其敘述無法，詞頗蹇澀，譯語互異，未著於錄。僅存其目於〈史部・雜史〉類中。錢竹汀先生始表章其書，爲之跋尾。道光以後，學者頗治遼金元三史及西北地理，此書亦漸重於世。後張石洲（穆）、何願船（秋濤）二先生始爲之校勘，而何氏治之尤勤。其歿後，稿本流傳京師。光緒朝士，若順德李仲約（文田）侍郎、萍鄉文道希（廷式）學士、嘉興沈子培先生，遞有增益。歲在甲午，桐盧袁重黎（昶）太常刊之於蕪湖，是爲此書有刊本之始。……顧張、何二家所校本，雖云出竹汀先生家，然輾轉傳鈔，謬誤百出。……余前在海上，於嘉興沈先生座上，見其所校《說郛》本《親征錄》，爲明弘治舊鈔，與何本異同甚多。先生晚歲不甚談元史事，然於《說郛》本猶鄭重手校。未幾，先生歸道山，其校本遂不可見。比來京師，膠州柯鳳蓀（劭忞）學士爲余言，元太祖初起時之十三翼，今本《親征錄》不具。《說郛》本獨多一翼，乃益夢想《說郛》本。旋知其本藏江安傅君沅叔（增湘）所。乙丑季冬，乃從沅叔借校，沅叔並言，尚有萬曆鈔《說郛》本在武進陶氏。丙寅正月赴天津，復從陶氏假之。其佳處與傅本略同。又江南圖書館有汪魚亭家抄本，亦移書影抄得之，合三本互校，知汪本與何氏祖本同出一源，而字句較勝，奪誤亦較少，《說郛》本尤勝，實爲今日最古最備之本。因思具錄其異同爲校記以餉學者。顧是書有今本之誤，有明鈔本之誤，有原本之誤，三者非一一理董，猶未易遽讀也。幸而此書之祖禰之《秘史》與其兄弟之拉施特書，其子姓之《元史》及當時文獻，尚可參驗，因復取以比勘，存其異同，並略疏其事實，爲《校注》一卷。吳縣洪文卿侍郎譯拉施特書。並爲《秘史》及此錄作注，而遺稿不傳，其說略見《元史譯文證補》中。武進屠敬山撰《蒙兀兒史記》，於是錄探索尤勤，近復有仁和丁益甫（謙）考證地理，亦非無一二可采，茲復剟取其說，其有瑕纇，間加辨正，雖不敢視爲定本，然視何氏校本則差可讀矣！……往讀《元史・察罕傳》，言仁宗命譯《脫必赤顏》，名曰《聖武開天記》及《紀年纂要》、《太宗平金始末》等書，俱付史館云云。案：明修《元史》，大半取材此錄。……雖冠以聖武之名，實兼備英文之事，元太祖事止記歲名，而太宗事則詳及月日，蓋所取材本自不同。疑太祖朝事出《脫卜赤顏》，……太宗朝事則別取《平金始末》等書以益之。……」（《觀堂集林》卷十六）

《古史新證》一課，至去冬已授完。自今年二月下旬起，撰〈克鼎盂銘考釋〉，並改訂〈毛公鼎考釋〉，合〈散氏盤考釋〉，以授諸生，其他宗周諸重器，亦多寫爲釋文，用爲講演材料。（《趙譜》）

四月十六日，與親家羅振玉函，報告近況。云：「一月以來，此間尚安謐。雖近日無日不聞炮聲，然均遠在數十里外。惟今日午國民軍大部從此間退出後，奉軍騎兵即到，遇其殘部在清華西里許，開槍一時許，旋即潰散。……近一月中，將《元聖武親征錄校注》寫定，共一百十葉。因原書不分卷，仍爲一卷。此卷經一校，庶幾可讀矣！」（《書信集》）在戰亂中，先生仍能專力於教與學，其精神是可敬佩的。

五月下旬，《西遊錄校注》又加整理一次，遂成定稿。自序中首述《長春真人西遊記》作者李志常事跡，繼云：「此記作於長春歿後，……考全真之爲道，本兼儒釋，自重陽以下，丹陽、長春並善詩頌，志常尤文采斐然，其爲是記，文約事盡，求之外典，惟釋家慈恩傳可與抗衡。……乾隆之際，嘉定錢竹汀先生讀《道藏》於蘇州元妙觀，始表章此書，爲之跋尾，阮文達遂寫以進秘府。道光間，徐星伯、程春廬、沈子敦諸先生迭有考訂，靈石楊氏（尚文）因刊入《連筠簃叢書》，由是此書非復丙庫之附庸，而爲乙部之要籍矣！光緒中葉，吳縣洪文卿侍郎創爲之注，嘉興沈乙庵先生亦有箋記，而均未刊布。國維於乙丑夏日始治此書，時以所見疏於書眉，於其中地理人物亦復偶有創獲，積一年許，共得若干條，遂盡一月之力，補綴以成此注，蓋病洪、沈二家書之不傳，聊以自便檢尋云爾！」（《蒙古史料四種校注》）

先生初擬將《親征錄》及《西遊記》二校注，合《耶律文正公年譜》及《蒙古源流校注》

彙刊之。以文正公行事未詳處尚多，而《蒙古源流》一書又無佳本可校，且蒙文原本，倉卒間亦無從盡通其義意，乃將《蒙韃備錄》及《黑韃事略》二書的校勘眉注，錄爲箋證各一卷，合《西遊記校注》二卷、《親征錄校注》一卷，並刊之，並附〈韃靼考〉一卷、〈遼金時蒙古考〉一卷於後，名爲《蒙古史料四種校注》。是年夏，由清華研究院以活字版印行，爲院刊叢書第一種。趙萬里說：「丙寅夏，清華學校研究院印行觀堂師所撰《聖武親征錄校注》及《長春真人西遊記注》，萬里實任校刊之役，嗣見師案頭有《蒙韃備錄》、《黑韃事略》二書，師箋識其上，蠅頭細書，殆愈萬字，因假錄之，念此二書世鮮善本，師所箋證，復博大精密，遠出順德李氏之上，因請並刊之，以爲讀元史者之一助云。」（《蒙古史料四種校注》）

案：《蒙韃備錄》舊題為孟珙撰，書中亦自稱名為珙，先生據《齊東野語》考訂為趙珙撰，因為《宋史・孟珙傳》不載其曾出使蒙古一事，真可謂發千載之覆。說：「此書題宋孟珙撰，書中亦自稱名為珙。案：《宋史・孟珙傳》，珙未嘗使蒙古，疑別一人也。書中稱去歲庚辰年，今辛巳年，是此書作於辛巳，乃宋寧宗嘉定十四年，蒙古太祖之十六年也。……丙寅六月，讀周草窗《齊東野語》卷十九〈嘉定寶璽〉條云：『賈涉為淮東制閫，嘗遣都統司計議官趙珙往河北蒙古軍前議事。久之，珙歸，得其大將撲鹿花所獻皇帝恭膺天命之寶玉璽一座，並元符三年寶書一冊，及鎮江府諸軍副都統翟朝宗所獻寶檢一座，並繳進於朝。詔下禮部太常寺討論受寶典禮，此嘉定十四年七月也。《宋史·賈涉傳》亦言：初，翟朝宗得玉璽獻諸朝，至是趙珙還，又得玉印，文與璽同而加大。是嘉定辛巳使蒙古軍前者有趙珙，與此書撰述歲月及稱名相同，則撰此書者當即其人，後人不知其姓，誤以為孟珙耳！……』」（《蒙古史料四種校注》）趙珙以金人降宋，故士子上書多稱其為異類，但以其通敵情，遂屢命使北。《宋史·李全傳》所說的趙拱，先生又證明為趙珙之誤。皆極謹嚴。

又案：孫敦恆撰《王國維年譜新編》載：本年四月二十六日，校長曹雲祥批准：王靜安先生叢書付印五百部。可見校方極重視。

是歲春夏間，數與日本友生神田喜一郎信，請其代購那珂通世《成吉思汗實錄》一書，並告其近日的研究工作。第一封信說：「那珂博士《成吉思汗實錄》一書，不知何處出版，現在書肆想尚有新印本出售，擬請代購二部。……如無新印本，則請隨時留意購一舊本見寄。……弟近作〈韃靼考〉，證明唐五代之韃靼，于遼金史爲阻卜、阻轐，並言及元人所以諱言韃靼之故。三四月後可以印出，當呈教也。」第二封信兼討論「遠傍惠康」一語的意義。說：「《成吉思汗實錄》承代爲訪購，感荷無似。〈韃靼考〉即將付印，成後即寄奉。承詢後魏延昌四年詔書中遠傍惠康一語，弟意惠者展禽之謚，康者黔婁子之謚也。顧延年〈陶徵士誄〉，黔婁既歿，展禽亦逝。李注引《高士傳》，詳黔婁之事，可一檢觀。此詔因賜李謐謚貞靜而下，故用此事也。」不久，神田函告已爲先生購到《成吉思汗實錄》，先生復書致謝，並告以已排印《蒙古史料四種校注》之事。說：「《成吉思汗實錄》已承覓得，此非東京書肆之多與吾兄蒐訪之勤，未易覓到。至爲感謝。近日將敝撰《皇元聖武親征錄校注》一卷、《長春真人西遊記校注》二卷、《蒙韃備錄》、《黑韃事略箋證》各一卷，並〈韃靼考〉、〈遼金時蒙古考〉諸種，共爲小叢書，付諸排印，大約兩月中可成，印成即行奉呈教正。」（《支那學》四卷三號）

案：神田獲書後即復告先生《親征錄》有那珂通世校注本，然先生未曾過目。

六月二十九日（五月二十日），與友生蔣穀孫信，謝其寄贈鏤牙尺拓本。說：「頃接手書，並諸拓本，歡若晤對，三復書語，爲之慨然。前接尊君復書，已知此事顛末，顧實無法以相慰藉，故至今尚未作畣。今晨適復覽前編書目草稿，乃知再竭數十年之力未必能再得此數。……尊君意興蕭索，固可想而知。……鏤牙尺確是唐物，其制度長短與日本正倉院所藏二尺一一相同，不知上傳顏色否？祈示及。向謂唐尺惟日本有之，今乃見於中國，至爲可喜。至元二百文鈔板祈賜拓本。又尊藏金鈔板二，其一種前曾蒙賜拓本，今檢不得，請並拓寄，至爲感荷！正倉院牙尺，前在滬時曾托某君製鋅板，已成其一，而遲遲未就，今已不可問矣！」（《觀堂遺墨》卷下）

案：烏程蔣氏密韻樓藏書極豐富，民國十四、五年間，因蘇浙戰禍而亡其書，此書中所言即指此。又先生眉批《觀堂集林》說：「丙寅五月，烏程蔣穀孫寄余鏤牙尺拓本，其形製長短與正倉院所藏唐尺同。此尺即藏穀孫許。」（《觀堂集林批校表》）可以互證。

七月二十日（六月十一日）又與穀孫信，託其將爲浙江通志局編之《通志稿》送交金甸丞（蓉鏡）。信中說：「尊公生辰記是是月二十二日，詩久不作，亦不能佳，前日已作一文，約七百餘字，已屬人至城購高麗箋作一小卷，界朱絲闌，擬用小字書之，此事想即可辦就，寫成即寄，當可及廿二日前寄到也。前年尊公入都，弟託其帶拙著《兩浙古刊本考》二冊交與孟劬，後孟劬來書云未收到。此係《浙江通志》雜誌一門中稿，近聞金甸丞在外大罵弟與孟劬・陶拙齋等，未曾交卷。此稿如未交與孟劬，請檢出徑送金甸丞處，不必由孟劬轉交也。」（《觀堂遺墨》卷下）

二十八日（六月十九日），答覆日本友生神田喜一郎來函。有云：「頃接手書，忻慰無量。《成吉思汗實錄》亦早於半月前遞到矣，敬謝，敬謝。耶律文正公《西遊錄》竟發現足本，真所謂驚人秘籍，聞之喜躍三百。……此錄除庶齋《老學叢談》節錄大略外，惟《至元辨僞錄》多引之，然《辨僞錄》所引，頗有不似公言者，曩頗以爲疑，今得此可解決也。排印本不知何時可成？甚以先覩爲快。然非兄入秘閣，何由發見此秘籍乎！」（《書信集》）先生於一年前撰《耶律文正公年譜》時尚不知《西遊錄》有足本存於日本，今既知之，至渴望一覩。

三十日（六月二十一日），先生與友人評論《古史辨》，謂：內中亦有可取處。顧頡剛自己記云：「日人某君持我之《古史辨》往質於諸耆宿，皆謂看不得，惟王靜安先生謂：其中固有過分處，亦有中肯處。」（《顧頡剛日記》第一冊）

三十一日（六月二十二日），至友蔣汝藻五十壽慶，先生爲撰〈壽序〉一篇以贈之。〈壽序〉說：「余與樂庵居士生同歲，同籍浙西，宣統之初，又同官學部，顧未嘗相知也。辛亥後，余居日本，始聞人言，今日江左藏書有三大家，則劉翰怡京卿、張石銘觀察與居士也。丙辰之春，余歸海上，始識居士，居士亢爽有肝膽，重友朋，其嗜書蓋天性也。余有意乎其爲人，遂與定交，由是得盡覽其書。居士獲一善本，未嘗不以詔余，苟有疑義，未嘗不與相商度也。余家無書，輒假諸居士，雖宋槧明鈔，走一力取之，俄頃而至。癸亥春，居士編其藏書目既成，又爲余校刊《觀堂集林》，未就，而余奉入直南齋之命。居士頗尼余行，余甚感居士意，而義不可辭，遂肅駕北上。踰年，而遭甲子十月十日之變，自冬徂春，艱難困辱，僅而不死，而居士亦以貿遷折閱，至乙丙間，遂亡其書。余在海上時，視居士之書猶外府也。聞其書亡，爲之不怡者累日，顧苦無語以慰居士。歲六月，居士之子穀孫貽余書曰：家君今年五十矣，近頗寥落，丈盍作詩以寬之。余廢詩久，無以塞穀孫意。因念穀孫年甫踰冠，濡染家學，嗜書不亞於居士，其於舊槧，若南北宋之別，浙本建本之異同，一見即能辨之。又嗜古器物，其所私蓄，若唐鏤牙尺，若金元鈔板，皆宇內絕品，以余所見，南北名家之子弟，有出其家藏孤本以營一羌闕者，有鬻其宋槧書而月置數妾者，今觀於穀孫，而知所以壽居士之道矣！蓋往而必復者，天之道也，困而後作者，人之情也。自宋以來，吾浙藏書家以湖州爲最盛，然其聚散亦屢矣，居士之先世亦曾亡其書矣，居士勤勤蒐討，二十年間，蔚爲大家，有光前人，故余曩爲居士作〈傳書堂記〉，謂石林、直齋之書，久爲煨燼，而今有張、劉諸家；茹古精舍、求是齋之書，千不存一，而今有居士；蓋一鄉一家之遺澤，雖百世而未有艾也。今居士之書雖亡，而嗜書之心未衰，又嗜書之人繼居士而起者，固已嶄然見頭角矣！然則居士他日之所獲，安知不倍蓰於今之所亡。如密韻樓之於茹古精舍者乎？爰書是以壽居士，並以爲之劵，居士聞是言，其莞爾而盡一觴乎？」

（《觀堂遺墨》卷上）

案：先生的學問，無日無時不在精進，蓋全得力於圖書，然先生自家無藏書，多有賴於藏書家的供應，蔣氏密韻樓的藏書，由先生一一檢閱，提其要而編其目，對先生學問的進境貢獻極大。如姚名達所說：「成學固不易。靜安先生所以有如此成就，固由其才識過人，亦由其憑藉彌厚。辛亥以前無論矣，辛亥以後至丙辰，則上虞羅氏之書籍、碑版、金石甲骨任其觀摩也。丙辰以後至壬戌，則英倫哈同、吳興蔣氏、劉氏之書籍聽其研究也。癸亥甲子，則清宮之古本彝器由其檢閱也；乙丑以後至丁卯，則清華學校之圖書亶其選擇也。計其目見而心習焉，實至可驚。人咸以精到許先生，幾不知其淵博尤為有數。返觀身後所遺藏書，則寥寥萬卷，無以異人，古物尤不數數覯。後之學者，可以省矣！」（〈友座私語〉之一）所言可謂最切要的了。

是月，爲燕京大學演講〈中國歷代之尺度〉一題，後發表於是年九月出版之《學衡》第五十七期。據劉歆銅斛尺，漢牙尺，後漢建初銅尺，無款識銅尺，唐鏤牙尺，唐紅牙尺甲、乙，唐綠牙尺甲、乙，唐白牙尺甲、乙，無款銅尺，宋木尺甲、乙、丙，明嘉靖牙尺，清工部營造尺等凡十七種，作比較之研究，以考歷代尺度由短而長，殆成定例。先生說：「尺度之制，由短而長，殆成定例。然其增率之速，莫劇於東晉、後魏之間，三百年間，幾增十分之三。……而自唐訖今，則所增甚微，宋後尤微。求其原因，實由魏晉以降，以絹布爲調，而絹布之制，率以二尺三寸爲幅，四丈爲匹。官吏懼其短耗，又欲多取於民，故尺度代有增益，北朝尤甚。自金元以降，不課絹布，故八百年來，尺度猶仍唐宋之舊。」其說甚精闢，前於〈釋幣〉中已詳言之。先生比較歷代尺度，則以營造尺爲準，而附記英呎，讀者可以一目了然。

八月二十五日，陳寅恪始來清華任教，住工字廳，與先生識趣特別相投，交誼甚篤，先生

時常到工字廳與其談學問或話舊事。（見《陳寅恪先生編年事輯》）

九月十四日（八月初八日），與日本友生神田喜一郎信，促其速印《西遊錄》足本，並討論金元之間的乣軍問題。信中說：「頃接手書，敬承一切。《西遊錄》足本已在印刷中，聞之至為快慰。弟所撰《親征錄校注》甚為草率，但志在介紹一《說郛》本耳！故不獨不知有那珂博士校注本，即知服齋本亦未得見。（因弟所見《知服齋叢書》係初印本，而無此種。）此書印刷垂成，已發現當增訂之處不止三四。至《蒙韃備錄》及《黑韃事略》二種，則當增訂之處尤多。頃見沈乙庵先生校本，釋《事略》中蘸字為站之異譯，此條甚佳。不知箭內（亙）博士本將來能印行否？貴國雜誌如《史學雜誌》、《東洋學報》，現在尚可設法購一全份否？……雪堂先生在津，弟於六月中見過，意興不如前日，亦時有頭痛頭昏之病，殊可念也。乣軍之乣，（《遼史》及《蒙韃備錄》乣訛為紀，當本作乣。）亦或作糺，此糺字本是糾字別體，見於《集韻》，則乣或又糺之省歟？此事不敢遽定，姑以字體說之。」（《王忠愨公遺墨》）據神田追憶與先生交遊經過說：「自上海（民國十一年冬）重逢以後，與先生倍加親密，直至先生逝世前，仍魚雁未絕。我與先生別後不久，先生應遜帝之召，赴北京任南書房行走，為侍講。從此時起，先生在學問方面的興趣，漸漸轉移於西北地理。因此先生屢屢寄信向我索取我國那珂、白鳥諸博士關於這方面的著作。……大正十五年（一九二六）春，我在宮內省圖書寮書庫中，偶然發現的耶律楚材《西遊錄》足本，我將此發現報告先生，先生很高興，寄了一封長信，勸我儘速將全文付梓。因種種不得已的事，印刷一再延誤，雖然經先生多次催促，但是待書印成而寄送至先生處時，已距離發現時一年了（一九二七年五月二十日）。其後每日期待先生的來信，不料六月四日的報紙竟記載先生投身萬壽山昆明湖自殺的消息。我一時感到茫然，早知如此，我應不惜一切，盡速將《西遊錄》付印，以孚先生的期待，對不起先生，先生可能還沒有看到我寄去的《西遊錄》。他那樣焦急的期待著，而我竟未能早一天使先生過目。無論如何，都是我的罪過。每日自責，久久不能忘懷。後來《王忠愨公遺書》出版，我細查其中，很明顯的先生有引用我寄去的《西遊錄》足本的地方。不久，又看到整理先生遺著的趙萬里先生所記，知道先生在我寄去的書中詳加眉批，訂正誤字，此時我心裏有兩種感覺，其一是先生終於能看到此書而使我放心。另一是先生至最後，仍如平時，從容研究學問，使我佩服不已。總而言之，我確信先生是一位偉人傑士。」（《中國文學月報》第二十六號）

九月九日，研究院開學，十四日正式上課。先生每周講授《儀禮》二小時，《說文練習》一小時，是時研究院中採購中文書籍，均由先生審定。

十四、十五年度研究院各教授擔任學科一覽表

教授姓名	籍貫	到校年月	課目 十四年度	課目 十五年度	指導學科範圍
王國維	海寧	十四、四	1古史新證 2說文練習 3尚書	1儀禮 2說文練習	1經學(書、禮、詩) 2小學(訓詁、古文字學、古音韻) 3上古史 4金石學 5中國文學
梁啟超	新會	十四、八	1中國文化史 2讀書法及讀書示例	1儒家哲學 2歷史研究法	1中國文學史 2中國哲學史 3宋元明學術史 4清代學術史 5中國史學史 6史學研究法 7儒家哲學 8東西交通史 9中國文學

趙元任	武進	十四、八	1 方言學 2 普通語言學	1 音韻練習	1 中國音韻學 2 中國樂譜樂詞 3 中國現代方言
陳寅恪	義寧	十五、八		1 西人之東方學之目錄學 2 梵文	1 年曆學（中國古代閏朔日月食之類） 2 古代碑誌與外族有關者之比較研究 3 摩尼教經典與回紇文譯本之研究 4 佛教經典各種文字譯本之比較研究（梵文、巴利文、藏文、回紇文及中亞西亞文諸文字譯本與中文譯本比較研究） 5 蒙古滿洲之書籍及碑誌與歷史有關者之研究
李濟	鍾祥	十四、八	1 人文學	1 普通人類學 2 人體測驗	1 中國人類考

上表採自《國學論叢》第一卷第一號〈研究院記事〉

案：據先生門人姜亮夫撰〈憶清華國學院〉載先生授課不太抬頭看學生，但講課非常細膩、精緻。講《說文》，「用的材料許多是甲骨、金文，用三體石經和隸書作比較。這樣一來，對漢字研究方法就細密了，而且還知道許多相關書籍。王先生做學問有一個特點，他要解決一個問題，先要把有關這個問題的所有材料齊合，纔下第一步結論。把結論再和有關問題打通一下，然後纔對此字下結論。這中間有一個綜合研究方法，他不僅綜合一次，再經過若干次總結，方成定論。」此文中還詳述梁、陳、趙三位教授授課情況，又述研究院每週六所舉辦之同樂會，師生皆出席，先生雖極沉默，但當學生請先生表演時，先生即背誦〈兩京賦〉。平時，先生視學生如子弟，情感很深厚。清華教育，在德、智、體三方面兼顧，先生同先生，先生同學生，學生同學生，相見時都是談學問，並建言某雜誌上某論文看過否？如看過，兩人就討論，如未看，應去借閱。從不講不正當的言語。（見《追憶王國維》）清華學風，如此淳美，故能訓育出一群名學者。

是月，長子潛明在上海病勢垂危，先生聞訊，即乘車南下，到上海，病已無藥可救。月之二十六日（八月二十日），潛明卒於寓所，年僅二十八。先生久歷世變，境況寥落，至是又有喪子之痛，乃益復悶悶不樂。喪事料理完畢，即北返。不料親翁羅振玉竟然將女兒孝純帶回天津，乃發生日後的一些不愉快。

十月十五日（九月九日）早，自上海啓程，十七日即到北平。二十三日與友生蔣穀孫信說：「在滬快晤，深慰積思。弟於重陽日早動身，十一日抵京寓，途中平安，可慰遠注。徐氏印譜其書名已定否？槑齋之名並籍貫並希見示，以序中需此也。序文大致已就，尚未寫出，因弟本欲作一文論六國璽印、貨幣、兵器、陶器並當時通行文字，乃欲借此序以發之也。尊公壽文十日內方可寫就，或與〈印譜序〉同寄也。」（《觀堂遺墨》卷下）

是月二十四日（九月十八日），致函羅振玉陳述亡子潛明遺款匯與羅家之事，理當留給兒媳孝純使用。函云：「維以不德，天降鞠凶，遂有上月之變。于維爲冢子，于公爲愛婿，哀死寧生，父母之心彼此所同。不圖中間乃生誤會，然此誤會，久之自釋，故維初十日晚過津，亦遂不復相詣，留爲後日相見之地，言之惘惘。初八日在滬，曾托頌清兄以亡兒遺款匯公處，求公代爲令媛經理，今得其來函，已將銀數改作洋銀二千四百二十三元匯津，日下當可收到。而令媛前交來收用之款共五百七十六元，今由京大陸銀行匯上。因維于此等事向不熟悉，且京師亦非善地，須置之較妥之地，亡男在地下當爲感激也。……海寧葬地已托人去購，並此奉聞。」（《羅振玉與王國維往來書信集》）

次日，又致函云：「昨函甫發，而馮友回京，交到手書，敬悉一切。令媛聲明不用一錢，此實無理，試問亡男之款不歸令媛，又當歸誰？仍請公以正理諭之。我輩皆老，而令媛來日方長，正須儲此款以作預備，此即海關發此款之本意，此中外古今人心所同，恐質之路人亦以此爲然者也。京款送到後，請並滬款一并存放。……」（同上）蓋先生以長男雖亡，長媳雖已歸寧，仍是王家的一份子，對公婆之苦心愛心不應不感念，故請羅氏以理諭之。

三十一日，復奉函羅振玉，再三言亡兒遺款當交孝純存用，函云：「亡兒遺款自當以令媛之名存放，否則照舊日錢莊存款之例，用『王在記』亦無不可。此款在道理、法律，當然是令媛之物，不容有他種議論。亡兒與令媛結婚已逾八年，其間恩義未嘗不篤，即令不滿於舅姑，當無不滿於其所天之理。何以於其遺款如此之拒絕？若云退讓，則正讓其所不當讓。以當受而不受，又何以處不當受者？是蔑視他人人格，于自己人格亦復有損。總之，此事於情理皆說不過去，求公再以大義諭之。此款即請公以令媛名存放，并將存據交令媛。如一時不易理諭，則暫時代爲保存。……專此奉懇。」（同上）似乎孝純個性亦太倔強，或許羅振玉對女兒過於溺愛所致。

案：先生之長女東明女士曾撰〈王國維自沉之謎後記讀後〉一文，直言：「先父性格敦厚，懷舊之情殷篤，雖在沉痛中，用筆仍委婉懇切，毫無絕情之意。」以上三信，正是如此。（見民國七十三年十月二十三日《中國時報》副刊）

十一月二日（九月廿七日），又與穀孫信說：「印譜序已草就，茲將油印本寄上，（自註：因此文有關係，故付油印以供諸生參考。）文字尚有冗長處，俟緩緩改之，並將印譜名及徐君名加入，用此序時，即用排印方可，如需手寫，亦當另覓紙書之，將來仍望徐君以印本一部見賜也。……」（《觀堂遺墨》卷下）

案：據蔣穀孫先生見告：先生以子喪來上海，桐鄉徐青原以二百元請先生為撰〈印譜序〉一篇。先生在上海時，桐鄉徐青原（棶齋）以所撰《古印譜》請序於先生。先生本欲作一文論六國璽印、貨幣、兵器、陶器並當時通行文字，乃思借此序以發之。十月，先生重申前論戰國時秦用籀文六國用古文之說以序之。略云：「自許叔重序《說文》，以刻符、摹印、署書、殳書與大小篆、蟲書、隸書，並為秦之八體，於是後世頗疑秦時刻符、摹印等各自為體，並大小篆、蟲書、隸書而八，然大篆、小篆、蟲書、隸書者，以言乎其體也，刻符、摹印、署書、殳書者，以言乎其用也。秦之署書不可考，而……秦公私諸璽文字皆同小篆，知刻符、摹印、殳書皆以其用言，而不以其體言。……秦書如是，秦以前書亦何獨不然。三代文字，殷商有甲骨及彝器，宗周及春秋諸國並有彝器傳世，獨戰國以後，彝器傳世者，……寥寥不過數器，幸而任器之流傳，乃比殷周為富。近世所出，如六國兵器，數幾踰百，其餘若貨幣，若璽印，若陶器，其數乃以千計。而魏石經及《說文解字》所出之壁中古文，亦為當時齊魯閒書，此數種文字，皆自相似；……上不合殷周古文，下不合小篆，不能以六書求之。而同時秦之文字則頗與之異。傳世秦器作於此時者，……其文字之什九與篆文同，其什一與籀文同，其去殷周古文較之六國文字為近。余曩作〈史籀篇疏證序〉，謂戰國時秦用籀文，六國用古文，即以此也。世人見六國文字，上與殷周古文、中與秦文、下與小篆不合，遂疑近世所出兵器、陶器、璽印、貨幣諸文字並自為一體，與六國通行文字不同，又疑魏石經《說文》所出之壁中古文為漢人偽作，此則惑之甚者也。夫兵器、陶器、璽印、貨幣，當時通行之器也；壁中書者，當時儒家通行之書也。通行之器與通行之書，固當以通行文字書之，且同時所作大梁上官諸鼎字體亦復如是，而此外更不見有他體，合是數者，而別求六國之通行文字，多見其紛紛也。況秦之刻符、摹印、殳書並用通行文字，則何獨於六國而疑之，其上不合殷周古文，下不合秦篆者，時不同也。中不合秦文者，地不同也。……余謂欲治壁中古文，不當繩以殷周古文，而當於同時之兵器、陶器、璽印、貨幣求之。惜此數種文字，世尚未有專攻之者，以余之不敏，又所見實物譜錄至為狹陋，然就所見者言之，已足知此四種文字自為一系，又與昔人所傳之壁中書為一系。……壁中古文……類不合於殷周古文及小篆，而與六國遺器文字則血脈相通，漢人傳寫之文與今日出土之器，斠若剖符之復合，謂非當日之通行此種文字，其誰信之？……然則兵器、陶器、璽印、貨幣四者，正今日研究六國文字之惟一材料，甚為重要，實與甲骨彝器同。而璽印一類，其文字制度尤為精整，其數亦較富，然今世譜錄，不過上虞羅氏、皖江黃氏、錢塘陳氏數家，……而陳氏之藏則歸於桐鄉徐君楙齋，楙齋復汰而益之。丙寅秋日，出其所為新譜索序於余，余讀而歎其精善。……楙齋之於古器物古文字之學，可謂知所先務矣！余近於六國文字及璽印之學頗有所論述，因書以弁其首。」（《觀堂集林》卷六）

又案：先生雖然是一位多方面的學者，除文學外，其史學、考古學等，大半根基於文字學。先生對古文字學的研究，除治甲骨文外，其他古鐘鼎彝器、兵器、陶器、璽印、貨幣等實物上的銘文，都用以與《說文》比證。千餘年來，《說文》一書成為研究文字學的經典，無人敢向這部權威之著作提出質疑或挑戰。鐘鼎彝器等文字之研究，雖始於趙宋，中衰於元明，復盛於清代，但大多重在古物的玩賞，而純粹作為文字形體的研究者則自先生始。先生訓釋「古文」一詞，詳見〈史籀篇疏證敘錄〉及〈戰國時秦用籀文六國用古文說〉、〈史記所謂古文說〉、〈漢書所謂古文說〉、〈說文所謂古文說〉、〈說文今序篆文合以古籀說〉及〈科斗文字說〉諸文，其意以為古文為先秦文字的總稱。《史記》、《漢書》及其他古籍上所說的古文，其含義當包括（一）殷周古文，（二）六國古文和（三）孔壁古文。從近年出土的殷虛甲骨文和趙宋以來出土的鐘鼎彝器的款識，用為研究殷周古文的材料，根據這些材料可以糾正或補充《說文》及其他舊日研究文字學著作的缺失。《史》、《漢》、《說文》所謂之孔壁中書，就是用當時六國通行的文字寫成，用古文不用大篆。六國通行的文字和西秦通行的文字雖同由殷周古文遞變而來，然以政治因素和地理環境的不同，乃成為對峙的形勢。所以古文和籀文是戰國時東土（六國）與西土（秦）同時所各自通用的兩種文字，此先生對《說文》提出的質疑者一也。我國文字的起源，如〈說文序〉說：「黃帝之史官倉頡。見鳥獸蹏迒之跡，知文理之可相別異也，初造書契。」又說：「及宣王大史籀著大篆十五篇，與古文或異。」段氏注說：「凡言古文者，謂倉頡所作古文也。」「名之曰籀篇——籀文者，以人名之。」似此造字說，兩千年來深入於人心，根深蒂固，直到清季古文學勃興，孫詒讓、吳大澂兩前輩提出疑義，但尚未完全打破造字說。先生根據籀字的讀音，證明《史籀篇》乃是秦人取當世文字編纂章句以為教授學童誦習的課本，用大篆寫成，並不是周宣王時太史籀所作。舊以為《倉頡篇》為黃帝時史官倉頡所作，實則為李斯取史篇大篆稍加簡化而成。則造字之說，不攻自破。此其二。先生的新說，本已結案如山，然尚有錢玄同提出異議，認為今存的齊魯諸國鐘鼎文字，大異於壁中古文。足見戰國時秦及六國文字均大同小異。又據康有為《偽經考》，謂壁中古文全出於劉歆偽造，揚雄的能識古文奇字，即為歆之所誤。因此批評先生之說為進退失據之論。實則古文的形體與鐘鼎文字不同，只不過是傳寫之誤，古文、籀文之分始於戰國不始於春秋，戰國時東西兩土文字的不同，是指兩者自殷周古文遞嬗演變而來所造成之顯著的差異而言，當然也有它們相同之處。錢玄同從今文學派的立場來論古文，自然說古文全屬偽作，古文既屬偽作，則六國用古文之說自然就失其依據。古文有偽作當屬事實，如謂全部皆劉歆偽造，則亦有失允當。案：揚雄年輩長於劉歆，二人常相過從，劉歆曾遣其子棻從揚雄學古文奇字，焉有歆自己會造古文，還讓其子從他人學古文的道理？所以錢玄同之責難，仍不足以推翻先生的假設。（《文學週報》第五卷一期，東方文庫《王靜安的貢獻》）

十一月三日，羅振玉致先生書，爲其女兒孝純辨護。書云：「來書謂小女拒絕伯深遺款，爲讓人所不當爲讓，……」又云：「即不滿於舅姑，當無不滿於其所天之理。此節公斬釘截鐵，如老吏斷獄，以爲言之至明矣，而即弟之至不能解。……至謂不滿於舅姑一節，更爲公屢屢言之，小女自歸尊府近十年，依弟之日多而侍舅姑之日少，即伯深亦依弟之日多而侍公之日少，亦誠有之。……前公書來，以示小女，小女矢守前語，不敢失信。……然公即以此加之罪矣！弟與公交垂三十年，方公在滬上，混豫章於凡材之中，弟獨重公才秀，亦曾有一日披荊去棘之勞，此三十年中，大牛所至必偕，論學無間。而根本實有不同之點，聖人之道貴乎中庸，然在聖人已嘆為不可能，知非偏於彼則偏於此。弟為人博愛近墨，公偏於自愛近揚，此不能諱者也。至小女則完全立於無過之地，不僅無過，弟尚嘉其知義守信，合聖人所謂夫婦所能，與尊見恰得其反。」（《羅振玉與王國維往來書信集》）是羅氏頗責先生不了解他女兒，甚至還錯怪了她，有負三十年相知之恩。而且責怪先生不念提攜栽培之恩，真是太傷人了！

案：羅振玉孫繼祖編《永豐鄉人行年錄》載羅王生隙原因云：「伯深與弟高明、貞明皆靜安原配莫夫人出，莫歿，繼潘夫人。而孝純為長子婦，與繼姑有違言。……至是伯深卒，靜安夫婦蒞滬主喪，潘處善後或失當，孝純訴諸鄉人，鄉人遷怒靜安聽婦言，而靜安又隱忍不自剖白，鄉人遽攜女大歸，自是遂與靜安情誼參商。京津雖密邇，迄靜安之逝未再覿面，函札亦稀通矣！伯深服務海關，卒後恤金，鄉人且不令孝純收受。」足以見羅氏有點絕情，把三十年的舊誼全不顧了！羅繼祖又在所撰《庭聞憶略》中再言之。惟其所撰〈跋觀堂書札〉則較持平。據云：「一九二六年（民國十五年）八月，姑丈不幸在上海染病逝世，王先生夫婦到上海主喪，祖父也痛女心切前往探視。潘夫人處置善後偶而失當，姑母泣訴於祖父，祖父遷怒於王先生，怪他偏聽婦言，一怒而攜姑母大歸。三十年夙交感情突然破裂，原因是祖父脾氣褊急，平日治家事事獨斷，而王先生性情卻相反，平日埋頭治學，幾於不過問家事，一切委之闔內，在這種情況下，王先生既難於向老友剖白衷情，而祖父又徇一時舐犢之愛，竟棄多年友誼於弗顧，事情鬧僵，又沒有人從中轉圜，以致京津雖密邇，竟至避面；直到王先生逝世。其中最令人難堪的，連姑丈身後的海關恤金，祖父也不令姑母收受。」（見《讀書》一九八二年第八期，《王國維之死》轉載）足見羅振玉之個性是很頑固的。

又案：先生長女東明女士曾撰〈王國維自沉之謎後記讀後〉一文，曾對羅繼祖之言有所駁斥。據云：「大嫂在民國八年十七歲時就嫁過來了，至十五年大哥逝世，僅有七年多。……其時先父喪子，大嫂喪夫，都是在哀痛過度的時候，而羅氏為愛女遭遇不幸，舐犢情深，心中自亦不好受。當時情景，每人情緒都很激動。任何小問題，若稍有歧見，大家都無好言語。……羅氏一怒，攜女大歸。」並代其先母陳述與家人相處融洽和諧，絕不會虐待大嫂。其後又撰〈巨星隕落一甲子〉一文，發表於民國七十六年六月二日的《中國時報》副刊上，首先提到羅氏來信「任何一句無不傷人自尊，不是常人所能忍受的。」又言：「父親的成就大都得自天賦、毅力與求知的狂熱，但機緣也是重要因素。其一是得自羅振玉的啟發和幫助，所往來者都是飽學之士，得收相互切磋之功。其二是有機會遍讀各家藏書，……其三是地下古物的大量出土，他能親眼看到的實物或拓本均不在少數。」所言甚是。另外，東明女士先前發表的〈先父王公國維自沉前後〉一文，也直言：「羅氏對先父有恩是事實，但先父也沒有負恩，何以會發生這樣事？」家務事清官難斷，姑述之如上。（見陳平原編《追憶王國維》）

時門人容庚編《文字學講義》，對先生〈秦用籀文六國用古文說〉，頗獻其所疑，以示先生，先生復書說：「此段議論，前見《古史辨》中錢君玄同致顧頡剛書實如此說。然鄙意謂秦用籀文，六國用古文乃指戰國時說，錢君據春秋時東方諸國文字以駁鄙說，似未合論旨。兄所舉田陳諸器（惟陳逆二器在春秋末）誠爲戰國時器，然最後之陳侯午敦、陳侯因脊敦亦作於秦并天下前百二三十年。且此二器係宗廟重器，其制作及文字自格外鄭重。此外如燕齊之陶器，各國兵器、貨幣、鉥印，不下數千百品，其文字並訛變草率，不合殷周古文，且難以六書求之。今日傳世古文中，最難識者，即此一類文字也。許書古文，正與此類文字爲一家眷屬。今若以六國兵器與大良造鞅戟、呂不韋戈校，子禾子釜與重泉量校，齊國諸節與新郪虎符校，可知東方諸國文字與秦文決非大同。鄙人當日發此議論，實以此種事實爲根據，決非欲辯護許書古文，如錢君及兄所云云也。至對許書古文，弟亦有一種意見：許書古文出壁中書，乃六國末文字，自不能與殷周古文合。其誤謬無理，亦如後世隸楷，乃自然演變之結果。而正誤與真僞，自係兩事。如二十四史，其牴牾誤謬，何處無之。然除《史記》一部分外，雖錢君與兄決不謂二十四史爲某某所僞作也。因許書古文之誤謬，或與殷周古文不合，而謂爲僞字；與因二十四史之誤謬牴牾，或與近世之碑志不合，而謂之僞史何異？今人勇于疑古，與昔人之勇于信古，其不合論理正復相同。此弟所不敢贊同者也。弟之文字，須待改正之處甚多。至秦用籀文、六國用古文之說，雖不敢自謂確實，然不失爲解釋六國時各種材料（秦文如大良造鞅戟、重泉量、新郪虎符、詛楚文等，六國文字如陶器、鉢印、貨幣及壁中書等）之一方法。錢君及兄所言，似未注意于戰國時代多量之事實，且於文字演變之迹，亦未嘗注意也。至兄所引陳許二例，亦不能成立：如郳器多作鼄，然亦爲郳；莒器或爲筥，或爲鄘；紀器或爲己，或爲箕；吳器或爲攻敔，或爲攻敔，皆真物也。然則彝器作敶、緐，魏石經作墜許，固自不妨，何足以證其僞乎？兄言古器，宛邱之陳作敶，田陳作⿱陳壴固已！然春秋末之陳逆敦作塦，而陳逆簠固作陳字，（容庚案：陳乃塦之泐，拓本尚依稀可辨。）其後乃用⿱陳壴字。其由敶而陳而墜，乃文字變演之問題。若如兄言，不如言春秋時作敶，戰國作墜之爲妥也。不獨田陳之陳可作墜，即宛邱之陳，戰國末亦作塦。今壽州所出印子金，乃楚徙壽春以後之物，其上有『郢爰』或『⿱陳壴爰』字。壽春者，楚之新都。郢與陳皆楚之故都。則墜爰必謂宛邱之陳，與田陳毫無關係也。可知戰國時，宛邱之陳與田陳並作𨻰孛，而此𨻰孛，實陳之繁文，戰國時從阜之字，大抵作皇：如陰爲陰，防爲防皆是。魏石經作𨻰，乃戰國通用字。兄乃據此以證其僞，毋乃先入錢君之說而不作公平考之乎。」容庚接此書後，仍有疑惑，這是一個觀念問題，而不是三言兩語所能道破的。當然容庚也有他的意見。他說：「余即作覆書，討論此事。第念此爲事實問題，非口舌所能強爭。意欲搜集陶器、兵器、貨幣、鉥印文字與古文爲異同之比較。忽忽經年，書終未發。後先生復作西吳〈徐氏印譜序〉，舉正約五十字，以明四者之爲一系。余謂先生於此但求證其同而不求證其異，未足以爲定讞。先生卒後，無意中檢出余之書稿，私恨當時何竟不寄去。茲將討論之點，略加修正，記載於下，而先生不及見爲可悲也。」茲列其所論三重點如後：

（一）戰國時東西土文字之異同：「文字之變遷，漸而非頓。戰國以前，各國文字相差不遠，可於彝器上證之。若謂戰國以後，起急遽之變化，分爲二派，一東土、一西土，西土指秦，東土包齊楚燕趙韓魏六國；及秦并兼天下，十五年間，文字復歸於一。按之事實，豈盡如是乎？齊器紀年，皆云唯王某月（如齊侯鐘：『隹王五月辰在戊寅』，齊子中姜鎛：『隹王五月初吉丁亥』，齊歸父盤：『隹王八月丁亥』，陳逆簠：『隹王正月初吉丁亥』）；至陳侯午敦則云：『隹十又四年』，陳侯因脊敦則云：『隹正六月癸未』，不冠以王字；至子禾子釜、陳猷釜則云：『某某立事歲，某月，某某。』二釜固先生所認爲晚周文字者。齊侯鑰云：『國差立事歲，咸，丁亥。』其紀年與二釜同，其時代當不相遠，而字體近於小篆。今若以末距（以有『國差』字與齊侯𦉜同，故定爲晚周器。）與大良造鞅戟、呂不韋戈校，寧鈗（藏古物陳列所，有「二十七年」字與大梁鼎同，故定爲魏器。）與重泉量校，齊大夫牛節與新郪虎符校，可知東方諸國與秦文決非大異。貨幣、璽印，多出關中，何盡屬之東土，而東土之稱，包括齊楚燕趙韓魏，恐亦有不合論理者矣。秦之傳世權量，字體尙多訛變，統一之效可知。與其謂十五年間將戰國以來通行之古文完全剗滅，無寧謂列國文字本自相近之爲愈也。然則貨幣、璽印、兵器、陶器與彝器文字不同也。將奈何？曰：疑當時普通文字，其體不一，猶秦書之有八體也。秦所謂八體，是否足以包舉當時文字；而某類屬於某體，今雖不可強分，然茸率訛變之中，觀其字而知其意，若今之觀真、草、行書者，當爲人民所共能之。通行之字體非一，則廢置甚易。故秦十五年間而能收統一之效者以此。然則同一類器也，而字體有不同者，將奈何？曰：當時雖有各種文字，以書各種器物；然非整齊畫一，有法令以規之也。故「宗廟重器，其制作及文字自格外鄭重」，如先生所言。亦即如今用真書，用行草書，皆可隨人之意；而官曹文書，多用真書，世間尺牘，多用行草，恍若有規定者焉。至秦乃因其類別，定爲八體，使秦只遵用籒文，則刻符、蟲書、摹印、署書、殳書種種從何而起？此余所未敢以爲然者也。」

（二）兵器、陶器、璽印、貨幣是否與古文爲一家眷屬：「四者流傳，雖不下數千品，然分析觀之，兵器之載於周金文存者，凡二百餘品；除僞器、同銘器、秦器及銘之泐蝕不可辨者，不足五十品，此五十品中，屬於戰國前或後，不易區別。陶器緟複至多。《鐵雲藏陶》五百餘品，去其緟複及不可辨識者，不過百品。璽印以《十鐘山房印舉》所收萬印爲最富。其中古鉩凡五百品。古人專名，多製專字，故可識者不及半，緟複之字亦多。其中周秦鉩多近於小篆。三者字體，可證古文者極少。貨幣純列國地名，其爲戰國後物無疑。《古泉匯》所載，以較古文，如一、二、三、工、卯、馬、皮、丹、古、己、示、南諸字，皆不相合。三體石經從邑之字數見，字皆作𨛜。貨幣邑字或從邑之字亦數見，……即此一字，已足證其非一系。先生於〈魏石經考〉下，𩓷字下云：『濰縣陳氏藏梧陽都左司馬璽都作𨛫。』……要之，此時所出戰國器物尚少，不能爲深切之證明，姑懸此以待他日之論定可耳。」

（三）《說文》古文及魏三字石經古文之真僞：「《說文》『全書中正字及重文中之古文，當無出壁中書及《春秋左氏傳》者』，先生蓋嘗言之。東晉・梅賾所上古文《尚書》之僞，固矣。壁中古文，昔人亦有疑之者：共王卒於武帝十一年，末年安得有共王。孔安國以今文讀之，何乃越四十餘年而始獻。且安國蚤卒，安得獻書於巫蠱禍作之年。凡此種種，姑不具論。余所疑者，魏三字石經古文與《說文》古文同出於壁中書。今石經經本乃伏生今文二十九篇本，而非孔壁古文五十七篇本，則當時掇拾周末訛變字體，假託爲之，如宋・薛季宣以傳世古文僞造《尚書》隸古定本，殆爲可能之事實。壁中古文，不得而見；而《說文》及石經古文，衛恆所謂『因科斗之名，遂效其形』者，之非姬周之舊，固可質言也。」（〈王國維先生考古學上的貢獻〉）此一古文字學上的問題，實有待於後人的研究。

案：先生於是年十一月與容庚書，囑其查閱孫詒讓《籀廎述林》卷三〈釋翼〉，可得其解。正是古文字學之問題。先生與容庚書論古文當在此時或稍後。據《書信集》載先生致容庚書於是年九月，亦可參考。

秋日，撰〈書內府所藏王仁昫切韻後〉及〈六朝人韻書分部說〉。〈書王仁昫切韻後〉謂：此書之價值不在陸法言《切韻》之下。先生說：「合鹽添以下八韻爲一類，已開李舟《切韻》與《廣韻》之先，合江陽唐爲類，又爲菉斐軒詞韻與周德清《中原音韻》之祖，合歌佳麻爲一類，又與近世言古韻者合。……其於音理固非無所貢獻也。至於陸氏《切韻》，巴黎所藏唐寫本去聲全闕，而此本獨完，又上聲僅五十一韻，而此本獨五十二韻，與孫愐《唐韻》第一本同，皆足以窺見陸氏原本之大略，……然則此書於音韻學上之價值，豈在陸孫二韻之後乎？」又於〈六朝人韻書分部說〉，首舉魏晉六朝諸家韻書及分部異同，末謂「陸（法言切）韻以前韻書，規模蓋已大具，不過陸氏集諸家之大成，尤爲完善耳！」（《觀堂集林》卷八）

十一月，先生從上海涵芬樓借到盛意園舊藏顧澗賓手校本《元朝秘史》，用以校葉德輝觀古堂刻本。凡訂正誤字一百二十九處，又校《連筠簃叢書》本，校出各本俱誤之字甚多，眉端有考釋十餘處，後即寫爲〈蒙古札記〉。（《趙譜》、〈手校手批書目〉）

是月，爲北京歷史學會作學術講演，講題爲〈宋代之金石學〉。先生首先綜論宋代學術說：「宋代學術，方面最多，進步亦最著，其在哲學，始則有劉敞、歐陽修等，脫漢唐舊注之桎梏，以新意說經。後乃有周敦頤、程顥、程頤、張載、邵雍、朱熹諸大家，蔚爲有宋一代之哲學。其在科學，則有沈括、李誡等，於曆數、物理、工藝，均有發明。在史學，則有司馬光、洪邁、袁樞等，各有龐大之著述。在繪畫，則董源以降，始變唐人畫工之畫而爲士大夫之畫。在詩歌，則兼尚技術之美，與唐人尙自然之美者，蹊徑迥殊。考證之學，亦自宋而大盛。故天水一朝人智之活動，與文化之多方面，前之漢、唐，後之元、明，皆所不逮也。近世學術多發端於宋人，如金石學，亦宋人所創學術之一。」先生講述此題，係就（一）古器物的蒐集，（二）傳拓及著錄，（三）考訂及應用等三方面加以說明。宋人在這三方面無不用力，不及百年，遂成爲一種完備的學問。先生又說：「宋自仁宗以後，海內無事，士大夫政事之暇，得以肆力學問。其時哲學、科學、史學、美術，各有相當之進步，士大夫亦各有相當之素養，鑑賞之趣味與研究之趣味，思古之情與求新之念，互相錯綜，此種精神，於當時之代表人物蘇軾、沈括、黃伯思諸人著述中，在在可以遇之。……近世金石之學復興，然於著錄考訂，皆本宋人成法，而於宋人多方面之興味反有所不逮，故雖謂金石之學爲有宋一代之學無不可也」。（《國學論叢》第一卷三號）先生所論，可說精闢之至。

十二月三日（十月二十九日），爲先生五十初度之辰，親友及門弟子均稱觴致賀。姚名達追憶說：「十二月三日，即夏曆十月二十九日，實爲先生五秩初度之辰，先生方以理長子喪事自南歸未久，同人展拜於堂，未暇有以娛先生，僅倩貴陽姚茫父繪畫爲壽。又七日，先生招同人茶會於後工字廳，出歷代石經拓本相示。同人嘖嘖嗟賞，競提問語，先生辨答如流，欣悅異昔，始知先生冷靜之中固有熱烈也。自是吾院師生，屢有宴會，先生無不與。」（〈哀餘斷憶〉）趙萬里說：「十一月中，先生出漢魏唐宋石經墨本或影本多種以示諸同學，並講述石經歷史及其源流。」先生研究學問，固常持冷靜態度，而與友朋相互講習，則無不以熱誠出之。

案：先生在清華研究院，於授課之餘，每個別指導學生作專題之研究。姚名達追憶說：「孔子適周之年，靜安先生蓋未深考，故偶贊名達之說，過後思之，知非定論。自審於考證之術尚無所長，而是時方究心史學理法，遂棄此而就彼。當一九二五年之秋冬，實未嘗親炙先生而深叩方術也。翌年三月一日，頗欲研究《史記》，先生謂：『規模太大，須時過多奈何？』對曰：『姑就其一部分以理董之。』先生忽作而言曰：『〈六國年表〉，來歷不明，可因本紀、列傳、世家及《戰國策》互相磨勘，各注出處於表內，作為箋注，亦一法也。』如命而為之半月，並參考先生所著之書，始領會先生治史，無往不為窮源旁搜之工作，故有發明，皆至準確。十七日，問：『〈六國年表〉，每多年差事誤如何？』先生曰：『勿管，但作箋注可也。吾人宗旨，為輯《秦記》。司馬遷序明言因《秦記》……表六國時事，《秦記》不載月日，此篇亦無月日，自秦襄公元年至秦二世三年，依〈秦本紀〉、〈始皇本紀〉及此篇，皆係五百六十九年，必出一本。別篇與此篇有異同者，殆另有所本。故此篇除去與《左傳》、《戰國策》及此書諸篇相同者，皆司馬遷取諸《秦記》者也。又《戰國策》不紀年，諸侯史記又亡，則此篇所紀年載，亦出《秦記》無疑。』名達遵命，改〈六國年表箋註〉為〈六國年表尋源〉，又旬日而告成。統計所輯《秦記》，將及百條，以示先生，先生欣然無語，不測其意何若也。六月十一日，請益之餘，先生謂曰：『治《史記》仍可用尋源工夫，或無目的的精讀，俟有心得，然後自擬題目，亦一法也。大抵學問常不懸目的，而自生目的，有大志者，未必成功，而慢慢努力者，反有意外之創獲。』名達因陳所欲努力之方徑，且謂畢業後仍當留院。承先生垂詢家況，並勉以讀《詩》、《禮》，厚根柢，勿為空疏之學。……當一九二六年九月二十二日，名達復見靜安先生於清華園。翌日再問研究《史記》之法，仍謂尋源工夫，必有所獲。然名達方編次章實齋遺著，謝弗能也。由今思之，悔無及矣！」（〈哀餘斷憶〉）由姚名達所述先生指導學生作研究工作的方法看來，亦足見先生治學的確實。

民國十六年（一九二七）丁卯　五十一歲

元月十四日（丙寅年十二月十一日），寫成〈南宋人所傳蒙古史料考〉，認爲王大觀《行程錄》、李大諒《征蒙記》及宇文懋昭《大金國志》等所記蒙古史事皆虛誣不可信。先生申論說：「凡研究史學者，於其民族史不得不依據他民族之記載。……蒙古一族，雖在今日尚有廣大之土地，與行用之文字，然以其人民沈溺宗教，不事學問，故當時《紐察脫卜赤顏》（《秘史》）與《阿兒壇脫卜赤顏》之原本，已若存若亡，反藉漢文及波斯文本以傳於世。……故此族最古之史料，仍不能不於漢籍中求之。而漢籍中所載金天會、皇統間蒙古寇金及金人款蒙一事，在蒙古上世史中自爲最重大之事項。宋時記此事者有二專書，今雖並佚，而尚散見於他籍。其中宇文懋昭《大金國志》一種傳世尤廣，西人多桑作《蒙古史》，於一千一百四十七年書蒙古忽都剌伐金，金與議和而退，與《國志》所記年歲相合，蓋即本諸《國志》者也。嗣後洪侍郎鈞、屠敬山寄、柯學士劭忞皆參取宇文《國志》及多桑書以記此事。……余去歲草〈遼金時蒙古考〉，亦但就《國志》錄之，當時雖未敢深信，顧未得其所本，姑過而存之，亦未加以辯證。嗣讀李心傳《建炎以來繫年要錄》及劉時舉《續宋中興編年資治通鑑》，並記此事，而《要錄》尤詳，始知《續鑑》、《國志》皆本李氏，李氏記此事凡五條，……注云：出王大觀《行程錄》。……又李錄記金人殺宇文虛中事，引《征蒙記》一條，云：王大觀《行程錄》與之同；又云：二人皆北人。……知王大觀乃金人，其人蓋與於征蒙之役，因作《行程錄》，與《征蒙記》為同時之作，故二書記事，往往互相表裏，如趙珙《蒙韃備錄》所引蒙古稱帝改元一事，……與《行程錄》同。顧《征蒙記》一書，徐氏《會編》、岳珂《程史》、李氏《要錄》、趙氏《備錄》並引之，……而《行程錄》則除李氏外未有徵引及之者。……然則此重大事項，有同時人之記述，又有二書互相羽翼，而《征蒙記》又出於蒙古未興以前，史料之可信，宜無過於此者。然細考二書之記事，乃全與史實不合，蓋宋南渡初葉人所偽作，而託之金人者。」此段申論，一步緊一步，一層深一層，非善於屬文的人所不能為。先生引徵公私載籍，而以「征蒙本事之無根，宗弼卒年之歧誤，人名官名之附會」三者，證明為宋人偽作。就二書之記事一一相合而言，實為一人所偽撰。先生繼說：「原宋人所以偽為此種書者，緣南渡之初，廟算與國論恆立於相反之地位，當局者度一時之利害，故以和為主，其極也，至於稱臣受冊而不恤。輿論激於一時之恥辱，故以戰為主，而不復問彼我之情勢。逮和議既成，則國論屈於廟算，而人心之激昂則或倍於前，其作僞書以敘述國恥者，則有若《孤臣泣血錄》、《南燼紀聞》等，而《行程錄》及《征蒙記》則又託爲北人之言，一面造作蒙古寇金事，以示金人在北方常有後顧之憂，一面造作兀朮諸書，以證明金人虛聲恫喝之故技及南征狼狽之狀，凡此，皆當時不滿於和議者之所爲也。」因以斷定蒙古的信史當自成吉思汗始。所言皆爲一針見血之論，非熟於宋、金、元三朝史事者，不能有如此精闢的分析。

案：羅振玉序《遼史拾遺續補》中說：「吾友王忠愨公曩撰〈南宋人所傳蒙古史料考〉，斥王大觀《行程錄》、李大諒《征蒙記》及宇文懋昭《大金國志》為偽書，謂所記蒙古事多虛誣不實。復申論之曰：凡研究史學者，於其民族史不得不依據他民族之記載，如中國塞外民族，若匈奴，若鮮卑，若西域諸國，除中國正史中之列傳、載記外，殆無所謂信史也。其次若契丹，若女真，其文化較近，記述亦較多，然因其文字已廢，除漢人所編之遼、金二史外，亦幾無所謂信史也。予深韙其言，而於宋人諸書所記遼事，益徵公所言之確當不易。」（《貞松老人外集》卷一）此言得之。

二月，讀《元朝秘史》，見所載主因之語凡五處，就史實上證明之，蓋與遼、金二史中之乣軍相當。因草〈元朝秘史之主因亦兒堅考〉，寄日本藤田豐八入《史學雜誌》中刊之。先生說：「十數年來，日本箭內亙、羽田亨、藤田豐八三博士及松井等、鳥山善一二學士，各就遼、金二史之乣軍發表其新說，於是乣軍之事爲史學上一大問題。余於契丹、女真、蒙古文字曾無所知，對此問題自不能贊一辭。然近讀《元朝秘史》，就史實上發現與金末乣軍相當之名稱，此名稱與自來乣軍之音讀略有不同，於史實之同一及言語之歧互，殊不能得其解。適《史學雜誌》編者介藤田博士徵余近業，因提出此史實，並余個人之見解，以就正於博士，並乞羽田、鳥山諸君子之教。惜箭內博士已歸道山，不獲復請益也。」先生又致藤田博士二書，討論乣字的音讀。第一書說：「前日寄上〈元朝秘史中之主因種考〉，想達左右，此文但就文獻上證明《秘史》中之主因亦兒堅即金末之乣軍，而於乣字之音義不敢贊一辭。然窮此文之結論，則主因自當爲乣軍之對音，與近日諸家所說乣字之音不能吻合。國維對此亦稍有臆見：……讀尊著〈乣字考〉，以漢籍中乣字爲女真文乩字之竄入，然乩之與乣雖皆從乚，而其左旁則絕不相似。頃從《華夷譯語》女真語中見一外字，……其音爲又安，其義爲床，以此外字當遼、金、元三史中之乣字，似較乩字爲近。此說若中，則乣之音當讀如又，此與《秘史》以主因對乣軍之說合。何則？蒙古語中爿母之字，讀若英語之J，亦讀若Y，如《秘史》卷一漢文譯之主兒乞，直譯作禹兒乞，卷四又作主兒勤。又《親征錄》作月兒斤，《元史‧太祖紀》作要兒斤，〈世系表〉作岳里斤。……是蒙古語中主與又同讀也。契丹、女真語雖無可考，然如耶律亦爲世里，閘刺亦爲押刺，則此事當與蒙古語無殊。由是言之，則乣之音讀如主，亦讀如歐，歐與杳聲轉最近，邵氏《續宏簡錄》，乣音杳之注，殆有相當之根據。羽田博士疑邵氏但據乣字之偏旁以擬其音，國維寧信昔人取契丹或女真此字以入漢籍者，正以此字合於漢字諧聲之法則故也。然則地名中乣里舌之與杳沙，人名中乣里之與裊履，……當係同名之異譯，是乣之有杳音，略可得而比定矣！又箭內博士曾從文獻上證明《金史・太祖紀》之蕭乣里即《遼史・天祚紀》之蕭敵里，又《金史・徒單思忠傳》之乣惋，即〈溫迪罕蒲睹傳〉、〈移剌窩斡傳〉之迪斡，《遼史・天祚紀》之乣而畢，即〈聖宗紀〉之迪离畢。其說甚確。是乣字於主杳二音外，又有敵迪之音，此又與《黑韃事略》都由切之音相關。……《黑韃事略》、《元秘史》對乣字之音，殆皆得其近似者，然其最初之音，當讀歐或杳，緣舌齒之音固不得先於喉音也。國維於言語學未嘗問津，不知此種臆說有當否？如尊意以爲可備一說，請以此書付《史學雜誌》，附於〈主因考〉之後，以俟諸大家董正之。」

第二書陳述〈主因考〉一文之結論。說：「國維近歲稍治遼金元三朝事，然對於此類書籍，無論國內國外，甚感不備。去歲讀羽田博士對拙著〈韃靼考〉之批評，又承東京大學見贈《滿鮮歷史地理研究報告》第十一冊，後有前十冊報告總目，始知故箭內博士及松井學士（等）並有〈韃靼考〉。……頃始由友人展轉借得數冊，得讀箭內博士之文，考證精密，欽佩無已！其尤可喜者，多年未決之乣軍問題，因此機會始得解釋之希望。緣箭內博士〈韃靼考〉中，徵引多桑及貝勒津書中六種韃靼之名，博士並取之以與《元朝祕史》中之七種塔塔兒相比定，其中最後二種，尚有討論之餘地。……然則塔塔兒之一種，明初譯《祕史》時以主因二字表之者，其在拉施特哀丁書中乃爲 Cou yin（多氏），或 Kiuin（貝氏），雖多、貝二譯此語，首音有 Cou.Kiu 之殊，然其同爲牙音則一也。而據國維近日之研究，則《秘史》之主因種，其在史實上，與金末之乣軍一一相當。故主因當是乣軍之對音，而波斯文獻中之與主因相當之部族，其字仍作 Couyin，若 **Kiuin**，波斯用表音文字，視漢語之用主因、竹因、竹温、只温等字表之者，或得其實。然則遼金元三史中之糺字，絕非誤字，其或作乣者，乃糺字之省，其音當讀居黝反，其或與主竹、敵迪等字相通用者，乃其訛變之音，我輩前日之推校比定，未得其正鵠也。此拙著〈主因考〉之結論必當如此，未知有當與否？」（《觀堂集林》卷十六）

案：此文刊入《史學雜誌》第三十八編第五號，昭和二年五月十日出版，僅附載第一書。或者先生第二書並未發出，然甚關緊要，故摘要錄入年譜中。

又案：先生在元史方面研究成就之大，不亞於其在甲骨文、金文及漢簡研究上的貢獻。先生所校注之蒙古史料四種，發前人所未發，單篇考證之作，亦精闢獨到，皆足以裨益後學。

是月，以正統道藏本《西遊記》以校前所校注之本，得訂正訛奪數十處。又檢道藏本姬志真《雲山集》、尹志平《葆光集》，據以訂補《西遊記校注》凡三則。（《趙譜》）

三月三日（正月晦日），與藤田豐八函，報告近半年之研究與著作，書云：「劍峰先生大人函丈，去秋曾荷賜書，適以長子之喪，赴滬料理，比北歸後，方得拜讀，以心緒惡劣，久稽裁答，至以爲歉。……去歲所印《蒙古史料校注》，罅漏甚多，半年以來，稍稍修補，於《蒙韃備錄》、《黑韃事略》二書所補最多，擬易箋證爲注。〈韃靼〉、〈蒙古〉二考亦頗加修正，近作〈南宋人所傳蒙古史料〉一篇，係辨王大觀《行程錄》、李大諒《征蒙記》二僞書，並及《金人南遷錄》，現某雜誌欲印此文，俟印成當奉呈尊教。又近作〈元秘史中主因考〉，此事與乣軍大有關係，前先生曾代《史學雜誌》索文，別封寄上請正。文中但就文獻而證明主因即乣軍，至就『乣』字音意，不敢自持其說，故別爲一書附於文後，如長者以爲可備一說，則附於文後發表可也。貴國舊雜誌徵集非易，前數年《滿蒙史地報告》購之半年未得回信，恐亦已絕版矣！」（此信爲日本學者曾我部靜雄教授影印寄下，特此注明，並誌感念。）

三月，撰〈金長城考〉，後改爲〈金界壕考〉。謂金之界壕，萌芽於天眷，討論於大定，復開於明昌，落成於承安。其壕塹起東北訖西南，幾三千里，爲近古史上之一大工役。分爲（一）東北路之界壕，（二）臨潢路之界壕。（三）西北路之界壕。（四）西南路之界壕等項論述之。先生說：「雖壕塹之成甫十餘年，而蒙古入寇中原，如入無人之境，然使金之國力常如正隆、大定之時，又非有強敵如成吉思汗，庸將如獨吉思忠、完顏承裕，則界壕之築，仍不失爲備邊之中下策，未可遽以成敗論之也。」（《觀堂集林》卷十五）金築界壕有秦修長城之效用，守不得人，亦不足以爲敵難。

三月二十日（二月七日），與日本友生神田喜一郎書，討論乣軍一詞的解釋，說：「昨由郵局接到影印《全相平話三國志》一種，元刊精美，拜謝拜謝。……《西遊錄》想不日可成，翹企無似，印成後乞賜二三冊爲叩。近作〈元朝秘史之主因種考〉一篇，因秘史所記主因種，其事實全與金末之乣軍相合，故疑主因即乣軍之對音，考中但提出二者相合之事實，而對乣之音義之鄙見，則別見於致藤田博士書中。因博士曾代《史學雜誌》索拙文，因書此考寄之，惜箭內、羽田諸公所考未能盡見也。」（《支那學》四卷三期）

是月，跋校本《水經注箋》，歷述近幾年來校讎《水經注》的經過。說：「余於壬戌春見南林蔣氏所藏《永樂大典》水字韻四冊，乃《水經注》卷一至卷二十，即校於聚珍本上，時尚未蓄朱本也。後東軒老人復以所藏黃省曾本屬余錄《大典》本異同，因並校之。及余至京師，始得朱王孫本，並見江安傅氏所藏宋刻殘本，孫潛夫校本，海鹽朱氏所藏明景宋抄本，並校於朱本上，又錄前所校《大典》本、黃本以資參考。惟前校黃本殊草草，《大典》本亦時有一二疑竇，思再見之，而東軒老人已下世，孟蘋亦亡其書。殊有張月霄晚年之感。欲再借校以畢前業，殊非易事。門人趙斐雲（萬里）酷嗜校書，於廠肆訪得朱本，借余校本臨校一過，並屬記其顛末。

憶余初校此書，距今僅六閱寒暑，而交遊之聚散，人事之盛衰，書籍之流轉，已不勝今昔之感。余近年方治他業，又未能用力於此書，斐雲力學，必能補校以成此書之善本。然則斐雲以四閱月之力，爲余校本留此副墨，亦未始非塵劫中一段因緣也。」（《觀堂別集》卷三）趙萬里說：先生「校江安傅氏（增湘）藏宋刊殘本（共存殘本十一卷），孫潛夫校本，海鹽朱氏藏明鈔本，及吳琯《古今逸史》本，又錄舊校《永樂大典》本及黃省曾校語於眉端，計前後所校凡六本，《水經》異本畢具於此矣！惟先生舊校《永樂大典》本及黃本，頗多遺漏，余於去冬（十五年）曾假先生此本臨校一過，先生並爲文跋其後，余頗思再假蔣氏舊藏《大典》本及黃本刊之，以畢全業，先生亦深然之。今先生逝矣，而蔣氏所藏早已移歸涵芬樓，此願不知何日得償，念之慨然。」（〈王靜安先生手批手校書目〉）鄭德坤的〈水經注版本考〉，其第四十七種即列先生校本，說道：「國維爲現代名儒，考古學之權威，晚年校《水經注》，尤特精審。其考校酈書，事詳《觀堂集林》水經諸本跋。案：其治酈書，可分二部得之。國維居舊都，文物所匯，得見古本頗多，爲道咸以來所未有，如宋刊殘本、《永樂大典》本、明抄本、朱箋本、孫潛夫校本等，並得參校，一也。細考趙、戴，證明戴氏掩他人之書以爲己有，二也。丁卯之變，藏書分散，《水經注》校本，幸爲國立北平圖書館所得。學者無不以先睹爲快。後某要人借出校閱，收藏失慎，首卷被燬，王氏校本，遂成殘卷，惜哉！」（《燕京學報》十五期）

案：先生跋戴校《水經注》，謂：戴震校《水經注》，成書最後，竊取趙一清、全祖望校本，據為己有，遂奄有諸家之勝，而書最先刊出，因使後世惟知酈書之有善本自戴氏始。（《觀堂集林》卷十二）然梁啟超撰〈東原著述纂校書目考〉，認為趙、戴二人校《水經注》，皆用功過十年，閉門造車，出門合轍，或者是可能之事。先生推定戴震得見趙氏所校《水經注》在乾隆三十三年，時震方應直隸總督方觀承之聘，負責修《直隸河渠書》。《河渠書》卷一〈唐河〉說：「杭人趙一清補注《水經》，於地理學甚核，嘗遊定州，為定州牧姚立德作〈盧奴水考〉。」戴氏固已不諱而直言之，先生蓋未注意及此。惟戴校《水經注》既不注明出處，無怪後世聚訟紛紜了！（參考〈水經注版本考〉）

四月，先生從友人處借得日本文科大學所印《滿洲朝鮮歷史地理研究報告》，中有津田博士〈室韋考〉。謂：「室韋本部，自後魏訖唐，並在今嫩江流域，而唐人並興安嶺西及呼倫泊西南諸部族，皆呼之曰室韋，蓋本之室韋本部人之言，而非諸部族之所自稱者。」其說甚精闢，獨不及黑車子室韋及其南徙事，因考兩《唐書》、《五代史》及他文集所載史實，而成〈黑車子室韋考〉一篇以補之。（《國學論叢》一卷三號）至五月，稿始寫定。

是月，得讀日本《滿鮮歷史地理研究報告》，中有箭內亙的〈韃靼考〉，與先生說阻轐之為韃靼結論相同，惟謂興安嶺西之韃靼乃蒙古人種，而陰山韃靼出於沙陀，爲土耳其人種，乃震於漠北韃靼之名而竊以自號。此論先生頗不以爲然。先生謂當唐之季世，興安嶺左右諸部族，若室韋，若蒙古，若韃靼，皆有遷徙之事，蓋唐德既衰，回鶻亦爲黠戛斯所攻，去其故都，而漠塞下惟有沙陀、退渾諸小部族，故室韋、蒙古、韃靼三部族乃各有一支部，侵入陰山附近。此事前人均未道及，先生爲疏通證明之，因草〈韃靼後考〉一篇。先生又與前考合并重訂，仍名〈韃靼考〉。結論說：「日本箭內博士乃據閻復〈駙馬高唐忠獻王碑〉所引〈汪古氏家傳〉及《蒙韃備錄》，謂陰山韃靼出於沙陀，乃突厥人種，與漠北韃靼之屬蒙古人種者全非同族。余意此二族，在唐並爲韃靼，在《遼史》並稱阻卜，自不能視爲異種。但南徙之後，與沙陀、黨項諸部雜居，故此部中頗含有他種人。而其與黨項之關係，尤較沙陀爲密，故昔人多互稱之。……韃靼與黨項，自陰山、賀蘭山以西往往雜居，故互受通稱。然若據此而遽謂陰山韃靼，出於黨項，則與謂其出於沙陀者，同爲無根之說也。故余對箭內博士之二元論，寧主張一元論，以唐之韃靼，遼之阻卜名稱之統一，非是無以解釋之故也。」（《國學論叢》一卷三號）

是月，翻譯日本箭內亙著〈韃靼考〉，津田左右吉撰〈遼代烏古敵烈考〉及〈室韋考〉。時日人神田喜一郎寄排印足本耶律文正公《西遊錄》至。此書足本我國久佚，李文田從《庶齋老學叢談》中抄出若干條，係刪節本，至元《辨僞錄》所引，亦有佚文，但於地理無關。去歲，神田校書於宮內省圖書寮，得見抄本全帙，飛書以告先生，先生囑其及早校印行世，至是始以排印本寄至，先生據以補注《長春真人西遊記》及趙珙《蒙韃備錄》數則，並據以臨鈔一本，又改訂排印本誤字九處。（《趙譜》、〈王靜安先生批校書目〉）

案：先生本有意於繼前校注蒙古史料四種之後，更注《西遊錄》，因先生於一個多月之後突然自殺，未克卒業。民國五十年，姚師從吾有「蒙古史料第二集校注」之舉，乃首先重譯並註釋《蒙古秘史》，次及《西遊錄》足本的校注，足以補先生之闕如。姚師在引言裏，稱述先生治西北史地的功績。說：「三十五年以前，海寧王國維靜安先生主講北平清華大學研究院時，即深感元初蒙古史料的缺乏，因而有《蒙古史料四種校注》的印行。……靜安先生當年也曾感覺到耶律楚材氏在元初蒙古汗庭的地位是重要的，因而他有《耶律文正公年譜》的編著。全篇連譜餘約三萬言，不但將《湛然居士集》十四卷中各篇詩文，統統用編年的方式，納入年譜的裏面，而譜餘三千餘言，對耶律楚材的功勳與行事，尤推崇備至。惟因中土所傳《西遊錄》缺略不全，因而靜安先生對之似尚未加注意。幸而民國十五年日人神田喜一郎奉命校書於日本宮內省圖書寮，始發現秘閣中藏有《西遊錄》足本，神田氏喜不自禁，乃別錄一本，寄呈王靜安先生，請求鑑定，靜安先生詫為天下孤本，覆書勸神田氏印行，由是隱晦數百年（自元末迄今）的《西遊錄》足本復行於世。而此錄亦由是復為治中國西北史地學者所注意。……可惜《西遊錄》足本發現後的第二年，靜安先生即殉志與世長辭了。我們未能獲讀先生校注的《西遊錄》，實在也是我國西北史地學研究的一件恨事。」（《大陸雜誌》特刊第二輯）

是月，日本京都帝大教授新城新藏拜訪先生於清華園，請教研究周初之年代問題。據其所撰〈周初之年代〉附記云：「本文之研究，着手於前年（民國十五年）末，去年春，僅得大體結論，其《緯書》始末尚有未明，尤於蔡邕與鄭玄見解之相牾，如何處理，爲不易解難之錯節。偶然去年四月遊北京，直訪清華學校王國維氏，特以本文之梗概及蔡邕與鄭玄問題請教。至今思之，實爲永久難忘紀念也。若是通其首尾，與王氏因緣不淺之本文，今也期年始告成，而欲以第一本，資請叱正之人，已異幽明境焉，此私心所欲止而不可得者。用超越有限世之死生，以本文捧於王先生之靈。」（《國學論叢》二卷一號）

案：本文由戴家祥譯成中文於《國學論叢》二卷一號發表，在文末，戴氏特附感想說：「家祥入都後，特從先生問古文字學，擬以餘力攻此題，不意有去年五月三日之痛，今期年已過，每憶及此，不知涕泣之何從也。今得博士此作……倘先師九泉聞之，亦當贊善也。爰乞得博士允許，譯為漢文，以餉我國學者，非奉獻於先師之靈前，以慰博士虛心好問之誠。」其遵師重學之意於此見之。

五月八日（四月初八日），改訂〈蒙古上世考〉、〈遼金時蒙古考〉爲〈萌古考〉。去歲先生撰〈韃靼考〉，始證明元之季世，諱言韃靼，其於蒙古亦然。「乃就書傳所記蒙古上世事實，彙而考之，署曰〈遼金時蒙古考〉。一年以來，頗有增益，既別成〈南宋人所傳蒙古史料考〉，又就前考稍有補正，因並寫爲此篇，以俟異日論定焉！」（《國學叢刊》一卷三號）

五月十四日（四月十四日），〈韃靼考〉改訂完畢，自地理上論證之，遼、金二史中阻卜或阻轐，即爲唐、宋間的韃靼，先生另創一假設說：「阻卜、阻轐者，韃靼二字之倒誤，且非無意之誤，而爲有意之誤也。」（《國學叢刊》一卷三號）並舉三證以明之。

案：先生所創阻卜為韃靼倒置改字之說，據王靜如撰〈論阻卜與韃靼〉，認為先生〈韃靼考〉中所舉三證不能成立。他說：「有清嘉道以還，西北史地之學勃興，自徐（松）、張（穆）、何（秋濤）、魏（源），迄於近人之沈（曾植）、丁（謙）、王（國維）、柯（劭忞），莫不考覈精備，稱為絕世之學。而靜安先生據其卓穎之資，晚年所得，尤為精確，此凡獲讀其遺著者，無不知之。今春病後，復展其〈韃靼考〉讀之，初喜其『阻卜為韃靼倒置改字』說之新奇，繼以各書對校，則深惑焉！邇來頗治西陲諸語，益覺其說之難信。而『阻卜』、『阻轐』亦未始不可以他法釋解也。……阻卜，始見於《遼史》，而《遼史》阻卜與韃靼之記載不容混同也。……韃旦稱國，來使稱聘，而阻卜不稱國，乃稱部，來使曰貢。……「以史例衡之，敵國來使稱聘，屬國稱貢，則韃旦敵國也，而阻卜屬國也，今若信阻卜為韃靼倒置改字之說，而史例書法俱在，未知將何以釋疑？然則阻卜改字之說未能取信于人明矣！且韃旦不見於屬國表，而阻卜則累累皆是，吾不知將持何理由定此二者為一也。靜安先生於〈遼金時蒙古考〉中，謂『此乃史臣刪剟未盡者，然亦異其書法。』是亦已不能自圓其說矣！」（《史語所集刊》第二本第三分）先生本說這是先立的一個「武斷穿鑿之假設」，尚有待於小心的求證，王靜如的考證，雖不能盡推翻先生的假設，然對此一問題所提出的異義，亦屬極有價值的事。（參考本年四月記事）又徐炳昶撰〈阻卜非韃靼辨〉，對先生考證的阻卜即韃靼一說亦有所駁正，認為阻卜係唐古特族，不若韃靼之係蒙古族，韃靼居陰山、賀蘭山附近，而阻卜則偏西，居額濟納河左右。（載《女師大學術季刊》一卷一期）附誌於此，究以何人說為是，有興趣的讀者可取來比照研究。

春夏間，同事趙元任與錢玄同等人組織數人會，先生想加入但還未正式加入就投湖自殺。趙楊步偉回憶說：「元任他們朋友們，……定了一個『數人會』，錢玄同、汪怡（一庵）、黎錦熙（劭西）、劉復（半農）、林玉堂（語堂）和元任，最初他們這一班人都是國語統一籌備委員會的，錢玄同搖頭擺尾的高談闊論，談的不停，胡適之也偶然來來，王國維想加入還沒有正式加入進去，而他自己就出事了。數人會的意思是用〈切韻序〉的一句話，就是『吾輩數人定則定矣。』」（〈四年的清華園〉）

案：民國五十六年六月間，本年譜出版後，曾寄贈東海大學梁容若教授一本請教，蒙梁教授函告云：「趙楊步偉《回憶錄》稱王想加入數人會，未及正式加入而死去云云，似非事實。數人會任務在制定國語羅馬字拼音法式，王對此等似未見有興趣。黎錦熙著《國語運動史綱》，記數人會事甚詳，全無連繫王氏形迹。故弟疑是趙夫人誤記。」所言亦有據，特附記之，並敬致謝意。

六月一日（五月二日），研究院放暑假，師生開惜別會於工字廳。姚名達回憶說：「吾今當敘吾院師生與先生訣別之師生敘別會。吾敘至此，吾懷欲裂，吾筆欲墜，吾不知若何而可贖罪於萬一也。……學年將滿，眾咸知同居之不可久也，則思大會師生，以敘別情，而促名達奔走其事。工字廳者，清華學校宴會之所。……偵之，有二晚一午無會，晚則五月二十九日、六月九日，午則六月一日。返而詢之同學，或曰五月二十九日太早，或曰六月九日太遲，向例宴會必在晚間，而主六月九日者較眾，議遂定。頃之，有急欲離校者，不能待，則日聒於旁，盍早開敘別會，因通告師生，改六月一日正午爲會。餐前聚坐，談笑不拘形跡。有與眾談蒙古史料者，則靜安先生是也。布席凡四，歡聲沸騰。惟先生之席，寂然無聲，不知先生之有所感而不樂歟？抑是席同學適皆不善辭令歟？然衆方暢談別情，不遑顧也。肴設將罄，任公先生忽起立致辭，歷述同學成績之優越，而謂『吾院苟繼續努力，定成國學重鎮無疑。』衆皆諦聽，靜安先生亦點頭不語。既散席，與衆作別如平時，無異態。嗚呼！孰知先生以此時死別諸生，而新會竟若促先生之死也！別後有頃，名達與同學朱廣福，馮國瑞同遊朗潤園，歸途過西院，朱君忽問王師家何在？吾竟未一窺其狀。余謂盍往訪乎？既至，書室闃然無人，呼侍者電問南院，在陳先生家否？則曰：在，即至矣！俟之，果至。懇懇切切，博問而精答，相語竟一小時，晚餐已到，起身告辭，先生猶送至庭中，亦向例也。嗚呼！此後先生不復送客庭中矣！」又說：「吾院師生，屢有宴會，先生無不與。而最堪永遠紀念者，莫如一九二七年六月一日之師生敘別會。斯會之先，則五月十二日史學會之成立，亦有足以紀述者焉！先是，名達感於中國史之範圍過大而材料特豐也，非通力合作，則人自爲戰，永無成功之希望。若在外國，則國雖小而學會林立，所以裨益學問者無所不至，而史學會之爲用尤顯，吾國則他學容有學會，史學會獨無聞焉，抑可怪也。間嘗語之我師友，咸謂吾院治史者衆，又得梁、王、陳、李諸先生爲之師，益以大學部史學系師生，不下四五十人，苟能聯絡組織，分工合作，其爲功效，宜有可期。若更擴之於北京，充之於全國，以大規模之團體，作有計劃之事業，則不出十年，中國史學，必當一變昔日之偏蔽，而爲昂進之發展，可斷言也。今年夏，更言之於劉壽民先生（崇鋐，史學系主任），適史學系同學亦有斯意，雙方接洽，史學會遂以成立。是日也，梁任公先生、陳寅恪先生與靜安先生皆出席，而各致己見於眾。靜安先生則謂宜多開讀書會，先有根柢而後可言發展。席間議論雲興，最後乃折衷一致，先生微嫌薄之。既散，與寅恪先生同行，頗用懷疑，以爲新會別有用意，而不知其實欲有所貢獻於史學也。嗚呼，於今雖欲得先生懷疑而督進之，將何從矣！」（〈哀餘斷憶〉）所記多感傷之言，亦可見其內心之悲哀。

六月二日（五月初三日）上午，先生投身頤和園的昆明湖自盡。遺書與三子貞明說：「五十之年，只欠一死，經此世變，義無再辱。我死後，當草草棺殮，即行藁葬於清華園塋地，汝等不能南歸，亦可暫於城內居住。汝兄亦不必奔喪，因道路不通，渠又不曾出門故也。書籍可託陳（寅恪）、吳（宓）二先生處理，家人自有人料理，必不至不能南歸。我雖無財產分文遺汝等，然苟能謹慎勤儉，亦必不至餓死也。五月初二日，父字。」先生的突然自殺，是學術界教育界的一大損失，海內外人士，識與不識，莫不同聲悲痛哀悼，其自殺的經過，茲就搜集到的各方面記載，分述如下：

金梁〈王忠慤公殉節記〉說：「五月初三日，公晨起赴校，復僱車到頤和園，步至排雲殿西魚藻軒前，臨流獨立，盡紙煙一枚，園丁曾見之，忽聞有落水聲，爭往援起，不過一二分鐘，早氣絕矣！時正巳正也。軒前水深纔及腹，公跳下後俯首就水始絕，故頭足均沒水中。而背衣猶未盡濡濕也。初眾不知爲公，及日午見園門一車獨留，謂待乘客未出，問其狀相符。而家中人待公終日未歸，問校中亦不知何往，唯車夫有見雇車至園者，其公子急往園，則園警適來訪報，奔入省視，果公，已日暮矣！」（《藝文雜誌》十八年八號）

衛聚賢〈王靜安的死〉說：「當天（六月一日）晚了，我沒有去看王先生，第二天上午十一點多，同學陸侃如叫我同他到王先生辦公室去看王先生，請王先生給他題簽。我們去了，見房內尚有吸煙吐出的煙尚存，我們以爲王先生到廁所去了，我們等了好久不見王先生，我們吃午飯去了。午飯吃完，王先生家中打電話到辦公室，問王先生何以尚未回家吃飯？時趙萬里急向門口問，黃包車夫云：『王先生坐車往西走了。』趙立即去追，我隨後也趕去，到達後，門房說：『一位老人跳湖自殺。』我們進去，王靜安先生的尸體放在湖邊亭子下。據掃亭子的人說：『這位老人，在石船上坐了許久，吸紙煙不停，到湖邊，走來走去，我掃地沒有留意，聽見撲通一聲，不見了人。我跑到湖邊，見他跳下水去，我也跳下去，抱他上來，已經死了。』水深約二尺，王先生撲下去，頭先入水，故死的快。等了兩個鐘頭，才用蓆子將王先生尸體蓋了。」（《中國文人新論》引）

門生柏生（劉節）〈記先生自沉事始末〉說：「……五月二日午，同學公宴諸導師，爲臨別之會，座中先生爲吾儕言蒙古雜事甚暢，其雍容淡雅之態，感人甚深。私念先生年未及衰，治學之意興甚豪，自後受教之日長，今雖小別，同學或有感時嘆息，戚戚焉若大患之將臨者，而其初未嘗有寥落失意之思也。是晚，某與同學謝國楨謁先生於校西院十八號私第，問陰陽五行說之起源，並論日人某研究干支之得失。言下，涉及時局，先生神色黯然，似有避亂移居之思焉。次日下午，隱約中聞先生失蹤消息；然不甚注意，以爲避亂他處耳。至傍晚，浙江同學會歡送畢業同學；先生在校絕少參加交際宴會，是日未到，人亦不之怪。迨席將散，一人約曹校長離席私語。有間，校長返入，語眾人曰：『頃聞同鄉王靜安先生自沈頤和園昆明湖，蓋先生與清室關係甚深也。』云云。合座聞之，大驚，莫知所措。某猶不之信，即與同學吳其昌馳往各處探問。途遇趙助教萬里，得先生死耗屬實。其昌不禁大慟，某亦相對欷歔不置。時校中人已週悉其事。校長、教務長及研究院教授、助教諸先生，率同學輩約三十餘人，馳汽車赴頤和園，察視遺體。時已十點鐘左右，園警不許入。相持至十一時半，始准校長、教職員及校警四人入，同學皆揮淚而返。車中研究院辦公處侯厚培先生爲吾儕言：『先生今早八時即到校，命院中聽差往其私第取諸君成績稿本，且共談下學期招生事甚久。言下，欲借洋二元，予即與以五元鈔票一，即出辦公室。至下午二時許，其家中遣人問先生何以未歸，予即詢之聽差，據云：先生上午命雇洋車一輛，不知何往，車爲校中掛號第三十五。於是予即至校門口問車夫輩：「三十五號車何往?」皆云:「赴頤和園,迄今未返。」予即乘自行車往探。時其三世兄貞明聞該車夫云:「上午十點鐘許,先生命拉往頤和園,及門,給洋五毫,命在門外候。直至下午三點鐘後,尚未出。門者問何故留此不去?予答云:尚有一老先生在園,是以不敢去也。門者詢以年貌里址,云此人現已投湖死。即引予入視,屬實,並速予返校報告,而於此遇君。」貞明聞訊,即乘該車馳往省視,時已打撈上岸,停魚藻軒中。據園丁云:『先生約上午十點鐘左右進園,初在石舫前兀座,久之,復步入魚藻軒中,吸紙煙,旋即聞投湖聲,及得救,其間不及二分鐘,而氣已厭。死時裏衣猶未濕也。』凡此皆事後得之貞明君轉述者。蓋先生年老,湖水雖淺,底皆汙泥,入水時必頭先觸底,以致口鼻俱爲泥土所塞,因之氣窒。園丁不知急救術,以是貽誤而死。若使當時即以人工呼吸法營救,或能更生,亦未可知也。』侯先生言至此,汽車已抵校。吾儕舍車入門,即召集院中諸同學組織王先生治喪委員會,時已入夜一點鐘矣,次早即發訃告,其家屬即定是日申酉之交往殮。下午一點鐘,同學齊赴頤和園,既入門,由園丁導至魚藻軒,先生遺體在焉,上覆蘆席,席角鎮以四磚。是時,眾人頓呈慘淡之色,收視斂氣,默然者久之。乃命園丁發蘆席,思一瞻其遺容,席甫啓,而哭聲大動矣。蓋先生淹沒已經二十餘小時,面目紫脹,四肢拳曲,匍匐地上,令人慘不忍睹。時其家屬及校中辦事人相繼來,惟候檢察官不至。天氣漸熱,陰雲四布,雷聲頻作,幸未下雨。而法官率檢驗吏至,已下午四時許矣,略事查問,即行檢驗，同學等審視在側，於先生衣袋中得遺書一通，封面書曰：『送西院十八號王貞明先生收』……此書前一日所作也，驗畢，即由校役移置遺體於繃布架上。同學扶護在側，挽至園西北角門外舊內廷太監下處三間小屋中入殮。傍晚七時許，始扶柩至校南成府之剛秉廟停靈。是日，到場送殯者，除研究院學生外，尚有本校教授梅貽琦、吳宓、陳寅恪、梁漱溟、陳達及北大馬衡，燕大容庚諸先生。吾儕送至剛秉廟，致祭畢，始返校。時在五月四日夜十一時半也。」（《國學月報・王靜安先生專號》）

案：德毅於民國五十五年編定先生年譜時，引錄柏生此文，當時以為此人為先生門人戴家祥。近來讀到陳鴻祥先生編《王國維年譜》，載其與戴氏往來書信，指出柏生為「清華研究院同學劉節的化名」。特據以改正。

先生三子貞明於六月五日致其仲兄高明的信，述先生自殺的經過。說：「……父親大人於前日八時至公事室，如平日無異。至九時許，忽與旁人借洋三元，但此人身無現洋，故即借一五元之紙幣。後即自雇一洋車，直到頤和園，購票入內，至佛香閣排雲殿下之昆明湖旁，即投水。時離約四丈處有一清道夫，見有人投水，即刻亦跳入水，即救上岸。但雖未喝水，然已無氣。入水中至多一分鐘，亦未喝水，因年歲關係，故無救。家中至午飯時未見返家中餐，但此數日間聞校中請客甚多，並不謂奇。及至三時，尚未見回，弟即去找，後聞一洋車夫言：『乘車至頤和園。』弟於五時許即乘洋車亦至該園，於途中即遇早去之洋車夫（弟乘之洋車車夫認識此車夫），上乘一巡警，弟一見此，知非佳兆。然固不出所料，巡警問弟姓名後，即領弟至園內認明，復至警察局立案。此消息至校，已七時許。校中當局即開一緊急會議，至八時許，校長、教務長、各教職員學生等皆乘汽車赴該園，校中守衛隊派警士數名赴園中管看屍身，但到園後，因戒嚴時代，又時間太晚，未能全體進園。進去者只校長、教務長及衛隊數名，餘則折回。至昨日下午三時始驗屍體，衣袋中有洋四元四角，（所借五元只用去六角門票）及遺囑一。至五時，有校醫用藥水將身體洗完，至八時許入殮，即將棺木送入附近一廟內，一切辦理各事，完全爲校中擔負。聞校中恤金約有五千元之數，校長等擬使弟於校中謀得一位置，每月取月薪及恤金利息等度日，此說過數日恐能發表。……羅宅昨遣君美夜九時許至此，羅老伯本擬今日來京，後因旁人恐彼來有所感或有他變，故不肯使他來京。……梁任公昨至外交部力爭恤金之事，故數目恐能稍大。」（《文學周報》第五卷第一、二期）

姚名達〈哀餘斷憶〉說：「師生敘別會之翌日，晚飯後，名達逆校外溪行，遇靜安師母、師兄、師姊於圓明園西院間，且步且談，未有遽色。日暝，鐘八點矣，入寢室，有二人焉，嘆聲顫語，問之，曰：『王先生死矣！』問：『何處？』曰：『昆明湖也。』余膝遽吻地板，口呼噯喲不置。急詢狀，二人者亦昧其詳。問：『王師母知之乎？』曰：『已有人往報矣！』惶惶然，悽悽然，奔走告語，唏噓之聲遍於全院。有頃，群集於校門，急馳汽車，止於頤和園之東，叩門，述來意，門者弗納，眾有怒者，名達至高聲詈之。相持有頃，余謂校長，盍以數人入，必見許。試之，果然。餘眾不得已，啣哀先返。燈將熄矣，燃燭，會於講堂。名達主席，議決要案多種，新設治喪委員會以執行之。明日，急遽用餐，奔赴頤和園內，睹昆明之水，而深怨其死吾師也。及魚藻軒，則靜安先生遺體在焉！揭薦驟觀，放聲大哭。時方正午，忽彤雲四起，雷聲隆隆。眾人慮屍壞，急切望檢吏來。遲之復遲之，日已夕矣。方得蕆事。鐘七點，遺體移出園外，殮於後門老屋。釘聲訇訇，從此遂不復得見先生之容矣。九點，護棺緩行一小時許，始止於剛秉廟而厝焉。返校，稍憩即寢，晚餐咸未遑也。」（《國學月報・王靜安先生專號》）

先生自殺的原因，諸說紛歧，茲引各方面的記載，分述之如左：

梁啓超致其長女令嫻信中說：「我本月初三日離開清華，本想立刻回津，第二天得著王靜安先生自殺的噩耗，又復奔回清華，料理他的後事及研究院未完的首尾，直到初八才返到津寓，現在到津已將一星期了。靜安先生自殺的動機，如他遺囑上所說：『五十之年，只欠一死，遭此世變，義無再辱。』他平日對於時局的悲觀本極深刻，最近的刺激，則由兩湖學者葉德輝、王葆心之被槍斃，葉平日爲人本不自愛（原注：學問卻甚好），也還可說是有自取之道。王葆心是七十歲的老先生，在鄉里德望甚重，只因通信有『此間是地獄』一語，被暴徒拽出，極端箠辱，卒致之死地。靜公深痛之，故效屈子沈淵，一瞑不復視。此公治學方法，極新極密，今僅年五十一歲，若再延壽十年，爲中國學術界發明，當不可限量。今竟爲惡社會所殺，海內外識與不識，莫不痛悼，研究院學生皆痛哭失聲，我之受刺激更不待言了。」（《梁任公先生年譜長編初稿》）

梁氏又在先生墓前致悼辭說：「自殺這件事情，在道德上很是問題。依歐洲人的眼光看來，這是怯弱的行爲，基督教且認做一種罪惡。在中國卻不如此，……許多偉大的人物有時以自殺表現他的勇氣。孔子說：『不降其志，不辱其身，伯夷叔齊歟？』寧可不生活，不肯降辱；本可不死，只因既不能屈服社會，亦不能屈服於社會，所以終久要自殺。伯夷叔齊的志氣，就是王靜安先生的志氣！違心苟活，比自殺還更苦。一死明志，較偷生還更樂。所以王先生……這樣的自殺，完全代表中國學者不降其志、不辱其身的精神，不可以歐洲人的眼光去苛評亂解。王先生的性格很複雜，而且可以說很矛盾，他的頭腦很冷靜，脾氣很和平，情感很濃厚，這是可從他的著述，談話和文學作品看出來，只因有此三種矛盾的性格合併在一起，所以結果可以至於自殺。他對於社會，因爲有冷靜的頭腦，所以能看得很清楚；有和平的脾氣，所以不能取激烈的反抗。有濃厚的情感，所以常常發生莫名的悲憤。積日既久，只有自殺之一途。我們若以中國古代道德觀念去觀察，王先生的自殺是有意義的，和一般無聊的行爲不同。」（《國學月報・

王靜安先生專號》)

又說：「先生之自殺也，時論紛紛非一。啓超以爲先生蓋情感最豐富而情操最嚴正之人也。於何見之？於其所爲詩詞及諸文學批評中見之，於其所以處朋友師弟間見之。充不屑不潔之量，不願與虛僞惡濁之流同立於此世，一死焉，而清剛之氣乃永在天壤。……」(《國學論叢》一卷三號〈王靜安先生紀念專號序〉)

孫雄〈昆明湖曲弔海寧王君靜安賦〉附序說：「靜安之死，但云『經此世變，義無再辱。』其詞渾涵隱約，而其意彌可悲矣！世人不察，或謂其別有原因，實爲處境所厄，如新名詞所云經濟壓迫者。又有援西人之說，詆自殺爲無能力者，固屬蚍蜉撼樹之譚，即彼惋惜而贊歎者，或謂其生平著述，能洗盡從前國學家之通病，而別樹一幟。夫國學浩深，新舊相互爲益，今欲盡量褒許，遂將前賢概行抹撥，恐亦非九京所樂聞。或又謂靜安爲中國文士，故必以名節自立，以洗文士之恥。其言雖痛，恐亦未得其真際也。」(《舊京詩存》卷六)究竟此真情爲何，序文中並未言及，所云「或謂……」云云，皆係其推臆之詞。

陳寅恪〈王觀堂先生挽詞〉序文說：「或問觀堂先生所以死之故。應之曰：『近人有東西文化之說，其區域分割之當否，固不必論，即所謂異同優劣，亦姑不具言；然而可以得一假定之義焉。其義曰：凡一種文化值衰落之時，爲此文化所化之人，必感苦痛，其表現此文化之程量愈宏，則其所受之苦痛亦愈甚；迨既達極深之度，殆非出於自殺無以求一己之心安而義盡也。吾中國文化之定義，具於《白虎通》三綱六紀之說；其意義爲抽象理想最高之境，猶希臘柏拉圖所謂 Eidos 者。若以君臣之綱言之，君爲李煜亦期之以劉秀；以朋友之紀言之，友爲酈寄亦待之以鮑叔。其所殉之道，所成之仁，均爲抽象理想之通性，而非具體之一人一事。夫綱紀本理想抽象之物，然不能不有所依託，以爲具體表現之用；其所依託表現者，所成之仁，均爲抽象理想之通性，而非具體之一人一事。夫綱紀本理想抽象之物，然不能不有所依託，以爲具體表現之用；其所依託以表現者，實爲有形之社會制度，而經濟制度尤其最要者。故所依託者不變易，則依託者亦得因以保存。吾國古來亦嘗有悖三綱、違六紀、無父無君之說，如釋迦牟尼外來之教者矣！然佛教流傳播衍盛昌於中土，而中土歷世遺留綱紀之說，曾不因之以動搖者，其說所依託之社會經濟制度未嘗根本變遷，故猶能藉之以爲寄命之地也。近數十年來，自道光之季，迄乎今日，社會經濟之制度，以外族之侵迫，致劇疾之變遷；綱紀之說，無所憑依，不待外來學說之掊擊，而已銷沉淪喪於不知不覺之間；雖有人焉，強聒而力持，亦終歸於不可救療之局。蓋今日之赤縣神州，値數千年未有之鉅劫奇變；劫竟變窮，則此文化精神所凝聚之人，安得不與之共命而同盡，此觀堂先生所以不得不死，遂爲天下後世所極哀而深惜者也！至於流俗恩怨榮辱委瑣齷齪之說，皆不足置辯，故亦不之及云。』」（《國學論叢》一卷三號）

案：挽詞後附羅振玉與陳寅恪信說：「奉到大作〈忠愨挽詞〉，辭理並茂，為哀挽諸作之冠，足與《觀堂集》中〈頤和園詩〉、〈蜀道難〉諸篇比美，忠愨以後學術所寄，端在吾公也。此篇中間敘圖書局，似誤混為圖書館，圖書局直隸學部，主編譯教科書及審定等事，其局長由丞參兼之。至圖書館，庚辛間始開創，館長為藝風，忠愨未嘗任館事也。……」但其所為先生傳，則云「歷充圖書館編譯，名詞館協修。」是他前後所言即不相一致。據繆荃孫《自訂年譜》，將先生列入新交之中，二人之相識雖經羅氏為之紹介，同事的關係也是極自然地建立友誼的。

殷南撰〈我所知道的王靜安先生〉說：「我和王靜安先生相識將近三十年，但是一向疏闊得很，直至民國五年，他從日本回國之後，我與他同時都住在上海，纔有往來，並且過從甚密。後來我和他先後到北京來，仍是時常見面，到現在也有十幾年了。他平生的交游很少，而且沉默寡言，見了不甚相熟的朋友，是不願意多說話的。所以有許多的人。都以為他是個孤僻冷酷的人。但是其實不然，他對於熟人很愛談天，不但是談學問，尤其愛談國內外的時事。他對於質疑問難的人是知無不言，言無不盡，偶爾遇到辯難的時候，他也不堅持他的主觀的見解，有時也可拋棄他的主張，真不失為真正學者的態度。他最初研究哲學，後來研究文學，最後乃致力於考古學。他所以研究考古學的原因，是完全因為材料見得多，引起他研究的興味。他從戊戌（一八九八）年以後，和羅振玉總是在一起，從來沒有離開過。羅是喜歡考古的，所以收藏古器物、碑版及各種書籍拓本非常之多。尤其是在那時候，中國有幾種考古學材料的大發現，如安陽之商朝甲骨，敦煌之漢魏簡牘，千佛洞之唐宋典籍文書等，羅氏都首先見到。他處在這個時代和環境之中，那整理和研究的工作，他當然免不了要參加的。於是這墾荒的事業就引起他特別的興趣。到後來竟有很大的收獲了。但這個環境也就不知不覺把他造成一個遺老，偏偏在去年秋天，既有長子之喪，又遭摯友之絕，憤世嫉俗，而有今日之自殺。這不但是大家替他扼腕嘆惜，也是他自己深抱隱痛的一點。豈明（周作人）君說他自殺的原因，是因爲思想的衝突與精神的苦悶（《語絲》一三五期〈閑話拾遺〉第四十則），我以爲是最能真知王先生的。他在考古學上的貢獻當然很多，但是最偉大的成績，要算一篇〈殷周制度論〉，是他研究甲骨文字的大發明，他能不爲綱常名教所囿，集合許多事實，以客觀的態度判斷之。即如他說：『太王之立王季也，文王之舍伯邑而立武王也，周公之繼武王而攝政稱王也，自殷制言之皆正也。』這種思想，豈是衛道的遺老們所能有的？即使有這種思想，也是不敢寫的。清朝多爾袞之娶順治的母親，遺老們因爲禮教的關係，一定替他諱言，其實自滿洲風俗言之亦正也。我有一次和他談這件事，他也首肯。所以我說他的辮子是形式的，而精神上卻沒有辮子。他研究學問，常常循環的更換，他說：『研究一樣東西，等到感覺沉悶的時候，就應該暫時擱開，作別樣的工作，等到過一些時，再拿起來去作，那時就可以得到一種新見解，新發明。否則，單調的往一條路上走去，就會鑽到牛角尖裏去，永遠鑽不出來的。』照他這話看來，他是思想不受束縛而且生怕受束縛的人，不應該不發覺他一時的錯誤。既然發覺，而又爲環境所壓迫，不能輕易變更，這就是他的隱痛所在。一到時機危迫的時候，就除死別無他法。你看他那身邊遺囑，何嘗有一個抬頭空格的字？殉節的人豈是這樣子的？我這一番話，有人或者以爲我給王先生辯護，有人或者以我爲厚誣王先生。但是這些我都不計。我是因爲知道他的環境，知道他的背景，又聽到他不便告人的話，所以根據事實，把他死的原因，略略記載一點，並無絲毫褒貶的意思在裏頭。」（《國學月報・王靜安先生專號》）

案：此文前之有儲皖峰的附識，說：「這篇文，是我的先生──著名的考古學者──作的。他同王先生有三十年的交情，而且研究學問的途徑和興趣，也有大部分相同。年來王先生掌教清華研究院，彼此商榷學術，往還更加親密。他對於王先生的性格及學術思想，都澈底了解。這回本報出專號，我請他作文，他正當摒擋南旋之際，百忙中寫了這篇，就隨便署了一個筆名。……」足可表見作者的身分。毅頗疑此人即北京大學教授馬衡（叔平），蓋不承認先生的自殺為殉亡清的社稷。

又案：陳鴻祥編《王國維年譜》載：「前曾向先生門人戴家祥求證殷南是否為馬

衡?蒙戴氏函覆,謂:『殷南是馬叔平。馬是羅振玉弟子,……馬的文章寄交陳寅恪先生,記得文中提到晚年和生平摯友失和,所以不用真名發表。』」原先之推想乃得到證實。

繆鉞〈王靜安與叔本華〉說:「王靜安之自殺,亦應略加解釋。叔本華之哲學雖爲悲觀,然並不主張自殺。叔氏以爲自殺乃承認生活之欲,而非否認生活之欲。毀滅肉體不足以言解脫,故自殺乃愚拙之行爲。王靜安對於叔氏之說即深信篤行,受其影響,則應明此理,何以卒至於自殺乎?曰:王靜安乃詩人兼學者,而非哲學家,對人生雖有深刻之領會,而對哲思並無完整之體系,其喜叔本華之說,亦非對於叔氏整個哲學源流本末,精研深解,洞悉其長短精粗之所在,不過僅取其性之所近者欣賞玩味受用之而已!靜安受叔氏影響,常存厭世厭生之心,其治學雖精勤,然就其人生而言,乃畸形之收穫,而非完美之安慰,內心隱微之中,時感衝突之苦。如環境寧謐,無外界特殊之刺激,則靜安亦將安於此枯寂之生活,探索學術之新知。如一旦有特殊刺激,感危難之來臨,則將乏抵抗之勇氣。蓋平日既存心厭世,無意戀生。苟大難將至,則以爲不如一死以避之,無須備受艱苦以保存此無謂之生命也。靜安之自殺,當時自有其特殊受刺激之原因,然決不能謂原因僅止於此。蓋吾人如研究靜安之人生哲學,知其憫生悲世,早存厭世之心。其〈書古書中故紙詩〉,……借故紙以喻人生,『書成付與爐中火,了卻人間是與非。』隱含毀滅此生無復顧惜之意。此詩作於清光緒二十九年癸卯，靜安年未及三十，而其心中已潛伏自殺之念，蓋自靜安視之，自殺或亦一種解脫也。」（《詩詞散論》）

玉李撰〈王靜安先生〉說：「民國十六年，北伐軍敗奉軍於河南，北京震恐。靜安先生遂以六月二日自沉於頤和園昆明湖，遺書有云：『五十之年，只欠一死。經此世變，義無再辱。……』當日報載此訊，我頗難索解其致死因緣，繼乃進而於先生之身世與學問中求之。如果你讀詞、讀詞話、讀曲、讀戲曲史、讀文、讀古文字，在《人間詞》、《人間詞話》、《宋元戲曲史》、《觀堂集林》等著作裏，你就可以窺見先生的感情與理智。感覺銳敏而禁不住熱情，理智深潛而太耽於思索。由此你彷彿可想見先生率真孤僻、不慣社交、愛沉思、常憂鬱、身體軟弱、行動古板的性行。但如果你只看見過他的鄉下人似的樸質的外表，很難令你想到他是叔本華天才論的天才。甲午戰後，靜安先生治叔本華哲學，頗以此觀點評《紅樓夢》。又先生自殺的意志，於此也可有其根據吧。後由叔本華哲學走到康德美學，這成爲論文學獨到見解的一種學術淵源。……笛卡兒的第三道德規則是：『要常常征服我們自己，不要征服命運；要改變我們的慾望，不是改變世界的秩序。……除了我們自己的思想以外，沒有一件東西能在我們能力的範圍以內。』某一種天才的意志活動，便是對於政治與社會動亂的退避。於是辛亥革命，使靜安先生從文學的感情活動，走向經史的理智活動了。……北伐的社會變革運動，使靜安先生的意志活動走向絕路，他的感情活動和理智活動已盡了天才的一份，自己思想以外的東西，加於他的能力之內，于是在『義無再辱』的掩飾之下，在叔本華哲學中，完結了叔本華天才論的天才。」（《人間世》第廿七期）

楊鍾羲評先生自殺爲愚不可及之事。他說：「靜安止水之節，愚不可及。鄙人揮涕昆明，謄書聽水，成人之美，遇事進規，意本至誠，乃多不悅。」（《雪橋自訂年譜》）語意含糊，不知其何所指而云然？

日本川田瑞穗悼先生文說：「公之自殺原因，有種種之謠言已入吾人之耳。……有謂原因有二端，其死機早伏者。或謂清華教授梁啓超氏嫉公名望，陰加排斥，於公自殺前數日，特告公以馮玉祥將到京，梁氏本人亦將於即夕赴津避難以恐之，公大爲所動。又謂公與羅振玉氏有金錢上之關係，致感情疏隔。公與梁氏之關係，吾人殊不得其詳，至謂與羅氏有何交涉，殊不近人情，吾人斷定爲全屬虛構也。蓋公與羅氏之關係，初爲師生，尋爲朋友，最後爲親戚。……金錢之事，雖親戚朋友恆有因金錢反目者，然苟謂公與羅氏有此等事，則非知公之人格者也。……」（《哀挽錄補遺》）

門人柏生追憶說：「先生之歿也，迄今已四閱月，而世人尚多猜擬之詞，蓋未能深悉先生之身世，不足以知先生。先生少治叔本華、尼采之學，思想深邃而沉著，易趨於極端。平生於時人少所稱許，嘉興沈曾植之外，今惟膠州柯劭忞而已！又與上虞羅振玉往返甚久，數人者皆清室遺老，以是先生因緣及於溥儀，先生勝清一諸生耳，何自苦如此！其中蓋有所限，不能自振拔者存焉！先生治學，數十年如一日，而家道極貧，近年復有西河之慟，故交中絕，四顧茫然。其遺書云：『五十之年，只欠一死。』固其心中有難言之慟，得非大可悲也耶？雖然，先生之死，自有宿因，而世亂日迫，實有以促其自殺之念。方五月二日，某承教在側時，先生云：『聞馮玉祥將入京，張作霖欲率兵總退卻，保山海關以東地，北京日內有大變。』嗚呼！先生致死之速，不能謂與時局無關也。今南勢分崩，北局未定，院中依然修舊業，從容講學如故。導師若新會梁先生、武進趙先生、義寧陳先生，其所以訓誨吾人者，曾不少衰，獨不得見先生杖履，不能聞先生雍容淡雅之教。答焉而噓，潸然涕下，令人起無窮之悲也。」（《國學月報・王靜安先生專號》）

史達〈王靜安先生致死的真因〉說：「王靜庵先生的投湖自殺，在中國的學術界上驟然失了一顆明星，的確是一件極可痛惜的大事。他自殺的原因，說者不一。但都是皮相之談，未必切真。獨有豈明先生在《語絲》一三五期的〈偶感之二〉裏說得最爲近是，所以也特別痛快。他說：『王君以頭腦清晰的學者，而去做遺老，弄經學，結果是思想的衝突與精神的苦悶，這或者是自殺——至少也是悲觀的主因。王君是國學家，但他也研究過西洋學問，知道文學、哲學的意義，並不是專做古人的徒弟的，所以在二十年前我們對於他是很有尊敬與希望，不知道怎樣一來，王君以一了無關係之徵君資格而忽然做了遺老，隨後還就了廢帝的師傅之職，一面在學問上也鑽到樸學家的殼裏去，全然拋棄了哲學、文學去治經史。……在王君這樣理智發達的人，不會不發現自己生活的矛盾與工作的偏頗，或者簡直這都與他的趣味傾向相反，而感到一種苦悶。……徒以情勢牽連，莫能解脫，終至進退維谷，不能不出於破滅之一途了。一般胡塗卑鄙的遺老，大言辛亥『盜起湖北』及『不忍見國門』云云，而仍出入京津，且進故宮叩見鹿「司令」爲太監說情。此輩全無心肝，始能恬然過其耗子蝗蟲之生活，絕非常人所能模仿，而王君不慎，貿然從之，終以身殉，亦可悲矣。……』這一大段話中間，『思想的衝突與精神的苦悶』便是王先生致死的原因。而所以有此『衝突』與『苦悶』的關鍵，卻全在『以一了無關係之徵君資格而忽然做了遺老，情勢牽連莫能解脫』的二十六個字上。但他何以會陷入這樣的深淵而不能自拔的呢?這不能不歸功於他的好友——而且是他的兒女親家羅振玉。羅振玉本是一個假借學問虛名來騙人的大滑頭。他專以販運中國古籍出洋，及造作假古董弄錢爲業。據知道他底細的人說，他最初也曾混入革命黨，高談光復。後來端方用他，他便恭順服帖，替端方品量古董，並且兼做新興學堂的監督。等到清朝打翻，他只好公然與「廢帝」勾搭，騙取古物，實行過他的耗子蝗蟲生活了。這樣的人，品節如何，也就可揣而知。不幸王先生正在他做蘇州師範學堂監督時去擔任教課，於是被他拉攏著做他學問上的工具，而王先生後半生的出處可憐，便在那時上了無形的桎梏了。這回的事變，遠因便種於此。但王先生的自殺，不在清朝打翻之際，也不在廢帝被逐出宮之會，可見這一死實在並非『乃心王室。』他所以不先不後，恰恰於今年舊曆的端午前跳水尋死者，實緣受好友之累，經濟上挨到過量的壓迫耳。據熟悉王羅關係的京友說，這次的不幸事件完全由羅振玉一人逼成功的。原來羅女本是王先生的子婦，去年王子病死，羅振玉便把女兒接歸，聲言不能與姑嫜共處。可是在母家替丈夫守節，不能不有代價，因強令王家每年拿出二千塊錢交給羅女，作爲津貼。王先生晚年喪子，精神創傷，已屬難堪，又加這樣地要索挑唆，這經濟的責任實更難擔負了。可是羅振玉猶未甘心，最近便放了一枝致命的毒箭。從前他們同在日本曾合資做過一趟生意，結果大大攢錢，王先生的名下便分到一萬多。但這錢並未支取，即放在羅振玉處作爲存款。近來羅振玉忽發奇想，又去搭王先生再做一趟生意，便把這存款下注作本。王先生素不講究這些治生之術的，當然由得他擺佈。不料大折其本，不但把這萬多塊錢的存款一箍腦兒丟掉，而且還背了不少的債務。羅振玉又很慷慨地對他說：『這虧空的分兒你可暫不拿出，只按月支付利息好了。』這利息究要多少？剛剛把王先生清華所得的薪水喫過，還須欠些。那麼一來，把個王先生直急得又驚又憤，冷了半截，試問他如何不萌短見？這一枝毒箭，便是王先生送命的近因。合此二因，竟把一個好端端的學者活活的逼死。

羅振玉之肉『其足食乎！』王先生既死，他應該做點補過的事情了，然而他毫不悔悟，仍舊用他騎兩頭騾的慣技，向人間鬼混。何以見得呢？他一面捏造遺表，對廢帝誇示他的識拔忠貞，於是無知的廢帝竟下僞諭弔唁，把不值一文的『忠愨』謚號送給死者，做了個惠而不費於禮物。一面又對王家市恩，表示這榮譽——其實只是個不值一文的禮物，是他的力量弄來的。所以他輓王先生的聯語便是這樣說：『至誠格天，邀數百載所無曠典；孤忠蓋代，繫三千年垂絕綱常。』這是多麼醜惡的臭架子，他把人家逼死了，他卻說人家自己『至誠格天』，邀取『曠典』；他既自命忠貞，充當遺老，卻自己不肯實行，偏勸人家『孤忠蓋代』，把維繫『垂絕綱常』的責任推在人家的肩頭。像這種老而無恥的東西，固然不屑與較，所可痛的，中國學術界上爲他犧牲了一顆巨大的明星，卻實在不能恕他啊！」（《文學周報》五卷一、二期）

王世昭《中國文人新論》說：「民國十六年，國民革命軍北伐，共產黨頂了國民黨招牌，在長沙殺了葉德輝，王國維因爲留著辮子，恐不能免。適北平《世界日報晚刊》上，發表了一篇『戲擬黨軍到京所捕之人』名單，王氏大名赫然列於紙上。他在進退維谷中，遂萌自殺之念。這一筆賬是要放在共產黨頭上算的，因爲王國維不是死於國民軍北伐，而是死於葉德輝之罹難長沙；他鑒於共產黨的摧殘學者，慘戮文人，故在無可奈何中跳水自殺。衛聚賢說得好：『共產黨殺了葉德輝，逼死王靜安，王先生如果尚在，被關在鐵幕中，一樣的也被清算了。王先生的

自殺，可謂高人一著。』」（《文學周報》第五卷一、二期）

顧頡剛〈悼王靜安先生〉說：「噩耗傳來，本月二日王靜安先生自沈於頤和園昆明湖中死了。這個消息驀然給我一個猛烈的刺激，使我失望而悲歎。我對於他雖向少往來，但是戀慕之情十年來如一日。……昨天在報紙上讀到他的遺囑，裏邊說：『五十之年，只欠一死；經此世變，義無再辱。』始恍然明白他的死是怕國民革命軍給他過不去。湖南政府把葉德輝鎗斃，……這種事情或者深深地刺中了靜安先生的心，以為黨軍既敢用這樣的辣手對付學者，他們到了北京，也會把他如法泡製，辦他一個『復辟派』的罪名的；與其到那時受辱，不如趁黨軍尚未來時，索性做了清室的忠臣，到清室的花園裏死了，倒落一個千載流芳。其實，他過慮了。葉德輝……籌安會的首領是很昭著的，……至於靜安先生，不過曾做過清室的官，現在還拖著辮子罷了，他並不曾發表一篇鼓吹復辟的宣言，也不曾從事於陰謀復辟的活動，更不曾受了別人的賄賂而主張過任何關於政治的議論。他究竟還是一個超然的學者，黨軍到北京時哪會使他難堪；至多只有在街上遇見，硬剪掉他的辮子而已。剪掉他的辮子，實在也算不得侮辱。他以前做過北京大學研究所的導師，現在正作清華大學研究院的教授。他拿了中華民國的俸給已有五六年了，他已經不能說是一個『西山採薇蕨』的遺民了！也許，他想，三年前，北京大學研究所曾經發出一個宣言，反對清室出賣產業，喪失國寶，其中直稱溥儀的名，他因為一方面在北京大學做導師，一方面又在清室做南書房行走，心中很不安，就寫了一封長信辭職，起了一回齟齬；這個舊案，或者研究所裏的人等到黨軍來時要重新提起。但是，他如果真是這樣想，也未免太冤枉了他們了。他們對於他裝作遺老固然很不滿意，但是他們究竟都是懂得學問的人，對於他是沒有一個不佩服的。他們常覺得他是研究學問的儀型，儲藏智識的寶庫，那有忍心害理，想去傷害他的道理。靜安先生，從種種方面看來，你都沒有死的道理，你也不至受辱，你何苦做這種無謂的犧牲，害了自己再害別人呢！爲什麼說你害別人？因爲你擔負學術上重大的使命，你的生命不是你個人的，已是學術界公有的了。倘使你是一個庸庸碌碌的人，你要死只管由你死與人無關，但是現在你的死就損害了學術界了，你對於學術界負罪了！關於靜安先生做遺老的原因，我們是很原諒的。他所以能有今日的學問，羅叔蘊先生實有誘掖獎進的大功。羅氏比他大十餘歲，他以前輩禮事他。羅氏處事的才幹比他好，他的職業與生計也就常常靠他。起初，他們倆都是極新的人物，羅氏所辦的《農學報》和《教育世界雜誌》，大半是靜安先生的翻譯和撰述。羅氏做江蘇師範學校監督，他便做該校教員。羅氏做學部參事，他也在學部裏任事。光復後，羅氏移家到日本，他便跟了去。羅氏在日本大舉出版考古學的書籍，他便幫他做考訂纂錄的事情。因爲他和羅氏的關係這樣密切，而羅氏喜歡矯情飾智，欺世盜名，有意借了遺老一塊牌子來圖自己的名利，他在這個環境之中也就難以自脫，成了一個『遺而不老』的遺老了。

等到一成了遺老，騎虎難下，爲維持自己的面子起見，不得不硬挺到底了。所以我們論人，不可專看人家的外表，也要設身處地的替人家想一想。靜安先生雖然比我們這輩人大了二十年左右，但他的頭腦很清楚。他從少年時就看外國文書籍，對於世界潮流哪會不知道，哪會在現在時候還迷信忠君的舊見解。他做遺老明白是他的環境逼迫成功的。他是一個窮書生，若沒有羅氏的幫助，如何能彀得到一個不問外事，專心讀書的境界，他的學問怎能有今日這般好。既經靠了羅氏的幫助而得學問的成功。他又如何能與羅氏分道揚鑣，反面若不相識。所以他今日的自殺，中國的政府與社會應當共同擔負責任。倘使中國早有了研究學問的機關，凡是有志研究的人到裏邊去，可以恣意滿足他的知識慾，而又無衣食之憂，那麼，靜安先生何必去靠羅氏，更何必因靠羅氏之故而成爲遺老。如今他用了數十年的努力，在史學界上貢獻了許多成績，爲中國在國際間掙得了僅有的榮譽，到頭來只有自居於反革命的地位而先伏其罪，政府不撫恤他，社會上不了解他，大家只覺得他是一個清室的忠臣而已，這豈不是一個大冤枉！」（《文學周報》五卷第一、二期）

案：《顧頡剛日記》本年六月四日記云：「覽《申報》，本月二日，王靜安先生自沉於頤和園池中，聞之悲嘆。」又在十三日記云：「寫〈悼王靜安先生〉一文，約三千言。」正是前所引錄者。

徐中舒〈王靜安先生傳〉說：「靜安先生自沉於頤和園之昆明湖，遺囑有云：『五十之年，只欠一死；經此世變，義無再辱。』其自沉之志，極為明顯。先是長沙葉德輝、武昌王葆生，均以宿學為暴徒槍殺於湘鄂。及奉軍戰敗於河南，北京震恐，以為黨軍旦夕即至。其平昔與黨人政見不合者，皆相率引避。先生本為一精深謹嚴之學者，而晚年篤守儒家經義，尚自辮髮，自矢為清室遺民，至是亦恐不能見容於黨人，又深鑑於葉、王等之被執見辱，遂於民國十六年六月二日憤而自沉云。」（《東方雜誌》第廿四卷十三號）

浦江清（穀永）〈論王靜安先生之自沉〉說：「往者周作人君論海寧王靜安先生之自沉，謂其晚年性情與學問環境相衝突，非出於自殺不可。其援理甚深，評事甚刻。雖然，未足以知先生也。感情與理智不可分者也，人之稟賦，有極強之理智，必有極強之感情；有極強之感情，必有極強之理智。……余謂古今成大事業大學問者，皆理智與感情極強之人，先生即其一也。……先生少年寄之於哲學，中年寄之於文學，晚年寄之於經史之考證學，雖謂其精神一貫可也。……抑余謂先生之自沉，其根本之意旨，為哲學上之解脫，三綱六紀之說，亦不過其解脫所寄者耳！先生悲天憫人之思，其早年精研哲學，受叔本華之影響尤深，即其詩詞之所歌詠！亦徘徊於人生諸問題之間。……其作〈紅樓夢評論〉時，已大徹大悟於人欲與生活與苦痛三者為一之理，惟其大徹大悟，故能泰然與世無競，超出於生活之欲之外，而逞其智力於純粹之學問。……然而於現實之世界上，欲求精神之寄託與慰藉，則固捨此末由也。……解脫之道亦多端，先生素不主自殺，……先生亦不得已而出此，……則世變逼之使然也！（《學衡》第六十四期）

溥儀撰《我的前半生》記載：「王國維死後，社會上曾有一種關於國學大師殉清的傳說，這其實是羅振玉做出的文章，而我在不知不覺中，成了這篇文章的合作者。過程是這樣：羅振玉給張園送來了一份密封的所謂王國維的『遺摺』，我看了這篇充滿了孤臣孽子情懷的臨終忠諫的文字，大受感動，和師傅們商議了一下，發了一道『上諭』說：『王國維孤忠耿耿，深堪惻憫，……加恩謚予忠慤。……』羅振玉於是一面廣邀中日名流、學者，在日租界日本花園爲『忠慤公』設靈公祭，宣傳王國維的『完節』和『恩遇之隆，爲振古所未有』，一面更在一篇祭文裏，宣稱他相信自己將和死者『九泉相見，諒亦匪遙』。其實，那個表現著『孤忠耿耿』的遺摺，卻是假的。它的編造者正是要和死者『九泉相見』的羅振玉。」（此書於民國六十五年由金川出版社重新排印，改名《溥儀自傳》，書中尚述及羅王關係及羅振玉逼債之事，使王走向自殺之路。）

案：先生的自殺，實為世界學術上莫大的損失。《圖書館學季刊》二卷一期載先生自殺事，末謂：「先生之學問，尤為外人所傾服，最近德國東方學會擬舉之為名譽會員，書未發而先生已歿世矣。然則先生遽然自殺，固不僅我國之損失也。」徐中舒撰先生傳亦說：「當先生自沉之前，漢堡中國文學教授德人顏復禮，奉其政府之命，擬聘先生為東方學術研究會名譽會員，介上虞羅振常氏為之先容，書未發而先生死，惜哉！」又說：「先生質樸少華，寡言笑，不事交遊。其初也，羅氏為刻其著作，力為揄揚，及先生自日本返國，著述既富，創解尤多，又得《學術叢編》為之刊布，於是名乃大著，遠播歐西、日本。及先生之歿，凡海內外學者無不深為痛惜焉！」足為佐證。茲就綜合上述諸家說法來看，先生自殺的原因，當是很複雜的。先生早年醉心叔本華學說，一以解脫為中心思想，在先生看來，自殺是在萬不得已時的解脫之道。先生在東文學社的啟蒙老師田岡佐代治亦有厭世思想，先生深受其影響，時窮事迫，乃出於自殺。先生同鄉陳乃乾撰〈關於王靜庵先生逝世的史料〉，說：「我們應該切實地從兩條路上去做工作：（一）考查他致死的原因，是否純粹的出於自動，或出於某人及某種環境的壓迫，在未死以前竟有不能告人不便告人的隱衷，以致犧牲自己的生命。（二）考查他做學問的歷程，整理他做學問的成績，請海內外學者公開批評，以斷定他在學術界上的地位。」（《文學周報》五卷一、二期）但後此陳乃乾亦未有文章發表。至民國十九年十二月乃乾序《觀堂遺墨》說：「觀堂王先生之卒也，乃乾羈跡南中，不獲詳其致死之由，傳聞異詞，蓋至於今而未能釋然也。夫先生以身命殉遜清，實無補已亡之社稷，而中國學術之有待於先生者乃無涯涘，孰重孰輕，先生辨之審矣！

先生不死於光復，不死於復辟，竟死於燕都承平之日，博亡朝忠慤之封，真先生之不幸，亦吾國文化之大厄也。」仍然語焉不詳。據蔣穀孫先生見告，先生個性極強，有至情至性，不喜歡的人絕不願交一語。則知其不善交際，亦不喜應酬。自己內心有痛苦積壓，亦不願向人一吐。如此日復一日，則便有鑽牛角之虞。前一年秋天長子潛明的病死，是對先生精神上的一大打擊。子婦為至交羅振玉的次女，振玉以女不見容於姑嫜為名，要把女兒接回來在母家守節，但守節不能空守，每年要王家付兩千元的贍養費。先生遭逢子喪，心情已夠沉痛了，而振玉不念故舊友情，竟然如此勒索，而在先生子女眾多，家計極端艱難的情況下，驟經此一挑唆，精神上更增壓力，終於不能擔負了。且先生昔曾受羅氏大惠，恩誼尚在，先生至不忍與之公然相抗，不然，世人將責罵先生忘恩負義。於是只有逆來順受，將痛苦壓在自己內心裏。這便是先生「不能告人不便告人的隱衷。」如朋友殷南所說的「摯友之絕」，門人柏生所說的「故交中絕，四顧茫然。」這當然是指羅振玉了。殷南曾聽到先生「不便告人的話」，然而並未記下此語，只是不相信先生的自殺是殉亡清的社稷而已！以是知先生遺囑中「義無再辱」的話，僅是一種掩飾，目的在給老朋友留體面。而振玉不悔悟，反向遜帝報告先生的忠貞不貳，以忠慤的諡號賜之，不僅無榮，徒足增羞，先生泉下有知，也會不以羅氏此舉為然吧！民國五十五年，李玄伯（宗侗）師見告，說：「在北平時，與趙萬里很熟，曾告以靜安先生與羅振玉情感有破裂。」這是不容諱言的。侯又親聞先生長女公子東明女士見告：「家父在自殺之前，曾將與羅振玉往來信件都燒掉，家母曾相勸慰，不果。家父生平從不發脾氣、從不與人爭，當時我們尚為小孩子，是不了解的。」民國七十六年，東明女士撰〈巨星隕落一甲子〉，特加證實，亦為與羅氏感情破裂之明證。不過先生畢竟做了一年多溥儀的師傅，對清室未嘗無感情，然如趙萬里所說：「去秋以來，世變益亟，先生時時以津園為念。新正赴津覲見，見園中夷然如常，亦無以安危為念者。先生睹狀至憤。返京後，憂傷過甚，致患咯血之症。四月中，豫魯間兵事方亟，京中一夕數驚。先生以禍難且至，或有更甚於甲子之變者。乃益危懼」云云（《趙譜》）。則未必盡屬事實，除了強調先生的殉節外，並無任何價值。然先生的執教清華，為諸生所欽敬，自稱：「離此人海，計亦良得。」是先生極厭惡溥儀左右的人排擠傾軋，去清華教書，是一項最好的擺脫之道。既想擺脫他們，又何必以死相報呢？當然，國內政局的不安，軍閥的混戰，和共產黨的利用國民革命軍北伐的機會，陰謀顛覆，於是製造湖南人民暴動，學者葉德輝遭暴民槍殺，先生認為這是一個危險的訊號，便冒然自殺了。這筆債是要算給共產黨去討的。總之，喪子的劇痛和羅振玉的逼索，是先生自殺的主因，葉德輝的被害，應是一個引線。至於陳寅恪所說的文化上的問題，雖然看法很深入，僅可說是遠因，但近因不出如上所說的，這纔是真正的致命傷。至於效忠清朝，是羅振玉特別宣揚的，其孫繼祖撰《永豐鄉人行年錄》及《庭聞憶略》中一再為他祖父辨誣，孝子賢孫之用心是可想而知的。先生亦未嘗反過民國，只不過是不認同而已！此由先生著作皆用干支繫年，可以見之。

又案：姜亮夫《回憶錄》云：「我最後一次去靜安先生家是農曆五月初二日（六月一日），先生說：『亮夫！我總不想再受辱，我受不得一點辱！』我再勸先生。」可見時局動亂，確實影響先生的心情，甚至以自殺來表示不想再受辱。又據藍文徵先生見告，先生的自殺，乃完全因共產黨的迫害文人所致。藍先生說：「國民革命軍北伐期間，共產黨徒處處製造恐怖氣氛，有所謂共產共妻，一群有傳統文化精神的士大夫，聞之無不恐懼，認為人倫道喪。民國十六年春夏間，北平亦籠罩了恐怖的氣氛，陰曆五月一日早晨，梁任公先生的老門房（佣人）接到一封送給任公先生的信，接在手裏覺著沉重，仔細一摸，覺出信封內裝有子彈一顆，門房不敢轉交，但任公先生已知道有人送信，就向門房要來看，門房說信內夾有子彈，任公說：不用擔心，沒有事。任公真的未把此事放在心上。是日上午十時至十二時，本有任公先生的定期學術講演，往往到十二時後始結束，大學部講師林宰平先生（為任公先生在湖南時務學堂任講席時的學生）從不缺席，是日講畢，大家離開講堂各自歸去吃午飯，任公的老門房將是早接到夾子彈的恐嚇信之事向吳其昌君報告了，吳君又轉述於靜安先生，先生聞而面現憂愁。是日下午，諸生相率勸靜安先生到山西，或到東北，或到天津暫避，俟大局稍定後再返北平。先生皆不同意。先生經諸生一再勸慰，最後乃說：『您們不要為我擔心，到時候我自有辦法。』大家還以為到必要時先生會出京避一避的，也就不想及其他，及至五月三日先生跳湖自殺的消息傳出，大家始恍然大悟先生所說的自有辦法，就是此一最後的辦法，早知有此，諸生也就設法防範了。是以，吾人可說當時共產黨在北平所製造的恐怖氣氛，使靜安先生走向自殺的路子。」此段軼事無人道及，因附記之，裨吾人進一步了解真相。

六月四日，上海《申報》詳載先生自殺之消息。其文云：「端午節，……記者不能不報告，近來最可慘之新聞，實屬遺憾之極，我國唯一之甲骨文學者王國維，竟因悲世而自殺於頤和園之昆明湖，當此慘案傳出之後，王之知交及門人，紛往王處弔問，頗與人心以極大的刺激。……據園中人云，是日晨十一時左右，有撐船者在湖中遠見有人自龍王廟橋上落水，初以爲失足，急疾駛前往救護，乃船抵該處，而屍體已浮在水面。費數人之力扶上，則已僵也。視其人則有辮有鬚，一見即知爲上流長者。但面部之耳鼻口盡爲湖泥所塞滿，……故揣其致死原因，或即爲此湖泥所窒息。」（《胡適日記全集》）

案：《吳宓日記》亦載六月六日北京《順天時報》所刊先生投湖自盡之詳情，乃宓親筆函告者，特提供參考，茲不轉錄。

六月六日，胡適閱《申報》，看到該報詳載先生投湖自殺的消息，在日記中悲傷的記下：「朋友們讀了很不好過，此老真是可愛可敬的，其學問之博而有要，在今日幾乎沒有第二人。」（《胡適日記》第四冊）真是慨乎言之。

六月十六日，假全浙會館設位致弔，共收得哀輓詩聯數百副。茲摘錄梁啓超等人之輓作如左，以見一斑：

梁啓超挽聯：「其學以通方知類爲宗，不僅奇字譯鞮，創通龜契；一死明行己有恥之義，莫將凡情恩怨，猜疑鵷雛。」（《國學論叢》）張爾田詩：「去年樂地盦中見，執手驚呼慘別顏，詎料重逢無好語，早拚九死不生還。（自注：去夏見君蔣氏樂地盦，君慘然不樂，自是遂永訣。）寒灰坐守燃餘火，樂國因依供奉班，同志三人君又弱，（自注：余與孫益安及君海上多並稱之。）側身天地一長歎！」（《哀輓錄》）

陳守謙挽詩：「三十年前兩少年，飛揚意氣薄前賢，文章各有千秋想，生世難禁百慮煎，天

寶才人傷杜甫，義熙貞士愧陶潛，殷墟片名殷頑血，一夜凄風化作鵑。」（同上）

陳寅恪挽詞：「漢家之阨今十世，不見中興傷老至，一死從容殉大倫，千秋悵望悲遺志。曾賦連昌舊苑詩，興亡哀感動人思，豈知長慶才人語，竟作靈均息壤詞。依稀廿載憶光宣，猶是開元全盛年，海宇承平娛旦暮，京華冠蓋萃英賢；當日英賢誰北斗，南皮太保方迂叟。忠順勤勞矢素衷，中西體用資循誘。總持學部攬名流，樸學高文一例收，圖籍藝風充館長，名詞瘉埜領編修，校讎鞮譯憑誰助，海寧大隱潛郎署。入洛才華正妙年，渡江流輩推清譽，閉門人海咨冥搜，董白關王供討求。剖別派流施品藻，宋元戲曲有陽秋。沈酣朝野仍如故，巢燕何曾危幕懼，君憲徒聞俟九年，廟謨已是爭孤注。羽書一夕警江城，倉卒元戎自出征，初意潢池嬉小盜，遽驚烽燧照神京。養兵成賊嗟翻覆，孝定臨朝空痛哭，再起妖腰亂領臣，遂傾寡婦孤兒族。大都城闕滿悲笳，詞客哀時未返家，自分琴書終寂寞，豈期舟楫伴生涯。回望觚棱涕泗漣，波濤重泛海東船，生逢堯舜成何世，去作夷齊各自天。江東博古矜先覺，避地相從勤講學，島國風光換歲時，鄉關愁思增綿邈。大雲書庫富收藏，古器奇文日品量，考釋殷書開盛業，鉤探商史發幽光。當世通人數舊遊，外窮瀛渤內神州，伯沙博士同揚榷，海日尚書互倡酬。東國儒英誰地主，藤田狩野內藤虎，豈使遼東老幼安，還如舜水依江戶。高名終得徹宸聰，徵奉南齋禮數崇，屢檢秘文升紫殿，曾聆法曲侍瑤宮。文學承恩值近樞，鄉賢敬業事同符，君期雲漢中興主，臣本煙波一釣徒。是歲中元周甲子，神臯喪亂終無已，堯城雖局小朝廷，漢室猶存舊文軌。忽聞擐甲請房陵，奔問皇輿泣未能，優待珠槃原有誓，宿陳芻狗遽無憑。神武門前御河水，思把深恩酬國士，南齋侍從欲自沉，北門學士邀同死。魯連黃鷂績溪胡，獨爲神州惜大儒，學院遂聞傳絕業，園林差喜適幽居。清華學院多英傑，其間新會稱耆哲，舊是龍髯六品臣，後躋馬廠元勳列。鯫生瓠落百無成，敢並時賢較重輕，元祐黨家慚陸子，西京群盜愴王生。許我忘年爲氣類，北海今知有劉備，曾訪梅真拜地仙，更期韓偓符天意。回思寒夜話明昌，相對南冠泣數行，猶有宣南溫夢寐，不堪灞上共興亡。齊州禍亂何時歇，今日吾儕皆苟活，但就賢愚判死生，未應修短論優劣。風誼平生師友間，招魂哀憤滿人寰，他年清史求忠蹟，一弔前朝萬壽山。」（《國學論叢》一卷三號）

案：吳宓《空軒詩話》頁十九至二十轉載此輓詞，末附按語云：「宓按：此詩包舉史事，規模宏闊，而敘事詳確，造語又極工妙，誠可與王先生〈頤和園詞〉並傳矣！」其推崇如此！又宓當日亦致奉輓聯，上聯云：「離宮猶是前朝，主辱臣憂，汨羅異代沉屈子；」下聯謂：「浩劫正逢此日，人亡國瘁，海宇同聲哭鄭君。」前用屈平故事，後用鄭康成故事，甚為妥切。

陳氏又有挽詩，云：「敢將私誼哭斯人，文化神州喪一身；越甲未應公獨恥，湘纍寧與俗同

塵。吾儕所學關天意，並世相知妒道真；贏得大清乾淨水，年年嗚咽說靈均。」（《學衡》第六十期）

張爾田〈哭靜安〉詩云：「猶得微軀繫五倫，乾坤毀後見斯人，方知樸學真儒事，爲痛先皇養士辰。燕驛淒迷遮苑樹，楚歌重疊怨湘蘋，報君尚有城南客，頭白區區不爲秦。」（《文字同盟》第四號）

章鈺輓詩：敘題說：「海寧王靜安徵君國維於丁卯五月初三日自沉頤和園昆明湖，特謚忠慤，賦四律弔之。」（一）赴水傳忠壯，賢孫遠嗣之，屈平原殉道，豫讓但酬知。在昔爭惟夢，而今諫以尸，傷心天柱折，乃賴秀才支。」（二）「一士菰蘆出，身窮志未窮，方言羅絕代，聖證牖群蒙。荀況師將老，康成道竟東，洶洶多易行，辛苦見儒風。」（三）「表德真無忝，平生靜與安，丹鉛聊避俗，青紫本忘官。家偶重瀛泛，書憑執友刊，年年歌水調，不分侍高寒。」（四）「萬頃昆湖水，荒荒鑒此心，好憑真宰訴，豈懼濁流沉。節以專經固，恩知養士深，觀堂書在案，光燭井兼參。」（《四當齋集》卷十二）

劉善澤輓詩：「昔我去海寧，適君去珂里，挾書京洛遊，島國舟再艤。紛綸五經笥，精研已得髓，燉煌出奇文，汲冢非可擬，殷虛有龜甲，卜辭散難紀。同時羅江東，舊聞偕董理。金石晚益新，搜討逮符璽。觀堂富著作，志林準虞喜，浙儒盛乾嘉，君復乾嘉比。……斯文蘄將喪，

衰運誰與起！我慚十駕駑，莫追驥千里，君死何足悲？嗚呼學亡矣！」（《學衡》六十期）

六月二十五日，日本友人狩野直喜、內藤虎次郎、鈴木虎雄、神田喜一郎諸人，假座京都袋中庵，誦經追悼，並展覽遺墨。神戶華僑講學會，華僑同文學校校長吳功甫亦參與。狩野挽詩云：「湖山不改千年色，忠義常留一片心，憶到燕都譚藝日，斷腸海外少知音。」其哀悼如此。日本《藝文》雜誌並爲特刊追悼號，海內外學人，知與不知，莫不同聲哀悼。（《藝文》第十八年第八號〈王國維紀念專號〉）

案：日本學者又成立「靜安學社」，以研究先生學術思想，或繼先生以加強東方文化研究。創《東洋學叢編》，其第一期即為追念先生之專號。（何培齊《王國維對「京都學派」的影響》）另有《文字同盟》第四號，由橋川時雄主編，標曰「悼靜安先生」。

八月十四日（七月十七日），諸子遵遺命葬先生於清華園附近西柳村七間房之原。門人柏生記稱：「是日天雨，道路泥濘，送葬者自校長以下數十人。院中諸同學暑假回里，惟何士驥、姜寅清、王力、畢相輝與某數人往送。墓地在田間稍高處，麥隴中。壙深六七尺，寬才三四尺，長約丈餘，以西門汀築成，棺置其中，上覆石板，壘土成阜。蓋北方習俗盡然也。」（《國學月報》）遼陽楊鍾羲撰墓誌銘，武進袁勵準書之。又據吳宓《日記》云：「八月十四日，王靜安先生安葬。十一時，偕梅貽琦及趙元任夫人，各乘人力車，至剛果寺，隨同送殯。時雨不止，宓等乘人力車行，至校東七間房塋地安葬。坟以水泥土造成，上覆石條，柩入土，雨益劇。遇楊宗翰，祭奠既畢，眾遂散歸，時下午二時也。」（頁三八九）

先生未亡人潘氏，撫遺孤五：高明，當時執事於上海郵務局；貞明，於先生卒後任職於清華研究院辦公室。紀明，肄業北京崇德中學。慈明、登明，均肄業清華園成志小學。夫人後於民國五十四年一月十七日卒於臺北臺大附設醫院，享年七十有九歲。

先生卒後，羅振玉等為編其遺著之已刊和未刊者，名為「海寧王忠慤公遺書」，分為四集。羅於七月廿一日（六月廿三日）與陳乃乾信說：「觀堂之變，凡皆士林，莫不痛惜，矧在三十年之故交乎？邇來與其門徒商量善後，為其嗣續謀生計，則著作刊行，亦可補助。故已議定，其遺著不論已刊未刊或他人代刊者，一律將版權收歸其家人。現已由小兒首先捐助印貲，將《流沙訪古記》及《人間詞》、靜安三十以前詩，為《觀堂外集》、《清真遺事》、《戲曲考源》、《古劇腳色考》為外集二編，印成以後，即將印本歸諸其家，售以度日。兄與觀堂同鄉里，當深贊成也。承索弟哀輓文字，現因東友文字同盟社屬鈔寄，昨甫寫寄，並將其原物還諸其家人，不克錄副奉寄，至歉至歉！，東人專刊下月即出版，屆時當寄贈。上海同志，必有哀輓文字，尊處可稍遲編刊，可合南北所刊以成全貌，想高明定謂然也。……」趙萬里在與陳乃乾信中說：「……靜師遺著及校本書目，里均一一編目，附上備閱。校本書目油印未畢，稍遲即寄上。此次開弔所收之哀輓詩文，均在金息侯先生處，即當印成哀輓錄。墓誌銘擬請柯鳳老爲之，行述或小傳則羅雪堂任之。遺著擬編爲觀堂先生遺書，或名王忠愨公遺書，體裁如何，另議，決非短時間所可竣事。已寫定之稿，里已整理完畢，即由其家人繕錄，寄天津羅氏貽安堂次第印行。其第一種即《觀堂集林補編》，均爲近三四年精心之作。至其刊落之文，則另編爲別集也。……此間諸友人議，遺書全部編成後，即募巨款爲之印刷，作爲遺產之一。其法甚良，然非半年以上之力不能成也。靜師校本書，用力最深者爲《水經注》、《唐六典》、《廣韻》、《元朝秘史》等，尊處如能影印，亦盛事也。……」（〈關於王靜庵先生逝世的史料〉）

案：羅振玉《集蓼編》說：「丁卯，時局益危，忠愨遂以五月三日自沉於頤和園昆明湖。予既醵金恤其孤嫠，復以一歲之力，訂其遺著之未刊及屬草未竟者，編為《海寧王忠愨公遺書》，由公同學為集資印行。」是遺書編就付印當在民十七年以後。先生遺書的內容，陳寅恪的〈王靜安先生遺書序〉言之最扼要切當。他說：「王靜安先生既歿，羅雪堂先生刊其遺書四集。後五年，先生之門人趙斐雲教授采輯編校其前後已刊未刊之作，共為若干卷，刊行於世。先生之弟哲安教授，命寅恪為之序，寅恪雖不足以知先生之學，亦嘗讀先生之書，故受命不辭，謹以所見，質正於天下後世之同讀先生之書者。自昔大師巨子，其關繫於民族盛衰學術興廢者，不僅在能承續先哲將墜之業，為其託命之人，而尤在能開拓學術之區宇，補前修所未逮，故其著作，可以轉移一時之風氣，而示來者一軌則也。先生之學博矣精矣，幾若無涯岸之可望，轍跡之可尋，然詳繹遺書，其學術內容與治學方法，殆可舉三目以概括之者。一曰取地下之實物與紙上之遺文，互相釋證，凡屬於考古學及上古史之作，如〈殷卜辭中所見先公先王考〉及〈鬼方昆吾玁狁考〉等是也。二曰取異族之故書與吾國之舊籍，互相補正，凡屬於遼金元史事及邊疆地理之作，如〈萌古考〉及〈元朝秘史中之主因亦兒堅考〉等是也。三曰取外來之觀念與固有之材料，互相參證，凡屬於文藝批評及小說戲曲之作，如〈紅樓夢評論〉及《宋元戲曲考》等是也。此三類之著作，其學術性質固有異同，所用方法亦不盡符會，要皆足以轉移一時之風氣，而示來者以軌則。吾國他日文史考據之學，範圍縱廣，途徑縱多，恐亦無以遠出三類之外。此先生之遺書所以為吾國近代學術界最重要之產物也。」其下繫年不書中華民國，而為一九三四年（民國二十三年）六月三日，可以證之。陳氏所言極正確，凡是對先生遺著有一番接觸的人，都會有同樣的感覺。

九月二十日，研究院開學，梁任公先生手持鮮花，親率院中新舊學生，至墓前拜奠，即時致悼辭，期勉諸生。說：「最痛心的，我們第三年開學之日，我竟在王先生墓前和諸位同學談話。

這不僅我們悲苦，就是全世界的學者亦當覺得受了大損失。在院的舊同學親受過王先生二年的教授，感化最深，新同學雖有些未見過王先生，而履故居可想見謦欬，讀遺書可領受精神。大家善用他的爲學方法，分循他的爲學途徑，加以清晰的自覺，繼續的努力，既可以自成所學，也不負他二年來的辛苦和對我們的期望。……」任公先生期勉門人，又在序《國學論叢・王靜安先生紀念專號》說：「顧我同學受先生之教，少者一年，多者兩年，旦夕捧手，飫聞負劍辟咡之詔，其蒙先生治學精神之濡染者至深且厚，薪盡火傳，述先生之志事，賡續其業而光大之，非我同學之責而誰責也。」先生在清華研究院任教兩年，門人如吳其昌、姚名達、謝國楨諸君子，在專門研究上皆有最深的造詣，如能再繼續任教十年，將不知又可以造就多少新人才。先生奇偉的貢獻更不用說了。

先生的學術，爲海內外學者所崇仰。茲摘錄各家評論如左：

梁啓超〈王靜安先生墓前悼辭〉說：「若說起王先生在學問上的貢獻，那是不爲中國所專有，而是全世界的。其最顯著的實在是發明甲骨文，和他同時因甲骨文而著名的雖有人，但其實有許多重要著作都是他一人做的。以後研究甲骨文的自然有，而能矯正他的絕少。這是他的絕學！不過他的學問絕對不祇這點，我輓他的聯有『其學以通方知類爲宗』一語，通方知類四字能夠表現他的學問全體。他觀察各方面都很周到，不以一部分名家。他了解各種學問的關係，而逐次努力做一種學問。本來，凡做學問，都應如此。不可貪多，亦不可昧全，看全部要清楚，做一部要猛勇。我們看王先生的《觀堂集林》，幾乎篇篇都有新發明，只因他能用最科學而合理的方法，所以他的成就極大。此外的著作，亦無不能找出新問題，而得好結果。其辨證最準確而態度最溫和，完全是大學者的氣象。他爲學的方法和道德，實在有過人的地方。近兩年來，王先生在我們研究院和我們朝夕相處，令我們領受莫大的感化，漸漸成功一種學風。這種學風，若再擴充下去，可以成功中國學界的重鎮。他年過五十而毫不衰疲，自殺的前一天，還討論學問，若加以十年，在學問上一定還有多量的發明和建設，尤其對於研究院不知尚有若干奇偉的造就和貢獻。」（《國學月報・王靜安先生專號》）

又撰〈國學論叢・王靜安先生紀念專號序〉說：「先生貢獻於學界之偉績，其彰彰在人耳目者：若以今文創讀殷墟書契，而因以是正商周間史蹟及發現當時社會制度之特點，使古文耆然改觀。若創治《宋元戲曲史》，蒐述《曲錄》，使樂劇成爲專門之學。斯二者實空前絕業，後人雖有補苴附益，度終無以度越其範圍。若精校《水經注》，於趙、全、戴外別有發明。若校注蒙古史料，於漠北及西域史實多所懸解。此則續前賢之緒，而卓然能自成一家言者。其他單篇著錄於《觀堂集林》及本專號與夫羅氏、哈同諸叢刻者，其所討論之問題，雖洪纖繁簡不一，然每對於一問題，蒐集資料，殆無少遺失，其結論未或不饜心切理，騾視若新異，反覆推較而卒莫之能易。學者徒歆其成績之優異，而不知其所以能致此者，固別有大本大原在也。先生之學，從弘大處立腳，而從精微處著力；具有科學的天才，而以極嚴正之學者的道德貫注而運用之。其少年喜譚哲學，尤酷嗜德意志人康德、叔本華、尼采之書，晚雖棄置不甚治，然於學術之整個不可分的理想，印刻甚深，故雖好從事於箇別問題，爲窄而深的研究，而常能從一問題與他問題之關係上，見出最適當之理解，絕無支離破碎專己守殘之蔽。先生古貌古飾，望者輒疑爲竺舊自封畛，顧其頭腦乃純然爲現代化的，對於現化文化原動力之科學精神，全部默契，無所牴拒。而每治一業，恆以極忠實極敬慎之態度行之，有絲毫不自信，則不以著諸竹帛；有一語爲前人所嘗道者，輒棄去，懼蹈勦說之嫌，以自點污。蓋其治學之道術所蘊蓄者如是，故以治任何顓門之業，無施不可，而每有所致力，未嘗不深造而致其極也。先生歿，齒僅五十有一耳，精力尚彌滿，興味飆發，曾不減少年時，使更假以十年或二十年，其所以靖獻於學者云胡可量？一朝媟俗，自湛於淵，實全國乃至全世界學術上不可恢復之損失，豈直我清華研究院同學失所宗仰而已！」

繆鉞〈王靜安與叔本華〉說：「海寧王靜安先生爲近世中國學術史上之奇才。學無專師，自闢戶牖，生平治經史、古文字、古器物之學，兼及文學史，文學批評，均有深詣創獲，而能開新風氣。詩詞、駢散文亦無不精工。其心中如具靈光，各種學術，經此靈光所照，即生異彩。

論其方面之廣博，識解之瑩徹，方法之謹密，文辭之精潔，一人而兼具數美，求諸近三百年，殆罕其匹。（惟汪容甫與王靜安差相近）吾人讀王氏書，非但欣賞並接受其學術上之種種貢獻，而對於此超特敻異之才性，似亦應加以研究。據王靜安〈自序〉，謂：『少治西洋哲學，尤喜叔本華之說，殆不免受其影響。……』十九世紀後半葉，叔氏之說，盛行一時，對於歐洲哲學及文學影響頗鉅。……然能於瀛海之外，萬里之遙，影響一東方超特之才如王靜安者，則殆非叔氏始料所及。叔本華與王靜安皆為近百餘年中西學術史上之奇才，叔本華哲學之影響王靜安，亦為學術史上之奇蹟。……抑更有進者，凡學術思想之能開新境而揚光輝者，多賴他山攻錯之益。有佛學之輸入，而後有宋明新儒學之產生。晚清西學東漸，其儀態萬方，又遠過於印度佛說，蛻故變新，勢不容已。王靜安智力澄明，思想穎銳，敏於承受，善於消化，居日本時，粗習西文，略窺西籍，而評論文學，已多新見，擺脫傳統之束縛，能言時人之所不能言。其論述經史，方法精密，態度客觀，才質之美，極不易覯。然王靜安受西學沾溉者究屬有限，其最得力之叔本華學說，在西洋哲學中亦僅別派旁支，假使王靜安於歐西學術能繼續研究，深造自得，洞悉精微，轉而治中國文哲之學，其創獲新知，建樹風氣，非不可能之事。以清新之美才，丁蛻變之嘉會，而未能得發展之良機，盡其最大之貢獻，……所以不能不深致歎惋者也。」（《詩詞散論》）

顧頡剛〈悼王靜安先生〉說：「本年（民國十六年）三月中，康長素先生逝世，我淡然置之。我在學問上受他的影響不亞於靜安先生。靜安先生教我怯，他教我勇。靜安先生教我細針密縷，他教我大刀闊斧。……他的學問只起了一個頭，沒有繼續加功。在《新學僞經考》和《孔子改制考》做完之後，便自以爲學問成功了。……至於靜安先生確和康氏不同，他是一天比一天進步的。三十五歲以前，他在學問上不曾作過什麼大貢獻，他的大貢獻都在三十五歲以後，到近數年愈做愈邃密了。別人禁不住環境的壓迫和誘惑，……獨他還是不厭不倦地工作，成爲中國學術界中惟一的重鎭。今年他只有五十一歲，假使他能有康氏般的壽命，他的造就真不知道可以多麼高。現在呢？……他竟把想望中的一座偉大的九仞之臺自己打滅了！爲學術界着想，他的死是一個極重大的損失，說不出代價的犧牲。可惜他努力做了三四十年的預備，只應用得十餘年就停了。……他的學問，恐怕一般人要和別的老先生老古董們相提並論，以爲他們都是研究舊學保存國粹的，這是大錯誤，學問的新舊不在材料上，而在方法上。……靜安先生二十餘年前治哲學、文學、心理學、法學等，他的研究學問的方法已經上了世界學術界的公路。自從跟了羅氏到日本，始把這些東西一齊丟掉，專力於考古學及史學。他對於商代甲骨、周秦銅器、漢晉簡牘、唐人寫本、古代生活、種族歷史、社會制度，都要研究，他用的方法，便是西洋人研究史學的方法。……他對於學術界最大的功績，便是經書不當作經書（聖道）看而當作史料看，聖賢不當作聖賢（超人）看而當作凡人看。他把龜甲文、鐘鼎文、經籍、實物作打通的研究，說明古代的史蹟。……一班人因他和羅氏契合，合稱為『羅王』，以為他們的學問是一致的。實則不然。羅氏不過機會好，他碰見了許多古物，肯去搜集編錄而已！他在學問上心得並不多，他的方法至多是清代經師的方法。靜安先生駁許慎，駁鄭康成，他都不以為然，說他太膽大了。難道研究學問不該膽大嗎？所以我們單看靜安先生的外表形狀，他確是一個舊思想的代表者；但細察他的實在，他卻是一個舊思想的破壞者。如果他能再活上二三十年，給他繼續拆穿的神秘一定很不少，中國古史的真象就暴露得更多，而思想革命也就易於成功了。因為這樣，我對於他的學問，不承認他是舊學，而承認他是新創的中國古史學。他在古史學上，和崔東壁、康長素諸家的不同之點，崔、康們是破壞偽的古史，而他是建設真的古史。不幸崔、康們破壞偽古史已頗有些規模，而他的建設真古史則尚沒有大成功。例如〈殷周制度論〉，他確想把所有材料綜合起來，探求商周史的中心問題的，但對於偽書未加以嚴格的別擇，不能盡善，其餘的著作則都是些材料，尚沒有貫以統系。……」（《文學周報》）

案：古史研究材料，先生雖未及貫以系統，但對古代史的研究卻已開風氣之先，如果沒有先生為之先導，則《古史辨》便不會產生了。試就甲骨文的研究來看，先生的貢獻，不僅考釋在甲骨文字的本身，而尤在這項新史料對於近八十年來我國新史學研究的鼓蕩和影響。這是非常重要的。

徐中舒撰〈王靜安先生傳〉說：「先生少年於學自待甚高，其《靜安文集》中稱叔本華天才之說，殆引以自況者歟？雖然先生之得於天者既優厚矣，假其不善養之，持之以不息，則亦一廢田耳！晚近生活爲變至劇，可羡之物愈多，則事蓄之費愈艱，其足以隳人天才，視洪鑪大冶爲尤烈焉！先生獨能屏百嗜好，數變其學，以大底於成，此非大勇卓越之人不能。其後自沉而死，亦當以此。先生之死，在儒家義法以爲先生之足以垂後，令人興感者，其死事猶遠過於其學也。今不具論，獨論其學。大抵先生爲學次第，可分四期：二十二以前居海寧本籍，治舉子業，兼治駢散文，是爲第一期。二十二以後旅居上海、武昌、蘇州、通州，八九年間，先治東西文字，繼治西洋哲學、文學，年壯氣盛，少所許與，顧獨好叔本華，嘗借其言以抨擊儒家之學，爲論至廉悍，其後亦治詩詞，於詞尤自負，在北宋諸家之間，南宋以下不足論矣！是爲第二期。三十一至三十六、五年之間，居北京，專治詞曲，標自然、意境二義，其說極透徹精闢，在我國文學史中認識通俗文學之價值，當自先生始。是爲第三期。三十六以後，隨羅氏居東京，盡棄前學，專治經史，蓋先生此時爲學已入自創時代，故雖由西洋學說以返求於我國經典，而卒能不爲經典所束縛。此時學術最大之新發現有五：一曰殷虛甲骨文字，二曰敦煌塞上及西域各地之簡牘，三曰敦煌千佛洞之六朝唐人所書卷軸，四曰內閣大庫之書籍檔案，五曰中國境內之古外族遺文。物既需人而明，人亦需物而彰，而先生適當其時，而治其學，於是先生經史之學，遂成從古未有之盛。是爲第四期。先生有言：《說文》之學，至金壇段氏而洞其奧，古韻之學，經江戴諸氏至曲阜孔氏、高郵王氏而盡其微，而王氏父子、棲霞郝氏復運用之，於是訓詁之學大明，使世無所謂古文者，謂小學至此觀止焉可矣！蓋既有新發見，即應有新學問也。先生自日本歸國，居上海、北京，皆治此新發現之材料，晚年治西北地理、元代掌故尤勤，使假其年，則其所詣未必即止於此，是亦世界學術之不幸也已！」（《東方雜誌》廿四卷十三期）

容庚〈王國維先生考古學上之貢獻〉說：「先生沈默寡言笑，問非所知，每不置答。……其治學甚劬，而所學甚博。初治西洋哲學，醉心於叔本華、尼采之說，繼治宋元以來戲曲。清亡後，與羅振玉先生東渡日本，治古文字及聲韻之學。民國五、六年，爲廣倉學宭主編《學術叢書》，著作乃益富。比來京師，轉治西北地理及遼金元三史。讀先生書者，皆服其精識，然其方法之縝密實有以成之。其治宋元戲曲也，則先爲《曲錄》；其治金文也，則先爲《金文著錄表》；其治甲骨文也，則先釋《殷虛書契前、後編》；其治元史也，則先爲《元朝秘史地名索引》。故其對於百餘種書籍之批校，大抵爲《觀堂集林》中之文所從出。」（《燕京學報》二期）

吳其昌〈王觀堂先生學述〉：「先師靜安王先生自湛後之數月，事遂爲舉世所震悼，稍有知識者，咸徨徨然如以不知先師爲恥，可謂盛矣！而其昌獨竊有悲焉！凡古今學派之成，其禰祧大師，皆孑然孤詣，研窮至數十年而其說始立；及其既立，而得爲世之所喜，舉世皆騖焉趨之；依聲附影，引蔓牽絲，久而或反爲通人所詬，此歷鑑前轍而不爽者也。今世之誦先生學者：或謚以漢學家、哲學家、文學家，……其昌三年以來，朝夕親炙，雖不敢云於先師之學有所窺竊於萬一；而於先師治學之態度、之精神、之方法，及學問主幹統系之所在，則知之較真。」他列舉八目：「第一，論先師之學於清儒中以程易疇、劉端臨、吳清卿、孫仲容四人爲近。第二，論先師非經學家，其治經學之主旨乃在推證古史。第三，論先師之推證古史其主要之根基統系乃在小學。第四，論先師之治小學從金石甲骨以證合《說文》，其目的亦在古史。第五，論先師於吉金及甲骨文字爲宋以來之最精確者。第六，論先師之治宋元戲曲史亦主旨重在整理其已往之史料。第七，論先師晚年專治西北地理史事。第八，結論。」其結論又分三點：一，先生著述皆偏於史學。「先生著作，除三十以前所刊《靜安文集》及所譯《法學通論》、《辯學》、《心理學概論》及《苕華詞》等美文以外，全部著作皆可就範於史學之圍。……先生著作之關於經學者，關於小學者，關於金石、甲骨文字者，關於宋元通俗文學者，關於西北地理者，全部之主旨目的，皆在於史。除上所歷舉者外，又有附庸者三：一曰《水經注》，二曰板本之學，三曰音韻之學。《水經》之學，先生自歸國以後，即屢校不倦，入京以後，致力尤劬。世人競稱戴東原爲此書之絕學者，由先生精校所得，知戴氏之校此書，實於《永樂大典》不甚注力，其據《大典》考證之是者，疑皆襲全謝山之舊校，其說之非者，則皆出於胸臆，而未嘗有所憑藉，先生曾取宋刻以來至晚近王䨮軒（梓材）校本六種，一一詳跋。而水經一書之全部價值，皆在於史，又人所共知也。板本之學，先生雖不甚掛口，人亦知者甚鮮；然先生治之之勤，或尤在《水經》以上。其所成著述，如《五代監本考》、《兩宋監本考》、《兩浙古刊本考》，皆可爲證。由板本之學，一轉即爲校勘之學，此必然之定例，如黃蕘圃、顧千里、洪筠軒、孫季仇輩，皆由板本學以轉入校勘學者也。先生自不能外此定例。於是先生又著《古本尚書孔氏傳彙校》、《唐寫本唐韻校勘記》、《乾隆浙江通志考異》等書。校勘之學，當附麗於板本，而板本之學之爲史學，又人所共知也。音韻之學，於史學較遠，先生所著，除散見於《觀堂集林》者外，又有〈補高郵王氏說文諧聲譜〉一卷。然先生之治音韻也，欲以證經，而其治經也，欲以證史，此又前所詳述者也。再以《觀堂集林》言之，除〈綴林〉二卷不屬史，然尚有《補宋史王稟傳》……等文，如〈藝林〉八卷，皆從經學、小學以推證古史者，至於〈史林〉十卷，則又全部爲史學矣！故先生一生之學，除少年三十歲前曾致力文學、哲學，及中年以後偶作小品詩詞等零星美文不能計外，其全部精力皆注於史，可斷言也。」二，先生發明，於古史學上最多。「先生之全部精力，皆注於史，故先生發明之多，亦於史學爲最；於史學上，尤於古史爲最。此其故：史事之愈近者，材料愈多，疑問愈少，故不煩討論推敲。先生之治宋元戲曲史料，已開前人所未開，於宋元通俗文學之史，開一紀元。惟上古史事，則材料既形缺乏，而相傳成說，爲神話，抑爲事實？爲寓言，抑爲實錄？荒窈隱約，眩目搖神。故治上古史者必須有下列條件：一曰淵博之根據。爲廣羅材料起見，至少須將三代、兩漢之古籍爛熟於胸。二曰宏富之經歷。爲輔助書本材料之不足起見，至少須見古器物數千件以上，及著錄古器物之書籍，全部爛熟。三曰辨僞之能力。爲避免危險起見，至少於書本材料，能辨別何者爲神話？何者爲傳聞？何者爲寓言？何者爲飾辭？何者爲實錄？何者爲信史？或數千字大文，而無一字可信者，如《左傳》所述之浮詞是也。或一二字斷語，而可證一代之大事者，如王恆、王亥之類是也。或久奉爲信史而全僞者，如〈堯典〉、〈舜典〉是也。或久視爲誕說而反可取證者，如《山海經》、〈天問〉是也。於物質材料，至少能辨別何者爲真器，何者爲贗鼎？少翁飯牛之書，徵儀燒餅之型，必須洞澈而遠斥，凡此皆非易事也。四曰考證之功力。爲整理物質材料，書本材料之完成起見，須於叢雜蕪殘之中，整理而成一有系統有組織之著作，此非於考證演繹之能力，有長時間深沈之修養不爲功。五曰科學之通識。爲考證之精確便利起見，至少須具有近世地質學之基本常識以上之知識，不然，如乾嘉諸儒，所以遠異於宋明游談之士，而仍不免一『陋』字者，即職此故也。此五種者，幾於缺一不可，而先生實能兼之。故先生古史之學，非但宋時蘇轍、胡寅、羅泌……輩所未能幾及，即清代馬驌之《繹史》、李鍇之《尚史》，亦相距尚遙。再進而如徐文靖、郝懿行、林春溥、陳詩、陳逢衡之治《竹書》，王念孫、潘振、何秋濤、陳逢衡、朱右曾之治《周書》，……茆泮林、雷學淇之治《世本》，其發明猶未若先生之多也。」三、先生於學問上最大之貢獻，乃在將物質與經籍證成一片。「此點之重要，不但為先師一生命脈之所在，亦即現代學問之主要命脈之所在也。」所以其昌稱道先生為新史學家，亦可說是文化史的考證家，其言得之。（《國學論叢》一卷三號）

先生弟國華序先生《遺書》說：「先兄治學之方雖有類於乾嘉諸老，而實非乾嘉諸老所能範圍。其疑古也，不僅抉其理之所難符，而必尋其偽之所自出；其創新也，不僅羅其證之所應有，而必通其類例之所在。此有得于西歐學術精湛綿密之助也。並世賢者，今文家輕疑古書，古文家墨守師說，俱不外以經治經，而先兄以史治經，不輕疑古，亦不欲以墨守自封，必求其真，故六經皆史之論雖發於前人，而以之與地下史料相印證，立今後新史學之骨幹者，謂之始於先兄可也。」

金梁說：「曩嘗侍上（溥儀），聞上論曰：『新舊論學，不免多偏，能會共通者，國維一人而已！』允哉！公于古今學術無所不通，根底經史，由文字聲韻以考制度文物，由博以反約，由疑而得信，不偏不易，矜當於理。凡有造述，初若尋常，而義精辭耀，一字不可移易，尤善以科學新法理董舊學，其術之精，識之銳，中外學者，莫不稱之，公勿自矜也。」（《瓜圃叢刊敘

錄續編》）

朱芳圃〈述先師王靜安先生治學之方法及國學上之貢獻〉說：「先師治學，縝密謹嚴，奄有清代二百餘年文字、聲韻、訓詁、目錄、校勘、金石、輿地之長，而變化之，恢宏之。其所見新出史料亦最夥。又精英、日、法諸國文字，精通科學方法。故每樹一義，考一事，精賅無倫，得未曾有。其著述之量，雖稍遜清代大儒，然新得之富，創獲之多，謂之前無古人可也。」芳圃從先生遺書中，推詳所得先生考證之方法有七：一，考證金石的方法：考之史事與制度文物以知其時代之情狀，本之詩書以求其文之義例，考之古意以通其義之假借，參之彝器以驗其文字之變化。二，考證禮制之方法，以事實決事實。而不以後世之理論決事實。三，考證古史的方法，爲以地下之新材料補正紙上的舊材料的二重證法。四，演繹歸納比較法，於所作〈明堂廟寢通考〉見之。五，考證外族史事，於人名地名譯語迴異者用對音法。六，考證紛歧史實，用參互比校法。七，校勘古籍以謹嚴忠實爲本。又說：「先師學術博大精深，著述滿家，斷非區區萬餘言所能詳盡，茲不過擇其重要者言之，約分四項：曰古文字學，曰史地學，曰古物學，曰文學。」古文字學在指出文字進化之程序與建設文字學之新系統。史地學於古史地、兩漢史地及蒙古史地皆有創獲。古物學於禮器、度量衡器、泉幣、符印等皆有考證，皆精確不移。文學則主於評宋詞元曲。（《東方雜誌》第二十四卷十九期）

王森然撰〈王國維先生評傳〉，詳述先生一生治學之精神及統系，結論有三，一曰：先生著述皆偏於史學；二曰：先生發明於古史學上最多；三曰：先生於學問上最大貢獻，乃在將實物與經籍證成一片。此三者各家皆嘗言之，已成定論。惟其最後所言頗有新意。據云：「嗚嗚！先生之死，雖由於國內政爭勢力之消長，而實爲全世界學術上最大之損失，當先生自沉之前，漢堡中國文學教授德人顏復禮奉其政府之命，擬聘先生爲東方學術研究會名譽會員，介上虞羅振常氏爲之先容，書未發而先生死。惜哉！先生以身殉國，實無補已亡之社稷，而中國學術有待於先生者，乃無涯涘。孰重孰輕？先生辨之審矣。先生不死於光復，不死於復辟，竟死於北伐之後，先生知中國之不足以有爲，乃毅然決然以全大義。否則，三省淪亡，平津危急之際，當難言乎先生之自處也！此固先生僥倖，然否？遂成吾國文化之大厄矣。海內外學者，平日以先生爲指歸，一旦失所憑依，莫不隕涕而痛。予追念先生，尤不禁盡然而悲也。」（《近代二十家評傳》）此言先生如果在九一八事變以後，日本軍閥扶植清朝末代皇帝在東北建立僞政權，羅振玉已任參議，或許影響先生心情，陷於兩難。所幸早已自沉，便無此煩惱了。此爲假設之事，但也頗有其深意。

案：先生一生學問的成就，與羅振玉的提掖及主編定期刊物和圖書金石拓片的編目整理三件事，息息相關。先生同學樊炳清說：「公質樸少華，不事交游，故初不露頭角。參事力為振拔，名乃大著，遠播歐美，且資之以成其學，故論者敬君之品學，尤重參事之能知人而有以裁成之也。」（〈王忠愨公事略〉）這是世人所熟知的。先生初識羅振玉在光緒二十四年，後三年，佐羅氏主編《教育世界雜誌》，早期研究哲學和文學批評的論文，皆發表在該雜誌上。三十四年，就職北京學部圖書館，至宣統三年，振玉創辦《國學叢刊》，請先生任主編，於是將歷年研究戲曲的著作擇一部分刊入於其中。是年冬，東渡日本，到民國三年羅氏再創辦《國學叢刻》，又請先生任編輯，於是將近年海外著述，悉送入此叢刻中刊之。民國五年春回國，為上海英人哈同倉聖明智大學主編《學術叢編》，月出一冊，計在民五及民六兩年中，先生著述極勤，叢編中每冊皆有其新著，於是名聲大著，為舉世所尊仰。如果先生不主編各種定期刊物，便沒有推動勤於著述的力量，即使學養越積越厚，則先生的著述便不能很快的為舉世所共知，如果生前不及享盛名，那麼，先生的自殺，也不會為全世界研究漢學的人所共同悼惜了。至於整理典籍，自光緒三十四年供職學部圖書館始，便與圖書結下不解之緣，東渡後居京師，遍覽羅振玉大雲書庫五十萬卷藏書。民五至民十二，哈同藏書、吳興劉承榦嘉業堂及烏程蔣汝藻密韻樓的藏書聽其校勘研究，而尤其為蔣氏編《藏書志》，三、四年之間，盡觀其所藏善本。民十二來北平，檢閱清宮所藏古刊本典籍及彝器；民十四入清華研究院任導師，其圖書館所藏，一聽先生選擇，新購的圖書，皆由先生選定。計此二十年間，先生眼見而心習之廣，實至可驚。在國學的研究上，已經達到十分成熟的境界，則先生每一為文，焉得不考證精絕，洋洋數千言，學識之淵博，直若浩瀚之無涯涘。先生長女東明女士撰〈巨星隕落一甲子——紀念父親自沉頤和園六十周年〉也說：「父親的成就，大都得自天賦、毅力與求知的狂熱，但機緣也是重要的因素。其一是羅振玉的啟發與幫助，又往來者都是飽學之士，得收相互切磋之功。其二為有機會遍讀各家藏書，如在清光緒間曾供職學部圖書館。民初在日本，遍覽羅氏大雲書庫五十萬卷藏書。民五至十二，哈同藏書及吳興劉承幹嘉業堂、烏程蔣汝藻密韻樓的藏書，均得校勘研究，並為蔣氏編《藏書志》，盡觀其所藏善本。民國十二年赴北平，復檢閱清宮所藏古刊本及彝器。三十年間，見聞之廣如此。其三是地下古物的大量出土，他能親眼看到的實物或拓本均不在少數。現今學者能有此曠世奇緣的，殆不可多得。」所述至為真實，現已為公論了。

又案：羅振玉與先生相交三十年，對先生影響有兩方面，如繆鉞說：「王靜安政治思想之頑固，純受羅振玉之影響，乃極不幸且不自然之事。蓋就學術而論，王受羅之裨助，而就思想及為人而論，王亦受羅之戕賊也。」先生的憤世疾俗，而出之於自殺，多少與羅有關。郭沫若在所撰〈魯迅與王國維〉一文中便曾分析他們的特殊關係和這種特殊關係所加之於先生的束縛。他說：「羅振玉對於王國維的一生是關係最密切的人，王國維受了他不少的幫助是事實，然而也受了他不少束縛，更是難移的鐵案。王先生少年時代是很貧寒的，二十二歲到上海入東文學社的時候，是半工半讀的性質，在那時候為羅振玉所賞識，便一直受到他的幫助，後來他們兩人便一直沒有分離過。羅振玉辦《農學報》，辦《教育世界》，都靠著王先生幫忙，王先生進學部做官，也是因於羅的引薦。辛亥革命以後，羅到日本亡命，王先生也跟著他。羅是一位蒐藏家，所藏的古器物、拓本、書籍甚為豐富，在亡命生活中，讓王先生得到了靜心研究的機會，於是規範了三十以後的學術的成就。王對於羅似乎始終是感恩懷德的，他為了要報答他，竟不惜把自己的精心研究都奉獻給羅，而使羅坐享盛名。例如《殷虛書契考釋》，實際上是王的著作，而署的卻是羅振玉的名字。這本是學界周知的秘密，單只這一事，也足證羅之卑劣無恥，而王是怎樣的克己無私報人以德的了。同樣的事情尚有《戩壽堂所藏殷虛文字》和《重輯倉頡篇》等書，本是王所編次的，而書上卻署的是姬覺彌的名字。……就因為這樣的關係，王更得與一批遺老或準遺老沈曾植、柯劭忞之倫相識，更因緣而被徵召入清宮，……厚於情誼的王國維不能自拔，便逐漸逐漸地被強迫成為了一位『遺臣』。我想他自己不一定是心甘情願的。羅振玉是一位極端的偽君子，他以假古董騙日本人的錢，日本人類能言之。他的自充遺老，其實也是一片虛偽，聊藉此以沽譽釣名而已！王國維的一生受了這樣一位偽君子的束縛，實在是莫大的遺憾。假使王國維初年所遇的不是這樣一位落伍的虛偽者，又或者這位虛偽者比王國維早死若干年，王的晚年或許不會落到那樣悲劇的結局吧！」郭氏對羅的批評雖有點過苛，但也有其事實。像羅與先生義兼師友，且屬兒女親家，關係的特殊，盡人皆知，理當生死與共，但從羅氏祭先生文中，卻看不出他們之間的特殊情誼，遠不如〈觀堂集林序〉來得親切。如祭文中說：「公死，恩遇之隆，振古未有，余若繼公而死，則悠悠之口，或且謂予希冀恩澤。……雖然，予所未死者七尺之軀耳，若予心則已先公死矣！……予自今春以來，衰病日加，醫者謂右肺大衰，九原相見，殆已匪遙。」頗給人以言不由衷的感覺。「九原相見，殆已匪遙」的羅振玉，卻又卒於先生逝世十三年之後，晚年猶在偽滿洲國做官，不可否認的是一位偽君子。至於先生的待羅氏，總覺得欠了很多情份。這是先生做人的態度，在先生心目中，亦不一定認為羅是薄情的。又從另一方面看，我們又不能否認的是，我國近代考證古器物、古文字、古寫本之學，實創自羅振玉，而大成於先生，其影響於經史二學既深且鉅。羅氏生當古器物、古文字、古寫本大量出土或發現的時候，以半生的精力，大事搜求，恐有散失之患，於是圖錄之以廣流傳，至於考訂一事，並未加意。在羅氏之意，以為圖錄器物為先，考訂為後，故生平著述無大發明，其貢獻乃在搜集保存和拓印流傳二事上。先生的學術，得羅氏啟迪門徑，賴以考訂的古器文物和圖書，又為羅氏所供應，二人自光緒二十四年結識至民國五年先生先羅氏自日本返國，十八年間，絕少分離，故二人的關係，不是以常情所能衡量的。先生治學，遠師乾嘉的遺風，近得學侶的切磋，又學得西方實事求是的科學精神，銳於求進，敏於承受，故能成一家之絕學，而創我國近世考據之學的新紀元。設若先生一生沒有羅氏之助，便不會有這樣大的成就。姑不論羅氏的人品如何，然識拔先生於困窮之日，提攜獎掖惟恐不力，這一雙慧眼是值得欽敬的。尤有進者，先生一生，少接世事，所以得以專力學術的研究，所謂「生死書叢文字間」，正是先生一生的真實寫照。如陳守謙說的：「君則始終不入仕途，雖以諸生入值南齋，一以講讀檢校是役，而於富貴功名泊如也。人以是惜君之才之學，未得躬際休明，以黼黻昇平，余以是羡君之遇之奇，得以篤守貞操，不為世俗浮名浮利所誤。」（《哀輓錄》）可謂已得其實。夫以先生所懷絕世之資，而又得埋首書城，從容著述，故所造詣博大精深，人所難及，絕非偶然的。

先生天性素樸、篤實、謹嚴。其爲人多有可稱。費行簡說：「公躬行貞潔，踐履篤實，更爲予平生所未覯。平日訥訥若不能言，而心所不以爲是者，欲求其一頷頷許可而不可得。聞人浮言飾說，雖未嘗與諍辨，而翩然遂行，不欲自汙其聽也。」（〈觀堂先生別傳〉）羅振玉說：「公少負才氣，有不可一世之概，三十以後，閱世日深，乃益歛才就範。其爲學也，專壹而不旁鶩；其聞善也，不護前以自恕。其涉世也，未嘗專己嫉能；其守義也，不以言語表襮。」斯足見先生爲人的端方。

案：陳守謙祭先生文說：「余與君交殆四十年，當年少氣盛時，以為他日吾兩人必當有所樹立。……至今君著作等身，名滿天下。」觀先生少年時的勤勉刻勵，必早有平生抱負之志，後日在學術上的成就赫赫，是否即早年的抱負，則不得而知。

先生平日無太多嗜好，惟喜吸紙煙，往往是連珠砲式的吸法。容庚說：「喜吸紙煙，可盡數支，當賓主默對時，惟見煙裊裊出口鼻間。」

先生治學，注重闕疑，孔子說：「知之爲知之，不知爲不知，是知也。」此言，先生蓋終身信奉而力行之。徐中舒追憶說：「研究院於公共課堂之外，每教授各設一研究室。凡各教授所指導範圍以內之重要書籍皆置其中，俾同學輩得隨時入室參考，且可隨時與教授接談問難，先生研究室中所置皆經學、小學及考古學書籍。……余以研究考古故，與先生接談問難之時尤多。

先生談話雅尙質樸，毫無華飾，非有所問，不輕發言。有時或至默坐相對，爇捲煙以自遣，片刻可盡數支，有時或欲有所發揮，亦僅略舉大意，數言而止。遇有疑難問題不能解決者，先生即直稱不知。故先生談話，除與學術有關者多，可記者絕少也。」又說：「先生於當世人士不加臧否，惟於學術有關者，即就其學術本身略加評騭。……梁任公先生極服先生之學，凡有疑難，皆曰『可問王先生。』同學輩對於先生亦備極敬愛，故先生居研究院至爲愜適。院中每月例開茶會一次，會次將畢，例有餘興，以助歡娛。有一次先生曾爲余等誦辛幼安《摸魚兒》、《賀新郎》二詞，此二詞膾炙人口，而先生倉卒間誦之，皆有遺脫，以此知先生不善強記，其謹嚴精深之學，殆皆由專一與勤苦得來。又有一次，……先生曾爲余等誦制藝文，情態酷似村中學究。……先生接物謙退，晚年自定總集爲《觀堂集林》，一切重要著述均已收入。一日某君來先生處問《觀堂集林》一書何人所作，先生答：『可問趙君。』趙君者，先生助理也。」知先生亦有幽默的一面。徐又說：「先生不喜作書，設有以尺幅索書者，尙可以方寸內正書應之，大幅則謝不能矣。先生覃精古文字學，然絕不爲人作古文字，即書簽題眉，亦小字楷書。」（《文學周報》）

案：據蔣穀孫先生見告云：先生腦大聰明，記憶力特強，雖上千卷的《太平御覽》、《冊府元龜》，欲查某事，一索即得。此處所云不善強記，未盡屬實。

先生一生少入仕途，不爲世俗浮名浮利所誤，故能夠專心研究學問，先生在學問的研究上，實事求是，常持客觀冷靜態度，並且異常大膽，多能發前人所未曾發，言腐儒所不敢言。先生卒後，某一些平生對先生苛評的人，一開始接觸先生的遺著，便對先生在史學上劃時代的成就震驚了。認爲足以領導著百萬後學。二十世紀以來，在中國文化史上實際做了一番整理工夫的就是先生，先生頭腦是科學的，近代式的，一部遺書，便是留給後人知識上豐碩成果，學問上的結晶產品，那好像一座巍峨的樓閣，在二千年舊學的城頭上，燦然放出了一片異彩的光輝。目前欲論中國的古史學，不能不以先生的成就爲出發點了。時人多稱道先生爲中國近代新史學的開山，這是一點都不爲過的。

先生教人，一本精誠，教青年人多讀書，少寫文章，等待學有基礎後再寫。據黎東方回憶說：「王先生在大學部沒有課，我只是在歷史學會的茶語會上，接觸到王先生，被他軟軟地訓斥一番，及今記憶猶新，真是終身受用不盡。我在會場上提議辦一個刊物，王先生卻一本正經地站了起來，說：『刊物不必辦，以你們這樣年齡，應該多讀書，少寫文章，即使寫了，也不必發表。』王先生住在西院，我們常常看見他搖搖擺擺，由第一院走向西院而去，他的那一條辮子，是全國聞名的，與北京大學辜鴻銘的辮子相得益彰。這辮子象徵他的個性，他的節操。他教過宣統皇帝，對宣統頗有知遇之感。他終於在北伐軍快到北平之時，爲了不忍目睹宣統遭遇可能的不幸，而先行投水自殺。我們大學部的學生，當時僅僅聽說王先生的學問極高，究竟高到什麼樣子，卻很茫然。的確，讀書讀得不夠多的我們，無法瞭解王先生的貢獻是些什麼？光陰似箭，日月如梭，從王先生去世到今天，已經有三十四個年頭。在這三十四個年頭之中，我總算也念了一些書，包括王先生的《觀堂集林》，但依然沒有本事說清楚王先生的全部成就。簡單言之，沒有王先生，甲骨文字學的成立恐怕要遲上幾十年。沒有王先生，今本《竹書紀年》仍會被若干所謂專家認為可靠，而古本《竹書紀年》也許永久無人輯校。把鐘鼎文（金文）的研究，建設為歷史學的輔助科學之一，也是王先生的汗馬功勳。至於宋詞、元曲，在王先生無非是弄來玩玩而已，卻也不言則已，言必可傳。……梁先生的學問與王先生恰好成一對比。王先生精深，而梁先生博大。我們對王先生有鑽之彌堅之感，對梁先生有點覺得『猶河漢之無極也。』」（《平凡的我・大師禮讚》）

民國十七年（一九二八）戊辰　卒後一年

六月二日，先生自沉於頤和園昆明湖滿一週年，天津《大公報・文學副刊》特刊載〈逝世週年紀念文〉一篇，謂：「自王先生自沉以來，國內學術界深致哀悼，稱道弗衰。而以詩文或雜誌專刊作爲紀念者，尤後先相望。王先生在學術上之成就及其影響之大，固非俞曲園（樾）所及。……惟遍觀一年來各種紀念刊物，於王先生治學成績，多專取一端，而詳爲推闡，至若融滙其學術思想之全體，爲綜合之論述者，殊未有見。」所以該副刊分期刊登三文：（一）張蔭麟（素癡）撰〈王靜安先生與晚清思想界〉，（二）浦江清（穀永）撰〈王靜安先生之文學批評〉，（三）趙萬里（蠡舟）撰〈王靜安先生之考證學〉，乃是就先生治學範圍之變遷及其時間先後爲序，以見先生治學之全。稍後，《學衡》雜誌滙而集之，轉載於六十四期，名之曰：「王靜安先生逝世週年紀念」，於同年七月出版。

民國十八年（一九二九）己巳　卒後二年

夏，朋友門生相率募資爲建紀念碑於清華園，至是落成之。藍文徵先生回憶說：「民國十七年秋，清華大學研究院同學會決議：由本院師生醵金，爲王靜安先生建紀念碑，推定文徵與侯堮兩同學籌辨，藍侯二君即向院中先生及同學募得銀元三千，函請瀋陽東北大學建築系主任梁思成君（任公先生之長公子，對中國建築史研究最深。）設計。梁君應約來校，與校中風景委員會及研究院師生，共選定清華園門內路西小山旁爲碑址。十八年春，梁君親將紀念碑藍圖送來，經同學會議決定採用。遂分別請陳寅恪先生撰碑文，林宰平先生（名志鈞，研究院講師，曾任司法部次長。）書丹，馬叔平先生（名衡，研究院講師，故宮博物院院長。）篆額，開始鳩工興建，是年夏落成。紀念碑前有白石噴水池，池兩旁有白石長椅，境極幽勝，遂爲清華園中之一景。」其碑文如下：

海寧王先生自沉後二年，清華研究院同人感懷哀思，不能自已。其弟子受先生陶冶煦育者有年，尤思有以繫其念。僉曰：宜銘之貞珉，以昭示於無竟。因以刻石之辭命寅恪。數辭不獲已，謹舉先生之志事，以普告天下後世。其詞曰：士之讀書治學，蓋將以脫心志于俗諦之桎梏，真理因得以發揚，思想而不自由，毋寧死耳！斯古今仁聖所同殉之精義，夫豈庸鄙之敢望？先生以一死見其獨立自由之意志，非所論於一人之恩怨，一姓之興亡。嗚呼！樹斯石於講舍，繫哀思而不忘，表哲人之奇節，訴真宰之茫茫。來世不可知者也。先生之著述或有時而不彰，先生之學說或有時而可商，唯此獨立之精神，自由之思想，歷千萬祀，與天壤而同久，共三光而永光。（《禹貢半月刊》五卷十期）

案：上段記載，蒙藍孟博先生惠示，於《禹貢半月刊》查得之，特附載於譜末，對拙編增色不少，十分感謝。藍先生又賜書云：「碑銘用七陽韻，境高意深，可以垂諸久遠。弟昔藏此碑拓片，展轉避地，不知遺失何所？惟記馬叔平先生書篆額，古趣盎然。林宰平先生書丹，瀟洒散逸，直欲奪褚河南之席。」因並記之。

又案：吳宓回憶說：「自王靜安先生歿，清華國學研究院即甚零落。閱年餘，而梁任公先生亦於民國十八年一月十九日在北平病逝，梁先生為中國政治、文化史上影響最大的人物，其逝也，反若寂然無聞，未能比於王靜安先生之受人哀悼。吁！可怪哉！」（《空軒詩話》）

王觀堂先生著述考

王觀堂先生一生，著述很多，刊於叢書、雜誌中的，往往重見疊出。先生卒後，趙萬里首編〈王靜安先生著作目錄〉，分已刊、未刊和未寫定者三類，極簡略，刊於《史學與地學》第三期上。稍後又編成〈王靜安先生著述目錄〉，稍加增訂，而以羅振玉所編印的《海寧王忠愨公遺書》次序排列，未收入遺書中的也附在後面。刊於《國學論叢》一卷三號。此外，儲皖峰編〈王靜安先生著述表〉，分單行本、見於叢書、見於雜誌和正在印刷中的四項，收集的很詳盡，如《觀堂集林》等單行本亦列細目，極便檢尋。載《國學月報・王靜安先生專號》。又日人神田喜一郎編〈觀堂先生著作目錄〉，刊於《支那學》四卷三號及《藝文雜誌》十八年八、九兩號上，大抵以發表之年月先後爲次，其分類：（1）單行本，（2）雜誌，（3）自著序跋文。又《史學雜誌》三十八編九號有三島一所編的〈王國維氏史學關係論文書目〉，其中所載，即有神田所漏列的。本文即根據這些材料，加以改編。先生的遺書有兩種，一爲羅振玉所編印名爲《海寧王忠愨公遺書》，一爲先生弟國華及門人趙萬里所編印名爲《海寧王靜安先生遺書》，兩者內容稍有不同。《靜安遺書》，如宋春舫所序，謂：「益以家藏舊稿，有爲時人所未及見者。」今略以其目次，分繫之。民國五十七年，台北文華出版公司請德毅主編，出版《王觀堂先生全集》十六冊，增補由門人記錄之授課講義，附錄傳記、哀祭文、雜記及論著，乃一較爲完備之版本。至六十五年，台灣大通書局又彙印《王國維先生全集》，分初、續編二輯，亦有增加。今依此二新本與上海華東師範大學編印之《王國維書信集》，以及近年來出版由學者所輯軼文、遺墨、筆記，益以早年所譯專書，略加增訂，分列於左。至於二〇一〇年，由上海華東師範大學中國史學研究所彙編之《王國維全集》出版，爲最完備者，不再特別增列。

《觀堂集林》二十四卷，初爲二十卷，乃先生民國十年手自編定，烏程蔣氏印行。

案：先生自宣統三年冬客寓日本京都，專意經史，先讀三《禮》，次及諸經，旁究金石古器物及古文字之學，而走上考古學的道路。在這條途徑上的收穫，十分驚人，《雪堂叢刻》及《廣倉學宭叢書》所載，便可看出。《觀堂集林》便是把這十幾年的重要學術論著彙集而成的專書，分〈藝林〉八卷、〈史林〉十卷、〈綴林〉兩卷，所收文一百八十五篇，詩詞七十首。卷首有蔣汝藻序，又有羅振玉序，署「癸亥二月」。趙萬里說：「此先生手訂之文集也。原為二十卷，歲在辛酉，烏程蔣氏以聚珍版印行，至壬戌而畢工。其癸亥以後之作，去冬先生曾寫文三十六篇。詩十二首，顏之曰《集林》補編。時研究院校刊《蒙古史料校注四種》方畢，里屢以續印補編事為請，謂可仿羅雪堂先生《松翁近稿》例，先以活字版印行。先生然之，云稍待，所得當益多。蓋先生時方改定韃靼、蒙兀諸考，故不欲遽刊補編，而遺金源蒙古諸考史之作也。今年四月。先生始寫定韃靼、萌古諸考及〈蒙古札記〉畢，囑里錄一副本，並云：異日印行補編時，此數文不可遺也。及先生歸道山，羅雪堂先生謀刊行遺書，囑里整理遺稿，里首以補編寄之。初擬僅刊補編，後以蔣氏所印書，行且售罄，遂謀重刊《集林》，而以補編諸文散入之，共得二十四卷。」（《國學論叢》）又載校記說：「先生去秋（民國十五年）曾草《觀堂集林補編》目錄一紙，以文字性質分類，悉如《集林》。今春，里屢以刊行事請於先生，先生頷之，云稍待，所得當更多。距先生逝世前旬日，忽以去冬及今春所為文數篇詔里曰：此近年來精心結撰之作，今日幸得寫定。他日刊補編時，均宜依次編入。爾有暇，當為我次第錄副。里受命不敢忘。詎不出旬日，而先生已溘然長逝！重理遺編，不勝愴痛！頃者羅雪堂先生索遺稿付印甚亟，即以補編抄付，其最近寫定諸文悉入之，遵遺命也。又先生於《集林》亦時有增改，謹寫為校記附於後，俾世之讀先生書者，有以考焉！」（《史學與地學》第三期）蓋先生於舊作勤於修改，由姚名達所編〈觀堂集林批校表〉，列正誤、眉批、增補、刪削四表，可以看出。由羅氏編印時，未能盡見。至民國二十五年，王國華先生重刊遺書，已加改正。如卷十五〈遼金時蒙古考〉即依重訂稿改為〈萌古考〉，卷十六又多出〈蒙文元朝秘史跋〉一篇，計文二百二十七篇，詞仍舊，詩增十一首。

《觀堂別集》四卷　趙萬里校輯。

案：《忠愨遺書》為〈別集初編〉一卷、〈後編〉一卷、〈補遺〉一卷，前兩卷為羅氏所編，〈補遺〉為趙萬里所輯。凡《永觀堂海內外雜文》諸作為《集林》所未收入的和其他序跋雜文均入之。而初編中〈秦公敦跋〉、〈蒙文元朝秘史跋〉、〈書影明內府刊本大誥跋〉諸文及〈夢見東軒老人〉等詩十二首。萬里說：這些詩文「先生手寫補編目錄中均有之，均當刊入《集林》中，而羅先生以此數文未見於先生自藏《集林》目錄眉注，遂以為先生所自刪落，而入《別集》刊之，實則未安。為附正之於此。」（《國學論叢》）及海寧王氏重刊《靜安遺書》，萬里乃於以分類重編，把上述諸詩文歸入《集林》，以符合先生原意，又刪去〈致某教授書〉、〈與友人馬叔平論石鼓書〉等文，增詩四十多首，文字的內容亦有所校訂，都是根據先生原稿編定的。詩多自羅氏編《觀堂外集》卷三中錄來。

《庚辛之間讀書記》一卷

案：此記曾刊入《盛京時報》，羅編《忠慤遺書》收入《觀堂外集》第一卷中。

《苕華集》一卷

案：此集乃合《人間詞甲、乙稿》及宣統二年以後所為詞數闋而成。初名為《履霜詞》，後改今名。有民國六年排印本，原稿較此多半倍，羅氏編入《觀堂外集》卷四中，乃是據排印本刊入遺書的。民國四十九年，臺北國民出版社刊《王國維先生三種》亦收此集。《觀堂集林》卷二十四所收長短句二十三闋，就是從全稿中錄出的。國民本亦於以收入。民國六十三年，藝文印書館印行《靜庵詩詞稿》，收詩九十首，詞一百十闋。一九四八年，蕭艾為先生詩詞作箋校，收詩一百九十二首，詞一百一十五首。(《王國維詩詞箋注》)一九五八年，田志豆又為《詞注》，至一九九五年，北京群言出版社印行譚汝為校注本，名曰《人間詞》，共收一百一十五首。尚有浙江古籍出版社影印問世之手稿本。

《靜安文集》一卷《續集》一卷

案：此書原只一卷。商務印書館排印本，光緒三十一年九月出版，乃青年期研究文哲二學的作品，初發表在《教育世界雜誌》，乃彙文十二篇、古今體詩五十首而刊之，名曰《靜安文集》。羅振玉以為這是研究西洋學術的集子，故不收入遺書，而將五十首古今體詩，署為「觀堂丙午以前詩」，收入《外集》卷二中。及趙萬里重編遺書；乃又從《教育世界雜誌》中檢出多篇，而益以晚年所發表的演講稿，如〈最近二三十年中中國新發現之學問〉、〈宋代之金石學〉等文，都二十三篇，而成《續集》一卷，都是羅氏所失收的。

《爾雅草木蟲魚鳥獸釋例》二卷

案：此書曾刊入《廣倉學宭叢書》第一集中，後刪訂為上下兩篇收入《觀堂集林》。較初稿尤精密。遺書乃據廣倉本重刊，以存其舊。〈自序〉署「丙辰仲冬」。羅福成附記說：「家大人因兩稿詳略不同，初稿亦不可廢，乃命成校錄，刊于遺書外編。」

《兩周金石文韻讀》一卷

案：此書曾刊入《廣倉學宭叢書》第二集中，遺書即據以重印。趙萬里說：「兩周有韻之金文，尚有續出而未收入者，如秦公敦是。先生在時亦曾道及之，今悉依原次重印，未遑增訂也。」前有〈自序〉一篇，署「丁巳八月」，已收入《觀堂集林》卷八。

《觀堂古金文考釋》五卷

案：此書考釋古器物五種，每種釋文各訂為一卷。一曰〈毛公鼎銘考釋〉，序稱民國五年四月撰，初刊於《廣倉學宭叢書》第一集，羅氏即據以印入遺書中，趙萬里曾以先生民國十五年重訂本寄羅氏，已不及改正。迨《靜安遺書》重刊時，乃據重訂本印入。二曰〈不期敦蓋銘考釋〉，原刊入民國四年的《國學叢刊》，又收入《雪堂叢刻》，為遺書所據。三曰〈散氏盤銘考釋〉，四曰〈盂鼎銘考釋〉，五曰〈國克鼎銘考釋〉，後三種有民國十五年清華學校油印本，又轉載入《國學月報》二卷八、九、十期合刊本中。遺書為據稿本排印的。

《史籀篇疏證》一卷《敘錄》一卷

案：此書初刊入《學術叢編》第二冊中，《敘錄》經改訂收入《觀堂集林》。遺書即據叢編本重印。

《重輯蒼頡篇》二卷

案：此書乃代姬覺彌所作，倉聖明智大學排印本，卷首不署先生之名。羅編《忠愨遺書》未收入，至民國二十五年重刊《靜安遺書》時始增入。

《校松江本急就篇》一卷

案：此書原名《急就篇校正》，倉聖明智大學排印本，民國九年出版。遺書即據以重印，而以先生續校諸條，寫為校補附於後。羅福頤說：「公此書往歲刊於滬上，茲既據滬本校印，嗣由趙君斐雲萬里寄公藏本至，上有手自補校二十餘處，爰錄印，附之於後。」

《唐寫本唐韻校記》二卷《唐韻佚文》一卷

案：趙萬里說：「此書與《重輯倉頡篇》均為代姬某而作，後《倉頡篇》刊行，而此書以所校多未備，且其時尚未見唐本《切韻》及王仁昫刊繆補缺《切韻》，故迄未印行也。」遺書即據稿本付印。

《殷禮徵文》一卷

案：此書在趙萬里編先生〈著述目錄〉和〈著作目錄〉中皆不載，乃是先生治甲骨文的隨筆札記，為〈殷周制度論〉一文所自出，考殷人以日為名的所由來及先公先王先妣的特祭合祭和外祭。當時未曾刊佈，《靜安遺書》據稿本印行。

《聯綿字譜》三卷

案：此書為未完成稿本，上卷為疊韻連綿字，中卷為雙聲連綿字，下卷為非雙聲非疊韻之字（古成語）。儲皖峰說：「此稿原無名稱，今名係羅氏所訂。」（〈王靜安先生著述表〉）

《補高郵王氏諧聲譜》一卷

案：《忠愨遺書》稱為補高郵王氏《說文諧聲譜》。據稿本印。

《釋幣》二卷

案：此書初在《國學叢刊》第二卷及第三卷連載，上卷考幣帛之制，下卷考歷代布帛修廣價值。先生後又重訂一過，《遺書》據重訂本印行。

《簡牘檢署考》一卷

案：此書為羅振玉在民國三年印入《雲窗叢刻》。日人鈴木虎雄和譯先生手稿本刊於《藝文雜誌》第三年第四至六號上，其文字與《叢刻》本小異。《遺書》據《叢刻》重刊。于簡牘的名稱、大小、行數、字數、書體、刻法、以及應用和起源，考證至詳，更討論到封緘的方法，題署的款式，皆為前人所不曾道及的。

《魏石經殘石考》一卷《附錄》一卷

案：據趙萬里說：「先生初成《魏石經考》二卷，入《廣倉學宭叢刊》第一集印行，後改定上卷入《觀堂集林》。歲在壬戌，洛陽新出魏石經《尚書》、《春秋》數石，先生購得墨本，繼又得見私家所藏零星小塊，因念他日或有續出之資料，故終未寫定。今以《續考》為主，而以原考下卷附之，亦共得二卷。」案：《續考》稱：「〈魏正始石經殘石考〉，遺書據稿本印。又案：容庚說：「《續魏石經》一卷，未定稿，且無標題，其名乃余錄手稿時所假定。書分三章：一碑圖，二經文同異，三古文。蓋數年來，殘石陸續出土，故未能寫定。（民國十六年）春間，余以〈多士〉殘石影本示先生，先生以朱筆補書古文勤澤二字于稿上，而未有考證。此稿今寄羅振玉先生，甚冀其能為補正而刊之也。附《隸續》魏石經圖，可證《魏石經考》所附之失。」（〈王國維先生考古學上之貢獻〉）足證《續考》是一部未定稿。萬里初編〈著作目錄〉即列入「未寫定者」一類中。

《宋代金文著錄表》一卷

案：此書初刊入《國學叢刊》四卷，為遺書所據。後容庚以先生所編書下不注卷葉，乃重行改編一過，刊於北平《北海圖書館月刊》一卷五號，與原編體例稍有不同，不僅補正器名，增列朝代、字數及卷葉，並對於金文之存、佚、偽三者亦予以分別注明，改編本以存者為主，佚者、偽者附於後，較原編為詳盡精確，更有便於檢索。

《國朝金文著錄表》六卷

案：此書初在《國學叢刊》第六卷至第十一卷連載。羅氏振玉編印《忠愨遺書》時，於此書略有增訂。其子福頤又就該表添入《愙齋集古錄》、《殷文存》、《夢郼草堂吉金圖錄》三書中所著錄之古器，改訂而成，刻入遺書。據福頤說：「忠愨寓海東之四年，始治古文字之學，乃日假讀大雲書庫所藏吉金款識，並從家大人詢治是學之始基。家大人謂：金石文字之學至今日而大昌，然金文尚無目錄專書，惟吳子苾閣學《攈古錄目》，於石刻以外兼及吉金，然蒐討尚未詳備，故欲治金文當從編目始。公因與家大人商榷條例，以五越月之力，成《國朝金文著錄表》六卷。既成書，自病其不免疏漏，請家大人為之補正，家大人許之，故案頭常置此書。十餘年來，箋識殆遍，而未暇寫定也。頃印行《忠愨遺書》，乃命頤校寫，於原書多所是正，凡諸家已著錄而原書遺落或複出者，諸家著書當時未見或印行在成書後者。……後出古器之散在人家與賈人之手及流入海外者，疑偽諸器未及審正者，均一一為之補正。至原書於古器名皆沿用前人著錄舊名，雖明知其不當，亦不復改正，但注諸家稱名不同者於下方，以歸簡易。家大人勘定此書，於稱名未當者悉為改正，其大端則仍原書之舊，不欲多所紛更，至原書著錄凡三千二百六十四器，今增至四千二百有五器。……」後福頤以此六卷為基礎，重訂而成《三代秦漢金文著錄表》八卷，增行款、藏器家、出土地三項，於諸家著錄並注卷葉，比視前書實大過之。

《漢魏博士題名考》二卷

案：此書原名《漢魏博士考》，凡三卷，入《學術叢編》第八、九、十三冊中連載，上卷考漢魏博士制度的演變，改訂入《觀堂集林》。中卷為〈漢博士題名〉，下卷為〈魏博士題名〉。《遺書》只印中下兩卷，故改署《題名考》以別之。

《清真先生遺書》一卷

案：此書首載於宣統三年發行的《國學叢刊》第二冊，後加增訂刊入《廣倉學宭叢書》第二集，《遺書》據增訂本印行。

《耶律文正公年譜》一卷《餘錄》一卷

案：先生於民國十四年夏移居清華園，園西五六里為萬壽山，即金元時之甄山，為元耶律文正公楚材的祠墓所在地。先生往讀宋子貞所撰〈文正公神道碑〉及《元史》本傳，因次其事實及詩文為年譜，所錄雜誌數則，遂成《餘錄》一卷，刊於《清華周刊》十五週年紀念增刊上。《遺書》據稿本刊年譜，以周刊所發表的《餘錄》附於譜後。

《五代兩宋監本考》三卷

案：此書以〈五代監本考〉為上卷，〈北宋監本考〉為中卷，〈南宋監本考〉為下卷。五代部分已刊入《國學季刊》一卷一期，兩宋部分只有稿本，本來是分開的，羅氏編輯遺書時乃合而為一。名為《五代兩宋監本考》。」

《兩浙古刊本考》二卷

案：此書為《浙江通志》附錄門的稿子，《遺書》據稿本印。前有〈自序〉，題稱

「分郡羅列」，首以杭州府刊本，末為處州。

《古本竹書紀年輯校》一卷，《今本竹書紀年疏證》二卷

案：上二書刊於《學術叢編》第十五、十七、十八三冊中，古本原為朱右曾輯，先生為之校補。趙萬里說：「聞先生後有增注尚多，為柯鳳蓀學士假去，今已不可得見矣。」故《遺書》依《學術叢編》本重印。

《古行記四種校注》一卷

案：此四種古行記，即杜環《經行記》、劉郁《西使記》、劉祁《北使記》及王廷德《使高昌記》，各為校勘。並於書眉記所考證案語，乃欲各為箋註而未成書者。後來羅福葆為之校錄，合為一卷，各以所校注案語附於正文下，乃定此名，印入《遺書》中。趙萬里說：「此四種校注，均散注於各書眉端，乃草《親征錄》、《西遊記校注》時隨筆疏記者，初不欲寫為一書也。今重為移錄，署曰《古行記四種校注》。」

《蒙韃備錄箋證》一卷，《黑韃事略箋證》一卷，《聖武親征錄校注》一卷，《長春真人西遊記校注》二卷

案：上四種書總名《蒙古史料校注》四種，民國十五年夏，為清華學校研究院刊行叢書第一種。末附〈韃靼考〉及〈遼金時蒙古考〉。〈韃靼考〉初發表於《清華學報》

三卷一期，十六年五月又加改訂，為《觀堂集林》所收。〈遼金時蒙古考〉初發表於《東北文化月報》五卷九號及《學衡》五十三期，先改為〈蒙兀考〉，十六年夏再增訂為〈萌古考〉，亦收入《觀堂集林》。此四種校注，均依增訂本重刊於《遺書》中。

《觀堂譯稿》五卷

案：此書載譯文五篇：（一）斯坦因〈流沙訪古記〉，曾刊入《敦煌石室遺書》附錄。（二）伯希和〈近日東方古言語學及史學上之發明與其結論（並序）〉，此從日本《藝文雜誌》榊亮三郎譯文轉譯，曾刊入北大《國學季刊》一卷一期，但未刊序文。（三）箭內亙〈韃靼考〉，（四）津田左右吉〈遼代烏古敵烈考〉。（五）津田左右吉〈室韋考〉。後三篇均從日本文科大學所印《滿洲朝鮮歷史地理研究報告》中譯出，〈韃靼考〉載於《國學論叢》一卷三號。

《乾隆浙江通志考異》殘稿四卷

案：此為未完稿本，乃先生在浙江通志局時所撰。據以印入《遺書》中。

《人間詞話》二卷《補遺》一卷

案：此書初未分卷，曾以其一部分發表於《國粹學報》四十七期及四十九、五十期上，光緒三十四年十月、十二月及宣統元年正月刊。迨先生逝世後，弟子趙萬里又將其未刊之一部分底稿，名為《人間詞話未刊稿及其他》，發表於《小說月報》十九卷三號上。羅氏編印《忠慤遺書》時，將是書分作兩卷，以曾發表於《國粹學報》者為上卷，《小說月報》者為下卷。單行本之行世者有四種：（1）《人間詞話》，俞平伯校點，樸社印行，民國十五年二月初版，僅有上卷。（2）《人間詞話箋證》，靳德峻箋，文化學社發行，內容與樸社本同，十七年一月初版。（3）《人間詞及人間詞話》，沈啟旡校點，人文書店發行，為二卷本，民二十二年初版。（民國二十四年北平人文書店再度將《人間詞》及《人間詞話》合印。）（4）《校注人間詞話》，附《補遺》一卷，民國二十九年開明書店排印，五十年臺灣開明書店重印本，可為全璧。近年為本書作校注者有譚汝為，將本書與《人間詞》合而為一，一九九五年北京群言出版社印行。尚有姚柯夫，將本書與諸家評論彙編在一起，題名《人間詞話及評論彙編》，分本書為編、刪稿、附錄及拾遺四部，共收一百五十五則，乃為一最完備者。另有，滕咸惠《人間詞話新注》，一九八一年齊魯書社出版。至二〇〇五年，浙江古籍出版社將國家圖書館珍藏之《人間詞》與《人間詞話》手稿彙為一冊，影印問世，前有寒碧之長序。

《宋元戲曲考》一卷

案：此書亦稱《宋元戲曲史》，最初刊於《東方雜誌》九卷十一期、十卷二至六期及八至九期，民國四年上海商務印書館排印，列入《文藝叢刻》甲集，《遺書》乃據以印入。後商務又印入《國學小叢書》，民國五十三年在臺北重印。

《唐宋大曲考》一卷

案：先生先撰有《宋大曲考》一卷，發表於《國粹學報》六十三至六十八期，宣統二年刊。後又重訂為《唐宋大曲考》，《國學論叢》一卷三號〈王靜安先生專號〉先行印入，為《遺書》所據。趙萬里說：「宋代大曲不見於先生此考者，或尚有之。如鄭麟趾《高麗史・樂志》所載《惜奴嬌》八篇，與《夷堅志》所載不同，或真宋大曲之遺，又載《清平樂》一闋，其句法與《詩餘》大異，恐與大曲有關。又《拜月亭傳奇》有《降黃龍》及《衮》。凡此，均可補苴先生此考者，因附記之於此。」(〈王靜安先生著述目錄〉)

《戲曲考源》一卷

案：此書初稿本曾刊入《國粹學報》四十八期至五十期，光緒三十四年至宣統元年。其增訂本則列入《晨風閣叢書》，後入《曲苑》，《遺書》即據以重印。

《古劇腳色考》一卷

案：此書初刊於宣統三年的《國學叢刊》第一冊，後有增訂，《遺書》據增訂本印入。

《優語錄》一卷

案：此書曾刊入《國粹學報》第六十三至六十六期，《遺書》據以重印。

《新編錄鬼簿校注》二卷

案：先生取《楝亭藏書》十二種之《錄鬼簿》，以明季清抄本及清初尤貞起鈔本兩種舊本加以校勘，並以明・朱權《太和正音譜》、臧懋循《元曲選》卷首〈附錄〉覆校一過，編成此書，《遺書》據稿本印。可為近人校注《錄鬼簿》第一部較為完善之本子。

《錄曲餘談》一卷

案：此書曾刊入《國粹學報》六十七至六十九期，《遺書》據以重印。

《曲錄》六卷

案：此書最早收入宣統三年番禺沈宗畸所刻的《晨風閣叢書》，民國十四年上海印行的《曲苑》亦收，其文與《晨風閣叢書》本異，乃是書賈竊先生初稿印行的。初稿為繆荃孫假抄，陳乃乾得之，遂以印入。《遺書》據增訂本印行，於原刊之訛誤，頗多是正。計收：宋金雜劇院本九七七種，元雜劇有主名的四九六種，明雜劇有主名的一五六種，元明雜劇無主名的共二六六種，清雜劇八三種，清以前傳奇三八七種，清傳奇八一五種，總計三一八〇種。

《曲調源流表》一卷

案：此書見於〈宋元戲曲史自序〉。疑只略具草稿，並未成書。趙萬里說：「《曲調源流表》今不可得見。」先生研究戲曲，目的在寫一部好的戲曲史，其他著作皆為預備工作，及《宋元戲曲史》寫成，而先生已棄通俗文學而轉其治學興趣於經史考據及古文字音韻之研究，所以對未寫定的稿件，不加置意，久而久之，便不知下落了。

《唐五代二十一家詞輯》二十卷

案：此書稿本，《忠慤遺書》據以印入，《靜安遺書》則未收。

《後村別調補遺》一卷

案：此書為趙萬里編先生著述目錄所不載，乃先生據天一閣《後村大全集》錄得後村詞二十九闋，為汲古閣刻《後村別調》所無。《忠慤遺書》據手錄本印入，《靜安遺書》失收。

《詞錄》一冊　手稿本

案：袁英光撰《王國維年譜長編》載：「手稿原本珍藏於羅振玉之弟振常手中，十年動亂中曾被抄走，後歸上海圖書館收藏，後又歸還羅振常家屬手中。」收現存詞目二二五條，亡佚未見詞目一〇四條，共三二九條。

《流沙墜簡考釋》一卷《補遺》一卷《補正》一卷

案：《流沙墜簡考釋》共為三卷，上下二卷乃羅振玉所撰，卷中〈屯戍叢殘考釋〉乃先生所撰。又撰《補遺》一卷，羅氏據先生手寫本影印。《補正》一卷，刊於《廣倉學宭叢書》第一集。民國十年，又改正十餘處，別出為〈敦煌漢簡跋〉，凡十四則，入《觀堂集林》中刊之。原序兩篇亦收入《集林》。然其後仍陸續訂補，對以前考釋缺略處改正很多，《遺書》未予收入。

《齊魯封泥輯存》一卷

案：此書與羅振玉合輯，民國二年脫稿，由羅氏署名影印，故未收入《遺書》。書前有先生序文一篇，述封泥有裨於史學，「足以考一代之故，發千載之覆，決聚訟之疑。」此序收入《觀堂集林》，又《集林》有〈書後〉一篇，為原書所缺。

《戩壽堂殷虛文字考釋》一卷

案：此書為代姬覺彌撰，倉聖明智大學據先生手寫本景印，民國六年五月刊行。書中考釋大都已收入〈殷先公先王考、續考〉及〈釋翌〉、〈釋旬〉諸文，尚有未收入的，皆可供治卜辭者的參考。兩種《遺書》皆未收入。

《古本尚書孔氏傳彙校》一卷

案：稿本。此書據敦煌所出隸古定《尚書》與日本古寫本以校今本，其校語均注於眉端。趙萬里說：「當與先生其他校勘之作同印，故不入《遺書》中。」

《元朝秘史校記》二卷

案：此為稿本，未收入《遺書》，惟在民國六十一年臺灣商務印書館由王雲五主持，編印《續修四庫全書提要》，收錄此書，謂：「據其手校本迻錄，釐為二卷。」但沒出版全書，難以得見。

《元秘史山川地名索引》一卷

案：此為稿本，未全，故未收入《遺書》中，亦收錄於《續修四庫全書提要》。

《兩漢魏晉鄉亭考》二卷

案：此為稿本，僅具條目，尚未成書，故未收入《遺書》中。

《古史新證》一卷

案：此為先生在清華之授課講義，初由清華研究院油印，此文乃改定〈般先公先王考、續考〉及〈說般〉、〈北伯鼎跋〉等數篇短文而成，於舊說頗有改訂，《國學月報・王靜安先生專號》收載之。民國十九年，《燕大月刊》七卷一、二期亦轉載。民國二十四年，北平來薰閣以稿本影印，兩種《遺書》皆未收。門人吳其昌有〈王靜安先生古史新證講授記〉一文，載于《清華周刊》二十五卷七期（民十五年四月），可參考。民國五十六年出版之《王觀堂先生全集》特收入。至一九九四年，北京清華大學出版本書，乃是據油印本講義影印者，附載二十九篇講稿和文章，末附門人受課時筆記。

《心理學概論》一冊

案：此書先在清光緒三十三年由商務印書館排印，為《哲學叢書初集》的一種，原為 Harald Hoffding（海浦定）所著 "Outline of Psychology"，先生譯作授課教材。民國五十九年十月，台北地平線出版社影印本，易名曰《心理哲學》

《倫理學》一冊

案：最先有教育世界雜誌社石印本，為《哲學叢書初集》之一種，原為日本文學博士元良勇次郎所著。

《法學通論》一冊

案：此書由商務印書館印本，原為日本磯谷偉次郎所著。先生譯作教本用。

《哲學概論》一冊

案：此書由教育世界雜誌社石印本，為《哲學叢書初集》之一種，原為日本文學博士桑木嚴翼所著。

《辯學》一冊

案：此書原本係 W. Stanley Jevons 著之 "The Elementary Lessons in Logic" 乃先生官學部圖書局時所譯，有學部排印本。案：嚴復所譯《名學淺說》，即為此 Jevons 所作，但係另外更淺近之本，與先生所譯者並非一書。

《密韻樓藏書志》不分卷

案：此藏書志乃代烏程蔣汝藻所輯，清稿藏蔣氏處。趙萬里說：「蔣氏藏書，甲於海上，而先生所撰《藏書志》，亦精審無二，惜至今未見印行，遂使世人治目錄學，末無考鏡，斯為憾矣。」民國六十三年，汝藻子穀孫以家藏清抄本交付臺北藝文印書館影印行世，名曰《傳書堂藏善本書志》，用線裝本，分訂十六冊，特請臺灣大學中國文學系臺靜農教授撰一跋文附後。稍後大通書局印入《全集》中。

《王觀堂先生尚書講授記》一卷

案：此為門人吳其昌筆記，刊入《國學論叢》一卷三號及《清華周刊》廿五卷十一至十六期，乃先生在清華國學研究院講授課程，可以看出先生治《尚書》的成績。已編入兩種《全集》中，《古史新證》亦附載。

《觀堂學書記》一卷

案：此為門人劉盼遂筆記，原刊於《國學論叢》二卷二號，乃先生在清華國學研究院講授之課程。兩種《全集》皆收，北京清華大學編印之《古史新證》亦附載。

《觀堂學禮記》一卷

案：此為門人劉盼遂筆記，刊入《國學論叢》一卷三號，亦為先生在研究院講授課程，可以看出先生治禮的心得。已編入兩種《全集》中，北京清華大學出版之《古史新證》亦附載。

《說文練習筆記》一卷

案：先生在清華國學研究院所授之課程，經門人劉盼遂筆記，原刊《國學論叢》三卷二號，已編入兩種《全集》中。

《說文師說》一卷

案：先生在清華研究院講授許氏《說文》，頗多妙解，經門人劉盼遂記錄，附以心得，彙集而成此篇，載入《兆強月刊》二卷二期，民國廿四年二月刊行。

《王國維全集——書信集》一冊

案：本集由上海華東師範大學廣泛收集，由吳澤主編，依書信年月日順序編成，一九八二年中華書局出版，至民國七十五年，臺北華世出版社據以影印。

《歐洲大學小史》

案：此書譯自英國《百科全書》，由學部所編印之《學部官報》中分期連載。自光緒三十三年二月十一日第十五期開始登載。臺北故宮博物館收藏。

《世界圖書館小史》不分卷

案：此為譯自英國《百科全書》，分上古期、中世期、近世期，原刊《學部官報》，自第九十一期開始連載（宣統元年五月十一日），共登了二十多期。至民國二十四年，北平《圖書館學季刊》又重刊入十卷二期中。先收入《王觀堂先生全集》，稍後《王國維先生全集》續編亦收之。

《王國維哲學美學論文輯佚》不分卷

案：此為佛雛校輯，一九九三年華東師範大學出版社排印本。均為輯自《教育世界雜誌》者，有若干未署名之哲學、美學論文，經輯者考訂確為先生所作。

《王忠愨公遺墨》一卷

案：此為日本友人神田喜一郎所輯，在京都影印，分贈彼邦友好。

《東山雜記》二卷，《二牖軒隨筆》四卷，《閱古漫錄》一卷

案：此為民國初年所作，刊於日本《盛京時報》，至一九九九年，始由趙利棟輯校，彙為《王國維學術隨筆》於二〇〇〇年由北京社會科學文獻出版社印行。

王觀堂先生校勘書目

觀堂先生逝世後，門人趙萬里爲先生整理遺書，因檢出歷年手校手批各書，凡一百五十五種，草成〈王觀堂先生校本批本書目〉，發表在《國學月報·王靜安先生專號》上，又轉載於《史學與地學》第三期上。稍後又檢出三十七種，都一百九十二種，編爲〈王靜安先生手校手批書目〉，刊於《國學論叢》一卷三號上。趙氏附記說：「先生於詞曲各書，亦多有校勘。如《元曲選》則校以《雍熙樂府》；《樂章集》則校以宋槧，因原書早歸上虞羅氏，今多不知流歸何氏？未見原書，故未收入，至爲憾也。」先生自日本歸國時，曾以詞曲諸善本贈羅振玉，內中當有不少經先生校批過的。趙又編《王靜安先生年譜》，附記說：「先生手校書之存於滬上者，尚有數十種，其校書歲月與其他行事之未詳者，當續行補入，以俟寫定。」知先生手校手批之書，當有二百數十種之多。先生批校書之存於北平者，卒後爲北平北海圖書館全部收買保存。《北海圖書館月刊》二卷三、四號載〈館訊〉說：「海寧王先生之歿，爲學術界重大損失，其藏書雖不多，但生平遇有善本，必移錄其佳處或異同，間有發明，則別作識語。此項手批手校之書，共有一百九十餘種，約七百餘冊，本館爲保存先哲手澤起見，特全部購入，以垂久遠。」今不知尚安然無恙否？本編以趙編爲藍本，而以先生遺書和遺墨中所載者附益之，去其重複，尚得一百八十四種，目的僅在表現先生一生精力之所在。草編既成，爰作爲《年譜》的附錄云。

《周易》十卷，四部叢刊影印宋刊本，卷末有跋語。

《尚書王氏注》二卷，據唐寫本釋文，訂補玉函山房輯佚書本。

《書古文訓》十六卷，以敦煌所出隸古定《尚書》及日本古寫本以校通志堂刻本。

《尚書隸古定釋文》八卷，清嘉慶九年寧儉堂刻本，有跋語及眉識。

《尚書駢枝》一卷，抄本，以朱筆改正其誤字。

《周禮》十二卷，以烏程蔣氏所藏明嘉靖徐氏刻本及明覆宋岳氏刻本，校士禮居叢書本。

《周禮注疏》四十二卷，清嘉慶江西刻本，全書圈點一過。並有眉注。

《儀禮》十七卷，以蔣氏藏明嘉靖徐氏刻本，校士禮居叢書本。

《儀禮注疏》十七卷，清嘉慶江西刻本，全書圈點一過，並有眉注。

《儀禮識誤》三卷，武英殿聚珍本，卷一、卷二有眉注。

《纂圖互注禮記》二十卷，四部叢刊影印宋刻本，有眉注數則。

《禮記》二十卷，崇文書局重刻本，校以蔣氏藏明嘉靖徐氏覆刻宋建安大字本及宋刊纂圖互注本。

《禮記正義》六十三卷，清嘉慶江西刻本，全書圈點一過，有眉注和跋語。

《春秋公羊傳注疏》二十八卷，明嘉靖江西刻本，臨惠棟校宋鄂州本。

《論語集解》十卷，四部叢刊本，以日本舊抄皇侃疏、邢昺注及阮氏校記校之。

《朱子論語注稿墨蹟》，商務印書館影印本，有跋語。

《孟子》十四卷，續古逸叢書本，卷末有跋語。以吉石盦叢書本《孟子音義》校之。

《孟子音義》二卷，繆荃孫舊藏道光刻本，校以士禮居叢書影宋本。

《爾雅注疏》十一卷，明嘉靖江西刻本，校以元雪牕書院本，宋刊蜀大字本及蔣氏藏宋槧單疏本。

《爾雅》三卷，湖北官書局校刻本，校以元大德刊本，明仿宋刻本，日本覆刊北宋小字本、大字本，明初刊黑口本，雪牕書院本，北宋單疏本，凡七種。

《爾雅疏》十卷，繆荃孫舊藏十萬卷樓刻本，校以蔣氏藏北宋刻本。案：《傳書堂藏善本書志》第一冊《爾雅疏》附〈校記〉甚詳。

《韓詩外傳》十卷，四部叢刊本，文中有韻處皆規之。

《春秋繁露》十七卷，四部叢刊本，文中有韻處皆規之，又據錢獻之校大典本，補〈樓郁序〉一篇。
《經典釋文》三十卷，崇文書局重刻盧抱經校本，有眉注。
《六藝論》一卷，漢魏遺書抄本，眉端錄有補輯。
《聖證論》一卷，同上。
《方言》十三卷，盧氏抱經堂刻本，校以宋刊本，並以《一切經音義》原本，《玉篇》、《文選注》、《太平御覽》等所引者校於眉端。
《方言疏證》十三卷，曲阜孔氏刻本，校以盧文弨校本，並以宋刊《爾雅》單疏所引者細勘之。
《釋名》八卷，四部叢刊本，據日本富岡謙藏藏馮已蒼刊本補序一頁。
《釋名疏證》八卷，經訓堂原刻本，校以富岡氏藏明覆宋本。
《廣雅》十卷，明刻本，誤字據王念孫疏證本校改。
《匡繆正俗》八卷，雅雨堂刻本，訂正書中諸題，並有眉注。
《蒼頡篇》三卷續一卷，以《急就篇》諸字分部散注於眉端。其他各書所引佚文未輯入者，亦散注於其上，乃先生重輯此書時的底稿。

《急就篇》一卷，靈鶼閣叢書本，校岱南閣叢書本，趙文敏草本多種。
《急就篇補注》二卷，浙江書局刻《玉海》附刊本，校以日本小島知足手寫顏本。
《說文解字》三十卷，平津館叢書本，將《急就篇》中字，分部注於眉端。
《說文解字注》十五卷，經韻樓刻本，卷一至七圈點一過，並有考訂。
《六書音韻表》五卷，經韻樓刻本，圈點一過，眉端又有考訂語多處。
《說文引經考異》十六卷，咸豐二年刻本，卷一有眉注一則。
《說文古籀補》十四卷，石印本，有眉注多處。
《佩觿》三卷，張氏澤存堂刻本，校以明萬安堂覆宋本。先生與蔣汝藻信云：「昨晚一校《佩觿》，知張刻校正頗多，然原本不誤而張刻誤者，亦有數字。又萬玉堂雕乃明人所加，非宋本原有也。」（《觀堂遺墨》卷下）
《周秦石刻釋音》一卷，十萬卷樓刻本，以古文苑本校之。
唐寫本《切韻》殘卷，石印本，以《廣韻》校正卷中誤字。
唐寫本《唐韻》殘卷，石印本，補錄魏了翁〈唐韻後序〉及《西域考古圖譜》所載《切韻》斷版殘字。
《廣韻》五卷，澤存堂刻本，校以海鹽張氏藏宋刊本，又錄黃丕烈臨段玉裁校本於眉端。

又移錄《和名類聚抄》、《三部經音義》等書所引《唐韻》佚文，分部散注於眉端。爲輯《唐韻》佚文時之底稿。

《音學五書》，原刊本，前後均有跋語。

《汪氏音學書》，原刊本，有眉注，並補寫傳一篇於書後。

《一切經音義》二十五卷，孫星衍校刊本，校以羅振玉藏宋本。

《續考古圖》五卷，刻本，有考訂二則，並改正誤字二處。

《歷代鐘鼎彝器款識法帖》二十卷，阮雲臺刻本，有眉注八則。

《積古齋鐘鼎彝器款識》十卷，後知不足齋重刻本，書中僞器，大都注出。

《攈古錄金文》九卷，山陰吳氏重刻本，據目錄注藏器人姓名於題下，眉端又有考釋數十則。

《攀古樓彝器款識》，同治間滂喜齋刻本，有釋文若干則，又有跋語。

《恆軒所見所藏吉金錄》，家刻本，書中著錄器小部分有釋文。

《三代吉金文字》，上虞羅氏唐風樓影印本，行間有注釋數處。

《鐘鼎款識》，有正書局石印本，有注釋若干則。

《希古樓鐘鼎款識》，劉氏嘉業堂刻本，有眉注。

《鐵雲藏龜》，石印本，第一頁至第六十頁有釋文。

《殷虛書契前編》八卷，羅振玉影印本，前兩卷眉端全注釋文。

《殷墟書契後編》二卷，羅氏影印本，卷上眉端全注釋文。

《殷虛書契考釋》一卷，羅氏影印本，眉端有補釋數十則。後羅振玉重訂此書時，摘入其中之大部分。

《殷虛書契待問編》一卷，羅振玉影印本，眉端有補釋數十則。

《史記索隱》三十卷，汲古閣刻本，末二卷校覆宋小字本《史記集解索隱》。

《逸周書》十卷，抱經堂刻本，校明刊本，有韻處皆規之。

《王會篇箋釋》三卷，刻本，末有跋語。

《國語補音》三卷，曲阜孔氏刻本，校以明嘉靖正學書院刻本。

《元朝秘史》十卷、《續》二卷，葉氏觀古堂刻本，校連筠簃叢書本，及盛意園舊藏顧澗蘋校本，凡訂正誤字一百二十處，又校出各本俱誤之字甚多。眉端有考釋十餘處，後即寫爲〈蒙古札記〉。

《元秘史注》十二卷，漸西村舍刻本，眉端批校多處。

《皇元聖武親征錄》一卷，日本排印本，校萬曆鈔《說郛》本。又以傅增湘藏弘治鈔《說郛》本校漸西村舍刻本，眉端注釋很多，即以此爲底稿，成《親征錄校注》。又影鈔得汪魚亭舊藏鈔本以校《說郛》本。

《蒙古源流》八卷，光緒間刻本，校以藤楂書室鈔本，改刻本誤字很多，又以《元秘史》，《元史》、《明史》諸書詳爲校注。

《元史譯文證補》三十卷，光緒丁酉刻本，卷二十六有眉注。

《蒙兀兒史記》不分卷，結一廬刻本，有眉注，每冊書面皆補寫該冊目錄。

《蒙古遊牧記》十六卷，重刻本，有眉注。

《大唐六典》二十卷，明正德中重刊宋紹興本，轉錄日本近衛家熙校本的校語於其眉端，增入宋儒議論杜氏《通典》二百卷，明李元陽刻本，有眉注。

《刑統》三十卷，嘉業堂刻本，校以明天一閣舊藏鈔本，又以唐寫殘本《唐律疏義》殘卷又以宋刻殘本校之，補第三卷佚文一頁。

校之。

《水經注》四十卷，四部叢刊本，校以沈曾植校宋殘本，《永樂大典》本，黃省曾刊本，朱謀瑋箋本及全祖望七校本等五種。首尾皆有跋。

《水經注箋》四十卷，明萬曆中刻本，校以傅增湘藏宋刊殘本，孫潛夫校本，海鹽朱氏藏明鈔本，古今逸史本等四種。

《水經注合校》四十卷，思賢書局刻本，首卷迻錄舊校二十餘則。

《元豐九域志》十卷，金陵書局刻本，有跋語。

《乾道臨安志》三卷，武訓堂叢書本，有眉注。

《景定嚴州續志》十卷，漸西村舍刻本，校以蔣氏藏宋刻本。

《東京夢華錄》十卷，清乾隆中刻本，校以蔣氏藏影元抄本。

《嘉靖海寧縣志》九卷，清光緒中刻本，校以拜經樓舊藏明嘉靖原刻本。

《寧志餘聞》八卷，清周廣業撰，抄本，末有跋語。

《世本》二卷，朱氏槐廬叢書本，據《史記》注補佚文及宋衷注十數則。

《列女傳集注》八卷，侯官陳氏家刻本，校以明嘉靖黃省曾刊本。復以《藝文類聚》所引者勘之。有眉注數處。

《元朝名臣事略》十五卷，畿輔叢書本，迻錄陸心源群書校補中校元本校語。

《閻古古年譜》一卷，嘉業堂刻本，據遂初堂集於譜中康熙十二年內補一則，又訂正誤字數處。

《顧亭林年譜》一卷、《附錄》一卷，清道光刊本，有眉注。

《閻若璩年譜》一卷，清道光中刻本，有眉注。

《段氏二妙年譜》二卷，劉氏求恕齋刻本，卷二有眉注。

《敦煌石室遺書》，排印本，以影本及藏本校之。有眉注多處。

《敦煌零拾》，羅氏排印本，補錄唐人詞二闋。〈秦婦吟〉在內，有批校。

《慧超往五天竺傳箋釋》一卷，排印本，有眉注數處。

《西游錄注》一卷，靈鶼閣叢書本，有考釋及訂正李文田注之誤十餘則。

足本《西游錄》一卷，日本排印本，改正其誤字凡九處。此爲日本友人神田喜一郎所寄贈。

《直齋書錄解題》二十二卷，光緒九年江蘇書局刻本，有眉注十餘則。

《文淵閣書目》四卷，讀畫齋叢書本，以校內閣藏書目錄，亡書甚多。

《內閣藏書目錄》八卷，適園叢書本，校以商邱宋氏藏鈔本。

《千頃堂書目》三十二卷，適園叢書本，以陳仲魚舊藏抄本校，鈔本比適園本多出數百條，均錄於眉端。又以《明史・藝文志》勘對一過。

《平津館鑒藏記》三卷、《續編》一卷、《補遺》一卷，式訓堂叢書本，卷一及《補遺》有眉注。

《錢竹汀先生日記抄》三卷，式訓堂叢書本，有眉注。

《經籍跋文》一卷，式訓堂叢書本，有眉注。
《拜經樓藏書題跋記》六卷，別下齋刻本，有行注。
《曝書雜記》三卷，式訓堂叢書本，卷上、中有眉注。
《郘亭知見傳本書目》十六卷，清宣統元年日本田中氏排印本，有眉注。
《鐵琴銅劍樓書目》二十四卷，常熟瞿氏家刻本，有眉注。
《藏書紀事詩》六卷，靈鶼閣叢書本，有眉注。
《金石録》三十卷，結一廬賸餘叢書本，有眉注。
《和林金石録》一卷，靈鶼閣叢書本，所收文多以拓本校補之。
《石鼓文考釋》一卷，羅振玉石印本，有眉注。
《金泥石屑》二卷，羅氏影印本，有眉識。
《兩漢五經博士考》三卷，昭文張氏原刻本，有眉注及跋語。
《宋元釋藏刊本考》一卷，《永豐鄉人雜著》甲編本，眉端有補訂數則。
《紀元編》三卷，李氏五種本，以西曆紀元注於上端，又有眉注。
《歷代長術輯要》十卷，荔牆叢刻本，有跋語。
《古今推步諸術考》二卷，同前。

《孔子家語》十卷，四部叢刊本，校日本寬永十五年活字印本，又校汲古閣仿宋刻本於明嘉靖間刊本上。活字本後亦有跋識。

《新書》十卷，四部叢刊影印明正德刻本，校明初刻黑口本。

《鄧析子》二卷，四部叢刊本，校明初刻黑口本。

《慎子內外篇》附《補遺逸文校語》，四部叢刊本，上有眉識。

《呂氏春秋》二十六卷，四部叢刊本，卷一據《玉燭寶典》校正誤字一處。

《穆天子傳》六卷，五經歲編齋校書三種本，校天一閣刻本及盧弓父校本，並有眉注。

《淮南子》二十一卷，四部叢刊本，眉端錄王念孫《淮南雜誌》中校正之字。

《易林》十六卷，士禮居叢書本，校密韻樓藏影宋有注本、彭華本及明嘉靖中重刻彭華本，訂正士禮居本訛奪字處甚多，可稱善本。

《白虎通》二卷，刊本，校元大德本。

《抱朴子內篇》二十卷、《外篇》五十卷，四部叢刊本，校敦煌所出寫本殘卷。

《顏氏家訓》二卷，四部叢刊本，據知不足齋叢書七卷本校之。

《封氏聞見記》十卷，雅雨堂刻本，校以馮己蒼抄本，勞季言校本，又以《唐語林》、《詩話總龜》校補，更據《隋志》及《唐六典》比勘。

《晁氏客語》一卷，華氏覆刊本，先生與烏程蔣氏書說：「《晁氏客語》行款與百川學海正同，疑華氏覆刊之前已有他刻。弟前藏正嘉間刊本一部，十行二十字，人均未見過，可見明代此書蓋有數刻也。」（《觀堂遺墨》卷下）

《資暇集》三卷，明・胡文煥格致叢書本，校天一閣舊藏明鈔本。

《文昌雜錄》六卷，雅雨堂刻本，校蔣氏藏舊鈔本。又以己意改正二十餘字。

《夢溪筆談》二十六卷《補》三卷，明崇禎間馬元調刊本，校宋乾道本，商氏稗海本及明弘治刊本，復以己意訂正訛字數十處，眉注很多，有跋。

《容齋五筆》七十四卷，掃葉山房重刻馬元調本。《隨筆》初、續筆校宋嘉定間贛州刊本，餘以明弘治仿宋本校，四筆前卷又假繆荃孫校宋本臨校一過。

《雞肋編》三卷，上海涵芬樓校印本，下卷有眉注。

《賓退錄》十卷，存恕堂刻本，校宋本及明鈔本。

《續墨客揮犀》十卷，舊鈔本，有跋語。

《鐔山札記》四卷，式訓堂叢書本，有眉注。

《銅熨斗齋隨筆》八卷，式訓堂叢書本，有眉注。

《論畫絕句》一卷，葛氏嘯園刻本，有眉注。

《楚辭章句》十七卷，明正德中黃省曾刊本，有跋語。又與汲古閣刻本對勘。先生說：「黃本與洪氏考異所稱一本合，亦此本出于宋本之證。」此書現藏國立中央圖書館。

《江文通集》十卷，四部叢刊本，校葉石君校元刊本。

《寒山子詩》，四部叢刊本，附〈豐干拾得詩慈受擬寒山詩〉，以明嘉靖本校。

《王無功集》三卷、《補遺》二卷，羅振玉刻本，有眉評，並加圈點。

《張說之集》二十五卷，四部叢刊本，校蔣氏藏明鈔本及朱氏結一廬校刊本，又檢《唐文粹》所引細勘一過，補缺頁數處，訂訛字千餘。先生與蔣穀孫信說：「近竭三日之力校尊藏明鈔《張說之文集》二十五卷，過明鈔本，佳甚，嘉靖刊本奪去二葉，又卷二十三內奪文一篇，又脫落一行者幾十處，改正刊本誤字甚多，不能悉計，可謂最善本矣！四部叢刊本後附校記，乃據傅沅叔所藏汪小米臨黃校本錄出，僅前十卷有校，餘悉無之，且所錄疏忽，尤可異也。」（《觀堂遺墨》卷下）

《張說之文集》廿五卷、《補遺》五卷，朱氏結一廬賸餘叢書本，校明鈔本。

《曲江文集》二十卷、《附錄》一卷，四部叢刊本，校明刊十二卷本《張文獻公集》。

《杜工部草堂詩箋》四十卷、《補遺》十卷、《外集》一卷，古逸叢書本，據烏程蔣氏藏宋刊殘本《目錄》釐定其卷數。此書原本乃五十一卷，其所缺十卷即爲補遺。最初發現古逸本《目錄》之謬誤者，當爲先生。

《分門集注杜工部詩》二十五卷，四部叢刊本，有跋尾。

《元次山文集》十卷附《拾遺》，四部叢刊本，以《唐書》本傳補〈自釋〉一篇，又據顏真卿撰墓銘以校之，且有眉注。

《顏魯公文集》十五卷、《補遺》一卷，四部叢刊本，以己意校正誤字百餘。

《岑嘉州詩》四卷，四部叢刊本，校明復宋書棚本八卷本。

《李賀歌詩編》四卷，四部叢刊本，校北宋刊南宋剜改本。先生與蔣穀孫信說：「李賀詩用金本一勘，其與金本異同處，十之八九皆係剜改，而金本祖本係司馬溫公藏本，即此本未剜改本，此則經南渡後剜改之本，其刊於北宋，即此可證。」（《觀堂遺墨》卷下）

《李衛公文集》二十卷、《別集》十卷、《外集》四卷，四部叢刊本，以舊鈔本及《唐文粹》校。並更定錯簡數處。

《元氏長慶集》六十卷、《集外文》一卷，四部叢刊本，校蔣氏藏宋刊殘本。

《玉山樵人集》附《香奩集》，四部叢刊本，眉端有考釋十數則。

《浣花集》十卷、《補遺》一卷，四部叢刊本，眉端有考訂語數則。

《二李唱和集》一卷，貴陽陳氏影刻北宋本，有跋語。

《小畜集》三十卷，四部叢刊本，校蔣氏藏藝芸精舍抄本，訂正誤字千餘。

《淮海集》四十卷、《後集》六卷、《長知句》三卷，四部叢刊本，卷二十一至二十九以宋刻殘本校。

《湖山類稿》五卷、《水雲集》一卷，知不足齋叢書本，有眉注，據《永樂大典》補詩五首，詞一闋。

《北磵集》十卷，明抄本，後二卷據北平圖書館藏陸心源捐入南學本校。前八卷爲友人蔣汝藻據涵芬樓藏宋刊本校，陸本訛脫乃較此明抄本尤多，然亦有足以正此本之誤者。與汝藻信說：「《北磵集》二冊校畢，……陸本卷八末亦有〈請慧愚極住華亭北禪〉一疏，而目則無之，蓋宋本後來增入，未必遽有二本，孟劬以意改者，大抵皆是，稍有一二字不合者已注改。陸本訛脫尚多於公本，然頗足以補公本之缺，其書中省筆字恐自宋本已然，未必盡出於寫手。」（《觀堂遺墨》卷上、下）

《湛然居士集》十四卷，四部叢刊本，眉端有校注，行間又校以漸西村舍刻本，末卷補遺詩一首。又將四部叢刊本上校注移於漸西本上。

《雙溪醉隱集》六卷，知服齋叢書本，與影鈔文津閣本互校，補知服本詩一首，注二條，並改正錯簡一處，誤字百餘。

《剡源戴先生文集》三十卷，四部叢刊本，據黃復翁校本將卷四〈唐畫西域圖記〉補全。

《顧亭林文集》六卷，原刻顧亭林遺書本，集中各文之撰述歲月，張穆撰《年譜》中未能詳具或未確定者，先生重爲之考訂，得十餘處，並跋於後。

《顧亭林詩集》五卷，原刻顧氏《亭林遺書》本，校烏程蔣氏藏鈔本《蔣山傭詩集》，眉端並有考訂多處。

《戴東原集》十二卷、《年譜》一卷、《札記》一卷，四部叢刊本，〈目錄〉據微波榭本校，《年譜》有眉注。

《戴東原集》十二卷，清光緒甲申鎮海張氏重刻本，有眉注。

《思適齋集》十八卷，春暉堂叢書本，有考訂。

《悔庵學文》八卷、《柯家山館遺詩》六卷、《詞》三卷，湖州叢書本，據原稿校。

《落帆樓文集》二十四卷，嘉業堂刻本，有眉注。

《意園文略》二卷，清宣統二年刻本，以日照丁氏單刊本校，有眉注。

《籀廎集林》十卷，家刊本，有眉識。

《寐叟乙卯稿》二卷，刊本，有圈點眉批，詩題中人名均詳注姓字邑里。

《曼陀羅寱詞》一卷，商務印書館排印本，有眉注。

《蓼園詩鈔》五卷，中華書局排印本，有眉識及跋語。

《永豐鄉人稿》四集，羅氏家刊本，有眉注數則。

《玉臺新詠》十卷，四部叢刊本，校明寒山趙氏刊本及敦煌所出唐寫本殘卷。

《花間集》十二卷，四部叢刊本，以明影宋刊本校。

《草堂詩餘前後集》二卷，四部叢刊本，校蔣氏藏明洪武刊本。

《元刊古今雜劇三十種》，日本西京大學影印元刊本，改正元刊俗字數十處。先生撰〈序錄〉一篇，載入《觀堂遺墨》卷上及《觀堂別集》卷三。

《觀堂集林》二十卷，烏程蔣氏倣宋聚珍本，姚名達〈觀堂集林批校表〉列正誤表、眉批表、增補表、刪削表四項。名達說：「《觀堂集林》出版於癸亥春，實觀堂先生自沉之前四年也，此四年間，先生歷有批校，或正誤、或眉批、或增補、或刪削，爲數實繁。」（《國學月報》）

以上總計一百八十五種，先生一生用力之所在，略見乎此。趙萬里說：「靜安先生逝世後，里與其公子等整理遺書，共檢得先生手校手批書一百九十餘種，實皆先生畢生精力之所在也。蓋先生每治一學，必先有一步預備工夫。如治甲骨文字，則先釋《鐵雲藏龜》及《殷虛書契前、後編》文字，治音韻學，則遍校《切韻》、《廣韻》。撰蔣氏《藏書志》，則遍校《周禮》、《儀禮》、《禮記》等書不下數十種。其他遇一佳槧，必移錄其佳處或異同於先生自藏本上，間有心得，則必識於書之眉端。自宣統初元以迄於今，二十年間，無或間斷，求之三百年間，實與高郵二王爲近，然方面之多。又非懷祖、伯申兩先生所可及也。先生逝世前夕，嘗語人曰：『余畢生惟與書冊爲伴，故最愛而最難舍去者亦惟此耳！』嗚呼！此可以見先生之微意矣！」（《國學論叢》一卷三號）先生既有絕世的才華，而又繼之以鍥而不捨的精神，強健的精力又足以副之，上天的厚愛先生者如此！從《年譜》中可以看出：先生自少至老，始終保持著盎然的興趣，臨自殺的前一天，還與學生討論學問，還增訂自己的著作，這種貫徹始終的精神，令人敬佩。先生說：「吾畢生惟與書冊爲伴，……」此言與孔子自我介紹的話：「其爲人也，發憤忘食，樂以忘憂，不知老之將至。」又有什麼二致呢？學問都是從勤讀中得來的，淺薄之士，是不會體會到這句話的意義的。

史源和參考書

甲、譜主著作

觀堂集林二十卷　民國十二年烏程蔣氏印本

案：此本與遺書中的二十四卷本不同，據姚名達編〈觀堂集林批校表〉，也有刪削。

海寧王忠愨公遺書　羅振玉編　民國十六年排印

海寧王靜安先生遺書　趙萬里編　民國二十九年長沙商務印書館石印本

案：此兩種遺書，內容稍有不同，如《靜安文集》即不見於《王忠愨公遺書》，其他重編及刊落增入的文章也不少，詳見於〈著述考〉中。

王觀堂先生全集　民國五十七年臺北文華出版公司出版

王國維全集（書信）　臺北華世出版社影印本

蒙古史料四種校注　民國十五年清華研究院排印本

古史新證　《國學月報》二卷八、九、十號；一九九四年清華大學影印原寫鉛印本

王忠愨公遺墨　日人神田喜一郎編　日本昭和三年（民國十七年）博本堂影印本

觀堂遺墨　上海陳乃乾編印

流沙墜簡考附補遺　東方學會印行

流沙墜簡考釋補正　《學術叢編》本

齊魯封泥集存　民國二年上虞羅氏影印本

戩壽堂殷虛文字考釋　上海廣倉學宭影印本

傳書堂藏善本書志　民國六十三年藝文印書館影印線裝版

王國維學術隨筆　二〇〇〇年北京社會科學文獻出版社出版

王國維哲學美學論文輯佚　譚佛雛輯　一九九三年華東師範大學出版社出版

水經注校　民國七十六年新文豐出版公司影印本

乙、國人追述和論著

王靜安先生年譜　趙萬里編　《國學論叢》一卷三號
王國維年譜　陳鴻祥編　一九九一年齊魯書社出版
王國維年譜新編　孫敦恆編　一九九一年北京中國文史出版社印行
王國維年譜長編　袁英光、劉寅生編　一九九五年天津人民出版社出版
王靜安先生年譜訂補　譚佛雛編　《王國維哲學美學論文輯佚》附
王國維讀書生涯　雷紹鋒撰　一九九七年武漢長江文藝出版社出版
一代大師——王國維研究論叢　蕭　艾著　一九八八年湖南人民出版社出版
王國維評傳　蕭　艾撰　一九八三浙江文藝出版社出版
王國維評傳　劉　烜撰　一九九六年百花洲文藝出版社出版
王國維評傳　袁英光撰　一九九九年上海人民出版社出版
王國維全傳　陳鴻祥著　二〇〇四年北京人民出版社印行
王國維及其文學批評　葉嘉瑩撰　民國七十一年源流文化事業公司出版
王國維的治學方法　雷紹鋒著　民國八十八年臺北新視野圖書出版公司出版

王國維詩學研究　佛雛著　一九八七年北京大學出版
王國維詩書學　洪國樑著　民國七十三年國立臺灣大學出版
王國維文獻學研究　姚淦銘著　二〇〇一年江蘇古籍出版社出版
中西文化交匯與王國維學術成就　周一平著　一九九九年上海學林出版社出版
文史論集　郭沫若著　一九六一年北京人民出版社印行
歷史人物　郭沫若著　民國三十六年上海海燕書店出版
萬竹樓隨筆　左舜生著　民國四十二年香港自由出版社印行
羅振玉王國維往來書信　王應祥等編　二〇〇〇年長春東方出版社出版
王國維之死　羅繼祖等編　一九九五年臺北祺齡出版社出版
追憶王國維　陳平原等編　一九九七年中國廣播電視出版社出版
王國維學術研究論集第一至三輯　吳澤主編　上海華東師範大學出版
梁任公先生年譜長編　丁文江編　臺北世界書局排印本
甲骨學五十年　董作賓撰　臺北藝文印書館印行
甲骨年表　董作賓撰　中研院史語所印行
羅雪堂先生年譜　莫榮宗編　《大陸雜誌》二十六卷五至七期

永豐鄉人行年錄　羅繼祖（甘孺）編　京都中文出版社彙印本

羅振玉傳　陳邦直撰　香港圖書公司彙印本

羅雪堂先生傳略　董作賓撰　《大陸雜誌》二四卷四期

孫詒讓年譜　朱芳圃撰　商務印書館排印本

嘉興沈寐叟先生年譜初稿　王蘧常撰　《東方雜誌》二十六卷十五至十六期

嘉興沈乙盦先生學案小識　王蘧常撰　《史學雜誌》一卷四期

王靜安的貢獻　朱芳圃撰　商務東方文庫續編

王靜安先生傳　徐中舒撰　《東方雜誌》二十四卷十三期

最近二十年間中國舊學之進步　抗父撰　商務東方文庫第七十一種

王國維先生考古學上之貢獻　容庚撰　《燕京學報》第二期

文學革命的先驅者——王靜安先生　吳文祺撰　《小說月報》十七卷號外

再談王靜安先生的文學見解　吳文祺撰　《文學季刊》創刊號

王國維文藝批評著作批判　李長之撰　《文學季刊》創刊號

王靜安先生　玉李撰　《人間世》第二十七期

王國維傳　錢基博撰　《現代中國文學史》，香港龍門書店印行

王國維靜安文集　長　之撰　天津《大公報・文藝副刊》民國二十二年十二月二十三日

王國維人間詞話與胡適詞選　任訪秋撰　《中法大學月刊》七卷三期

王靜安與叔本華　繆　鉞撰　《思想與時代》二十六期，《詩詞散論》

讀王靜安先生古史新證書後　孫海波撰　《考古社刊》第二期

王靜安先生著作目錄　趙萬里編　《史學與地學》第三期

王靜安先生著述目錄　趙萬里編　《國學論叢》一卷三號

王靜安先生手批校書目　趙萬里編　《國學論叢》一卷三號

王靜安先生紀念專號序　梁啓超撰　《國學論叢》一卷三號

王觀堂先生學述　吳其昌撰　《國學論叢》一卷三號

觀堂學禮記　劉盼遂記　《國學論叢》一卷三號

王觀堂先生挽詞　陳寅恪撰　《國學論叢》一卷三號

王靜安先生整理國學之成績述要　耘　僧撰　《國學月報・王靜安先生專號》

王靜安先生著述表　儲皖峰編　《國學月報・王靜安先生專號》

觀堂集林批校表　姚名達編　《國學月報・王靜安先生專號》

我所知道的王靜安先生　殷　南撰　《國學月報・王靜安先生專號》
王靜安先生年表　姚名達編　《國學月報・王靜安先生專號》
記王靜安先生自沉事始末　柏　生撰　《國學月報・王靜安先生專號》
王靜安先生墓前悼詞　梁啓超撰　《國學月報・王靜安先生專號》
哀餘斷憶　姚名達編　《國學月報・王靜安先生專號》
友座私語　姚名達編　《國學月報・王靜安先生專號》
問學的回憶　儲皖峰編　《國學月報・王靜安先生專號》
悼王靜安先生　顧頡剛撰　《文學周報》第五卷一、二期
靜安先生與古文字學　徐中舒撰　《文學周報》第五卷一、二期
追悼一個文字學的革命者——王靜安先生　周予同撰　《文學周報》第五卷一、二期
王靜安先生整理中國戲曲的成績　賀昌群撰　《文學周報》第五卷一、二期
關於王靜安先生逝世的史料　陳乃乾撰　《文學周報》第五卷一、二期
追憶王靜安先生　徐中舒撰　《文學周報》第五卷一、二期
王靜安先生致死的真因　史　達撰　《文學周報》第五卷一、二期
關於王靜安的死　陸侃如撰　《文學周報》第五卷一、二期

論王靜安先生之自沉　浦江清撰　《學衡》第六十四期
王靜安徵君挽詩　劉善澤撰　《學衡》第六十期
閒話王靜安詞　費行簡撰　《碑傳集補》卷五三
王靜安先生之自殺　《圖書館學季刊》第二卷一期
日本雜誌出王國維紀念號　《文淵學報》第三卷二期
傅孟真先生集　傅斯年著　國立臺灣大學刊行
中國報學史　戈公振著　臺灣學生書局印行
清代學者著述表　蕭一山著　《清代通史》第五冊，商務排印本
溥儀自傳（我的前半生）　溥　儀撰　民國六十五年金山出版社印行
雪橋自訂年譜　楊鍾羲著　《中和月刊》一卷十期至二卷二期
王文敏公年譜　王崇煥編　《中和月刊》三卷第一至三期
弔上虞羅先生　柯昌泗撰　《中和月刊》一卷八期
劉鶚年表　蔣逸雪編　《文史雜誌》第四卷一、二期合刊
孫隘堪（德謙）年譜　吳丕績編　《學海》第一卷一及六期、二卷二期
集蓼編　羅振玉著　《貞松老人遺稿》本，《羅雪堂先生全集》

孫詒讓年譜　朱芳圃編　民國二十三年商務印書館出版

藝風老人自訂年譜　繆荃孫著　民國二十五年文祿堂排印本

嗇翁自訂年譜　張　謇著　文海出版社影印本

陳寅恪先生編年事輯　蔣天樞編　一九八一年上海古籍出版社出版

張季直傳記　張孝若撰　文海出版社影印本

張君孟劬別傳　鄧之誠撰　《燕京學報》第三十期

伯希和教授傳　翁獨健撰　《燕京學報》第三十期

藤田豐八小傳　黃孝可撰　《燕京學報》第八期

張文襄公年譜　許同莘編　商務印書館出版

胡適之先生年譜長編初稿　胡頌平編　民國七十三年聯經出版公司排印本

甲骨文字發現及其考釋　容　庚撰　《國學季刊》一卷四期

殷虛甲骨文發現及其著錄研究　蕭炳實撰　《東方雜誌》二十五卷十五期

學術叢編　民國五年上海倉聖明智大學印

石鼓爲秦刻石考　馬　衡撰　《國學季刊》一卷一期

金文編序　容　庚撰　《國學季刊》一卷四期

清帝出宮與優待條件的修改　《東方雜誌》第二十一卷二十二期
中華民國大學誌　中華文化出版事業委員會印
鐵雲藏龜　劉　鶚編　藝文印書館影印
國內學術界消息　容　媛輯　《燕京學報》第十四期
水經注版本考　鄭得坤撰　《燕京學報》第五四期
卜辭所見殷先公先生王三續考　吳其昌撰　《燕京學報》第十四期
百一廬金石叢書　陳乃乾編　民國十年影印
海寧縣志　清金　鰲等修　清乾隆三十年刊本
現代中國文學史　錢基博著　民國二十五年世界書局排印
孫隘堪所著書　孫德謙著　民國十六年刊
近年西北考古的成績　賀昌群撰　《燕京學報》第十二期
近代出土的竹木簡　李書華撰　《大陸雜誌》二十九卷十、十一期
藝風老人日記　繆荃孫撰　一九八六年北京大學出版社出版
胡適文存　胡　適著　上海亞東圖書店排印
胡適日記全集　胡　適撰　民國九十三年臺北聯經出版公司排印本

顧頡剛日記　顧頡剛撰　民國九十六年臺北聯經出版公司排印本
空軒詩話　吳　宓著　鼎文書局出版《中國學術類編》
吳宓日記　吳　宓著　一九九八年北京三聯書店出版公司出版
吳宓與王國維　吳學昭著　一九九二年北京清華大學出版
吳宓與陳寅恪　吳學昭著　一九九二年北京清華大學出版
丁戊稿　羅振玉著　民國十八年排印本
師友雜憶　錢　穆著　民國八十九年蘭臺出版社印
斯坦因西域考古記　向　達譯　民國三十五年上海中華書局印
晚清文選　鄭鶴聲編　商務印書館排印本
敦煌石室　衛聚賢撰　《說文月刊》三卷十期
古史辨　顧頡剛撰　上海商務印書館排印本
五十年來考訂殷代世系的檢討　董作賓撰　《學術季刊》一卷三期
中國傳統古史說之破壞和古代信史的重建　屈萬里撰　第三屆亞洲歷史學家會議論文集
流沙墜簡校補　賀昌群撰　《圖書季刊》二卷一期
南潯劉氏嘉樂堂觀書記　張　崟撰　《浙江省立圖書館館刊》四卷三期

瓜圃叢刊敘錄續編　金　梁撰　民國戊辰冬刊本
日本內藤湖南先生在中國史學上之貢獻　周一良撰　《史學年報》第六期
清代學術概論　梁啓超著　中華書局出版
雪堂校刊群書敘錄　羅振玉著　貽安堂刊本
貞松老人外集　羅振玉著　《貞松老人遺稿》乙集
後丁戊稿　羅振玉著　《貞松老人遺稿》甲集
遼居稿　羅振玉著　民國十八年石印本
遼居乙稿　羅振玉著　民國十八年石印本
清史稿　趙爾巽等修　民國十七年刊本
中國文人新論　王世昭著　香港新世紀出版社印
蒙古源流箋證　沈曾植著　中國文獻出版社
論阻卜與韃靼　王靜如撰　《史語所集刊》第二本第三分
近三十年中國學問上之新發現　方壯猷筆記　女師大《學術季刊》一卷四期
殷契書錄　陳振東撰　中法大學出版
詩與隱與顯　朱光潛著　《人間世》第一期

宋代金文著錄表　容　庚改編　北平《北海圖書館月刊》一卷五號

阻卜非韃靼辨　徐炳昶撰　女師大《學術季刊》一卷一期

王觀堂先生評傳　王森然撰　《真知學報》三卷二期

（後收入《近代二十家評傳》）

夢溪筆談校證　世界書局印本

國學論叢一卷一號　清華研究院編印

耶律楚材西遊錄足本校注　姚從吾著　《大陸雜誌特刊》第二輯

中國近世戲曲史　青木正兒著、王古魯譯　民國二十七年商務印書館排印本

中國文學概論講話　鹽谷溫著、孫俍工譯　香港今代圖書公司出版

四年清華園　楊步偉撰　《傳記文學》七卷第四期

近百年來的中國文藝思潮——王國維的文學批評　一九四〇年出版，《學林》第二輯

前鋒雜誌　民國十二年出版

回憶中的蔣廷黻先生　李　濟撰　《傳記文學》八卷一期

王國維先生　曾克耑撰　《大學生活》二十三期

王忠慤公哀挽錄　民國十六年排印本

天才王國維及其他　馬　鼎（先醒）著　民國九十年蘭臺出版社出版
四當齋集　章　鈺著　排印本，民國五十五年文華出版社公司影印本
與顧頡剛先生論說文書　錢玄同撰　北京大學研究所《國學門周刊》第二卷十五、十六期
海日樓詩注　錢萼孫撰　《學海》一卷一期至二卷三期
中國近三百年學術史　梁啓超著　中華書局排印本
近代學風之地理的分布　梁啓超著　中華書局排印本
平凡的我　黎東方著　文星書店出版
近代中國教育史料　中華書局出版
中國近代出版史料　張靜廬編　商務印書館出版
舊京詩存　孫　雄著　民國二十年鉛印本
近五十年中國思想史　郭湛波著　民國二十五年北平人文書店印本
當代中國史學　顧頡剛著　香港龍門書店印行
古史考述　趙鐵寒著　臺北正中書局印行
倉聖明智大學的回憶　蔣君章撰　《傳記文學》第九卷六期

讀宋元戲曲史　趙景琛撰　《青年界》第九卷三期

古今典籍聚散考　陳登原著　民國二十五年商務印書館排印本

清華大學九十年　清華大學校史研究室編　二〇〇一年清華大學出版社印行

丙、外人追述和論著

王靜安君を憶ふ　狩野直喜撰　《藝文》第十八年八號

王靜庵君を憶ふ　小川琢治撰　《藝文》第十八年八號

王君靜庵を追憶す　鈴木虎雄撰　《藝文》第十八年八號

憶王靜安氏　本田成之撰　《藝文》第十八年八號

王靜安先生の辮髮　青木正兒撰　《藝文》第十八年八號

王徵君を憶ふ　岡崎文夫撰　《藝文》第十八年八號

觀堂先生著作目錄上、下　神田喜一郎編　《藝文》第十八年八號、九號

王靜安先生　神田喜一郎編　《支那學》四卷三期

憶王靜安先生　神田喜一郎撰　《支那文學月報》二十六號（亦名《中國文學月報》）

初見王先生之回憶　青木正兒撰　《支那文學月報》二十六號

王國維展望　長瀨城撰　《支那文學月報》二十六號

王國維の悲劇　岡崎俊夫撰　《支那文學月報》二十六號

王國維點描　吉村永吉撰　《支那文學月報》二十六號

王國維氏逝く附王氏史學關係論文要目　《史學雜誌》三十八編九號

王國維について——文學史的にみて—　增田　涉撰　《人文研究》第十一卷九號

王國維の古代研究について　上原淳道撰　東京《支那學會報》十期，一九五二、三

王靜安先生を追想す（座談會）　神田喜一郎撰　《懷德》第二十二期，一九五一、一〇

The Early Thought of Wang Kuo-wei:An Analysis of His Essays on German Voluntaristic Philosophy （1903-07）by E. Joan Smythe. Papers on Chian （Vol.18）East Asian Research Center,Harvard University.

Wang Kuo-wei（王國維）by Paul Pelliot , Toung Pao Vol , XXVl 1929.

L'edition Collective des Oeuvres de Wang Kuo-wei , by Paul Pelliot , Toung Pao Vol.XXVI.

The Later Professor Wang Kuo-wei , by J.C. Ferguson , in China Journal of Scince and Art 7, （1927）P.73-74.

Wang Kuo-wei ˛ s Leben und Seine Werke （with bibliography） , byYao Schi-ao Sinico , 3 （1928）P.207-215.

Das Chinesische Theater vor der T,ang-Zeit von Wang Kuo-wei , Vbersetzt und mit Anmerkungen Versehen von Eduard Erhes , by E. Erhes , Asia Major 10 , （1934-35） P.229-245.

國家圖書館出版品預行編目資料

王國維年譜（增訂版） / 王德毅　著
-- 民國 102 年 1 月 初版. -- 臺北市：蘭臺出版社 -
ISBN：978-986-6231-42-1

1.王國維 2.年譜

782.984　　　　101012154

蘭臺學術年譜叢刊 2

王國維年譜（增訂版）

著　　者：王德毅
執行主編：郭鎧銘
執行美編：林育雯
封面設計：鄭荷婷
出 版 者：蘭臺出版社
發　　行：蘭臺出版社
地　　址：台北市中正區重慶南路 1 段 121 號 8 樓之 14
電　　話：(02)2331-1675 或(02)2331-1691
傳　　真：(02)2382-6225
E—MAIL：books5w@yahoo.com.tw 或 books5w@gmail.com
網路書店：http://store.pchome.com.tw/yesbooks/
http://www.5w.com.tw、華文網路書店、三民書局
總　　銷：翰蘆圖書出版有限公司
地　　址：台北市中正區重慶南路 1 段 121 號 5 樓之 11 室
劃撥戶名：蘭臺出版社　帳號：18995335
網路書店：博客來網路書店 http://www.books.com.tw
香港代理：香港聯合零售有限公司
地　　址：香港新界大蒲汀麗路 36 號中華商務印刷大樓
C&C Building, 36,Ting, Lai, Road, Tai,Po, New,Territories
電　　話：(852)2150-2100　　傳真：(852)2356-0735
出版日期：中華民國 102 年 1 月 初版
定　　價：新臺幣 800 元整
ISBN：978-986-6231-42-1